Helmut Schelsky
Funktionäre

Gesagt:
»Gewerkschaftliche Interessenpolitik verwirklicht immer auch Gemeinwohl.«

Christian Götz, Spitzenfunktionär der Gewerkschaft Handel, Banken und Versicherungen, 1980

Helmut Schelsky

Funktionäre

Gefährden sie das Gemeinwohl?

Seewald Verlag

 Lektorat: Bernhard Gurk. Schutzumschlag: Claudia Böhmer. Gesamtherstellung Hieronymus Mühlberger KG, Augsburg. Printed in Germany. ISBN 3 512 00652 3

Inhalt

Ratschläge für Leser und Kritiker 9

Über die Typologie von Figuren und Konflikten eines inneren Verfalls 11

Typische Figuren: Bürokraten und Funktionäre – Typischer Konflikt: Streikrecht für alle – Typischer Sozialanspruch: Recht auf Arbeit und ihre Zumutbarkeit – Funktionäre: die restaurative Kraft des sozialen Geschehens

Über Kapitalisten neuen Stils: die Gewerkschaftsfunktionäre 31

Zahlen und Thesen zum Thema – Dient »Gemeinwirtschaft« dem Gemeinwohl? – Unsere neue Grundordnung: der Funktionärsprotektionismus – Der neue Typ des Funktionärs: auf der Rutschbahn zum Antidemokraten – Ratschläge eines alten Mannes

Über das Verhältnis der Funktionäre zur Rechtsordnung 81

Funktionärsalltag: Rechtsmißbrauch – Funktionärsmentalität: Grundgesetzverachtung – Über die Strategie der neueren Gewerkschaftsfunktionäre – Ergebnis: ein soziales Klima des Kampfes und der Rechtsverachtung – Den Rechtsstaat erneuern: Kontrolle der Funktionärsallmacht

Über die Verachtung des Sachverstandes durch die Gewerkschaftsfunktionäre 165

Drei Thesen zum Thema – Die politische Bewährungsprobe: ein verfehltes Beschäftigungsprogramm – Erstes Urteil: in der Sache unwirksam – Kurze Zwischenbetrachtung zur sentimentalisierten Jugendarbeitslosigkeit – Über einen Funktionärsgrundsatz: die »Pontius-Pilatus-Haltung« – Funktionärsmacht durch gewerkschaftseigene Unternehmen – Tarnkappe Gemeinnützigkeit – In der Unternehmensaufsicht unfähig und leichtfertig – Gewerkschaftsunternehmen: gegen die Interessen der Arbeiter – Sozial- und arbeitspolitische Funktionärsgrundsätze

Über die Hochschul- und Wissenschaftspolitik der Funktionäre: die Wissenschaft muß parteilich sein! 213

»Tendenzuniversität«: die Eroberung der Hochschulen durch die Funktionäre – »Kooperationsverträge« als hochschulpolitisches Herrschaftsmittel – Folgen und Folgerungen – Studium als Sozialanspruch – Niedergang der Forschung an den »demokratisierten« Hochschulen

Vertreten die Gewerkschaftsfunktionäre noch die Interessen der Arbeiter? 251

Grundthesen und Urteile – Wer ist überhaupt »Arbeiter«? – Welche Arbeitnehmergruppen bevorzugen und welche benachteiligen die Funktionäre? – Die verlorene Einheit von Arbeiterschaft und Betrieb – Schädliches politisches Mitregieren

Ein Aufruf zur Gewerkschaftsreform 303

Personenregister 308

»Regierungs-, Partei- und Gewerkschafts- oder Berufsverbandsfunktionäre bilden längst eine herrschende Oberschicht wie früher die weltlichen und kirchlichen Obrigkeiten, die die Pfründen unter sich verteilen!«

»An die Stelle der Monarchie- und Feudalmacht des 18. Jahrhunderts, der Kapitalistenmacht des 19. Jahrhunderts, ist in unserem Jahrhundert die Funktionärsmacht als Herrschaftsgruppe über den einfachen, arbeitenden Mann, den vermeintlich ›mündigen‹ Bürger getreten.«

Ratschläge für Leser und Kritiker

Dieses Buch ist in jeder Hinsicht eigenwillig. Das gilt zunächst für die Art der Darstellung: Sie ist eine sehr persönliche Mischung aus wissenschaftlicher Primärerfahrung und Ansätzen zu wissenschaftlichen Analysen; aus für mich wirksamen Erinnerungen und Lebenserfahrungen, mit denen ich mich in meiner Generation und vielleicht sogar bei Jüngeren gar nicht so vereinsamt fühle; und schließlich aus politischen Urteilen und Kommentaren zum Zeitgeschehen, die völlig persönliche Überzeugungen und Überlegungen ausdrücken.

Sich durch dieses Gemengsel durchzufinden, wird dem Leser schwieriger sein als dem selbstbewußten Kritiker. Obwohl ich im günstigsten Falle Leser und Kritiker in eins setze, hat mich doch meine Lebenserfahrung als Verfasser von Veröffentlichungen gelehrt, daß beide Rollen, sobald sie sich selbst äußern, unvermeidbar auseinanderfallen. So sei den bloßen »Lesern« gegenüber eine Warnung ausgesprochen, den beruflichen »Kritikern« eine Hilfe für ihren Erwerb geboten. Warnung an die Leser: Dies ist keine Urteils- und Gesinnungs-Bestätigungsschrift; ich glaube, daß kaum ein Leser, der viele meiner Urteile, Erfahrungen oder sachlichen Ausführungen teilt, allen durchaus ernst gemeinten Nebenbeiäußerungen zustimmen wird. Das soll er auch nicht, denn es müßte durchscheinen, daß ich auch gegen seine Überzeugungen und politischen Tätigkeiten ähnlich angriffslustig vorgehen könnte wie hier gegen die Funktionäre, insbesondere die Gewerkschaftsfunktionäre, wenn ich sie als eine ähnliche Gefährdung des Gemeinwohls, also der Lebensansprüche aller meiner Mitbürger, ansehen würde. Ich vertraue dem Leser, der selber denkt.

Für den Kritiker sind meine Ratschläge und Hilfen vor dem Lesen leichter und eindeutiger auszusprechen. Versetze ich mich in seine geistige Rolle, so liegen die verwerfenden Aburteile über dieses Buch auf der (schreibenden) Hand: Als wissenschaftliches Buch nicht ernst zu nehmen, da es überall an theoretischer und empirischer Gründlichkeit fehlt; die Altererinnerungen und Lebenserfahrungen von Siebzigjährigen sind vielleicht dokumentarisch interessant, aber wir Jungen haben andere Ziele und wollen eigene Erfahrungen machen; die politischen Urteile eines »Ultrakonservativen«, als den mich einmal »DER SPIEGEL« kennzeichnete, bedürfen unter politisch Urteilsfähigen keiner Widerlegung, man braucht sie »noch nicht einmal zu ignorieren«.

Im übrigen halte ich nichts davon, dem Leser im Vorwort Texte auf ihren Ursprung hin zu erklären, die er ja erst danach lesen wird. So bin ich auch hier einen absonderlichen, jedenfalls sonst kaum üblichen Weg gegangen: Die »Quellen«, aus denen die Gedanken dieses Buches entspringen, habe ich erst in der Mitte meiner Texte aufgedeckt, nämlich am Ende des Teils III, der inhaltlich und dem Umfang nach seinen Mittelpunkt bildet (siehe Seite 162). Erst zu diesem Zeitpunkt der Lektüre wird der Leser die Fragen bereit haben, die ich dort beantworte, und er wird den Rest dann besser verstehen.

Der Text dieses Buches wurde vom Oktober 1981 bis zum August 1982 niedergeschrieben; so sind Änderungen in Bezeichnungen, in der Besetzung von Ämtern und in politischen Gegebenheiten jederzeit möglich und denkbar. Sie werden aber an den grundsätzlichen und zeitlosen Feststellungen, die ich getroffen habe, nichts ändern. Namen und Ämter bedeutender Persönlichkeiten wie auch verhängnisvoller Personen sind nur Spiegelbilder von Zusammenhängen, die durch ihr Wirken sichtbar werden.

Schließlich möchte ich mich für die redaktionellen Hilfen, die mir der Seewald Verlag, insbesondere sein Lektor, Bernhard Gurk, beim Zustandekommen dieses Buches geleistet haben, herzlich bedanken.

Stadtschlaining, August 1982 Helmut Schelsky

Über die Typologie von Figuren und Konflikten eines inneren Verfalls

»Funktionäre« sind keine »Klasse« oder »Machtgemeinschaft«, sondern Organe der Entmündigung der Menschen dadurch, daß sie ihnen die Lebendigkeit ihrer Interessenvertretung nicht nur abnehmen, sondern sie zu vormundschaftlich von ihnen erregten und gesteuerten Konflikten führen. Der »Klassenkampf«, die Sage des 19. Jahrhunderts, ist schon deshalb unwirklich geworden, weil die »Klassenkämpfe« inzwischen unsere Funktionäre übernommen haben. An die Stelle des vermeintlichen Klassenkampfes sind längst die »Funktionärskämpfe« getreten, und sie finden auf ganz anderen Schlachtfeldern statt, als Marx sie sah.«

Das Anwachsen der Bürokratie wird überall und gemeinsam beklagt; die Bürokratie wird seit Jahrzehnten sozialwissenschaftlich untersucht, man hält Tagungen über sie ab (Alpach), aber sie ist unentbehrlich und wächst und wächst. Aber nicht der Bürokrat ist die strukturbestimmende Figur der modernen Gemeinwesen, sondern der Funktionär der gesellschaftlichen Interessenorganisationen.

Typische Figuren: Bürokraten und Funktionäre

Der Unterschied zwischen dem Bürokraten und dem Funktionär besteht darin, daß Bürokraten nur die Verwaltungsperfektionisten der jeweiligen Institutionen sind, denen sie untergeordnet dienen, während Funktionäre die politischen Agenten von Machtgewinn und Machtentscheidungen verkörpern, die von ihnen oft mehr gesteuert, programmiert und angeheizt werden als von den politischen Führern ihrer Organisationen oder gar von den Menschen, die ihre Interessen in diesen Organisationen vertreten glauben.

Ein Bürokrat kann auf das Gemeinwohl verpflichtet werden, ein Funktionär muß Interessengruppen gegen das Gemeinwohl vertreten.

Ein Bürokrat sorgt für das »Funktionieren« der gesellschaftlich-staatlichen Einrichtungen und Organisationen; ein Funktionär hat beruflich und seiner Mentalität nach den Auftrag, Gruppenkonflikte hochzuspielen, Gruppeninteressen durchzusetzen, er hat kein Gemeinwohlgewissen, sondern nur eine Interessenrolle.

Bürokraten sorgen (auf politische Anweisung) für die Stabilität des Gemeinwohls im Staat, in den Kommunen, in Unternehmen und Organisationen; Funktionäre sorgen für Konflikte im Sinne von egoistischen Gruppeninteressen, um damit ihrer Existenzberechtigung gemäß ihrer Organisationsbeauftragung nachzukommen.

Bürokraten – im Staat, in den Kommunen, in Unternehmen und Organisationen – widerspiegeln nur die jeweilige Regierungs- oder Unternehmensform, die politische Entscheidungen fällt und die Durchführung der Bürokratie überläßt; aber Funktionäre programmieren und bewirken gruppen- und organisationshafte Verachtungen des Gemeinwohls, der rechtsstaatlichen Bindungen, des (wissenschaftlichen) Sachverstandes und befördern ihre Funktionärsmacht auf Kosten der von ihnen vermeintlich vertretenen Interessen der Arbeitnehmer und Verbraucher. An ihnen, nicht an der Bürokratie, geht die Substanz des Gemeinwesens zugrunde.

Dieser Unterschied ist nicht zuletzt gerade durch die Soziologie verdunkelt worden: Die berühmten Analysen *Max Webers* über die Bürokratie beruhen nur auf der Kenntnis der Staatsbürokratie, also der Beamten; er kannte weder die Bürokratie der Großunternehmen noch der Großorganisationen. Sein Zeitgenosse *Robert Michels* hat als erster die Verbürokratisierung der sozialistischen Arbeiterbewegung als Partei beschrieben und damit zeigen wollen, wie die Lebendigkeit und Spontaneität der politischen Willensbildung durch Verwaltungskräfte, also Bürokraten, gebremst, ja abgetötet wird. Daß der Arbeiterbewegung ihre spontane Lebendigkeit durch eine sich darauf spezialisierende »Bürokraten«-Gruppe, eben die Funktionäre, abgekauft werden würde, ist für ihn noch nicht sichtbar gewesen. Auch moderne Kritiker wie *James Burnham* (»Die Revolution der Manager« 1941) oder *Milovan Djilas* (»Die neue Klasse«, 1957) usw. zielen im Grunde auf die zunehmende Bürokratisierung und glauben, daß hier eine soziale Interessengruppierung, eben eine neue herrschende »Klasse« entstünde. Das ist einer der größten Irrtümer der politischen Soziologen unseres Jahrhunderts: Die Perfektion der Verwaltung und Organisation mag zwar strukturell gleiche Handlungsformen erzeugen, aber sie bleibt ihren jeweiligen Institutionen gegenüber dienend und wird gerade nicht zu einer sozialen Willensgemeinschaft. Die ganz andere Problematik der »Funktionäre« hat die östliche und westliche Soziologie bisher kaum entdeckt.

»Funktionäre« sind keine »Klasse« oder »Machtgemeinschaft«, sondern Organe der Entmündigung der Menschen dadurch, daß sie ihnen die Lebendigkeit ihrer Interessenvertretung nicht nur abnehmen, sondern sie zu vormundschaftlich von ihnen erregten und gesteuerten Konflikten führen. Der »Klassenkampf«, die Sage des 19. Jahrhunderts, ist schon deshalb unwirklich geworden, weil die »Klassenkämpfe« inzwischen unsere Funktionäre übernommen haben. An die Stelle des vermeintlichen Klassenkampfes sind längst die »Funktionärs-Kämpfe« getreten und sie finden auf ganz anderen Schlachtfeldern statt, als *Karl Marx* sie sah. »Arbeiterbewegungen«, das heißt politische Willensbildung aus der Not der Existenz der einfachen Leute, können sich doch heute nur noch gegen die eigenen Funktionäre richten, wofür zur Zeit Polen ein beeindruckendes Beispiel in Europa ist.

Damit wird zweierlei deutlich: Wir alle sind inzwischen in der Vertretung unserer Lebens- und sozialen Sicherheitsinteressen auf »Funktionäre« angewiesen und vertrauen uns ihrer Interessenbestimmung und -führung an. Aber wir »bezahlen« diese Konfliktfreiheit von Mensch zu Mensch, die in den durchorganisierten Staaten, vor allem Europas, herrscht, mit dem Verlust an Einsicht, wo das Gemeinwohl, die gemeinsamen staatlichen Bindungen, liegen, und mit einem Erstarren unserer sozialen Erneuerungsfähigkeit und Zukunftsgestaltung. Denn Funktionäre verteidigen erworbene Gruppeninteressen; sie haben keine Ideen oder Gestaltungskraft für die Zukunft.

Dies kennzeichnet im Grunde alle »Funktionäre«, also Ärzte-, Beamten-, Berufsverbands- oder Kammer-Funktionäre; im hohen Maße natürlich die Parteifunktionäre, insbesondere im marxistischen Osten (»Nomenklatura«); aber im demokratischen Westen verkörpern diesen Typ wohl am reinsten die Gewerkschaftsfunktionäre. In meiner aus der empirischen sozialwissenschaftlichen Beobachtung erwachsenen Denkweise will ich an zwei Beispielen die hier vertretene Ansicht »konkretistisch« zu belegen versuchen:

– an der Pervertierung des Streikrechts und
– an der Forderung nach einem »Recht auf Arbeit«.

Beide sind in ihrer politisch-sozialen Realität durch die Führungsmacht der Gewerkschaftsfunktionäre in viel höherem Maße bestimmt als durch die Lebensinteressen der Arbeiter, die sie zu vertreten vorgeben.

Typischer Konflikt: Streikrecht für alle?

Streik der Arbeitnehmer ist ein kollektives Kampfmittel im Mechanismus der freien Marktwirtschaft, also einem Interessen-Selbstregulierungssystem. Die Marktwirtschaft wird beherrscht durch das Regulierungsprinzip von Angebot und Nachfrage; dies funktioniert nur bei einer Konkurrenz der Angebote. Diesem Einmaleins des Gütermarktes entspricht das Streikrecht im Arbeitsmarktmechanismus, also die gemeinsame Arbeitseinstellung, um bessere Löhne und Arbeitsbedingungen, z. B. Arbeitsplatzsicherheit, gegenüber dem Unternehmer der Marktwirtschaft durchzusetzen, indem man ihn auf dem Gütermarkt zeitweise konkurrenzunfähig macht, so daß er zur Abwägung seiner wirtschaftlichen Nachteile gezwungen wird. Die gleiche Abwägung ist aber auf dem Arbeitsmarkt den streikenden Arbeitern zuzusinnen, nämlich ob sie zu den immer kompromißhaft auszuhandelnden neuen Lohn- und Arbeitsbedingungen weiterarbeiten oder arbeitslos bleiben wollen. Tarifverhandlungen sind also genauso ein kollektives Interessen-Selbstregulierungssystem wie der Gütermarkt, das nur funktionieren kann, wenn beide Seiten ein Risiko eingehen und Vorteile und Nachteile abwägen.

(Man schämt sich fast, solche von allen Urteilsfähigen längst gekannten Selbstverständlichkeiten zu Papier zu bringen, aber nur indem man sie erinnert, lassen sich grundsätzliche Kriterien des Rechts und Mißbrauchs gegenwärtiger Entwicklungen gewinnen. Daß dieses Einmaleins der Marktwirtschaft und der Arbeitsplatzsicherheit in den Schulen aller Art noch keinen Eingang gefunden hat [weil es die falsch ausgebildeten Lehrer selbst noch nicht verstanden haben], gehört zu den großen Schwächen unseres Schulsystems gegenüber dem sie monopolisierenden Gemeinwesen.)

Alle sozialen Ordnungen, oft unter Opfern und mühselig geschaffen, verkommen, wenn man ihre Rahmenbedingungen nicht dauernd sichert und erneuert. Die Marktwirtschaft wurde nach der totalen Planwirtschaft der Nationalsozialisten und ihres Krieges unter der Gedankenführung von *Walter Eucken, Friedrich A. Hayek, Ludwig Erhard* usw. als soziale Grundwirtschaftsordnung der Bundesrepublik durchgesetzt. Dazu gehört eine gesetzliche Begrenzung der Pervertierungen der reinen Kapitalisten-Marktwirtschaft als Soziale Marktwirtschaft, die die gruppenegoistische Gewinnmaximierung gesetzlich unterband und kontrollierte (Kartellamt, Verhinderung von Marktmonopolismen, Bestrafung des unlauteren Wettbewerbs, gemeinnützige Eigentumsbindung und Offenlegung der Bilanzen); die Gemeinwohlbindung des »Kapitalisten« ist in der Mitte dieses Jahrhunderts gerade im westlichen Deutschland in einem hohen Maße gelungen, jedenfalls höher als in der übrigen Staatenwelt. Das trifft für die Gemeinwohlbindung des Arbeitsmarktes (Arbeit oder Arbeitsniederlegung, das heißt Streik), leider nicht zu. Eine durchaus zutreffende Zeitungsüberschrift der letzten Zeit lautete »Ein Ludwig Erhard der Sozialpolitik gesucht«. Den wird man nicht finden, denn seine Gegner wären nicht abgewirtschaftete Planwirtschaftler, sondern die im vollen Saft stehenden Funktionäre der Interessen-Organisationen.

Wie die Grundgesetzlichkeit der Güter-Marktwirtschaft darin besteht, daß Angebot und Nachfrage durch Konkurrenzangebote für den Verbraucher die freie Wahl schaffen, seinen individuellen Interessen zu folgen, so besteht die Grundgesetzlichkeit des Arbeits-Marktes in der völligen Arbeitsverweigerung auf der einen Seite (mit Produktions- und Gewinnverlust des bestreikten Unternehmers), aber auch mit Lohn- und Einkommensverlust seitens der streikenden Arbeitnehmer; aber nur wenn dieses gegenseitige Verlustrisiko aufrecht erhalten wird – es entspricht dem Konkurrenz-Mechanismus der Marktwirtschaft –, wird der einzelne Unternehmer und der einzelne Arbeiter oder seine Ehefrau zur realistischen Besinnung über Vorteile und Nachteile eines Tarif- und Arbeitsbedingungen-Kompromisses gezwungen. Diese freiheitliche Selbstbestimmung zu verhindern, ist geradezu die Grundaufgabe aller Funktionäre. Dabei geht es nicht um Solidaritätsleistungen auf der einen Seite (Streikunterstützung der Gewerkschaften) oder der anderen Seite (Konkurrenzminderung und sogar Wettbewerbsstop). Alles das organisieren die jeweiligen Funktionäre.

Die funktionärgesteuerte Aushöhlung des freiheitlichen Streikrechts hat inzwischen viele Namen angenommen: Warnstreik, Sitzstreik, Dienst nach Vorschrift, also Bummelstreik, Zahlstreik, Bedienungsstreik, Käuferstreik, Politik- und Parteistreik, Redakteur-, Lehrer-, Studenten- und Schülerstreiks (gegen wen?), »Solidaritätsstreiks« und schließlich noch der Generalstreik als entscheidendes politisches Machtmittel gegen die Politik des Staates oder auch nur gegen einzelne demokratisch-staatspolitische Entscheidungen (Warnstreiks der deutschen Betriebsräte für die Außenpolitik von *Willy Brandt*, viele Unterschriften; man sollte sie heute wieder veröffentlichen und jeden einzelnen fragen, ob er dafür noch politisch-soziale Verantwortung übernimmt).

Die Entartung des Streikrechts, die in diesen sehr verschiedenen Aktionen deutlich wird – alle von »Funktionären« gesteuert – läßt sich auf einen Grundsatz bringen: An die Stelle des Arbeitsmarktrisikos der beiderseitigen Gewinn- und Lohnverluste tritt die schlecht getane Arbeit als Druckmittel, die bisher (außer langwierigen, verspäteten und wenig effektiven Rechtswegen) keine unmittelbare und prompt wirkende Gegenmaßnahme gefunden hat. Ich will diese Urteile an drei, zunächst harmlos wirkenden Beispielen verdeutlichen: Am »Flüsterstreik« der Münchner Opern-Chöre und an den schon viel wichtigeren Streiks von Lehrern und der Fluglotsen in aller Welt.

»Flüsterstreik«: In der Theaterwelt Münchens verhandelt die Vereinigung Deutscher Opernchöre (eine Gewerkschaft) mit der Münchner Opernintendanz (also einem vor allem aus öffentlichen Steuergeldern lebenden »Unternehmer« und Arbeitgeber) über neue Lohntarife. Diese Tarifverhandlungen kommen zunächst nicht zu einem Kompromiß-Ergebnis, wie es der »Arbeits-Markt« als Selbstregulierung der Konfliktpartner immer verlangt. Die sogenannte »spontane« Reaktion der Chor-Mitglieder bestand darin, während der Festspielaufführung der »Meistersinger« im dritten Akt den Chor-Gesang nur zu »flüstern«, d. h. zwar am Arbeitsplatz zu sein, aber schlechte Arbeit zu leisten. Die Intendanz antwortete auf diese (wahrscheinlich unangekündigte) Streikmaßnahme mit Kündigungen und Vertragsstrafen, also mit Arbeitsrechtsmitteln. Die Gewerkschaft dagegen erklärte diese schlechte Arbeit als »legal und angemessen« und kündigte gegen die rechtlichen Maßnahmen der Intendanz der Staatsoper, die ja schließlich die Erwartungen der Zuhörer und -schauer vertrat, energischen Widerstand an.

Dieses vergleichsweise harmlose Beispiel kennzeichnet die Art, wie das demokratische Streik-Recht von den Gewerkschaftsfunktionären heute systematisch unterlaufen wird. Das zeigt sich an folgenden Feststellungen:

Wer ist der Leidtragende des Streiks? In diesem Falle die Zuhörer und Zuschauer der Aufführung, die sich eine künstlerisch perfekte Darbietung der »Meistersinger« erwartet haben, als sie ihre Eintrittskarten kauften. Es wird also auf Kosten des »unbeteiligten Dritten«, auf Kosten der Zuhörer, gestreikt.

Der Streik – ein liberal berechtigtes Mittel der Arbeitspolitik – ist dem Tarifpartner nicht angesagt worden (»spontan«, aber natürlich kollektiv organisiert), so daß bei formaler Arbeitsplatzanwesenheit nur äußerst schlechte Arbeit geleistet wird; hätte die Intendanz der Bayrischen Staatsoper diese »Streik-Maßnahme« gewußt, hätte sie pflichtgemäß die Aufführung der »Meistersinger« absagen müssen.

Die dem geltenden Arbeitsrecht entsprechenden Abwehrmaßnahmen des »Arbeitgebers im öffentlichen Auftrag« (Intendant der Oper) werden von den Funktionären der Arbeitnehmer (Chöre) ignoriert und pervers als »legal und angemessen« unterstützt. »Legal und angemessen« bedeutet also, das Publikum um die erwartete Perfektion der künstlerischen Aufführung zu betrügen.

Die rechtlichen Folgerungen, zu denen der öffentliche Arbeitgeber gegen diese »wilden Streiks« verpflichtet ist, haben gegenüber der rechtswidrigen Macht der Gewerkschaft kaum Erfolg; der Rechtsweg wird, schon aus Zeitgründen, praktisch aus den Angeln gehoben. Wirklich gleichwertige Gegenmaßnahmen sind ebenfalls an der Grenze der Legalität liegende Boykottmaßnahmen der Betroffenen. Weshalb sollte die Intendanz den »Flüster-Streik« der Chormitglieder nicht mit einer »Stotterzahlung« ihrer Gehälter beantworten und dies bis zu dem zu erwartenden Urteil des Arbeitsgerichts fortsetzen? Wann endlich rafft sich das betrogene Publikum zu einem Besucherstreik für Aufführungen der Oper auf, in denen diese Chöre mitspielen? Wenn Arbeitende auf Geheiß und mit Schutz der Gewerkschaften streiken, ist eine Form der Arbeitsplatzgefährdung das einzig wirksame gleichgewichtige Kampfmittel.

Natürlich würde damit »die Sache selbst«, die aus Steuermitteln lebende Theaterkultur, gefährdet. Aber wenn von den dort Beschäftigten die Verpflichtung gegenüber der »Sache« einseitig aufgekündigt wird, sind sie wahrscheinlich nicht mehr anders zu belehren.

Fluglotsenmentalität: Streiks auf Kosten Dritter, die gar keine Verhandlungspartner sind, also auf dem Rücken nichtbeteiligter Streitopfer, sind keineswegs mehr selten. Sie passieren immer da, wo ein öffentlicher Arbeitgeber, der ein Monopolunternehmen deshalb betreibt, weil den Interessen der »unschuldigen Dritten« zu dienen als Aufgabe des Gemeinwohls anerkannt ist, bestreikt wird; hier können die »Verbraucher« durch die Monopolsituation des Unternehmens nicht ausweichen auf andere Anbieter. Es besteht also gar keine »Markt«-Konkurrenz, die Voraussetzung des Streikrechts ist.

Dafür nur zwei Beispiele: Lehrer-Streiks in einem Schulsystem, das staatlich monopolisiert ist wie in Deutschland oder Österreich, Skandinavien usw. – die geringfügige Zahl an Privatschulen nicht-staatlicher Schulträger ist hier belanglos –, sind Streiks auf dem Rücken der Schüler und der Eltern um Konflikte, auf deren Regelung beide keinen Einfluß haben. Bestreikt wird die staatliche Schulbehörde, die monopolistisch den »Schulbetrieb« an sich gezogen hat, um eben die Gemeinwohlinteressen der Kinder und Eltern auf diesem Gebiet zu schützen. Ein staatliches Schulmonopol und die Verbeamtung der Lehrer dient dem Gemeinwohl im Sinne der Konkurrenzausschaltung im Schulwesen: daher Streikverbot für Beamte. Daß streikende Lehrer diese Rechtsgrundlage ihres eigenen Beamtenstatus brechen, macht sie zu Rechtsbrechern. Aber wie die Erfahrung in der Bundesrepublik gezeigt hat, scheut sich der Staat (mit wenigen Ausnahmen wie z. B. in Niedersachsen), die gesetzlich vorgeschriebenen Sanktionen anzuwenden. (Man muß vielleicht daran erinnern, daß der bundesdeutsche Lehrergewerkschaftsführer *Frister* einen Diktat- und Zensurenboykott, also auch eine bewußte Dienstpflichtverletzung, »schlecht getane Arbeit«, angedroht hat, um die gesetzliche Kodifizierung der Kleinschreibung in der deutschen Sprache zu erzwingen.)

Hier wird in den nächsten zwei Jahrzehnten der Bundesrepublik die Frage anstehen, ob man das herkömmliche Schulmonopol des Staates und die Verbeamtung der Lehrer aufrecht erhalten kann, dann aber rechtlich schnelle und wirksame Sanktionen gegen streikende oder dienstverweigernde Lehrer einsetzt (sicherlich die dem Gemeinwohl am besten dienende Lösung) oder ob man den Pluralismus der Schulträger merklich erhöht, die Lehrer zu bloßen Angestellten mit Kündigungsrecht und damit bei den ausgebildeten Lehrern den Übergang zur Konkurrenzsituation schafft. Diese Entscheidung würde gefördert, wenn sich die »unschuldigen Dritten«, also die Eltern und erwachsenere Schüler zu einem »Gegenstreik« oder »Gegenboykott« organisierten, indem sie eine Teilnahme am Unterricht bei Lehrern, die auf ihren Rücken gestreikt haben, verweigern und unterbinden. Wenn Lehrer gegen die Dienstpflicht als Beamte verstoßen, sollten die Eltern und Schüler als ebenso illegale Maßnahme gegen dic Schulpflicht protestieren. Leider kann man heute notwendige Entscheidungen für das Gemeinwohl nur noch so erzwingen.

Fluglotsenstreik: Das modellhafte Beispiel für diese Streiks auf Kosten unschuldiger Dritter sind die bundesdeutschen und nun auch US-amerikanischen Streiks der Fluglotsen, d. h. der beamteten Diensttuer der jeweils staatlich monopolisierten Großflughäfen. Kennzeichnend dafür ist die Vermischung von Lohnforderungen, also Interessen von Berufsgruppen, mit Forderungen für die Luftverkehrssicherheit (Gemeinwohl- oder Verbraucherinteressen). Praktisch wirkt sich diese Art von Streik aber dahin aus, daß die Lohnforderungen das Primäre werden, während die Luftverkehrssicherheit enorm vermindert wird. Diese Kombination von beamtlichen (staatsmonopolistischen) Dienstverweigerungen mit interessengesteuerten Einkommensfragen, gewerkschaftlich gestützt, ist die typische neue Streikform, die der frühere Bürgermeister von Hamburg, *Hans-Ulrich Klose*, mit Recht als »Fluglotsenmentalität« gekennzeichnet hat. Eine technisch-berufliche Leistung wird in ihrer notwendigen Verbesserung mit gruppeninteressenhaften Einkommenssteigerungen verknüpft und diese Aktion läuft auf Kosten unbeteiligter, also den jeweiligen Konflikt gar nicht mitentscheidender Bürger oder Verbraucher.

Obwohl bundesdeutsche Gerichte den Streik der deutschen Fluglotsen als gesetzeswidrig verurteilt und ihre Gewerkschaft haftpflichtig für die Schädigung der Fluggesellschaften gemacht haben, ist politisch in der Bundesrepublik auf diese »Fluglotsenmentalität« kaum reagiert worden. Die Durchsetzung von Beamtenpflichten scheitert an der Macht der Gewerkschaften oder Berufsverbände; ein Vorgang, der schleichend fast die ganze Beamtenschaft erfaßt. Der einzige führende Politiker, der diese Aushöhlung des Rechtsstaates auf diesem Gebiet nicht hinzunehmen und damit die Konfrontation mit den Gewerkschaften aufzunehmen bereit ist, scheint mir der amerikanische Präsident *Ronald Reagan* zu sein, der auf den Streik der amerikanischen Fluglotsen, die anstellungsgemäß kein Streikrecht haben (wie das Militär), mit drei Maßnahmen reagierte: der sofortigen Entlassung von mehr als fünftausend Fluglotsen wegen Nichterfüllung ihrer vertraglich zugesicherten Dienstpflicht, den Einsatz von militärischen und pensionierten Fluglotsen und der Vervielfachung der Ausbildungskapazität von Fluglotsen, damit eine Konkurrenz auf diesem »Arbeitsmarkt« anstelle einer technokratischen Minderheiten-Herrschaft über den Staat ermöglicht wird. Das ist eine Verteidigung des Rechtsstaates, während die (demokratischen) Sozialisten längst ihre Machtbehauptung aus einer antirechtsstaatlichen Interessenberücksichtigung der Gewerkschaften beziehen. So die gegenwärtige Situation der sozialdemokratisch-»liberalen« Regierung der Bundesrepublik. Damit müssen einige publizistische und propagandistische Standardformeln der Parteienpolitik aus dem 19. Jahrhundert umgewertet werden: »konservativ« (wie *Ronald Reagan* oder *Margret Thatcher*) bedeutet heute, den liberalen Rechtsstaat aufrecht zu erhalten oder wieder durchzusetzen; sozialistisch oder sozialdemokratisch bedeutet heute, Herrschaft der materiellen und ideologischen Interessengruppen zur Substanz der jeweiligen Staatlichkeit zu machen. (Liberale wie *Helmut Schmidt* oder *Bruno Kreisky* verschleiern nur diesen Vorgang.)

Typischer Sozialanspruch: Recht auf Arbeit und ihre Zumutbarkeit

Schon in der Bibel steht der sozialpolitische Grundsatz: Im Schweiße deines Angesichts sollst du dein Brot essen. Schweiß setzt Arbeit voraus, aber man muß arbeiten können, um Schweiß zu vergießen. Das Recht auf Arbeit ist nicht nur ein allgemein menschliches, sondern insbesondere auch ein jüdisch-christliches Grundrecht.

Mit diesem Recht haben in den letzten zwei Jahrhunderten die Christen, die Humanisten, die Sozialisten und Nationalisten, alle politischen Führungen in West und Ost die unverschuldete Arbeitslosigkeit der einzelnen Menschen und Familien mit jeweils ihnen gemäßen Mitteln und Maßnahmen zu bekämpfen oder zu mildern versucht.

In den modernen christlich-liberalen-sozialdemokratischen Staaten des Westens hat man dieses Grundrecht des Menschen in zwei Weisen vertreten: in der Beschaffung von Arbeitsmöglichkeiten und in der Sicherung der »arbeitslos« Gewordenen. Während die sozialistischen oder sonst diktatorisch regierten Staaten das Recht auf Arbeit vor allem auch als Pflicht zur Arbeit verstehen, haben die liberalen Staaten des Westens das Nachhinein des Elends einer folgerichtigen Arbeitsbeschaffung vorgezogen. Die soziale Sicherung der Arbeitslosen rangiert vor einer realistischen Arbeitsbeschaffung oder gar Arbeitspflicht. Diese Rangordnung durchgesetzt zu haben, ist nicht zuletzt der Mentalität westlicher Gewerkschaftsfunktionäre zuzurechnen.

Die westliche, vor allem sozialdemokratische Arbeitslosensicherung ist gegen die kapitalistische Ausbeutung des Arbeitnehmers durch privat-profithaft handelnde Unternehmer eingeführt worden, die sich nicht darum kümmerten, wenn die entlassenen Arbeiter verhungerten oder in äußerste Existenznot mit ihrer Familie gerieten. Inzwischen ist Arbeitslosensicherung zu Sicherung des Einkommens, also des Lohns oder Gehalts geworden, die vielfach mehr Vorteile bringt, als wenn man arbeiten würde. Man verhindert die Umstellung auf andere Arbeit, die benötigt wird, durch die Arbeitslosensicherung, in dem man den Arbeitslosen Gelder zahlt, wenn nur ein Arbeitsangebot entsprechend der alten Verdienstmöglichkeiten nicht geboten werden kann. Man will den sozialen Abstieg verhindern, der die unvermeidbare Gegenseite des staatlich und gewerkschaftlich geförderten sozialen Aufstiegs bildet. Dieser immer verschwiegene Grundsatz mag in Zeiten hohen wirtschaftlichen Wachstums noch durchsetzbar sein; er stellt die politische Entscheidungsfrage dar in Zeiten, wo Produktionsmangel, Arbeitsplatzknappheit und Steuerüberlastungen zu bewältigen sind.

Die bundesdeutschen Gewerkschaften sind dieser politischen Grundfrage nicht gewachsen. Nicht nur, daß sie sich offen gegen die Beseitigung des gesetzlichen Mißbrauchs der Solidargemeinschaft »Arbeitslosenversicherung« aussprechen – und damit im Grunde die Mitglieder der genossenschaftlich organisierten Sozialversicherung zu betrügen helfen –, sondern sie verteidigen das »soziale Netz der Sicherheit« vor allem dadurch, daß keinem Arbeitslosen zugemutet werden darf, ein Arbeitsangebot annehmen zu müssen, das deutlich unter seinem vorher erreichten Lohn oder Gehalt liegt. Damit überträgt man die konservative, wandlungsunfähige Beamtenmentalität auf die soziale Sicherung der Arbeiter und Angestellten.

Ich habe nie verstanden, weshalb ein Richter, Verwaltungsbeamter, Lehrer oder Professor oder aus anderem Beamtenstatus stammender Politiker nicht ebenso in seinen Beruf zurückkehren sollte wie ein nicht wiedergewählter Betriebsrat oder sonstiger politisch aufgestiegener Funktionär. Weshalb sollen Pensionen und Arbeitslosengelder – was im Sozialstaatssystem praktisch das Gleiche ist – für noch voll Arbeitsfähige bezahlt werden, – und zwar von Steuergeldern, das heißt auf Kosten der produktiv Arbeitenden –, denen eine Arbeitstätigkeit, auch unter ihrem einmal erreichten Einkommensniveau zumutbar ist? Das würde bedeuten, daß Staatssekretäre wie *Andreas von Schöler* oder die Vielfachabgeordnete *Ingrid Matthäus-Maier* der F.D.P. wieder beim juristischen Assessordienst anzufangen hätten, wenn sie aus ihren parteipolitisch gewonnenen Positionen ausscheiden müßten. Über die beamtenrechtliche Gleichstellung durch Anrechnung der politischen Tätigkeit ließe sich reden; nicht aber über die erhöhten Pensions- und Arbeitslosengelder von arbeitsfähigen Zurückgestuften, also auf ihre ursprüngliche Berufsqualität wieder zurückverwiesene Politiker, die inzwischen ja weit über den Generationsdurchschnitt ihrer Alterskollegen verdient haben.

In dieser Frage der Zumutbarkeit von Berufstätigkeit fahren die Gewerkschaften den gleichen Kurs wie die sozialstaatlichen Parteifunktionäre: »Erworbene Rechte« der sozialen Sicherung werden wie persönliches Eigentum behandelt, obwohl sie Solidaritätsleistungen, also, wenn man so will, »Gemeineigentum« sind. Daß erworbenes Eigentum in der Wirtschaft verfällt, aufgegeben werden muß, wenn der Unternehmer oder Gewerbetreibende schlechte Geschäfte oder gar Bankrott macht, erscheint allen als selbstverständlich; er muß eben wieder klein anfangen. Beim Arbeitnehmer wird ein solcher Abstieg als unzumutbar angesehen. Weshalb soll einem angelernten Fabrikarbeiter, der arbeitslos wird, nicht zugemutet werden, Müllkutscher oder Bauhandlanger zu werden an Stelle der ausländischen Arbeitskräfte, die wir dafür ins Land holen? Weshalb soll eine Sekretärin oder Kassiererin nicht Hausgehilfin oder Kindermädchen spielen – und so fort nach oben in höhere Berufsqualifikationen gegriffen –? (Nach 1945 haben sehr viele Akademiker, die gar keine großen Nazis waren, als Bergleute oder in sonstigem produktiven »Handwerk« gearbeitet, und es ist ihnen und ihrem Beruf, in den sie aufstiegen, gut bekommen. Heute beansprucht der von der Hochschule geprüfte Student, insbesondere unter den Lehrern, selbstverständlich gestützt durch die Lehrer-Gewerkschaft, fast automatisch die Übernahme in den Staatsdienst oder ein Arbeitslosengeld, obwohl er zu der Solidaritätsgemeinschaft der Versicherten noch nicht das Geringste beigetragen hat.)

Eine zweite unverständliche Unzumutbarkeit der Arbeitslosensicherung liegt in der regionalen Begrenzung, in der ein vermittelter Arbeitsplatz anzunehmen ist. Die Hemmnisse einer höheren regionalen Mobilität sind bekannt: man hat ein Haus an einem bestimmten Ort; die Ehefrau ist dort berufstätig, die Kinder gehen dort zur Schule usw.; die Familieneinheit ist in einem Wohlfahrtsstaat kaum noch regional beweglich. Die Ortssicherung der Arbeitszumutung ist eine wichtige Ursache der Ausbeutung der Arbeitslosenversicherung.

Es sei daran erinnert, daß nach 1945 der große Anteil der Vertriebenen, gerade in ihrer beruflichen und regionalen Mobilität, dem wirtschaftlichen Aufbau und Aufschwung der Bundesrepublik entscheidende Anstöße gegeben hat; auch daran, daß die sogenannten Gastarbeiter zunächst eine regionale Mobilität von mehr als tausend Kilometer auf sich nahmen, dann allerdings durch die gewerkschaftlich gestützte Politik der »Familienzusammenführung« Frauen und Kinder nachholten, die natürlich sowohl Anspruch auf alle sozialpolitischen und bildungspolitischen Leistungen deutscher Arbeiter erhoben und heute einen nicht unbeträchtlichen Teil der Arbeitslosen und der Arbeitsplatzverdrängung bilden. Diese sozialstaatliche Politik, die von Gewerkschaftsseite gefördert und durchgesetzt wurde, hat in Wirklichkeit dazu geführt, daß ein neues Proletariat in der Bundesrepublik entstand, dem heute fast das Hauptinteresse der Gewerkschaftsfunktionäre in bestimmten Wirtschaftszweigen gilt. Wer, wie ich jetzt, in einem armen Bundesland des Sozialstaates Österreich lebt, weiß, daß die hohe regionale Mobilität etwa der Bauhandwerker als »Pendler« in den zentralen Raum von Wien bis zu 200 Kilometer ohne weiteres in Kauf genommen wird, ja letzthin gerade einen wachsenden Wohlstand der Arbeiter in diesen entfernten Landesteilen zur Folge hat.

Aus dem Material einer Vergleichuntersuchung der westdeutschen Bevölkerung von 1953 und 1979, einer sogen. »Langzeitstudie«, die das Institut für Demoskopie in Allensbach durchgeführt hat, ist die Frage der verminderten beruflichen und regionalen Mobilität von Professor *Bernd Rüthers* ausführlich untersucht worden. Erschienen zunächst in der FAZ vom 29. 8. 81 unter dem Titel »Werden wir eine staatliche Gesellschaft? Zum Wandel der beruflichen Mobilität in einer Generation«. Diese empirisch gesicherten Ergebnisse stützen das hier angedeutete Urteil ausführlicher und im vollen Umfange. Hierbei möchte ich eine persönliche Erfahrung nicht unterdrücken: Der »Arbeitsrechtler« Rüthers (der allerdings als junger Assistent an einer Sozialforschungsstelle tätig war) argumentiert heute soziologischer, als ich es als »Soziologe« (der im letzten Jahrzehnt sich nur noch in juristischen Fakultäten heimisch fühlte) wagen würde. Vielleicht ein Kennzeichen einer schwindenden Universalität oder, modern, Interdisziplinarität?

Von der sozialstaatlichen Regierung ist durchaus der Versuch gemacht worden, nicht mehr benötigte Berufsqualifikationen umzuschulen auf benötigte, nachgefragte Berufsqualitäten. Die Art, wie dies wirklichkeits- und wirtschaftsfremd verordnet wurde, läßt sich auf folgende Punkte bringen:

– Die von der Solidaritätsgemeinschaft »Arbeitsplatzsicherung« bezahlte Umschulung wurde im Wesentlichen dazu benutzt, sich auf höher verdienende Arbeitsplätze ohne Rücksicht auf Bedarf ausbilden zu lassen (Sekretärinnen oder Krankenschwestern zu Studentinnen usw.) Eine Umschulung auf einen Beruf des gleichen oder gar eines etwa verminderten Einkommens ist nicht erreicht worden. Wie will man die überflüssig produzierten Lehrer unter diesem Grundsatz jemals »umschulen«?

– Die Klagen der Unternehmer, es fehle ihnen an qualifizierten Facharbeitern, bezeugen nur den Mangel an Unternehmensgeist oder Innovation bei den Unternehmen und Betrieben selbst: Sie setzen alle wirtschaftliche Energie in technischen Fortschritt, in besseres Management und in Werbung um. Weshalb sollen die allgemeinen Umschulungen nicht von denen getragen werden, die mangelnde Berufsqualifikationen benötigen? Sie sollten ihre Investitionen unmittelbar auf die Ausbildung eigener Betriebsangehöriger und vor allem auch auf Arbeitslose aus anderen Sparten richten. Weshalb kann man nicht einem arbeitslosen Abgänger von einem Fach- oder Hochschulstudium zum Facharbeiter umschulen und ihm dies in der Höhe eines Arbeitslosengeldes bezahlen unter der Bedingung, daß er danach 8–10 Jahre dem Unternehmen als Facharbeiter nach normalem Tariflohn und den unternehmerisch gebräuchlichen Aufstiegsbedingungen zu dienen sich verpflichtet? Einige große Unternehmen verfolgen diesen Grundsatz bereits für den Nachwuchs des mittleren Managements, aber hier liegt eine Anforderung an Unternehmerinitiative, die die freie Wirtschaft zu bewältigen aufgerufen und der dadurch Steuergelder und Zwangsbeiträge der Bundesanstalt für Arbeit in Nürnberg oder den Arbeitslosengeld zahlenden Arbeitsämtern grundsätzlich abzunehmen ist. Die Arbeitnehmer nützen die Vorteile der überhöhten sozialen Sicherung genau so aus wie die privatwirtschaftlichen Unternehmen.

Funktionäre: die restaurative Kraft des sozialen Geschehens

Die Mobilität des sozialen Aufstiegs und Abstiegs, die regionale Mobilität, dort Arbeit zu suchen, wo sie angeboten wird, und die Mobilität des Berufswechsels werden heute durch den von den

Gewerkschaften diktierten Sozialstaat, dem sich die Unternehmer opportunistisch-interessenhaft angepaßt haben, politisch-systematisch verhindert. Dieses Prinzip war schon immer der Grundsatz der Herrschenden, die ihre Macht bewahren wollten: Vom Feudalismus und der Zunftverfassung der spätmittelalterlichen Zeit über die konservativen Militärs, Grundbesitzer, Beamten, kapitalistischen Unternehmer und Bildungsprivilegierten des 19. und 20. Jahrhunderts bis hin zu den »sozialistischen Feudalherren« der Gewerkschafts-, Partei- und sonstigen Berufsfunktionäre hat sich diese Grundabsicht, den sozialen Wandel zu ihren Gunsten anzuhalten oder zu verlangsamen, nicht geändert. Heute sind die Funktionäre die restaurativste Kraft des sozialen Geschehens. Die Gegenkraft war immer das, was man als Aufklärung und Liberalismus bezeichnet hat. Auf diese Vertretung des fortschrittlichen Gemeinwohls haben heute in der Bundesrepublik gerade diejenigen verzichtet, die sich als »neue Aufklärer« oder gar als »Die Liberalen« arrogant selbst bezeichnen, obwohl sie sich längst als Bundesgenossen dem Sozialfeudalismus angepaßt haben.

Die Gewerkschaften verkünden laut »das Recht auf Arbeit«. Abgesehen von der Unangemessenheit des Begriffs ist diese Forderung wahrscheinlich die wichtigste für einen Fortschritt zu einer humaneren Gesellschaft und für das Dasein der einzelnen Personen in ihr. Aber sie ist kein personales Grundrecht, das gegen die Staatsautorität richterlich einklagbar ist, sondern ein politisches Entscheidungsziel, das weniger justitiell, sondern durch eine darauf gerichtete staatliche und private Wirtschaftspolitik zu verwirklichen ist. Man kann – wie es eine der Grundsatzerklärungen der UNO nach 1945 tat – auch ein Recht auf Gesundheit erklären; aber man kann mit dieser »Rechtsforderung« die Krankheiten nicht abschaffen, sondern nur ein politisches Ziel der Hilfe für Kranke zum Gemeinwohl erklären. Genauso zielt die Forderung auf ein »Recht« auf Arbeit gar nicht auf produktive Arbeit des Menschen als persönliche Lebensverwirklichung, sondern auf Existenzhilfe für die nicht mehr produktiv benötigten Arbeitenden, auf Schutz vor Verelendung. Dem ist als grundsätzliches politisches Ziel zuzustimmen; aber es ist keine Frage des Rechts, sondern der Politik, wie ein sozial gerechter Ausgleich zwischen der Entlohnung (und damit den Lebensmöglichkeiten) der produktiv Arbeitenden und der zur Produktivität nicht mehr Benötigten zu schaffen ist. Diese politische Alternative heißt heute: Entweder Produktivitätssteigerung durch private und staatliche Initiative oder mehr sozialstaatliche Abschöpfung der Arbeitsleistung der Produktiven zugunsten der Unproduktiven.

Für die Gewerkschaftsfunktionäre steht praktisch das zweite Ziel an erster Stelle, während die Produktionssteigerung und Arbeitsbeschaffung dahinter rangiert und nur punktuell und vor allem in Verbindung mit der Steigerung der eigenen Verteilungs- und Kontrollmacht betrieben wird.

Aber auch wenn man »das Recht auf Arbeit« nur als ein allgemein menschliches Grundrecht, eine Art »Naturrecht«, begreift und nicht als justitiables persönliches Freiheitsrecht, so bleibt für das gewerkschaftliche Funktionärsdenken typisch, daß die andere Seite des Rechts, nämlich die Pflicht, niemals erwähnt wird. Obwohl der Rechtsstaat und die Freiheitsmoral der Aufklärung (*Immanuel Kant*) auf eben dieser Verbindung von Freiheitsrechten und Freiheitspflichten beruhen, scheuen die Gewerkschaftsfunktionäre diese freiheitskompensatorische »Pflicht zur Arbeit« zu nennen oder gar durchzusetzen wie der Teufel das Weihwasser. Dabei kommt ihnen zustatten, daß die Formel »Arbeitspflicht« gedankliche und gefühlsmäßige Verbindungen zum »Arbeitsdienst« erregt, während »Arbeits-Recht« eine von allen Demokraten vertretene Sache ist. Aber die dem »Recht auf Arbeit« entsprechende »Pflicht zur Arbeit« bedeutet keineswegs sogleich »Arbeitsdienst« im nazistischen oder kommunistischen Sinne, wohl aber eine höhere Zumutbarkeit, Arbeit auch bei Einkommensminderung oder regionaler Mobilitätssteigerung zu übernehmen, anstatt die überhöhte Arbeitslosensicherung auf Kosten der Produktiven – vom algerischen Müllarbeiter über die Facharbeiter bis hin zum risikohaft planenden Unternehmer – auszunutzen. (Aber auch der »Arbeitsdienst« ist hier nicht völlig auszuschließen: Man muß daran erinnern, daß der Gedanke, junge Arbeitslose lieber in Arbeit für das Gemeinwohl einzusetzen, als sie auf den Straßen gammeln zu lassen, keineswegs von den Nationalsozialisten, sondern von der sozialgesinnten Jugendbewegung kam [z. B. *Eugen Rosenstock-Huessy*] und daß ihn das Hitlerregime erst in das Paramilitärische pervertiert hat. Diesem Gedanken eines »Arbeitsdienstes«, verbunden mit einer höheren Berufsqualifizierung, auch heute den Jugendlichen anzusinnen, wäre eine Chance, die die Gewerkschaftspolitiker nicht zu äußern wagen; demgegenüber ist der schamhaft so genannte und unterentwickelte »Zivildienst« eine Karrikatur einer Leistung für das Allgemeinwohl und lebt vom Antimilitarismus-Affekt.)

Ich habe dieses Urteil 1950 unter dem Titel »Für und wider den Arbeitsdienst« noch ausgerechnet in den »Gewerkschaftlichen Monatsheften«, Jg. 1950, S. 353–359, äußern können. Heute?

Gedanklich ist hier in den Gewerkschaftsfunktionären eine Mentalität am Werk, die von *Immanuel Kant* als subjektive Willkür gekennzeichnet wurde, die sich im Recht und so in Rücksicht auf das Gemeinwohl durch Anerkennung von Grenzen und Pflichten binden müsse. Die Mentalität der Gewerkschaftsfunktionäre zielt immer nur auf kollektiv-gruppenhafte Genuß- und Wohlfahrtsforderungen und verbindet sich darin mit den ebenso subjektiv-willkürlichen bloßen Freiheitsforderungen junger und alter Intellektueller, die ja die Pflichtseite ebenfalls nicht sehen wollen oder können. Hierin, nicht im kommunistischen Einfluß, liegt die entscheidende Unterwanderung der Arbeiterbewegung und -organisationen. Hierin liegt der Verrat, ja die Aushöhlung des Rechtsstaates der Freiheit und Pflicht. –

Wie sehr die wesentlichste Frage der Steigerung der Produktivität und der mit ihr verbundenen Arbeitssicherung durch demagogische Rhetorik von Funktionären verschleiert und von der vermeintlich aufklärerischen Intelligenz in der Publizistik desorientiert wird, die nur ihre eigene Ratlosigkeit öffentlich vervielfältigt, dies zu erkennen, genügt die Analyse der »Nachrichten« eines Tages.

Am 18. 8. 1981, an dem ich diese Analyse niederschrieb, waren allein in der Ausgabe der FAZ folgende Äußerungen zu lesen: Unter der Überschrift »*Loderer* lobt und tadelt« wird seine Kritik der Wirtschaftspolitik *Ronald Reagans* (noch schärfer die *Margaret Thatchers*) auf die Formel gebracht, »in dieser Art des Kapitalismus würden die Reichen immer reicher und die Armen immer ärmer«, der Wahrheitsgehalt, also die Urteilsebene, entspräche einer Gegenaussage wie »im gewerkschaftlich gesteuerten Sozialstaat werden die Faulen belohnt, die Fleißigen geschädigt«; schon realitätsnäher eine abstrakte Aussage wie die: wo Gewerkschaftsfunktionäre die staatliche Wirtschaftspolitik bestimmen, ist Produktions- und Arbeitsplatzsicherheit gefährdet, aber der Macht- und Stellungsgewinn der Funktionäre steigt.

In der gleichen Ausgabe der FAZ wird eine interessante wirtschaftspolitische Analyse des Präsidenten der deutschen Arbeitgeberverbände *Albert Esser* veröffentlicht, die natürlich zunächst genauso funktionär-interessenhaft bestimmt ist wie die eines führenden Gewerkschaftsfunktionärs; aber er kommt der politischen Wirklichkeit in der entscheidenden Frage realistisch näher: »*Esser* wandte sich gegen den Widersinn, den Arbeitern und Unternehmern durch eine Ergänzungsgabe (die die Gewerkschaftspolitiker befürworten) Geld wegzunehmen, um es dann später nach viel bürokratischem Aufwand als Investitions- und Beschäftigungsförderung zur Verfügung zu stellen.« Genau dies ist das Programm *Ronald Reagans*: Abbau des »Zwischenhandels«, der staatlichen, von Gewerkschaftsfunktionären besetzten Bürokratie, zugunsten privater Initiativen und Risikos. (*Eugen Loderer* und *Albert Esser* sind beide Verbandsfunktionäre, aber mit dem Unterschied, daß der »Kapitalist« *Esser* noch einen eigenen Produktionsbetrieb leitet und dort mit persönlichem Risiko haftet, während *Loderer* als Gewerkschaftsfunktionär kein Arbeitsplatzrisiko hat, sondern nur ein demagogisch zu wahrendes Machtrisiko. Der Einsatz der Verantwortung ist personal durchaus verschieden und damit auch die Verantwortung für das Gemeinwohl.

Hierzu ein etwas abseitiges Wort zur Analyse von Zeitstrukturen: Ihre ideologische oder empirische Ausdeutung hängt nicht zuletzt von der Bevorzugung der deduktiven oder induktiven Lehrweise der Sozialwissenschaften an den Hochschulen ab; dabei verstehe ich unter »deduktiver« Lehrweise, in der Darstellung der sozialen Zusammenhänge von theoretisch-systematischen Lehrsätzen und Überzeugungen auszugehen, um dann in den erfahrenen Fakten das an Deutung zu finden, was die vorgefaßte Theorie dazu hergibt; »induktive« Lehrweise nenne ich ein Vorgehen, das erst einmal die Pluralität der Fakten, wozu auch Meinungen gehören, sammelt, um dann beliebige, jedenfalls variable systematische Theorieelemente zu ihrer Verknüpfung zu benutzen. Der Umschwung in der bundesdeutschen Soziologie von der »induktiven« empirischen Sozialforschung der 50er und Anfang 60er Jahre zu der wieder deduktiv vorgehenden Theorienlehre der »Frankfurter Schule«, des Neomarxismus oder des funktionalistischen Systems eines *Niclas Luhmann* hat nicht zuletzt zur Reideologisierung der bundesdeutschen Politik beigetragen. Auch hier an erster Stelle *Willy Brandt* mit seiner Äußerung des »Klassenkampfes von oben«; oder die Selbstverständlichkeit, wie heute Gewerkschaftsführer wie *Loderer* vom »Kapitalismus« sprechen, die man in den Äußerungen eines *Hans Böckler* oder *Ludwig Rosenberg* oder des österreichischen Gewerkschaftsführers *Anton Benya* vergeblich suchen wird.

Ich habe in meiner soziologischen Forschung im wesentlichen die »induktive« Lehr- und Forschungsweise verfolgt; dazu gehörte auch die Praxis, Seminare an Hand der Tagespresse, möglichst verschiedener Richtung, durchzuführen, um die Urteilsfähigkeit der Studierenden zu stärken. Dazu würde sich auch die Ausgabe der FAZ vom 18. 8. 1981 ausgezeichnet geeignet haben; denn außer den besprochenen Äußerungen sind in ihr noch ausführliche Berichte enthalten über die Wirtschaftsförderungspolitik (unter der Überschrift »DGB: Berlin ist kaputt gefördert worden« wird über ein im Auftrag des Deutschen Gewerkschaftsbundes bestelltes und veröffentlichtes Gutachten von Sozialökonomen der Freien Universität Berlin berichtet, das heftige Kritik an der Förderungspolitik der Berliner Wirtschaft in den letzten Jahrzehnten übt, allerdings kaum darauf zu sprechen kommt, daß ja ein sozialdemokratisch geführter Senat sie durchgesetzt hat) und über die Sozialpolitik (unter der Überschrift »Ein Ludwig Erhard der Sozialpolitik gesucht. Das Prinzip der Subsidiarität wieder beleben« vertritt Professor *Volrad Deneke* begründete Ansichten über die Umgestaltung insbesondere der Krankenfürsorge); er selbst, früher einmal Hauptgeschäftsführer der Bundesärztekammer und Hauptgeschäftsführer der F.D.P., also auch einmal »Funktionär«, kommt leider nicht darauf zu sprechen, daß, die übersteigerte zentralistische Betreuungspolitik beizubehalten, vor allem den Interessen der Funktionäre der Großorganisationen entspricht.

Über Kapitalisten neuen Stils: die Gewerkschaftsfunktionäre

»An die Stelle der »Monopolparteien« der marxistischen und sonstigen Diktaturen, die von vornherein nur noch Einheitslisten zur Zustimmung zulassen, ist doch bei uns der publizistisch gesteuerte Wahlbetrug getreten. Und dann wundern sich die Funktionäre aller Art, daß die jüngere Generation dem ganzen »System« der Funktionäre nicht mehr traut und auch nicht glaubt, durch »Dialoge«, also durch verbales Gequatsche, diese Entartung unserer Form von Demokratie überwinden zu können. Wenn ich heute etwa 20 Jahre alt wäre, würde mein Grundsatz sein: Traut keinem Funktionär!«

Wollen wir die einleitende Kritik erhärten, so muß man sich zunächst über die Größenordnungen statistisch einigermaßen klar werden. Nun habe ich nicht die Absicht, hier ein statistisch gesichertes Grundlagenwerk zu verfassen, stütze mich also auf Aufgaben, deren Autoren ich nenne. Dabei bevorzuge ich gewerkschaftskritische Äußerungen, denn denen der Funktionäre traue ich einfach nicht. Und schließlich richten sich diese Tatsachenangaben vor allem auf den Deutschen Gewerkschaftsbund (DGB), der ohne Zweifel das hier untersuchte Funktionärstum am musterhaftesten verkörpert, ohne daß ich damit den anderen Sorten von »Funktionären«, wie man lesen wird, einen Persilschein ausstelle.

Zahlen und Thesen zum Thema

Im DGB sind heute rund 8 Millionen Arbeitnehmer organisiert. Davon sind etwa
54 % Arbeiter
17 % Angestellte
37 % Beamte (Bundes- und Landesminister eingeschlossen).

Daneben sind in anderen Gewerkschaftsgruppierungen ungefähr 1,5 Millionen »Arbeitnehmer« als Mitglieder eingeschrieben.

Damit sind, läßt man die Berufsstellung (Arbeiter, Angestellter, Beamter) einmal außer acht, nur 43 % aller »Arbeitnehmer« gewerkschaftlich und damit funktionärsgesteuert.

Bezieht man den Prozentanteil auf die Gesamtmitgliederzahl des DGB, entfallen davon

auf Arbeiter	68,8 %
auf Angestellte	20,4 %
auf Beamte	10,8 %
davon sind	
Männer	80,0 %
Frauen	20,0 %

(Angaben für Ende 1979 nach *Franz Kusch*)

Eine statistische Angabe, wieviel Funktionäre hauptamtlich in den verschiedenen Berufsverbänden, insbesondere im DGB, tätig sind, gibt es erstaunlicherweise nicht; wobei ich auch die Betriebsratsvorsitzenden nicht zu dieser Art »Funktionären« zählen würde. Immerhin gibt es zwei statistische Angaben, die in die folgenden kritischen Urteile über Gewerkschaftsfunktionäre eingehen:

1. Die SPD hat rund 1 Million Parteimitglieder. Selbst wenn alle sozialdemokratischen Parteimitglieder gleichzeitig Mitglieder des DGB währen, dann würde dies nur etwas über 13 % der DGB-Mitglieder ausmachen.

2. Aber über 90 % aller hauptamtlichen Gewerkschaftsfunktionäre sind eingeschriebene Mitglieder der Sozialdemokratischen Partei.

Schon aus diesen zahlenmäßigen Größenordnungen – in denen ich mich in wenigen Prozentzahlen irren kann – lassen sich folgende Thesen und Fragen ableiten:

– Die Gewerkschaften, insbesondere der DGB, hat mehr politische Zustimmung als alle politischen Parteien. Die arbeitende Bevölkerung traut ihr mehr die Vertretung ihrer beruflichen und persönlich sozialen Interessen zu als den politischen Parteien. Damit überantwortet sie sich allerdings ihren Gewerkschaftsvertretern und deren politischer und ideologischer Vormundschaft.

– Die Gewerkschaftsfunktionäre suchen nicht nur mehr Parteianlehnung, sondern Parteibindung und Parteimacht. Entsprechen sie damit dem Auftrag ihrer Mitglieder oder werden sie dadurch zu einer parlamentsungebundenen öffentlich unkontrollierten politischen Machtgruppe, die im Namen ihrer Mitglieder allgemeine öffentliche Regierungsaufgaben zwar nicht verantwortungsvoll übernehmen, aber amts- und gemeinwohlfremd zu bestimmen versucht? Dies ohne sich der demokratischen Kontrolle der Gesamtbürger zu stellen.

– Das Größenverhältnis der Mitglieder des DGB zu den in anderen Gewerkschaften (DAG, betriebsgebundenen Gewerkschaften, Berufsverbänden) organisierten »Arbeitnehmern« ist das eines arbeitsmarkt- und sozialpolitischen Monopolunternehmens zu Kleinbetrieben. Niemand wird bestreiten, daß heute in den westlich-demokratischen Industriestaaten Gewerkschaftsmacht zugleich entscheidende Wirtschaftsmacht ist. Während der unternehmerische Monopolismus der Güterproduktion und ihr Angebot an den Verbraucher durch die Sicherung der Konkurrenz, durch das Kartellamt und durch regierungsamtliche Anti-Monopol-Kommissionen durchleuchtet und gesetzlich sozial begrenzt wird, geschieht nichts dergleichen gegenüber der monopolistischen Wirtschaftsmacht der DGB-Gewerkschaft. Von dieser Frage das politische Bewußtsein der Bürger abzulenken, ist das entscheidende Interesse der Gewerkschaftsfunktionäre. So ist etwa ihre Dauerpolemik gegen die unternehmerischen »Multis«, die nicht der sozialen Wirtschaftsordnung der Bundesrepublik unterliegen, nur eine Ablenkung davon, daß die Gewerkschaften längst selbst »Multis« sind (Solidaritätsstreiks, Europäisches Parlament usw.) und zwar mit den gleichen Grundsätzen: Man demonstriert »Solidarität«, aber man profitiert kräftig von der Produktionsohnmacht der Konkurrenten. Die freien Gewerkschaften des Westens verhalten sich »kapitalistischer«, als ihre Funktionäre es der Öffentlichkeit zugeben.

Damit ist die Art angesprochen, wie sich die Gewerkschaften und vor allem ihre Funktionäre finanzieren. Dieser Gesichtspunkt wird am meisten verschwiegen, den Mitgliedern mehr auferlegt, als erklärt. Ich sehe im wesentlichen drei Quellen dieser Finanzmacht der DGB-Funktionäre:
– Die Mitgliederbeiträge: Der Beitragssatz des einzelnen Gewerkschaftsmitglieds beträgt bei fast allen Gewerkschaftsorganisationen 1 % seines Bruttolohnes.

Anstatt hier zahlenhafte Finanzmengen von sowieso kaum noch von jemandem zu erfassender Größe anzuführen, gestatte ich es mir, hier bereits Bemerkungen und Fragen anzudeuten, die ich später ausführlicher aufgreifen werde.

Die »reich« verdienenden, beruflich leistungshöheren Mitglieder der Gewerkschaften finanzieren also die »arm« verdienenden längst mit. Das ist im Grundsatz der »Arbeiter-Solidarität« durchaus richtig, und wer als »reich« Verdienender einer Gewerkschaft beitritt, bejaht diese sowohl »solidarisch« wie »caritativ« zu nennende Einstellung. Was heißt das soziologisch gesehen? Daß längst Facharbeiter, ja gut verdienende technisch »Angelernte«, Angestellte und Beamte innerhalb der Gewerkschaft die Halbtagsbeschäftigten, die mitverdienenden berufstätigen Ehefrauen, vor allem aber die Fremdarbeiter, die Asylanten, die Schwarzarbeiter, die Sozialhilfeempfänger, ja selbst die gar nicht »arbeitenden« Randgruppen wie Drogensüchtige, Asoziale, studentische Diskutierer usw. mit ihren Mitgliedsbeträgen finanzieren. Dieses Urteil hängt natürlich von der Lohn- und Tarifpolitik der Gewerkschaftsfunktionäre ab: Läuft die gegenwärtige Tendenz der Funktionärspolitik nicht immer mehr darauf hinaus, die durch mehr Berufsleistung erworbenen Löhne und Gehälter zugunsten der Interessen der Klein- oder Garnichtverdiener zu vertreten (Forderung von Mindestzuschlägen bei Tarifvereinbarungen)? Ist dann nicht gewerkschaftliche »Solidarität« immer mehr auch eine von Funktionären gesteuerte innergewerkschaftliche Lohn- und Einkommensumverteilung?

Wie werden diese »Beiträge« eingezogen? Im Grunde genommen als Steuern. Obwohl man dem »Verein« Gewerkschaft durch freiwillige Willenserklärung beitritt, erhält der Gewerkschaftsbund in vielen Fällen bereits seinen Mitgliedsbeitrag dadurch, daß ihn die Lohnbuchhaltungen der Betriebe vom Bruttolohn abziehen und den Funktionären der Gewerkschaften überweisen. »In vielen großen Betrieben klappt dieses System vorzüglich« (*Franz Kusch*). Es wäre auch völlig berechtigt, wenn es sich um betriebs- und unternehmensgebundene Gewerkschaften handelte, aber wenn diese Unternehmen für unternehmensfremde und vielfach unternehmensfeindliche gesellschaftliche »Vereine« so handeln, dann gleicht dies der Politik, wie westliche Staatsregierungen die Sowjetrussen und die marxistischen Staaten mit Krediten finanzieren, um sie in ihrer Widerstandskraft gegen westliche Staaten und Regierungen zu unterstützen.

Das Privileg, gesinnungsbestimmte Mitgliedsbeiträge durch unversteuerte, somit abgezogen vom Bruttolohn und damit nicht aus dem privaten Nettoeinkommen zu bezahlende, Leistungen zu erhalten, teilen heute die Gewerkschaften nur noch mit den Kirchen. Auch die »Kirchensteuer« zieht die öffentliche Hand dienstwillig vom Bruttoeinkommen der Arbeitnehmer ab, erhält dafür allerdings einen Verwaltungsanteil, der sich für die »öffentlichen« Finanzen genau so lohnt, wie die Verwaltungsersparnisse oder gar die Organisation der Freiwilligkeitsbeträge für die Kirchen.

Das ist ein aus der einheitlichen geschichtlichen Herrschaftsbrüderschaft von politischer und geistlicher Obrigkeit erwachsenes Finanzkonkubinat, das mit Verträgen abgesichert, alle politischen »Revolutionen« erfolgreich überstanden hat. Gebrochen wurde es nur im marxistischen, kirchenfeindlichen Osten. Die jüngeren, »radikalen« Liberalen streben auch hier die völlige Trennung von Staat und Kirchen an. Aber weshalb übersehen sie, daß sich die Gewerkschaften, vor allem der DGB, längst mit der öffentlichen und privaten Wirtschaft auf ein gleiches Finanzkonkubinat geeinigt haben.

Natürlich gibt es Unterschiede: So sind die »Leistungen« der Kirchen aus den »Kirchensteuern«, die man wohl ehrlicher als »Mitgliedsbeiträge von Glaubensgemeinschaften« bezeichnen sollte, in weitaus höherem Maße dem Gemeinwohl gewidmet als alle in gleicher Weise eingezogenen Gewerkschaftsmitgliederbeiträge. Die Kirchen unterhalten und unterstützen Krankenhäuser, Altersheime, Kindergärten, Schulen usw.; das karitative ihrer Verwendung des »steuerfreien Einkommens« überwiegt bei weitem das partikuläre Interesse der Glaubensgemeinschaft. (Obwohl zu fragen wäre: Dient ein linksradikaler Studentenpfarrer, der von der Kirche bezahlt wird, mehr dem Gemeinwohl oder seiner Zersetzung?). Demgegenüber stehen kaum eindeutige Gemeinwohlleistungen der Gewerkschaften, sondern ihr Steuerprivileg dient im Vorrang partikulärer Interessendurchsetzung. Gibt es Krankenhäuser, Altersheime, Kindergärten, Schulen usw., die vor allem von den Gewerkschaften getragen oder unterstützt werden? Kaum. Die Gewerkschaftsfunktionäre haben den – übrigens der alten Arbeiterbewegung mit ihrem genossenschaftlichen Selbsthilfegedanken widersprechenden – Grundsatz entwickelt: Was wir fordern, muß der »Staat«, also Bundes- und Landesregierung und vor allem die Gemeinden, erfüllen. Haben diese Funktionäre das genossenschaftliche Selbsthilfeprinzip nicht in sein Gegenteil verkehrt?

Dazu kommen rechtliche Ungleichheiten: Während man Gewerkschaften, den Parteien usw. durch eine einfache Unterschrift unter ein Formular beitreten, der Militärdienstpflicht durch eine Postkarte entgehen kann, sind Austritte aus der Glaubensgemeinschaft (Kirchen) mit hohen juristischen Hürden versehen. Man muß vor Gericht den Austritt dokumentieren, weil man in die Glaubensgemeinschaft »hineingeboren« ist; man kann aber mit einer privaten Formularunterschrift Parteimitglied und Gewerkschaftsmitglied werden, was gleiche öffentliche »Steuererhebungen« (Parteifinanzierung, betrieblich einbezogene Gewerkschaftsbeiträge) zur Folge hat. Hier liegt eine Frage der gesetzlichen Gleichberechtigung, die die F.D.P.-Liberalen überhaupt noch nicht gesehen haben. Eintrittsvereine, wie Tierschutzvereine, Landschaftsschutzvereine, das Rote Kreuz und viele andere, deren Gemeinwohlbezogenheit offensichtlicher ist als die der Gewerkschaften, ja zum Teil auch der Kirchen, genießen solche organisatorischen Finanzierungshilfen durch Einziehen ihrer Mitgliedsbeiträge durch den Staat oder die großen wirtschaftlichen Lohnbuchhaltungen nicht. Die Gewerkschaften, die früher den ehrenamtlichen Hauskassierer einsetzten, haben dies wegen »mangelnder Beitragsehrlichkeit« abgeschafft, gemeinverständlich: man kontrolliert längst die »Beitragsehrlichkeit« durch eben den Organisationsapparat, den man politisch zu bekämpfen vorgibt oder von dem man sich vermeintlich so »autonom« fühlt, daß man ihn ständig in seinen Grundzielen kritisiert. Das gilt sowohl für das Verhältnis der Gewerkschaften zu den »kapitalistischen« Unternehmen wie im Verhältnis der Kirchen zum Staat.

Aus diesen so »beitragsehrlich« gesicherten Einkommen aus Mitgliedsbeiträgen haben die Gewerkschaften ein Vermögen gebildet, das sie verständlicherweise in einer »kapitalistischen« Wirtschaftsordnung profihaft anlegen. Dabei müssen sie eine liquide, kurz verfügbare Geldmenge für die Finanzierung von Streiks, Demonstrationen usw, ebenso zur Verfügung haben, wie sie es in langfristigeren eigenen Wirtschaftsunternehmen profihaft anlegen. Aber das »verfilzt« sich: Wenn eine Gewerkschaft für Arbeitskämpfe (Streiks und ihre Publizitätsfinanzierung) mehr ausgibt, als sie selbst an Vermögen hat, so kreditiert dies die gewerkschaftliche Bank für Gemeinwirtschaft; (Beispiel: Gewerkschaft Druck und Papier); eine der Mammutgewerkschaften wie die IG Metall mag aus diesem Vermögen ein Minus von 58 Millionen machen, aber das entspricht Verlusten, die auch große »kapitalistische« Unternehmen, Banken usw. hinnehmen können. Die Frage ist nur: Geben die Funktionäre für solche »Arbeitskämpfe« nicht mehr Mitgliedervermögen aus, als sie an Lohn- und Einkommensgewinnen ihrer Mitglieder erstreiten, an denen sie ja dann wieder vermögensbildend durch Erhöhung der Mitgliedsbeiträge teilhaben?

Als Zitate führe ich Urteile an, die der Autor *Franz Kusch*, der sich mit diesen Zusammenhängen eingehender beschäftigt hat, in seinem Buch »Das Machtkartell. Die Gewerkschaften in Deutschland« (Seewald Verlag, Stuttgart 1980, S. 214) äußert: »Es gibt kein einziges Gewerkschaftsmitglied, das über die Vermögenslage seiner Organisation auch nur annähernd informiert wäre. Selbst die knappe Hundertschaft der geschäftsführenden Vorstandsmitglieder von DGB und Einzelgewerkschaften zusammen hat bestenfalls eine Ahnung von den Vermögensverhältnissen. Die Zahl derjenigen, die wirklich alles weiß, dürfte sich noch nicht einmal auf ein Dutzend belaufen. Sogar die Spitze des DGB ist nicht vollständig über das tatsächliche Vermögen aller Gewerkschaften informiert.« Das sind die Tatbestände der Funktionärsherrschaft am führenden Beispiel des Deutschen Gewerkschaftsbundes, die mich veranlassen, das Kernproblem unseres Gemeinwesens, unserer Staatlichkeit und damit unseres geordneten freiheitlichen Zusammenlebens zu behandeln. Wäre es nicht längst an der Zeit, die Ein- und Ausgabenpraxis der Gewerkschaften in gleicher Weise durch einen funktionärsunabhängigen »Rechnungshof« überprüfen und im Sinne der Gewerkschaftsmitglieder beurteilen und veröffentlichen zu lassen, wie es den Staatsbürokraten und dem heute an deren Stelle gerückten Parteifunktionären immerhin seit dem fürstlichen Aufklärungsstaat und in der Privatwirtschaft der größeren Unternehmen durch unabhängige Prüfungsfirmen zugunsten ihrer eigenen Produktivität, der Effektivität ihres Managements und damit zugunsten der Aktionäre und letzthin auch Verbraucher erfolgt?

Und sollte die bundesdeutsche Publizistik diesen Äußerungen nicht viel mehr und allgemeinverständlichere Publizität verschaffen, als den stereotypen Vorstellungen und Berichten über Regierungs- und Parteifunktionärsreden, über Erklärungen von Gewerkschafts- und Arbeitgeberfunktionären, als sie es heute

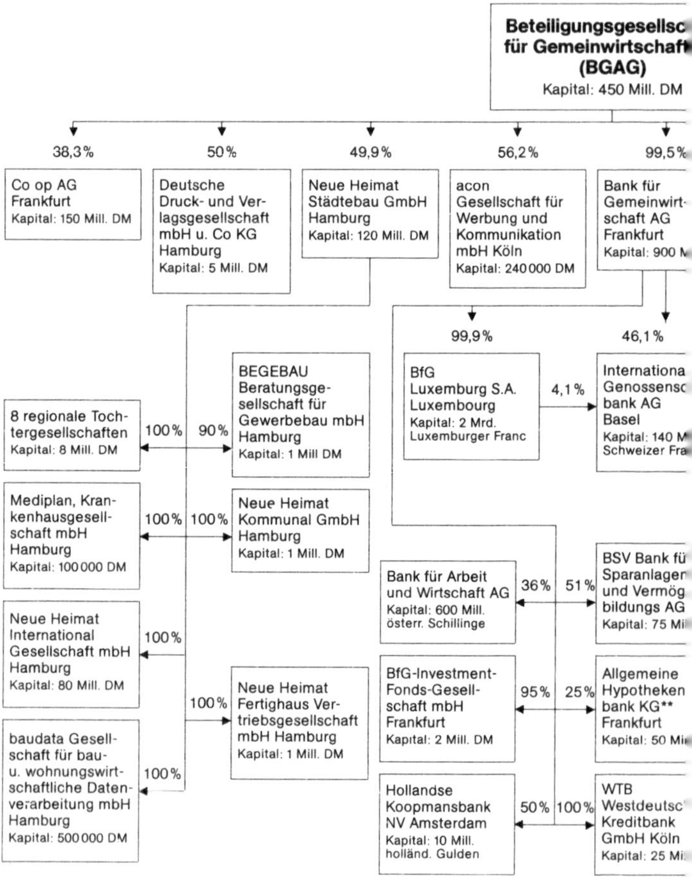

Dem Deutschen Gewerkschaftsbund und den Einzelgewerkschaften gehören mehr als 35 Unternehmen und deren Tochtergesellschaften mit einer Bilanzsumme von rund 125 Milliarden DM im Jahr und rund 100 000 Beschäftigten. Die Gewerkschaften sind damit einer der größten Arbeitgeber in der Bundesrepublik.

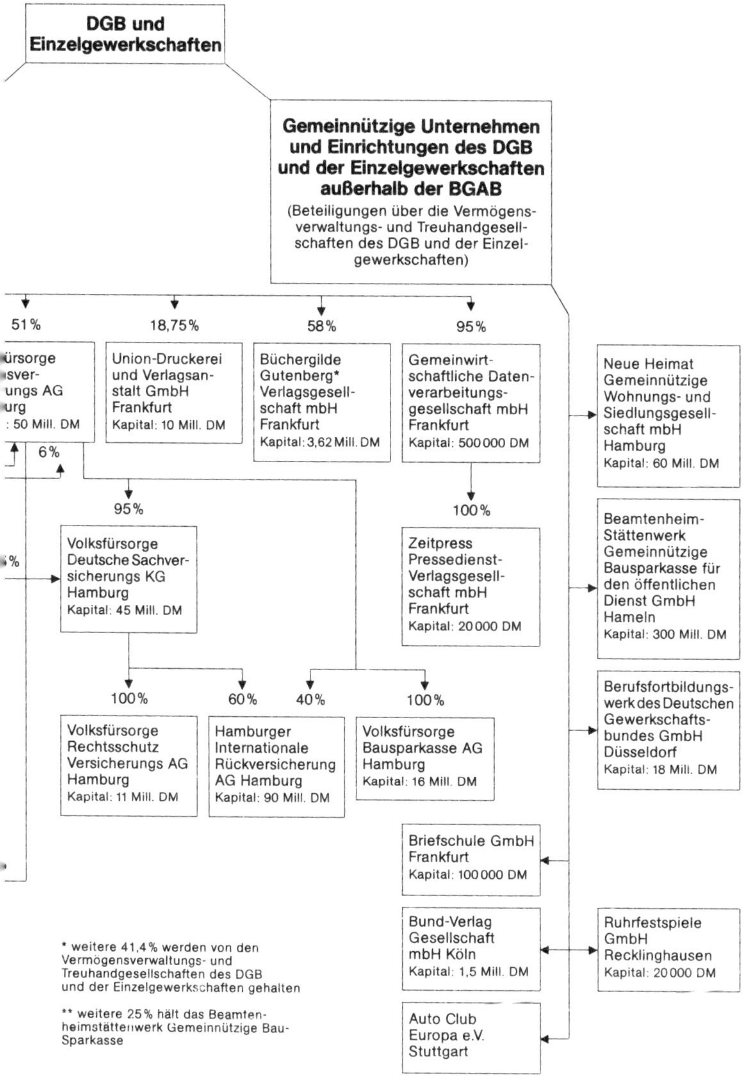

* weitere 41,4% werden von den Vermögensverwaltungs- und Treuhandgesellschaften des DGB und der Einzelgewerkschaften gehalten

** weitere 25% hält das Beamtenheimstättenwerk Gemeinnützige Bau-Sparkasse

Weshalb hat sich weder das Bundeskartellamt noch die Monopolkommission, die Wirtschaftszusammenballungen in in der Privatwirtschaft kontrolliert, um diese Wirtschaftsmachtzusammenballung in Gewerkschaftshand gekümmert? Tabu »Gemeinwohl«?

tut? Ich bejahe entschieden eine »Demokratie von unten«, bin sogar bereit, den modischen Begriff der »Basisdemokratie« zu übernehmen, aber die eigentliche Herrschaft der Funktionäre entschieden zu kritisieren, ist die staatsmonopolistische und privatwirtschaftliche Publizistik der Bundesrepublik schon deswegen kaum noch fähig, weil sie von diesen »Funktionärsherrschaften« in viel höherem Maße abhängt, als sie in ihren Meinungsäußerungen einzugestehen wagt. Gerade die bundesdeutsche Publizistik versagt in hohem Maße vor der Verantwortung für das Gemeinwohl auf Kosten subjektiver Meinungsäußerungsfreiheit.

Gewerkschaftseigene oder gewerkschaftsgesteuerte Großwirtschaftsunternehmen

Während im »realen Sozialismus« des Ostens Gewerkschaftsbeiträge von Mitgliedern praktisch von der herrschenden Monopolpartei dadurch als Staatssteuern vereinnahmt werden, daß die »Gewerkschaften« nur eine Unterorganisation der Parteifunktionäre sind, haben die bundesdeutschen Gewerkschaften im System der »kapitalistischen« Gesellschaftsordnung, die sie phrasenhaft dauernd bekämpfen, die Möglichkeit gehabt und genutzt, sich zu einer führenden, wenn nicht sogar insgesamt genommen, zur mächtigsten Wirtschaftsmacht in der Bundesrepublik als »Kapitalisten« zu entwickeln. Diese überwältigende Wirtschaftsmacht liegt nicht in der Hand von »Kapitalisten alten Stils«, also Eigentümern, Unternehmern usw. sondern in der Hand von Gewerkschaftsfunktionären (»Kapitalisten neuen Stils«), und es ist fraglich, ob dies im Verständnis und in der Willensbildung der arbeitenden Gewerkschaftsmitglieder liegt.

Die Einzelheiten dieser über das Arbeitnehmervertrauen monopolisierten neukapitalistischen Wirtschaftsunternehmen will ich hier zunächst in starker, aber gemeinverständlicher Verkürzung wiedergeben:

Die Bank für Gemeinwirtschaft, eine fast völlig in der Hand der Gewerkschaftsfunktionäre sich befindende Bank, die viertgrößte Geschäftsbank der Bundesrepublik, verwaltet die Finanzen aller DGB-Gewerkschaften, die auch ihre einzigen »Aktionäre« sind.

Über den Baukonzern »Neue Heimat« sind die Gewerkschaften der größte Grundstücksbesitzer und Wohnungseigentümer in der Bundesrepublik.

Unter dem Namen »Volksfürsorge« haben die Gewerkschaften einen Versicherungskonzern aufgebaut, der zu den größten in Westeuropa zählt.

Die alten Konsumgenossenschaften, modern bewußt sprachlich als Co-op internationalisiert, sind eine der führenden »Multis« im Nahrungsmittel-, Textil- und sonstigen Konsumgewerbe geworden.

Den Rest an »kapitalistisch« betriebenen Unternehmen (Werbeagenturen, Druck- und Verlagsgesellschaften, Meinungsforschungsinstituten usw.) will ich hier gar nicht aufzählen, weil ich aus diesen Tatbeständen grundsätzlich Fragen ableiten und erörtern möchte, nicht aber einfach dokumentieren will. Immerhin möchte ich die unter dem 100%igen Einfluß der Gewerkschaft bestehende Wirtschaftsmacht, die zentral von einer »Beteiligungsgesellschaft« geführt wird, als fast allmächtiges »Monopolunternehmen« dadurch verdeutlichen, daß ich in diesem Kapitel die Darstellung eines Organisationsschemas dieser »kapitalistischen« Wirtschaftsverflechtungen veröffentliche.

Dient »Gemeinwirtschaft« dem Gemeinwohl?

Einige Fragen zu dieser Finanzgrundlage der Gewerkschaftsfunktionäre: Wohl die wichtigste ist die, ob hier die Anerkennung als »Gemeinwirtschaft« mit allen ihren Steuervorteilen überhaupt noch gerecht und berechtigt ist? Selbst die gewerkschaftliche Publizistik kennt den Unterschied zwischen der »freien Gemeinwirtschaft« und der »öffentlichen Gemeinwirtschaft«, womit gemeint ist, daß die »öffentliche« reine Staatsbetriebe und -unternehmen sind, die als Gewinn die Staatskassen füllen, aber als Verlust dem Bürger als Steuerzahler aufgebürdet werden. In die gleiche günstige Stellung als Wirtschaftsmacht hat sich längst die Funktionärsherrschaft der Gewerkschaften gebracht: Die »freie Gemeinwirtschaft«, früher auf Mitgliedsgenossenschaften beruhend wie auch die landwirtschaftliche Ankaufs-, Verkaufs- und Kreditierungsgenossenschaften (z. B. Raiffeisenkassen und -unternehmen) sind längst eine staatlich begünstigte »privatwirtschaftliche« Wirtschaftsmacht geworden, wobei es für den Verbraucher, also »Bürger« ziemlich gleichgültig ist, wer ihm sein erarbeitetes Geld abnimmt.

Um konkret zu werden: Ich beziehe jetzt mein Heizöl seit über 20 Jahren von einer landwirtschaftlichen Genossenschaft und bin dabei gut bedient. Meine Frau oder ich kaufen in den Kettenläden der Co-op's genau so selbstverständlich und preiskalkulierend ein wie bei Karstadt, Horten oder den EDEKA-Geschäften. Natürlich hätte ich von der Bank für Gemeinwirtschaft genau so gut einen Kredit oder eine Hypothek bekommen wie von der Sparkasse in Münster. Zwar habe ich nie mit der »Neuen Heimat« gebaut, aber erst durch diese Studien erfahre ich, daß ich mein Eigenfamilienhaus in Hamburg und in Münster, das ich über Bausparverträge mit dem Beamtenheimstättenwerk finanziert habe, möglicherweise einem vorwiegenden »Gewerkschaftsunternehmen« verdanke.

Fragen, die ich in diesem Zusammenhang aufwerfen möchte, aber gar nicht konkret in Einzelheiten beantworten kann und will, sondern auf die Bedeutung der Funktionärsmacht in unserem Gemeinwesen zu beziehen versuche:

– Was unterscheidet diese wirtschaftliche Machtzusammenballung der »freien Gemeinwirtschaft« noch von den »privatwirtschaftlichen« Großunternehmen oder von den staatsmonopolistischen Wirtschaftsunternehmen? Wird hier nicht »Gemeinwohl« und »Gemeinnützigkeit« längst zugunsten gleichartiger Wirtschaftsunternehmen verwechselt?

(Eine lohnende Aufgabe für die Meinungsforschung: Wer kann in der Bevölkerung, ja vor allem von den Abgeordneten in Gemeinden, Ländern und Bund dazwischen überhaupt noch unterscheiden?)

– Obwohl ich sicher bin, daß die aus Mitgliedsbeiträgen finanzierten Wirtschaftsunternehmen der Gewerkschaften genauso ihre Unternehmenssteuern (z. B. Mehrwehrtsteuern) bezahlen und ihre Bilanzen irgendwo veröffentlichen, muß man doch fragen, wo und für wen verständlich dies geschieht. Als Kleinstaktionär der Deutschen Bank, der Vereinigten Elektrizitätswerke Westfalens usw. erhalte ich eine für mich verständliche Bilanz dieser Unternehmen. Erhalten die Gewerkschaftsmitglieder, die mit ihren Beiträgen das Wirtschaftsunternehmen »Gewerkschaften und Co.« finanzieren, eine ihrem Verständnis angemessene Information ins Haus gesandt?

– Als Privatmann zahle ich für das Eigenheim, daß ich mir erarbeitet habe, nicht nur mit Recht Grundbesitzsteuern, Abgaben an Müllbeseitigung, Kanalisation, Straßenreinigung usw., sondern außerdem noch eine Vermögenssteuer, wenn der Hauswert eine gesetzlich ziemlich willkürlich festgesetzte Grenze übersteigt. Ich frage: Wird diese Vermögenssteuer auch auf das Vermögen der Gewerkschaftsorganisationen oder der Kirchen oder ihrer Pfarrgemeinden erhoben? Wären hier nicht Steuern für das Gemeinwohl, also den »Staat« zu erschließen, die anscheinend unter Tabu stehen?

– Pfründen: Gemeint sind »Spenden« und mehr oder weniger freiwillige Abgaben: Diese Art von Selbstfinanzierung der Funktonärsmacht ist bisher am wenigsten durchleuchtet , stellt auch eine sehr vielschichtige finanzielle Wirklichkeit dar, die von dem einfachen Mann, dem »Bürger« oder dem Gewerkschaftsmitglied, kaum noch zu durchschauen ist. Es ist eine Praxis, die nicht nur von den Gewerkschaftsfunktionären, sondern auch von den Regierungsfunktionären (Ministern, höheren »politischen« Beamten) und den Parteifunktionären geübt wird. Sie besteht im wesentlichen darin, daß organisationsvermittelte Einkommenspfründen, heute »Nebeneinnahmen« genannt, zu einer Ablieferungspflicht für die pfründenvermittelnde Organisation erhoben werden. Das kann direkt oder über organisatorische Umwege praktiziert werden.

Am klarsten scheinen mir immer noch die Pfründeneinnahmen der Regierungsfunktionäre geregelt zu sein: Daß »der Staat« in Wirtschaftsunternehmen, die »privatkapitalistisch« vorwiegend vom Staat, also den Steuerzahlern, betrieben werden, auch ein entscheidendes Mitspracherecht über die Besetzung von Aufsichtsratsposten, Auswahl der Geschäftsleiter usw. beansprucht, ist sozusagen seine »Bürgerpflicht«. Aber ist diese Beamtenpflicht trotz aller Rückzahlungen an die Staatskasse nicht doch zu einer einträglichen Nebeneinnahme der Regierungsfunktionäre zusätzlich zu ihrem Beamtengehalt geworden?

Daß die Parteifunktionäre, insbesondere ihre »Kassenwärte«, diese Praxis längst befolgen, d. h. von den Abgeordneten und ihrer Vergütung, vor allem aber von den »Spenden« der Sympathisanten ihren Machtkampf, also Wahlkampf finanzieren lassen, ist wohl bekannt. Daß sie es auf »Umwegen« tun, also durch kriminelle Umgehungen der Steuerpflichten, ist in den letzten Monaten deutlich geworden; dies durch Parteifunktionärsmacht unter den Teppich zu kehren, also zu »amnestieren«, ist durch den Widerstand der jungen Linken in der SPD gescheitert. Seit langem eine Willensbildung der »jungen Linken« in der SPD, die ich rechtsstaatlich als Verdienst anerkenne. Ob sie darauf beruht, daß in diesem Falle die SPD weniger betroffen zu sein scheint als die CDU oder die »Pünktchen F.D.P.« oder ob sich hier ein politisch-moralisches Verfassungs- und Rechtsbewußtsein verwirklicht hat, wage ich nicht zu entscheiden. Mißtrauisch, wie ich geworden bin, neige ich zu der ersten Annahme.

Was hier über Regierungs- und Parteifunktionäre ausgeführt wurde, gilt in viel höherem Maße für Gewerkschaftsfunktionäre, wobei sich die begrifflichen Unterscheidungen auflösen. Regierungs-, Partei- und Gewerkschafts- oder Berufsverbandsfunktionäre bilden längst eine herrschende Oberschicht wie früher die weltlichen und kirchlichen Obrigkeiten, die die Pfründen unter sich verteilen.

Kommen wir zu den Gewerkschaftsfunktionären des DGB:

Ihre Abgaben an die Gewerkschaften selbst oder an »gemeinnützige« Vereine wie die »Stiftung Mitbestimmung« werden organisationsintern herausgestellt. Aber erfolgen sie eigentlich aus dem versteuerten Nettoeinkommen dieser Leute oder erhalten sie diese »Nebeneinkünfte« steuerfrei, d. h. von dem sie zahlenden Unternehmen bereits versteuert (und damit unternehmerisch als »Kosten« absetzbar) und nehmen diese Leute, wenn sie der »gemeinnützigen« Stiftung Mitbestimmung oder der Friedrich-Ebert-Stiftung »Spenden« überweisen, nicht einen doppelten Steuerfreibetrag für ihr privates Einkommen in Anspruch? Es ist erfreulich, daß heute Staatsanwälte, also die Justiz, gegen diese steuerhinterziehenden Praktiken der Parteifunktionäre ermitteln; aber weshalb nicht diese Ermittlungen auch auf die Pfründeneinkommen der Gewerkschaftsfunktionäre ausdehnen? Gewiß: Wo kein Ankläger ist, erfolgt keine Anklage. Aber geht es hier nicht um Strafrechtsdelikte, für die die Justiz als »öffentlicher Ankläger« zuständig ist?

Noch eine zweite Ebene der »Pfründenwirtschaft« als Funktionärsherrschaft: Die politischen und vor allem die wirtschaftspolitischen Machtsituationen veranlassen die Unternehmen (von den größten bis zu den kleinsten) zu »Spenden« in verschiedener Form: als Werbungsannoncen, als »Beiträge zu gewerkschaftlich-gemeinnützigen« Einrichtungen usw. Politische, insbesondere wirtschaftspolitische Macht läßt sich immer in finanzielle Unterstützung umwandeln.

Dafür nur zwei Beispiele: Der Oppositionsführer der CDU im Lande NRW, Professor *Kurt H. Biedenkopf*, Wirtschaftsjurist und zugleich in der unternehmerischen Wirtschaftspraxis erfahren, hat in einer öffentlichen Parlamentsdebatte festgestellt, daß in einem einzigen Stahlkonzern im Ruhrgebiet ein Drittel aller Betriebsräte im Wahlkampf für die SPD freigestellt wurden (natürlich mit Lohnfortzahlung), was finanziell einer Spende an die SPD von fast über 1,5 Millionen DM gleichkomme. Dies entspreche etwa dem jährlichen Spendenaufkommen der CDU in

Westfalen. Berücksichtigt man, daß gerade Stahlkonzerne zur Wettbewerbsfähigkeit im internationalen Markt Steuerunterstützungen und -erleichterungen fordern und erhalten, so ist zu fragen: Wer ermittelt gegen diesen Stahlkonzern, gegen die zu ganz anderen Aufgaben gewählten Betriebsräte auf Betrug gegenüber ihren Aktionären, gegenüber den Wählern dieses Betriebsrates und letzthin gegenüber den Bürgern als Steuerzahler?

Das zweite Beispiel betrifft weniger Gewerkschafts- als Parteifunktionäre. *Rudolf Augstein*, Eigentümer und Hauptkolumnist der Wochenzeitschrift »DER SPIEGEL«, hat fulminante Artikel gegen die Steuerhinterziehung der Schatzmeister der CDU und F.D.P., *Walther Leisler Kiep* und *Otto Graf Lambsdorff*, geschrieben und mußte danach eingestehen, daß sein Verlag und er selbst auch gespendet hatten. Aber das sei völlig »legal« gewesen, denn die »Empfängergremien« seien ja als »gemeinnützig« ausgewiesen gewesen und er hatte keinen Einfluß darauf gehabt, wie sie dies Geld verwendeten. Wer lacht da? Ausgerechnet »DER SPIEGEL« und Herr Augstein, die sich geradezu auf die Aufdeckung von »Hintergründen« des politischen Geschehens spezialisiert haben, beruft sich darauf, »legal« gespendet zu haben; haben *Kiep* oder *Lambsdorff* nicht genauso »legal« Spenden eingesammelt? Wer ermittelt gegen Augstein oder den »Spiegel-Verlag« in gleicher Weise?

Wer verteilt diese Pfründen? Die Funktionäre unter sich. Allenfalls kann man feststellen, daß rangobere Funktionäre den rangniedrigsten Funktionären sie zu besetzen helfen, weil sie dadurch ihre Funktionärsmacht stärken. Wie früher die großen »Kapitalisten« – heute etwa die Banken – ihre Wirtschaftsmacht stärkten, indem sie zunächst sich selbst mit »Nebeneinkommen« versorgten, dann aber auch ihre befehlsgetreuen Anhängerschaften daran teilnehmen ließen (»Partizipation«), so handeln doch längst auch die in Ministerämter beförderten Parteifunktionäre, die Gewerkschaftsbosse und die sonstigen Verbandsfunktionäre. Das ist doch nur eine pseudodemokratische Variante der parteimonopolistischen Pfründenvergabe der marxistischen und sonstigen diktatorischen Machtausübung in aller Welt.

Natürlich geht es auch hier meistens streng »gesetzlich« zu; aber wie im Osten oder auch in Afrika machen doch die herrschenden Funktionäre eben die Gesetze, die ihnen ihre Herrschaft und ihre Pfründen sichern. Gewiß haben wir im Westen »freie demokratische« Wahlen, aber worunter kann denn der wahlmündige Bürger überhaupt noch »aus-wählen«? Doch nur unter Parteifunktionären verschiedener Schattierungen. Wir wählen doch längst nicht mehr Vertreter des arbeitenden Volkes, sondern diejenigen Funktionäre, die sich mit Steuermitteln und »Spenden« werbungshaft und d. h. heute halblügnerisch der »veröffentlichten Meinung« durch Gemeinwohlphrasen, gruppenhafte Interessen und Vorteilsversprechungen und durch Heraufspielen von weltpolitischen Zusammenhängen, die sie weder beherrschen noch die Wähler beurteilen können, am erfolgreichsten in Szene setzen können. Die Wahlversprechen sind doch einige Wochen nach der »demokratischen« Wahl nicht nur vergessen, sondern in ihr Gegenteil verkehrt. An die Stelle der »Monopolparteien« der marxistischen und sonstigen Diktaturen, die von vornherein nur noch Einheitslisten zur Zustimmung zulassen, ist doch bei uns, vor allem in Westeuropa, der publizistisch gesteuerte Wahlbetrug getreten. Und dann wundern sich die Funktionäre aller Art, daß die jüngere Generation dem ganzen »System« der Funktionäre nicht mehr traut und glauben, durch »Dialoge«, also verbales Gequatsche, diese Entartung unserer Form von Demokratie überwinden zu können. Wenn ich heute zwanzig Jahre alt wäre, würde mein Grundsatz sein: Traut keinem Funktionär!

Unsere neue Grundordnung: der Funktionärsprotektionismus

Was haben diese allgemeinpolitischen Überlegungen mit der Frage zu tun, wie »Pfründen« vergeben werden? Die in diesem »demokratischen« System gewählten Mehrheitsparteien und ihre Minister können immer mehr Wirtschaftsmacht ansammeln, besetzen die Aufsichtsräte der immer mehr verstaatlichten Wirtschaft mit ihren Parteigenossen und »politischen« Beamten, fordern bei jeder »Reform« zugunsten der Bevölkerung neue »öffentliche Bedienstete« an, die sie mehr nach Parteibuchausweis als nach Sachverstand einstellen; das System des Funktionärsprotektionismus ist zur Grundordnung unseres Gemeinwesens geworden

Und die Gewerkschaftsfunktionäre? Da die SPD längst in hohem Maße von der Unterstützung der Gewerkschaften abhängig ist, muß sie dafür natürlich »bezahlen«: Die »gesetzlich« legalen Pfründen der Gewerkschaftsfunktionäre sind doch längst den Regierenden (Ministerien) und dem Gesetzgeber (Abgeordneten) abgetrotzt, ja kommandiert worden. Die Grundlage der Repräsentanten-Demokratie – freie Gewissensentscheidung und Sachurteil – ist doch bei uns längst zur Farce geworden. Die »Pünktchen F.D.P.«, die mit dem Freiburger Programm ihre wahrscheinlich letzte liberale Grundsatzerklärung abgegeben hat, die im wesentlichen *Werner Maihofer* erdachte, begründete und durchsetzte, hat es ihm dadurch gedankt, daß sie ihn fast in Unehren hat fallen lassen, ihn durch den genschergleichen Opportunisten *Gerhart Baum* ersetzte, um die Beteiligung an der Regierungsmacht zu erhalten, obwohl sie damit die Gewerkschaftsfunktionärsmacht grundsatzlos steigerte (für mich der »Sündenfall« der Liberal-Funktionäre schlechthin). Aber hätte die CDU als Koalitionspartner anders gehandelt?

Grundfolgerung: An die Stelle der Monarchie- und Feudalmacht des 18. Jahrhunderts, der Kapitalistenmacht des 19. Jahrhunderts ist in unserem Jahrhundert die Funktionärsmacht als Herrschaft über den einfachen, arbeitenden Mann, den vermeintlich »mündigen« Bürger, getreten.

Literarische Abschlußbemerkung: Erstaunlich ist doch, daß unsere literarische Intelligenz wie *Heinrich Böll, Günter Grass, Walter Jens, Günter Wallraf* etc., also die »Aufrufpoeten«, die die Wirklichkeit »der Gesellschaft« zu ihrem Hauptthema zu machen trachten, die das Jahrhundert bestimmende Figur von *Adolf Hitler* über *Josef Stalin, Willy Brandt* bis zu den Kleinformaten der Gegenwart überhaupt nicht erkannt haben. Alle diese Lebensläufe sind nur als »Karrieren von Funktionären« verständlich. Stattdessen »dämonisiert« man Herrn Hitler zum »Verbrecher« des Jahrhunderts, wovon alle Literaten seit 1945 profitieren, schweigt man im Westen weitgehend über Stalin, den Funktionärsherrscher des marxistischen Ostens usw. *Heinrich Böll* hat in seiner ironischen Novelle »Dienstreise« sich wenigstens noch der Erscheinung des »Bürokraten« gewachsen gezeigt, dann aber sich auf die völligen Nebenfiguren der miesen Praktiken von Springer-Redakteuren verlegt (wie *Günter Wallraf*), aber die betrügerische Informationspolitik der Regierungen und Parteien, besonders in Wahlzeiten erheblich wirksamer als die der »Springer-Redakteure«, überhaupt nicht mehr verstanden. Grass hat die »Führerbiographie« für *Willy Brandt* geschrieben (»Aus dem Tagebuch einer Schnecke«, 1972), literarisch eleganter und gedankenreicher, aber im Grunde genommen in der Tradition der hitlerischen oder stalinischen »Charisma«-Verherrlichung. Ich sehe nicht, daß einer dieser »Aufrufpoeten« seine Irrtümer oder seine politischen Folgen eingestanden hat. Schriftsteller wie *Arno Schmidt* oder *Peter Handke* werden sie auch ohne Nobelpreis um viele Jahrzehnte geistig überleben. Woran liegt das? Diese politischen »Aufrufpoeten« sind längst mit den Parteifunktionären so verfilzt, selbst ihren eigenen Publizitätsfunktionären und den Medien- und (immer noch kapitalistischen) Verlagsfunktionären ausgeliefert, daß sie Funktionärsgenossen geworden sind anstatt »Kritiker der Zeit« sein zu können.

Um bei der augenblicklichen Gegenwart zu bleiben: Weshalb schreibt eigentlich kein kritisch-politischer Schriftsteller einmal den Schlüsselroman über eine mittelmäßige Funktionärslaufbahn wie die von *Heinz Ruhnau*? (Der jetzt aktuelle Fall einer Funktionärskarriere, die zwar publizistisch in großer Mehrheit verurteilt, gleichwohl wirksam wird: Was er eigentlich gelernt und wo er etwa als Nichtfunktionär ein Jahrzehnt gearbeitet hat, bleibt völlig unklar; als Parteifunktionär dann in die hamburgische Stadtregierung aufgestiegen, dann SPD-gewerkschaftlicher Genossenschaftsfunktionär, dann parteibuchlich zum Staatssekretär in der Bundesregierung aufgestiegen und von dort mit der Partei- und Gewerkschaftsprotektion mit eigener Stimmenabgabe in die Führung eines der wenigen gewinnbringenden Staatsunternehmen aufgestiegen.)

Immerhin hat die Lufthansa als eines der seltenen Wirtschaftsunternehmen, dessen Hauptaktionär die Bundesrepublik ist, Gewinne in der internationalen Konkurrenz gemacht. Während aber die rein staatlichen, d. h. Unternehmen wie die Bundesbahn, auch das Volkswagenwerk, ja selbst die Aufrüstungsgeschäfte des Verteidigungsministeriums sich privatwirtschaftlich erfahrene Manager suchen, wird die Lufthansa in ihrer Führung an einen Parteifunktionär vergeben.

Kann man den wenigen Privataktionären der Lufthansa einen anderen Rat geben, als aus dieser Beteiligung möglichst schnell auszusteigen, ehe sie unter der Funktionärsführung ihr investiertes Geld verlieren?

Aber Ruhnau ist nicht ein vereinzeltes Beispiel: In Österreich kummuliert ein Mann wie *Heinrich Sekanina* nicht nur die Führung einer Gewerkschaft und die damit verbundenen Parteifunktionärsposten, er ist inzwischen, auch ohne diese Posten aufzugeben, Bundesminister und zugleich der führende Sportfunktionär des österreichischen Fußballbundes, den er von Niederlage zu Niederlage herumkommandiert.

Wie wäre es mit dem Vorschlag, daß die politischen Schriftsteller, Journalisten, Medienprivilegierten usw. einmal die Masche »Vergangenheitsbewältigung«, die sie seit fast vier Jahrzehnten profithaft ausspielen, national und international, verließen zugunsten der »Bewältigung der Gegenwart«? Aber dazu reicht wahrscheinlich ihre Urteilskraft nicht aus.

Es ist also festzustellen:
Die beherrschende Figur dieses Jahrhunderts seit den dreißiger Jahren (*Hitler, Stalin* usw.) ist den Literaten der deutschen Sprache überhaupt noch nicht ins Gesichtsfeld geraten: Der Funktionär.

Der neue Typ des Funktionärs: auf der Rutschbahn zum Antidemokraten

Schon aus den einfachen statistischen Daten ergeben sich die Urteilsmaßstäbe, nach denen ich die Funktionärsmacht der Gewerkschaften hier kritisieren werde. Nach meiner Überzeugung ist die kapitalistisch-unternehmerische Wirtschaftsmacht zumindest in den westlichen Industriestaaten rechtlich und gesetzlich weitgehend auf die Befolgung des Gemeinwohls hin begrenzt und geordnet und hat Mechanismen ihrer Kontrolle entwickelt. Das Gleiche läßt sich nicht von der Gewerkschaftsmacht behaupten, deren Bindung an das Gemeinwohl, an den demokratischen Rechtsstaat, an den politisch-ökonomischen Sachverstand und schließlich selbst an die Lebensinteressen der arbeitenden Menschen und ihrer Familien immer mehr schwindet. Dies scheint mir die Aufgabe zu sein, die in den nächsten zwei Jahrzehnten zu lösen – von internationalen Zwischenfällen wie Krieg, Revolution usw. abgesehen – staats- und ordnungspolitisch von der nächsten Generation der Erwachsenen zu lösen sein wird.

Unter diesem Gesichtspunkt erörtere ich folgende kritische Problemkreise, die die heutige Macht der Gewerkschaften und die Mentalität ihrer Funktionäre beleuchten und versuche, meine Urteile zu begründen. (Dabei fühle ich mich nicht als ein Lehrer oder gar Programmatiker der Zukunft; soll sich aus meinen Urteilen jeder verantwortliche Politiker entnehmen, was er für seine Entscheidungen für richtig hält.):

- Die Einstellungen und Wandlungen des Gewerkschaftsfunktionärs
- Das Verhältnis des Funktionärs zum Recht
- Das Verhältnis des Funktionärs zum wissenschaftlichen und ökonomischen Sachverstand

- Funktionärsinteressen und die Ansprüche der arbeitenden Bevölkerung
- Erforderliche Neuordnung des Gewerkschaftswesens

a) *Die totalitäre Grundeinstellung der westlichen Gewerkschaftsfunktionäre:*

Sie beruht auf der Überzeugung oder nur Behauptung, daß er »den ganzen Menschen« vertrete. Der »ganze Mensch« wird als »Arbeitnehmer« verstanden und damit auf seine materiellen Vorteile reduziert. Daraus ergibt sich ein politisch-sozialer Gesamtanspruch in allen Lebensgebieten »mitzubestimmen«, was konkret bedeutet: die politische Willensbildung zu beherrschen, ohne die Verantwortung für die gesetzlich-administrative Durchführung zu übernehmen und zu verantworten. Damit verändern die Gewerkschaftsfunktionäre auch im Westen alle politisch-institutionellen Konflikte zur »totalitären Funktionärsmitbestimmung«, von der östlich-marxistischen Gewerkschaft als Organ der Monopolpartei nur noch durch eine vermeintlich »demokratische« Maskierung unterschieden.

Der freiheitlich-demokratische Staat lebt von drei Grundsätzen:

- Der Anerkennung eines Gemeinwohls als das »Allgemeine« der Staatlichkeit
- Der kollektiv-organisatorisch nicht gesteuerten oder bevormundeten Freiheit des einzelnen Menschen, seine Bedürfnisse und Anschauungen bei politisch-sozialen Entscheidungen im Staat zur Geltung zu bringen; und:
- diese Entscheidungen in den Lebensbereichen mitbestimmen zu können, in denen er aus eigener Lebenserfahrung urteilsfähig ist.

Auf diesen Grundsätzen beruhen auch die legitimen Aufgaben der Gewerkschaften als freiheitlich-demokratische Solidarität. Aber eben diese Grundsätze werden von den Funktionären organisatorisch, ideologisch und in allen einzelnen politischen Entscheidungen verkannt, unterdrückt, verfälscht und geleugnet, und zwar immer zugunsten ihrer eigenen Funktionärsherrschaft. Die eigentlichen und legitimen Aufgaben der freien Gewerkschaften bestehen (einverstanden mit *Erwin Scheuch*):

- zuerst darin, Arbeitsplätze zu sichern,
- die Verminderung der Entlohnung durch die immerwährenden Inflationen auszugleichen,
- und schließlich für die von ihnen vertretene Gruppe von Arbeitenden einen realen Lohnzuwachs zu erstreiten, der zur freien Verfügung dieser Menschen steht.

Die Wahrnehmung dieser Aufgaben gewährleistet den Kern der sozialpolitischen Sicherung aller für sich selbst und ihre Familien Arbeitenden und generell die betriebliche Mitbestimmung des »Arbeitsschicksals« gegenüber »Arbeitgebern«, wobei nicht nur der wirtschaftliche Unternehmer, sondern auch der öffentliche Arbeitgeber in Betracht zu ziehen ist. Beides sind soziale Gewinne der Bundesrepublik, die kein vernünftig politisch Urteilsfähiger aufzugeben bereit ist. Sie sind substantielle Urbestandsteile des staatlich-sozialen Zusammenlebens unserer Bevölkerung. Aber heute ist zu fragen, ob nicht die Formen der organisatorischen Verwirklichung dieser Grundziele inzwischen Nebenwirkungen und Überzogenheiten angenommen haben, die eben dieses Gemeinwohl unseres Staates schädigen, und zwar um Funktionäre dieser Organisation in ihren Machtpositionen, das heißt als »herrschende Klasse«, zu bestätigen.

Dafür gibt es viele Beispiele, von denen wir hier nur einige erwähnen wollen:

– *Erwin Scheuch* (im Rheinischen Merkur vom 23. 05. 1980 unter dem Titel »Wandel durch Entfernung. Der DGB verliert die Arbeiter aus dem Blick«) hat darauf hingewiesen, daß heute keineswegs mehr Lohnforderungen an erster Stelle stehen, sondern durch sogenannte »Strukturforderungen« ersetzt werden, und zwar um so mehr, als die wirtschaftliche Lage materielle Lohnsteigerungen nicht mehr zuläßt und der Einfluß der Gewerkschaftsfunktionäre auf die gewählten demokratischen Regierungen und Oppositionen zunimmt. Dazu gehören etwa die ständige Forderung auf Gleichberechtigung von Mann und Frau (die im Lohnleistungsbereich sowieso im Fortschritt ist, in anderen Bereichen der Frauenemanzipation unsozial wirkt, weil sie die Arbeit der Hausfrau und Mutter unterbewertet); die Gegnerschaft gegen technische Rationalisierungen, weil sie Leistungsumschichtungen mit sich bringen, denen die Lohnstrukturen sich nicht flexibel anpassen; die Regelung der Arbeitszeit, die pauschal vollzogen werden soll, obwohl längst viele Arbeitnehmer unter der 35-Stundenwoche, andere aber noch bei einer 60-Stundenwoche liegen; und die ungemein ausgeweitete Forderung nach »Mitspracherechten in vielen Lebensbereichen und Einrichtungen«.

– Was das letzte betrifft, so würde ich härtere Vorwürfe erheben als *Scheuch*: Die Gewerkschaftsfunktionäre haben sich sowohl in die Außenpolitik wie auch in die äußere und innere

Sicherheitspolitik unseres Staates, in die Energie- und die Bildungspolitik in einer Weise eingemischt, die längst den Tatbestand der Nötigung von Regierungsorganen erfüllt.

Außenpolitik: Es gab seitenlange Unterschriftensammlungen von Gewerkschaftsfunktionären und Betriebsräten, die sich in die Entspannungspolitik der Regierung *Brandt/Scheel/Bahr* gegen die in dieser Frage keineswegs einheitliche Opposition öffentlich eingesetzt haben. Es wäre für einen Empiriker wissenswert, wer von den damals Unterschriftsbegeisterten heute nach der Affäre *Guillaume*, nach der massiven Aufrüstung der Sowjetunion diese Meinungsäußerung noch öffentlich verteidigen würde. Typisch ist dafür das Schema: Meinungsäußerung ohne Handlungsverantwortung.

Sicherheitspolitik: Weniger in der äußeren als in der inneren Sicherheitspolitik beziehen die Gewerkschaftsfunktionäre gespaltene Positionen, deren Zwiespältigkeit auf einer Entfremdung der Funktionäre von ihren Organisationsmitgliedern besteht, die sie nicht offen formulieren können, ohne ihre Funktionärsexistenz aufs Spiel zu setzen. Daß die große Mehrheit der Bevölkerung, und das heißt der Arbeitnehmer in der Bundesrepublik, in den USA eine Schutzmacht ihrer Sicherheit und ihres Wohlstandes sehen, scheint unbestritten, aber unter den Gewerkschaftsfunktionären der jüngeren Generation überwiegt wahrscheinlich längst die antiamerikanische, neutralistische Einstellung. Das gleiche gilt für die innere Sicherheit, den sich ausbreitenden Bürgerkrieg: An verbalen , publizistischen Äußerungen gegen die »Gewalt« fehlt es nicht, aber haben die Gewerkschaftsfunktionäre wirklich ein Interesse daran gezeigt, den Gemeinwillen der großen Mehrheit der Arbeitnehmer gegen den psychologischen und gewalttätigen Demonstrationsterror in unserem Rechtsstaat zu mobilisieren? Hier gibt es geheime Übereinstimmungen.

Schul- und Hochschulpolitik: Nach der Tradition der deutschen Staatlichkeit und im Gegensatz zur angelsächsischen sind Schule und Hochschule in der Bundesrepublik staatsmonopolistische Institutionen. Dies verpflichtet die Schul- und Hochschulpolitik zu einer am Gemeinwohl und am Erziehungsrecht der Eltern ausgerichteten Schul- und Hochschulpolitik, die sich gegen die Beherrschung dieser Institutionen durch materielle und ideologische Gruppeninteressen zu richten hat. Diese Voraussetzung des nahezu vollständigen Staatsmonopols im Schul- und Hochschulwesen wird von den Gewerkschaftsfunktionären zunehmend abgebaut und unterlaufen, indem sie materielle und ideologische Gruppeninteressen zum Entscheidungszwang der staatlichen Bildungsinstanzen machen. In der Schulpolitik wird dies etwa darin deutlich, daß die Gesamtschule zur Regelschule und so auf die Dauer zur staatsmonopolistischen Schulform durchgesetzt werden soll (unter der Urteilsführung der Gewerkschaft »Erziehung und Wissenschaft«) und sich die gewerkschaftshörigen, sozialdemokratischen Bildungspolitiker dem unterwerfen. Die Frage, welche Schulform der pädagogisch förderlichsten Entwicklung der Kinder am besten dient oder welche ein für verschiedene Begabungen jeweils ruhiges und reifungsfähiges Lernklima schafft, ist längst zur zweitrangigen Frage geworden. Das Elternrecht auf Erziehung und der Pluralismus der Begabungen und der darauf aufbauenden Berufstätigkeit wird von den Funktionären und Politikern der Schulpolitik längst ignoriert. Das ruft natürlich Gegenbewegungen hervor, die dann politisch totgemacht werden sollen: Die durchaus vorhandenen Erfahrungs-, ja Verzweiflungsberichte von Lehrern an Schulen verhallen ohne Folgen in der publizistischen Meinungsüberflutung; ein erstaunlich erfolgreiches Volksbegehren der Eltern gegen die Schulpolitik des Landes Nordrhein-Westfalen gegen die Schulpolitik dieser sozialdemokratisch-gewerkschaftlichen Regierung hat diese zwar zu mehr Vorsicht, aber nicht zum Aufgeben ihrer elternfeindlichen Schulpolitik angehalten; dem Versuch der Eltern, mehr auf Privatschulen zur Erziehung ihrer Kinder auszuweichen, wird gerade von den sozialdemokratischen Ländern durch entscheidende Kürzung ihrer Beiträge zu dieser Schulform begegnet; aber als das Schlimmste an dieser Entwicklung betrachte ich, daß nichtsozialistisch oder sozialdemokratisch gebundene Berufsorganisationen der Lehrer gegen ihre Grundsätze immer mehr in die Rolle von Interessenfunktionären gedrängt werden.

Folgerung: Wenn man das in Zwiespalt geratene Verhältnis des Elternrechts auf Erziehung ihrer Kinder bis zum 18. Lebensjahr und der staatsmonopolistischen Schulpolitik nicht wieder aufheben will, so muß das Elternrecht vor der staatlichen Schulpolitik zur Geltung kommen und im Gegensatz zur ideologisch-monopolistischen, staatlichen Einheitsschule muß ein pluralistisches Schulsystem, insbesondere die Förderung der »Privatschulen« (und Kindergärten), gefördert werden. Es hat etwas Verzweifeltes an sich, daß der einzig realistische Weg dazu der zu sein scheint, daß die Eltern eine Art »Gegengewerkschaft« zu den Lehrer- und Politikerfunktionären bilden müssen.

b) *Akademisierung als ideologische Ausrichtung*

Doch die sich ständig ausdehnende Forderung der Funktionäre auf immermehr »Mitbestimmung« in politischen Ordnungs-

und Gestaltungsbereichen schwächt nicht nur die zur gemeinwohlorientierten Amtsführung verpflichteten Amtsträger der Regierungen aller Art, vom Bund über die Länder bis zu den Gemeinden, sondern sie verbindet sich mit dem Angriff auf die politischen Glaubensgrundlagen des demokratischen Rechtsstaats westlicher Prägung, dem die große Mehrheit unserer arbeitenden Bevölkerung zustimmt. Diese unheilige Koalition wird meist unter dem Stichwort »ideologisch-sozialistische Unterwanderung« der Gewerkschaften in einem Atemzuge dargestellt (so auch *Scheuch*). Obwohl diese Allianz zweifellos vorhanden ist, scheint mir ihre analytische Trennung eine Voraussetzung dafür zu sein, praktisch politisch dem entgegenwirken zu können.

Die marxistisch-ideologischen Vertreter eines Staatsumsturzes, die aus der Bundesrepublik einen marxistisch-kommunistischen Staat, eine »andere Republik« (*Karl Schiller*) machen wollen, obwohl sie sehr bald die Opfer ihrer Revolution sein würden, treffen zur Zeit wenigstens noch auf so wenig Zustimmung, daß die politische Kraft der Bundesrepublik und auch der Gewerkschaften ausreichen würde, ihre politischen Ziele, gerade wenn sie vom Osten gesteuert sind, erfolgreich abzuwehren. Dabei sei nicht verkannt, daß diese »staatsumstürzenden«, »systemverändernden« Gruppen nicht nur an den Universitäten und den aus ihr hervorgehenden Berufstätigen, sondern auch in der organisierten Gewerkschaftsjugend, zum großen Teil in der Gewerkschaft »Erziehung und Wissenschaft« oder in der Gewerkschaft »Banken und Versicherungen« (obwohl diese nur eine Minderheit der dort Berufstätigen erfaßt) Fuß gefaßt hat. Hier sind viele Funktionärsposten bereits von Staatsgegnern besetzt.

Für viel wichtiger und bekämpfenswerter halte ich die Entwicklung, daß zunächst in zweiter Linie, aber sehr wirkungsvoll, die Gewerkschaftsfunktionäre »akademisiert« werden. Zu Gewerkschaftsführern rücken immer mehr Personen vor, die nie über längere Zeit selbst Arbeiter waren, sondern von vornherein den Beruf »Funktionär« ergriffen haben (z. B. *Walter Arendt*, *Detlef Hensche*, *Heinz Kluncker*, *Heinz Oskar Vetter* u. a.). Sie ziehen als argumentative Hilfstruppe das universitäre, politisch-theoretische Personal nach, das ihnen die jeweilige funktionärshafte publizistische und demokratisch-diskussionsbezogene Äußerung ermöglicht. Daß sie sich dabei immer mehr von den unmittelbaren Lebensinteressen der arbeitenden Menschen entfernen und von ihren akademisch, vermeintlich wissenschaftlichen Ratgebern abhängig werden, wird durch »Medienmacht« verschleiert.

(Dazu wird in Kapitel vier »Verachtung des Sachverstandes« und in Kapitel sechs »Funktionärsmacht auf Kosten der Arbeitnehmer« noch mehr zu sagen sein.)

c) *Die antidemokratische Verbindung von Gewerkschafts- und Parteifunktionär (»Filzokratie«)*

Diese Entwicklung in den DGB-Gewerkschaften ist ein Strang, wie sich die Entdemokratisierung des parlamentarischen Rechtsstaates heute vollzieht. Ein anderer Strang läuft über die immer hemmungsloser werdende Vereinigung von Funktionärs- und Gewerkschaftsmacht mit den Stellungen der parlamentarischen und regierungsangehörigen Amtsträger. Gewerkschaftsfunktionäre nehmen nicht nur die entscheidenden Ministerien in Besitz – die jetzt allerdings brüchig werdende Regierungskraft des Kanzlers *Helmut Schmidt* beruhte mehr auf der Stützung durch die Gewerkschaften als auf der Zustimmung seiner eigenen politischen Partei –, sondern sie lassen sich auch zusätzlich noch in das Europaparlament als parteipolitische Abgeordnete wählen, obwohl sie immer vorgeben, alle »Arbeitnehmer« zu vertreten. Sind denn die Mehrheiten der CDU/CSU nur auf die Stimmen von »Kapitalisten«, also Arbeitgebern, zurückzuführen: Der arrogant überzogene, selbstherrliche Anspruch der Funktionäre kann sich über den mehrheitlichen Volkswillen und das Gemeinwohl nur deswegen hinwegsetzen, weil Funktionäre angeblich die gruppenegoistischen materiellen Interessen am eindringlichsten zu vertreten scheinen. Es wäre falsch, diese Vereinigung von Gewerkschaftsfunktionärsmacht mit Parteifunktionärsmacht in dem alten Schema der Rückentwicklung zur weltanschaulich-politischen »Richtungsgewerkschaft« zu verstehen, wie es von der CDU-Minderheit der Gewerkschaftsfunktionäre vielfach geschieht, weil die Mehrheit dieser Funktionäre für die SPD eintreten; hier geht es gar nicht mehr um politische Gesinnungen, für die man Gesinnungsgenossen wirbt, sondern um blanke Anhäufung von Herrschaftsmacht auf möglichst vielen Ebenen.

Die politische »Opposition« verfolgt mit Gewerkschaftsfunktionären wie zum Beispiel *Norbert Blüm* oder dem Bauernfunktionär *Konstantin Freiherr v. Heereman* die gleiche grundsätzliche Strategie. Geschichtlich gesehen liegt hier eine längst bekannte Erscheinung vor: Die Vereinigung von materiell-physischer Herrschaft mit der geistigen Gesinnungs- oder Heilsherrschaft, wobei sich beide gegenseitig auf den Gehorsam des jeweiligen »Untertanen« stützen. So haben katholische Kirchenfürsten sich zu weltlichen Fürsten gemacht; die evangelische Reform hat die Landesfürsten zu obersten Kirchenhäuptern berufen (gerade durch *Martin Luther*); in den kapitalistischen Ländern wie der USA waren die rücksichtslosesten Kapitalisten auch Presbyter, ja sogar Prediger ihrer Kirchengemeinde. Daß heute die gleiche Machtanhäufung in der Herrschaftsgruppe der Funktionäre aller Art erfolgt, entgeht den modernen »Aufklärern«.

Dabei liegt gerade in der konsequenten institutionellen Trennung der beiden Herrschaftsformen das eigentliche kämpferische Anliegen der »Aufklärer«: Von *Immanuel Kant* (»Was ist Aufklärung?«) und *Wilhelm v. Humboldt* über *John Stuart Mill* bis zu den deutschen Liberalen unseres Jahrhunderts wie *Götz Briefs, Walter Eucken* oder *Friedrich Hayek* ist die Trennung der »Herrschaftsgewalten« das entscheidende, oft allzu selbstverständlich vorausgesetzte politische Credo. Demgegenüber verstricken sich die heute intellektuell wirksamen »Aufklärer« wie *Theodor Adorno* oder *Sir Eric Popper* oder sekundär *Jürgen Habermas* oder *Hans Albert*, allzu sehr in akademisch-theoretischen Auseinandersetzungen ohne politische Durchschlagskraft. Keiner von ihnen hat die neue Herrschaftsschicht der Funktionäre mit einem Wort erwähnt. Aufklärerepigonen.

Der einzige Politiker der Bundesrepublik, der versuchte, diesem Syndrom einmal praktisch zu Leibe zu rücken, war wohl *Kurt H. Biedenkopf*, Professor und Politiker, der diese grundsätzliche Frage der Machtanhäufung der Funktionäre unter dem Stichwort »Filzokratie« in einen Wahlkampf einzuführen versuchte; er mußte damit scheitern und seine Stellungnahme zurücknehmen, weil ein so langfristiges politisches Denken in meinungsmanipulierten demokratischen Wahlen sich politisch nicht auszahlt, obwohl die Mehrheit der Bevölkerung in diesem Urteil wahrscheinlich auf seiner Seite stand. Die Stunde der Bändigung der Funktionärsmacht ist noch nicht gekommen.

Die Funktionärsherrschaft im bundesdeutschen Gemeinwesen ist dadurch gekennzeichnet, daß hier politisch-elitäre Minderheiten ohne allgemeine und öffentliche Kontrolle als bewußt gruppenegoistische Pressurgroups längst die politischen Entscheidungen der Regierungen, Parlamente, Kommunen und Parteien bestimmen, ohne daß sie für die Folgen dieser Machtausübung irgendwo konkret zur Verantwortung gezogen werden können. Unter der Glaubensmonopolisierung »sozial« zu sein, hat sich hier längst ein »soziales Gottesgnadentum« der Funktionäre entwikkelt, das dem des fürstlichen Absolutismus bis hin zu Kaiser *Wilhelm II.* ähnelt. Man verantwortet sich nicht demokratisch, sondern in Berufung auf metapolitische Glaubensinhalte.

Deshalb ist die Formel vom »Gewerkschaftsstaat« für westdeutsche und andere westeuropäische Staaten (England, Italien, neuerdings auch Frankreich) unzutreffend. Die Gewerkschaftsfunktionäre wollen gar nicht die staatliche Regierungsverantwortung übernehmen, sondern sie nur beeinflussen und ausbeuten. Das ermöglicht es den Gewerkschaftsfunktionären, die von ihnen entscheidend geforderte, ja zum Teil von ihnen erzwungene Regierungspolitik, wenn sie sich dann als dem Gemeinwohl und der arbeitenden Bevölkerung gegenüber als Fehlentscheidung und Schädigung herausstellt, schlicht den Regierungsamtsträgern als deren alleinige Schuld zuzuschieben: die moderne Pontius-Pilatus-Haltung der Funktionäre. Zwei Beispiele aus den Tagen, in denen ich dieses schreibe:

– Der führende Funktionär *Erich Frister*, der bisherige Vorsitzende der Gewerkschaft »Erziehung und Wissenschaft«, wirft dem hessischen Kultusminister (konkret *Ludwig v. Friedeburg*) vor, allzu viel unqualifizierte Professoren in den hessischen Hochschulen eingestellt zu haben. Aber war es nicht gerade diese Gewerkschaft, die dazu in Hessen ihr erfolgreichstes Betätigungsfeld fand?

– Der führende Gewerkschaftsfunktionär *Eugen Loderer* fordert mit dem gleichen Atemzuge mehr gewerkschaftliche Mitbestimmung in der Industrie, in dem er der Stahlindustrie, in der die bisher optimale Mitbestimmung der Gewerkschaften besteht, vorwirft, daß sie durch ihre »überhöhten Preise« gegenüber dem Ausland konkurrenzschwach wurde. Hat er vergessen, daß seine Gewerkschaft mit rüden Parolen 8 % Lohnerhöhung gefordert hat, als diese Stahlindustrie längst in den roten Zahlen steckte, also mit Verlust arbeitete? Sollen durch mehr Mitbestimmung auch andere Industriezweige dahin kommen?

Das Gemeinsame all dieser Entwicklungen ist die Aufhebung der rechtsstaatlichen Gewaltenteilung zugunsten einer demokratisch unlegitimierten und unkontrollierbaren Ineinssetzung von gewerkschaftlicher oder sonstig berufsständischer Funktionärsmacht von materiellen Gruppeninteressen und der daraus sich ergebenden Besetzung der Positionen von Regierungsamtsträgern. Dieses Syndrom begreife ich als den Abbau der rechtsstaatlichen Gewaltenteilung zugunsten des verantwortungsauflösenden Funktionärsstaates. Dieser Vorgang hat in unserem Jahrhundert und in den Ländern der westlichen Zivilisation durchaus verschiedene Ablaufformen angenommen, aber letzthin immer mit dem gleichen Ergebnis für die beherrschte Bevölkerung.

– Uns Deutschen ist dies durch die Herrschaft der NSDAP (also *Adolf Hitlers* und der Nazis) exemplarisch – auch in seinen Folgen – vorexerziert worden: Die Gewerkschaften als Vertreter großer Gruppen der Industriearbeiterschaft wurden als politische Gegner ausgeschaltet, eine parteipolitisch konforme Arbeitervertretung und -betreuung eingesetzt; die damit herrschenden Parteifunktionäre bestimmten damit die Interessen der Arbeiterschaft, übrigens nicht ohne daß diese durch Arbeitsbeschaffung (nach der großen Arbeitslosigkeit zu Anfang der 30er Jahre) und durch private Lebensbetreuung (»Kraft durch Freude«) eben jene Vorteile erlangte, die eine politische Gegnerschaft weitgehend in eine Zustimmung zum politischen System wandelten. Diese politisch geschickte Behandlung der Arbeiterschaft aller Ränge ermöglichte der Hitlerpolitik eine nationalistische und imperialistische Außen- und Kriegspolitik, die sich im Mißerfolg als die größte Leidensgeschichte der Deutschen seit vielen Jahrhunderten niederschlug.

– Die durch marxistische Parteifunktionäre einer Monopolpartei – wie der NSDAP – geführten europäischen Oststaaten haben dieses Nazi-Schema rigoros übernommen: Die Parteifunktionäre, die mit den Trägern der Regierungsgewalt völlig identisch sind (nicht der Staatspräsident, sondern der Generalsekretär der Partei vertritt die UdSSR), setzen die Interessenvertreter der arbeitenden Bevölkerung als untergeordnete Gewerkschaftsfunktionäre ein. Die lebensnotwendigen Bedürfnisse der einfachen arbeitenden Bevölkerung werden von den Funktionären und Partei-Regierenden bestimmt, die durch ihre berufliche Abhängigkeit von den Regierungsfunktionären immer mehr den Kontakt mit der arbeitenden Bevölkerung verlieren.

Auch diese parteimonopolistischen Funktionäre und Regierungshäupter haben versucht, die arbeitende Bevölkerung zufriedenzustellen, vor allem durch ein unökonomisches Niedrighalten der Grundnahrungsmittel und durch ein auf Staatsverschuldung beruhendes Einführen westlicher Lebensgüter, nach denen ihre arbeitende Bevölkerung verlangte. Sie entfesseln mit dieser Politik zwar keine Kriege – was allerdings bei der UdSSR zweifelhaft ist –, aber sie treiben ihre Bevölkerung in den Staats- und Wirtschaftsbankrott und in Unfreiheit und Nahrungsmittelnot. Die so funktionärshaft erzeugte Armut grassiert in allen Staaten des marxistischen Ostblocks, aber sie hat in Polen mit der Kampfansage der Arbeiter in Industrie und Landwirtschaft unter der Führung von *Lech Walesa* eine ursprüngliche Arbeiterbewegung gegen ihre Ausbeuter, und so gegen ihre parteigesteuerten Funktionäre, hervorgebracht; die polnische Arbeiterbewegung »Solidarität« ist nach meinem Urteil nach den Diktaturen von *Mussolini, Hitler* und *Franco* das zweite große geschichtliche Zeitsignal unseres Jahrhunderts. Sie mag scheitern wie die nationalistischen Erneuerungsbewegungen durch Diktatoren gescheitert sind, aber sie ist der säkulare Sprengstoff der künftigen Jahrzehnte in der monopolistischen Herrschaft der Parteifunktionäre des marxistischen Ostblocks, gerade weil diese das politische Herrschaftssystem in der Außen- und Militärpolitik gar nicht zu ändern beabsichtigt und nicht bereit ist, sondern sich zuallererst den Lebensbedürfnissen der Arbeitenden anzunehmen.

– Das dritte Modell des »Funktionärsstaates«, das in diesen Zusammenhang hineingehört, ist die Funktion der Gewerkschaften in den westeuropäischen parteipluralistischen, demokratischen Staaten von Skandinavien über Großbritannien, die Bundesrepublik bis zu Italien und neuerdings auch Frankreich und Spanien und Portugal. Auch hier liegt das Hauptthema meiner Untersuchung, das ich an dieser Stelle nicht wiederholen will, in dem grundsätzlichen Vorwurf: Maximaler politischer Einfluß ohne Regierungs-, also Gemeinwohlverantwortung.

– Dem Kennzeichen eines »Gewerkschaftsstaates« kommt der Staat Österreich noch am nächsten. Das hat mehrere Ursachen: Daß die »ständischen Verbände« in Österreich schon nach dem Ersten Weltkrieg eine entscheidende Rolle gespielt haben – Arbeiterverbände, Angestelltenverbände, Landarbeiterverbände, Bauernverbände, Unternehmensverbände usw. –, denen sich die politischen Parteien mehr anpassen mußten, als sie sie steuern konnten, geht wahrscheinlich auf die regional sehr verklüftete, aber dann sehr genossenschaftliche Stammes- und Produktionsstruktur Österreichs zurück. Das ist kein Zufall. Daß die wichtigsten Theoretiker des »Ständestaates«, nämlich *Othmar Spann* und *W. Heinrich* aus der österreichischen Lage gedacht haben, wie auch ihre liberalen Gegner wie *Matthias Mises, Friedrich Hayek* u. a., bestätigt zunächst nur, daß in den 20er und 30er Jahren Österreich geistig noch eine Großmacht war. Inzwischen ist dies vorbei: Österreich ist geistig provinziell, politisch kleinstaatlicher Vermittler geworden mit der Chance, aus der »immerwährenden Neutralität« zwischen Ost und West einzelnen Politikern (*Kreisky, Mock* und *Waldheim*) internationale Rollen zu spielen, die der Bevölkerung Österreichs nur Kosten auferlegen, ohne sie im kriegerischen Ernstfall wirklich zu schützen.

Österreich ist (neben Schweden) der Staat, der den Gewerkschaftsfunktionären westlicher Prägung die größte legitime Regierungsgewalt einräumt. Die durch die großdeutsche Nazibesetzung Österreichs zum reichsdeutschen Besitz gemachte Großindustrie (vor allem VÖEST) ist voll in den Staats- und Gewerkschaftsbesitz des wieder selbständigen Österreichs übergegangen, das heißt die Regierungen, aber vor allem die Arbeiter-Gewerkschaftsfunktionäre, handeln durchaus nach den Grundsätzen der Naziwirtschaftsherrschaft.

Das hat zwei Seiten: Indem praktisch nur Gewerkschaftsangehörige und -günstlinge in die führenden Stellungen der verstaatlichten Großindustrie und zum Beispiel auch der Staatsbanken gelangen, geht von dort aus ein wirtschaftlicher Sachverstand zurück in die Reihen der Partei- und Gewerkschaftsfunktionäre; sie können nicht nur mitreden und mitbestimmen, sondern sie müssen die Produktion und die Finanzlage selbst mitverantworten. Das führt dazu, daß der oberste Gewerkschaftsführer *Anton Benya* zur Mäßigung der Funktionärsforderungen aussagen und handeln kann (»Wir können nicht mehr verteilen als wir produzieren«), daß er den ökonomisch und finanzpolitisch sachverständigen Finanzminister der Bundesregierung *Hannes Androsch* bis zum letzten stützte (er mußte sein Ministeramt weniger wegen einer verfehlten Politik als wegen seines persönlich arroganten Gehabes und unter dem Verdacht privater Bereicherung auf Staatskosten räumen, wurde aber mit einem lukrativen Posten als Bankdirektor versorgt), so konnte *Benya* mit berechtigtem Selbstbewußtsein feststellen: »Der Österreichische Gewerkschaftsbund ist ein bedeutender Ordnungsfaktor in diesem Land.« Daß *Benya* inzwischen von den demagogisch gesinnten nachfolgenden Gewerkschaftsfunktionären der jüngeren Generation immer mehr Widerstand erfährt, ist den Zeitläuften nach nicht zu verwundern; trotzdem muß festgehalten werden, daß dieser Adenauer- oder Böcklertyp eines Staatsmannes die größten Verdienste um das Gemeinwohl und die Wohlfahrt der Republik Österreich bis heute erworben hat.

Diese ausführliche Beurteilung des »Gewerkschaftsstaates« Österreich stützt sich auf eine erst nach 1945 erfolgte enge Verbindung mit der österreichischen Szene: Ich war einer der ersten Gelehrten, den die Universität Wien unter dem Rektorat von *Alfred Verdross* in Wien zu einem Vortrag eines Reichsdeutschen einlud und bin, dies mitgerechnet, dreimal Gastprofessor an der Universität Wien gewesen; damals konnte ich sowohl in der sozialistisch beherrschten Volkshochschule der Stadt Wien wie in einem Seminar des Erzbistums Wien Vorträge halten. Ich bin heute noch von der Fakultät einstimmig gewählter Honorarprofessor der Universität Graz, deren Medaille ich nach 1945 als erster »reichsdeutscher« Gelehrter erhielt. Diese Beziehung, die mich vor allem mit den jungen Linken der Universität Graz in Verbindung brachte, war mir sehr wertvoll. Aber entscheidend ist doch, daß ich seit sechs Jahren meinen Zweitwohnsitz in Österreich und zwar im ärmsten Bundesland, dem Burgenland, habe und von dorther die österreichische Politik in den Medien und Zeitungen verfolge. Natürlich gelte ich (nach dem Urteil des sozialistischen Kultusministers des Burgenlandes) als »ganz Schwarzer«, obwohl er mehr Kotau vor den Kirchenfunktionären macht als ich, der ich keiner Kirche mehr angehöre.

Literarisch verweise ich vor allem auf die Veröffentlichung von *Alexander Vodopivec* »Die Dritte Republik. Machtstrukturen in Österreich« im Verlag Molden, ohne Jahrgang, aber wahrscheinlich nach 1978. In meinem Artikel über *Othmar Spann* DEUTSCHE ZEITUNG *vom Okt. 1978 habe ich diese Kontinuität vom ständischen nationalistischen Staat zum Gewerkschaftsstaat aufzuweisen versucht. Er konnte in Österreich nicht veröffentlicht werden.*

Die andere Seite: Die Funktionärsmacht in Österreich hat sich auf die Besetzung der öffentlichen Ämter auf allen Ebenen gestürzt. Obwohl nach der österreichischen Verfassung eine Unvereinbarkeit zwischen hohen Wirtschaftsführern der privaten Wirtschaft mit öffentlichen Ämtern (Ministern, Abgeordnete usw.) festgelegt ist, hat man den gleichen Unvereinbarkeitsanspruch nicht auf die Gewerkschaftsfunktionäre erstreckt, weil man sie vermeintlich nicht als »Wirtschaftsmacht« ansah. Das führte dazu, daß die Sozialistische Partei immer mehr das Organ der Gewerkschaftsfunktionäre wurde, die, insbesondere als regierende Mehrheitspartei, ihre eigenen Karrieren und die gesamte öffentliche Personalpolitik gewerkschafts-und damit funktionärsabhängig machte. Heute wird in Österreich kein öffentliches Amt vom Klinik-Chef der Krankenhäuser bis zu den Gemeindestraßenarbeitern, vor allem aber bei den Lehrern, besetzt, ohne daß die Gewerkschafts- und, damit eng verbunden, die Parteizugehörigkeit verlangt wird, ja meist den Ausschlag gibt. Ich könnte zahlreiche Fälle anführen, wo der natürlich parteipolitisch eingesetzte Schulinspektor den sich um Einstellung bewerbenden Junglehrern höhere Berufschancen versprochen hat, wenn sie in die sozialistische Lehrergewerkschaft und dann letzthin in die Sozialistische Partei eintreten. Dies führt zu einer so seltsamen Erscheinung, daß die Mehrheit der Lehrer in einem Lande zwar der sozialistischen Lehrergewerkschaft angehört, diese aber bei geheimen Abstimmungen ständig in der Minderheit bleibt. Die Macht der Gewerkschafts- und Parteifunktionäre ist aufgezwungen, entmündigt die Selbstbestimmung der jeweils sachverständigen Berufe und erreicht doch nur eine formal-anpassungshafte Unterwerfung.

Wenn man einmal das sicherlich nicht unbedeutende Zwischenspiel der Naziherrschaft in Österreich ausklammert, hat dieser Staat seit den 20er Jahren seine eigene Tradition: Vom nationalistischen Ständestaat über den Verbändestaat zum Gewerkschaftsstaat (*Alexander Vodopivec*).

d) *Die Rekrutierung der Funktionäre*

Das österreichische Beispiel wirft die Frage auf, woher sich überhaupt noch am Gemeinwohl orientierte Vertreter der jeweiligen Regierungsmacht rekrutieren lassen. Bisher gab es dafür folgende Gruppen: die jeweiligen Herrschaftsanhänger (heute Parteifunktionäre); die für die wirtschaftliche Produktion Verantwortlichen; die für den angemessenen Anteil der Arbeiter und Berufstätigen am Fortschritt und an der wachsenden Produktion Verantwortlichen (Gewerkschaftsfunktionäre); die im sachbezogenen Berufsethos erzogenen und zur »großen Routine« (*Roscher*) befähigten Juristen und höheren Verwaltungsbeamten und der wissenschaftliche Sachverstand und Erfindergeist, der diese ganze industrielle Entwicklung in der Welt erst ermöglicht hat. Heute verschmelzen diese Gruppen so ineinander, daß eine Orientierung am Gemeinwohl für den Einzelnen in seiner subjektiven Lebensdeutung immer unmöglicher und damit eine persönliche Verbindlichkeit immer mehr aufgehoben wird. Hier deutet sich das Ende des »modernen Staates«, insbesondere des liberalen Rechtsstaates an.

Die Parteifunktionäre vertreten immer mehr den Wahlmachtgewinn ihrer Partei auch gegen das von ihnen durchaus privat gesehene Gemeinwohl; Bei Regierenden (Minister etc.) schlägt diese Funktionärsmentalität immer wieder auf ihre Amtsführung durch (mit wenigen Ausnahmen wie *Helmut Schmidt* oder *Bruno Kreisky*). Die Wirtschaftsfunktionäre der Privatwirtschaft oder der Gemeinwirtschaft vertreten natürlich die sogenannten »Profitinteressen« ihres Klientels, haben aber, nicht zuletzt, weil sie für Produktion und Wirtschaftlichkeit auch im privaten Bereich zuständig sind, eine erhebliche Barriere an Erfahrung und Selbstinteresse, sich der Demagogie und damit der Unstabilität unseres Staates anzuschließen. Die höhere Beamtenschaft und selbst die Justiz werden immer mehr unter dem Gesichtspunkt der Parteizugehörigkeit ausgewählt und müssen dann als parteipolitische Zustimmungsfunktionäre dienen. Diese Ausschaltung des Sachverstandes werde ich später behandeln.

Ein erfahrener Fachminister ohne Parteizugehörigkeit ist heute in den Regierungen der westlichen Demokratien zur Seltenheit geworden, obwohl bei ihm das Gemeinwohl am besten aufgehoben wäre. Die sich in die Politik vorwagenden wissenschaftlichen Sachverständigen werden von allen Funktionären immer mehr als bloße Argumentationsgehilfen benutzt, obwohl von ihnen die entscheidenden Weichenstellungen für die Wohlfahrt der Bundesrepublik ausgegangen sind (*Ludwig Erhard, Karl Schiller*) und auch heute noch von ihnen als Minister eine versachlichende Politik ausgeht (Beispiel: *Roman Herzog* in Baden-Württemberg, *Reimut Jochimsen* in Nordrhein-Westfalen); aber Partei- und Regierungskarrieren lassen sich auch von ihnen nur machen, wenn man auf parteipolitischen Opportunismus umschwenkt (Beispiel: *Horst Ehmke*).

Wenn man das Reservoir der obersten Staatsdiener aus den Gewerkschaften beurteilen will, muß man vorher die Rekrutierung der Gewerkschaftsfunktionäre selbst unterscheiden. Ich sehe in meiner Lebenszeit drei verschiedene Generationen von Gewerkschaftsfunktionären:

– Arbeiterführer, die in der Arbeit »am Ort« das Vertrauen ihrer Genossen erworben haben, weil sie selbst Arbeiter waren. Aus ihnen sind nach dem Kriege staatsmännisch denkende Minister des Gemeinwohls hervorgegangen wie etwa *Wilhelm Kaisen* in Bremen, *Georg Leber* in der Bundesrepublik oder in Österreich *Anton Benya* und einige seiner Anhänger. Auch bloße Gewerkschaftsführer wie *Hans Böckler* oder *Ludwig Rosenberg* sind dieser Gruppe zuzurechnen. (Mein eigener Großvater war 40 Jahre lang »Knappschaftsführer« also Betriebsratsvorsitzender eines Kohlebergwerks, und ich habe von ihm viel gelernt und übernommen.)

– Nach dem Kriege schuf man gerade in den gewerkschaftlich orientierten »Hochschulen« wie der Akademie der Arbeit in Frankfurt oder der Akademie für Gemeinwirtschaft in Hamburg ein wissenschaftlich-halbgebildetes, aber argumentationsfähiges Korps von Gewerkschaftsfunktionären, denen, bis auf unbedeutende Zeiten als »Arbeiter« in ihrem Fach, von vornherein die Berufslaufbahn »Funktionär« vorschwebte und eröffnet wurde. Dazu gehörten und gehören die heute tonangebenden Gewerkschaftsfunktionäre wie die Minister *Arendt* und *Gscheidle* und vor allem Leute wie *Heinz Kluncker* und vor allem *H. O. Vetter, Franz Steinkühler* und *Alois Pfeiffer.*

An der Enwicklung dieser Funktionärsgeneration muß ich zunächst meine Mitschuld bekennen. Als Dozent an der Akademie für Gemeinwirtschaft in Hamburg war ich Lehrer und Prüfer der damaligen Studenten *Walter Arendt, Heinz Kluncker* und *H. O. Vetter.* Meine Zusammenarbeit mit den damaligen Gewerkschaftsfunktionären und den Vertretern der Gemeinwirtschaft gehört zu den befriedigendsten Erfahrungen meiner wissenschaftlichen Laufbahn. Aber den angehenden Gewerkschaftsfunktionären ein wissenschaftliches Sachverständnis und eine dementsprechende Verantwortung zu vermitteln, ist offensichtlich fehlgeschlagen.

Heute untersucht man journalistisch die früheren Äußerungen von Wissenschaftlern bis ins letzte Detail. Wird man auch den mir völlig verständlichen Werdegang eines obersten Gewerkschaftsführers wie *H. O. Vetter* journalistisch unter die gleiche kritische Lupe nehmen: HJ-Bannführer, Kriegsoffizier, erst »christlicher« Gewerkschaftler, dann rechtzeitig zur SPD übergetreten, mehr Sprachrohr als Führer des DGB, je nach Referentenvorlagen bald »Marktwirtschaftler« oder »Klassenkämpfer«? Auch ein »Zeuge des Jahrhunderts«.

– Die dritte Generation der Funktionäre in den Gewerkschaften und Parteien stammt unmittelbar aus den Seminaren der ideologisierten Universitäten, arbeiterfreundlich, aber ohne jede Arbeitserfahrung. Sie ist heute noch nicht an erster Stelle, aber im Kommen. Vorreiter dieses Typs ist etwa der »Arbeiterführer« *Dr. Detlef Hensche* in der IG »Druck und Papier«, dem gegenüber der Vorsitzende, *Leonhard Mahlein*, der wahrscheinlich selbst einmal biederer Drucker war, wie eine Strohpuppe wirkt. Ihr Kennzeichen ist die neo-marxistische, ideologische Einstellung und Argumentationsfähigkeit, die sie zu vermeintlichen Vormündern der von ihnen politisch vertretenen Arbeitern befähigt. Sie betreiben also genau das, was sie an ihren meist hochbürgerlichen Elternhäusern kritisieren: ideologische Manipulation. Dieser Vorgang der »Akademisierung« der Gewerkschaften (*Erwin Scheuch*) ist die Einbruchstelle für die sog. »kommunistische Unterwanderung« der Gewerkschaften. Diese »Akademisierung« findet bei den sozialdemokratischen Parteifunktionären der mittleren Ränge in Bund, Ländern und vor allem Gemeinden schon viel breiter statt als in den reinen Industrieregionen; gerade in universitätsnahen Bezirken ist die SPD heute mehr eine Studienrats- als eine Arbeiterpartei.

Die Einzelheiten dieses Vorganges zu schildern, sehe ich hier nicht als meine Aufgabe an; sie sind täglich den Zeitungen, Wochenzeitschriften und Verbändeveröffentlichungen zu entnehmen. Die grundsätzliche Frage, wer noch das »Gemeinwohl« vertritt, läßt sich an dieser Typologisierung der Gewerkschaftsfunktionäre ziemlich eindeutig beantworten: Die erste Generation der Funktionäre hatte gerade aus ihrer Lebenserfahrung eine enge Bindung an das »Gemeinwohl«, also die demokratische Staatlichkeit der Bundesrepublik. Die zweite Generation der Funktionäre stellt ihre Gewerkschaftsmacht vor alle Rücksichten auf das »Gemeinwohl«, aber greift den demokratischen Staat im Grundsätzlichen nicht an.

Die dritte, kommende Funktionärsschicht nimmt für sich in Anspruch, das »Gemeinwohl« ideologisch neu zu bestimmen, sie will »eine andere Republik« (*Karl Schiller*). Das Ironische an ihrer Selbsteinschätzung besteht darin, daß bei einem Erfolg ihrer ideologischen Politik, einen marxistisch-sozialistischen Staat Bundesrepublik zu schaffen, sie die ersten wären, die eine kommunistische Partei liquidieren würde, weil ihnen die beruflichen Möglichkeit des »Untertauchens« gar nicht mehr offensteht. Aus dieser Generation der universitären Ideologen kann man niemals eine Untergrundbewegung zur Vertretung der Freiheit des einzelnen und der Interessen der arbeitenden Bevölkerung erwarten.

Das macht sich auch bei der Beteiligung der Gewerkschaftsfunktionäre an der Staatsführung bemerkbar. Während die erste Generation der Funktionäre in Staatsstellungen für die Stabilisierung und Wohlfahrt der neuen Staaten Bundesrepublik oder Österreich entscheidende Beiträge geleistet hat, sind die zu Staatsämtern gekommenen Funktionäre der zweiten Generation schon mehr Funktionsorgane ihrer Organisationen gewesen. Das wird vor allem in der Besetzung und Politik der »Arbeits- und Sozialminister« deutlich: Nicht nur praktisch wie in der Bundesrepublik sind diese Minister Gewerkschaftsorgane in der Regierung (*Arendt, Ehrenberg, Westphal*), sondern in Österreich wird das Vorschlagsrecht zur Besetzung dieses Ministerpostens ganz offiziell dem Vorschlag der (sozialistischen) Gewerkschaften überlassen. Das führt zu der die demokratisch-liberale Gewaltenteilung aufhebenden Folge, daß ein Gewerkschaftsführer soziale Forderungen an die Regierung stellt, die er dann als Regierungsmitglied, natürlich auf Kosten aller Steuerzahler, selbst bewilligt.

In dieser Weise hat der Gewerkschaftsminister *Arendt* die Renten-, Arbeitslosen- und Krankenversicherung verkommen lassen, was sein Nachfolger *Ehrenberg* nur verhüllter fortsetzte. Die Folgerung müßte heißen, daß ein »Arbeits- und Sozialminister« grundsätzlich nicht aus den Gewerkschaften kommt, sondern im Interesse der Arbeitsbeschaffung und der sozialen Sicherheit für alle gerade nicht klientelhaft gebunden sein darf. Aber wer wagt heute an diesem funktionärshaften Tabu zu rütteln. Dabei ist hinzuzufügen, daß die Oppositionsparteien der CDU/CSU die gleiche Taktik verfolgen, wenn sie bei einer Wahl den obersten Funktionär der Landwirtschaft, *Freiherr von Heeremann,* als geplanten »Minister für Ernährung und Landwirtschaft« vorstellt. Daß für die »Ernährung« und so den Verbraucher aller Schichten dabei wenig, aber sehr viel für die Landwirtschaft herausspringen würde, ist ebenso offensichtlich.

Daß gerade in einem gewaltenteiligen, parteipluralistischen und demokratischen Rechtsstaat Loyalitätskonflikte, soziologisch neudeutsch, »Rollenkonflikte« zu vermeiden, die Grundlage dieser liberalen Staatsform ist, entschwindet immer mehr dem öffentlichen und vor allem dem amtstragenden Bewußtsein.

Ein Beispiel ist allzu zutreffend, als daß es nicht noch spät in diese Ausführungen hineingehört: Meldung der dpa vom

13.02.1981: »Die Deutsche Postgewerkschaft will Postminister *Kurt Gscheidle* aus ihren Reihen ausschließen. Wie ein Sprecher der Postgewerkschaft gestern mitteilte, hat der Hauptvorstand der Gewerkschaft ein entsprechendes Verfahren gegen den Minister eingeleitet, der von 1957 bis 1969 stellvertretender Vorsitzender der Gewerkschaft war. Die Gewerkschaft ist verärgert über die Personalpolitik *Gscheidles* und will in einem internen Verfahren prüfen, ob sich der Minister ›gewerkschaftsfeindlich‹ (!) verhalten hat.«

Wir sollten dem Vorstand der Postgewerkschaft dankbar sein dafür, daß er die Dinge so offenlegt: Ein Behördenchef, ein Minister etc., der ein Amt zu verwalten hat und darin »Arbeitgeber« der »Arbeitnehmer« ist, mit ihnen Tarifverhandlungen führen und die Personalentscheidungen treffen muß, gehört ebenso wenig in die Reihen der Gewerkschaft seiner Behörde wie etwa die Unternehmer oder Manager von Großbetrieben nicht zugleich Gewerkschaftsmitglieder sein können. Die Folgerung dafür scheint mir deutlich zu sein.

e) *Kommunistische Unterwanderung*

Der Vorwurf der »kommunistischen Unterwanderung« der Gewerkschaften hat heute publizistisch einen großen Stellenwert. Daß sie vorhanden ist und von den kommunistischen Parteien und Staaten Osteuropas mehr oder weniger offen gefördert wird, kann man wohl nicht bezweifeln. Aber die sozialen Einbruchstellen sind bisher vor lauter Ideologie-Herrschaft ihrer Maulhelden wenig ins Licht gerückt und schon gar nicht den gewerkschaftlich organisierten Arbeitern verdeutlicht worden. Vereinfacht sehe ich vor allem drei Einbruchstellen: die gewerkschaftliche Jugendarbeit, vor allem auch in der IG Metall; die Gewerkschaft Erziehung und Wissenschaft (GEW) und die Gewerkschaft Handel, Banken und Versicherungen (HBV). Die ersten beiden lassen sich leicht auf einen gemeinsamen Nenner bringen. Die Akademisierung und professionelle Intellektualisierung der Gewerkschaftsfunktionäre, natürlich auch in ihren »Pressereferenten«, richtet sich auf »Pädagogisierung« der Lehrlinge und jungen Arbeiter, deren generationshafter Neuerungsdrang funktionärshaft ausgebeutet wird; die Gewerkschaft der linken Lehrer profitiert davon und hat vor allem in den sozialdemokratischen Regierungen ihre Verbündeten; die Gewerkschaft Handel, Banken und Versicherungen (HBV) vertritt nur eine kleine Minderheit der in diesen Berufen Arbeitenden und bietet daher intellektuell eine größere Chance der Unterwanderung als etwa die Industriegewerkschaft Bau, Steine, Erden, wo hart arbeitende Berufstätige mit Übersicht über ihre Arbeits- und Betriebslage Bescheid wissen. Darauf haben wir bereits unter dem Stichwort »Akademisierung« hingewiesen.

Aber die Gefahr einer ideologisch oder sogar organisatorischen Unterwanderung wird nach meinem Urteil heute überschätzt, weil man zu sehr auf die vormundschaftlichen, intellektuellen und akademischen Sprecher der Gewerkschaft sieht. Die wirkliche Gefahr liegt darin, daß auch antikommunistische Funktionäre der Gewerkschaften usw. eine das Gemeinwohl ausbeutende Mentalität entwickelt haben, die letzthin zu den gleichen Ergebnissen führt, wie sie die Zielsetzung der ideologischen oder gar politisch ferngesteuerten Kommunisten erstrebt: zum Staats- und Wirtschaftsbankrott der sogenannten »kapitalistischen« Staaten, wobei nur tröstlich ist, daß die orthodox marxistisch-kommunistischen Staaten diese Entwicklung wider Willen noch exemplarischer vorexemplifizieren (vgl. heute Polen, aber auch Rumänien, ja selbst die UdSSR).

In der bundesdeutschen politischen Kritik der Gewerkschaften nehmen diese Vorwürfe der kommunistischen Unterwanderung einen erheblichen Raum ein. Dies wird z. B. in den »Rohmaterialien zur DGB-Diskussion« deutlich, die der Generalsekretär der CSU, *Edmund Stoiber*, also ein Vertreter der noch ideologisch einheitlichsten deutschen demokratischen Partei, parteiintern, aber doch mit Öffentlichkeitszwang, zur Erörterung gestellt hat. Aber das Tabu der Herrschaft der Gewerkschaftsfunktionäre war zu stark und zu nachteilig für die Wahlen, als daß dieser Versuch der Kritik Erfolg haben konnte. (Vgl. dazu den Artikel in der FAZ vom 20. 10. 1981 mit der Überschrift: »*Stoiber*: Mit dem DGB in vielem einig.«) Vgl. dazu auch die Kapitel XIV ff. des Buches von *Franz Kusch*, Seewald Verlag 1980 (oder a. a. O.) und *Erwin Scheuch*.

Es ist kennzeichnend, daß in einem in seiner Staats- und Parteistruktur offen auf Gewerkschafts- und Verbandsfunktionäre ausgerichteten Gemeinwesen wie Österreich diese Frage der kommunistischen Unterwanderung kaum gestellt wird. Andere Staaten Europas wie Frankreich (jedenfalls bis zur Regierungsübernahme durch *François Mitterand*), Italien oder schließlich auch das Labour-Großbritannien haben längst gelernt, mit kommunistischen Richtungsgewerkschaften zu leben. Die Voraussetzung dafür war, daß die staatstragende Parteienstruktur sich von der kommunistischen Partei klar absetzte, ihre Parteikämpfe »autonom« durchführte (wie in Italien, im Frankreich *Pompidous* und *Giscards* und wie es jetzt in Großbritannien nicht nur von den Konservativen, sondern auch von den neuen britischen Sozialdemokraten versucht wird.) In der Bundesrepublik und in Österreich liegen diese Dinge anders: Im Gegensatz zu den genannten Staaten haben sie (ohne jetzt die Schuldfrage aufzuwerfen) nicht nur kommunistische Besatzungen erlebt, sondern die mögliche oder tatsächliche Teilung ihres Landes. Eine kommunistische Partei oder gar kommunistische Richtungsgewerkschaft hat hier keine Chance in der Gesamtbevölkerung, aber auch in der Industriearbeiterschaft. Kommunismus ist hier immer noch gleichbedeutend mit dem Verlust der persönlichen Freiheit, Beschränkung des materiellen Wohlstandes und mit obrigkeitlicher Funktionärsgewalt.

Aber die »Abgrenzungsbeschlüsse« der Gewerkschaften gegen die Kommunisten in ihren Reihen gehen weniger auf politische Grundüberzeugungen als auf partei- und funktionärstaktische Überlegungen zurück, ihre »Klientel«, ihre Wähler und Mitglieder, bei der Stange zu halten und so ihre politischen Herrschaftspositionen zu befestigen. Zu dieser Zielsetzung gehört auch, daß man zwar »Antikommunismus« demonstriert, aber aus funktionärstaktischen Gründen, je nach demagogischer Lage, die marxistische Ideologie des Klassenkampfes wieder ins Spiel bringt. Manche Reden von Gewerkschaftsführern wie *Eugen Loderer, H. O. Vetter* usw. wären 1877 treffend gewesen, sind 1977 verbaler Anachronismus, aber demagogische Manipulation (von journalistischen Wortfiguren wie einem »Klassenkampf von oben« *Willy Brandts* ganz abzusehen).

(In ihrem Buch »Der Marsch der DKP durch die Institutionen. Sowjet-marxistische Einflußstrategien und Ideologien« haben die wirklich nicht als »Rechte« zu verdächtigenden Professoren *Ossip K. Flechtheim, Fritz Vilmar* u. a. [Fischer Verlag, Taschenbuch 1980] Einzelheiten dieser kommunistischen Unterwanderung der Gewerkschaften mitgeteilt. Diese zu verharmlosen, habe ich nicht die Absicht; aber nach meinem Urteil liegt hier nicht die von den Gewerkschaftsfunktionären ausgehende größte Gefahr für den Rechsstaat und die Demokratie der Bundesrepublik, sondern in der funktionären Gewerkschafts- und Verbändemacht, die diese Autoren nicht nur überhaupt nicht in Frage stellen, sondern durch ihre Kritik geradezu verfestigen wollen.)

Ratschläge eines alten Mannes

Trennung von parteipolitischer und gewerkschaftlicher Funktionärsgewalt

Die Trennung der »Gewalten« ist eine unaufgebbare Grundlage eines liberal demokratischen Gemeinwesens. Diese in den modernen westlichen Industriestaaten durchzuhalten (im Osten ist sie nie aufgenommen worden), ist ohne Zweifel äußerst schwierig. Und doch wird nur eine grundsätzliche Rückbesinnung und verfassungspolitische Neugestaltung den Verfall der Gewaltenteilung und damit des Rechtsstaates und der pluralistischen Demokratie aufhalten und vielleicht neuartige Grundlagen für ein Gemeinwesen schaffen, zu dem sich die nächste Generation als »ihre« politische Ordnung, in der sie leben will, bekennt: Also: Eine Neue Stunde Null.

Das meint im gegenwärtigen Sprachgebrauch eine »Revolution«, aber dieses Wort ist eben von jenen beschlagnahmt, die gerade keinen liberal-parteipluralistischen Rechtsstaat wollen, sondern die Herrschaft der monopolistischen Parteifunktionäre. Andererseits setzt die Formel »Reform« im gegenwärtigen versteinerten Gefüge des Gemeinwesens nicht mehr genug politische Schubkraft voraus; »Reformen« versprechen die Staatsfunktionäre seit Jahren, ohne daß überzeugende Änderungen in den Ordnungsgrundlagen des Gemeinwesens geschehen. Im Gegenteil: Da, wo unfunktionäre gesellschaftliche Kräfte oder gar nur Personen dies versuchen, werden sie sehr bald durch etablierte Regierungen und Verwaltungen in den Leerlauf abgelenkt.

Wenn eine neue Ordnung des Gemeinwohls, zu der sich auch die jüngere Generation als Lebensführung bekennen kann, erreicht werden soll, dann muß man öffentlich deutlich machen, wer diesem Anspruch entgegensteht. Das sind nach meinem Urteil die zur »öffentlichen Gewalt« emporgestiegenen Funktionäre der Partikularinteressen: Parteifunktionäre, Wirtschaftsfunktionäre, Gewerkschaftsfunktionäre, sonstige Berufsgruppenfunktionäre, Kirchenfunktionäre, Studentenfunktionäre, Literaturfunktionäre usw . . . Die entscheidende Frage der »Armen von heute« besteht darin, wer seine Interessen nicht durch Funktionäre öffentlich anmelden und durchsetzen kann (»Die neue soziale Frage«). Nehmen wir nur die zwei wichtigsten Beispiele aus diesem politischen Funktionärssystem heraus:

– Die privateigentümerische Wirtschaft wie viele gruppeninteressenhaften Organisationen (z. B. die Kriegs- oder Versehrtenorganisation oder die Hochschullehrer) haben längst ihre Funktionärs-Lobby in Bonn, die auf die Gesetzgebung und finanzielle Staatszuteilung gruppenegoistischen Einfluß ausübt.

– Die Gewerkschaften und die in ihrem meist verschwiegenen Gewinnschatten stehende Gemeinwirtschaft (Konsumgenossenschaft, Bauunternehmen ›Neue Heimat‹, Banken für Gemeinwirtschaft, Gemeinwohl-Versicherungen usw.) brauchen keine »Lobbies«, sie stellen selbst die Minister, so daß sie das, was sie als Funktionäre fordern, durch ihre eigenen Leute als regierende Minister staatlich gewähren können. An diese Art Amtsmißbrauch haben wir »Demokraten« uns längst gewöhnt.

Einige Zitate zu dieser Herrschaftsausübung der Koalition von Partei- und Gewerkschaftsfunktionären: Wir zitierten bereits den Ausspruch des österreichischen Gewerkschaftsführers *Anton Benya*: »Der Österreichische Gewerkschaftsbund hat sich von der Gesellschaft (?) keine Stellung und keinen Rang zuordnen lassen, sondern ist ein integrierter Bestandteil, wobei er an der Gestaltung dieser Gesellschaft (?) maßgeblich (!) Anteil nimmt. Der Österreichische Gewerkschaftsbund ist ein bedeutender Ordnungsfaktor in diesem Lande.« Es ist, wenn man einmal von dem Schwammwort »Gesellschaft« absieht, unüberhörbar, daß hier einmal die politisch-staatliche Eingrenzung, d. h. die Rechtsordnung von den Gewerkschaften abgelehnt wird, auf der anderen Seite man aber die »Gestaltung« dieser Rechtsordnung »maßgeblich« bestimmen will. Aufgrund der nach diesen Grundsätzen verlaufenden Entwicklung des Staates Österreich entspricht die Schlußfolgerung »bedeutender Ordnungsfaktor« sogar der Wirklichkeit. Aber welcher staatlichen Ordnung?

Aufgrund der Tatsache, daß die sozialistischen Gewerkschafter nicht nur die Minister der Regierung, sondern auch die Abgeordnetenkandidaturen mit ihren Leuten besetzen; daß sie praktisch die ganze verstaatlichte Großindustrie Österreichs lenken; daß sie auf die Staatsbanken ebenso maßgeblich Einfluß haben wie auf das Publikationswesen oder die Sportorganisation usw., sind die Politiker der Sozialistischen Partei Österreichs (SPÖ) längst zugunsten einer Gewerkschaftsfunktionärsherrschaft entmachtet. »In Österreich, wo diese Frage bis vor fünfzehn Jahren im Sinne des politischen Primats nie zur Debatte stand, hat sich die Situation innerhalb von eineinhalb Jahrzehnten total verkehrt. Auf die Frage, wer in der SPÖ, abgesehen von dem gegen Gewerkschaftswillen zur Macht gekommenen Bundeskanzler *Bruno*

Kreisky, heute das Sagen hat, ist die Antwort eindeutig: Die Fraktion Sozialistischer Gewerkschafter. Das wird sich in voller Deutlichkeit wahrscheinlich dann zeigen, wenn es darauf ankommt, die Nachfolge *Bruno Kreiskys* zu regeln.« In der Tat: Nicht die Abgeordneten der politischen Mehrheitspartei, sondern die sozialistischen Gewerkschaften regieren Österreich. Die Folge ist eine »Machtverfestigung«, die der Autor dieser Urteile zunächst an die Situation des sozialistisch regierten Schwedens anknüpft: »Dort hat die jahrzehntelange sozialistische Dauerherrschaft« (die in ähnlicher Weise eine Gewerkschaftsherrschaft war) zu einer systematischen Personalpolitik in der staatlichen Zentralverwaltung geführt, durch die fast sämtliche Schlüsselpositionen mit Vertrauensleuten der regierenden Sozialdemokraten besetzt wurden. Dies hat zur Folge, daß im Falle eines eventuellen Machtwechsels in Schweden jede nicht sozialistische Regierungskoalition nur sehr geringe Chancen hätte, den Kurs ihrer Vorgänger radikal zu verändern, da sie mit der Bremswirkung in der zentralen staatlichen Verwaltung rechnen müßte. In Österreich ist dieser Punkt bereits erreicht worden, das hat sich in der Zeit der ÖVP-Alleinregierung zwischen 1966 und 1970 gezeigt. In den Ressorts, die nach 1970 durch die diversen Alleinregierungen Kreiskys, neu übernommen wurden, ist dieser im vollen Gange, ebenso bei den Höchstgerichten (!). Daß sich dabei eine weitere Verfestigung der sozialistischen Machtstrukturen im Bereich der öffentlichen Zentralverwaltung ergibt, fällt zwar nach außen nicht so auf, ist jedoch trotzdem eine Tatsache, die den Oppositionsparteien eine Rückkehr zur Macht oder eine Teilnahme an der Regierung in Zukunft mit Sicherheit erschweren wird.«

(Alle Zitate *A. Vodopivec*, a. a. O., S. 41, 60 und 150.)

Hinzuzufügen wäre dem nur noch, daß auch die große Oppositionspartei der ÖVP, die in der Mehrzahl der Länder noch regiert, dem gleichen Prozeß der Verschmelzung von Parteifunktionären und den von ihnen beherrschten »Verbändefunktionären« (Landwirte, Angestellte oder der ihr sehr nahestehenden Vereinigung Österreichischer Industrieller, die die mittleren und kleineren Unternehmen vertreten) unterliegt; der Versuch von *J. Taus*, die ÖVP aus ihren Verbändefürstentümern zu lösen und zu einer Parteizentralmacht zu machen, hat mit seinem Rücktritt geendet.

Die hier zunächst an fremden Beispielen erkennbare Entwicklung, Parteimacht und Gewerkschafts- oder Verbändemacht personell in den Funktionären zu verschmelzen, muß als Grundtendenz aller sozialistisch-sozialdemokratischen Industriestaaten des

Westens erkannt werden. Trotz aller öffentlichen Bekenntnisse zur Demokratie wird in Wirklichkeit das vom selbständigen Wählerwillen abhängige Wechselspiel von regierenden und oppositionellen Parteien durch Funktionärsherrschaft auf der Organisations- und Verwaltungsebene und in ihrer Personalpolitik weitgehend unterbunden. Diese Entwicklung ist zwar nicht offen undemokratisch, aber sie führt unausweichlich zu einer Scheindemokratie, die zunächst den Rechtsstaat untergräbt, aber auch die anderen das Gemeinwohl stützenden Institutionen der Justiz, der Wissenschaft und Bildung, der Information und Kultur usw. Auch in diesen, in westlichen Funktionärsstaaten, wird die Forderung, die demokratische Willensbildung »von unten her« aufzubauen, eher zunehmen als abnehmen; daß diese »Basisforderung« bisher in ihrer politischen Grundsätzlichkeit nicht voll erkannt wurde, liegt daran, daß die gegen die Funktionärsherrschaft (Establishment) auftretenden Gruppierungen kleingruppenhaft, ja zum Teil sektiererisch und »chaotisch« sind und daß sie sich selbst immer wieder mit teils berechtigten, teils absurden »Partikularinteressen« vereinen, daraus zwar demonstrative Lebendigkeit, aber auch politische Wirkungslosigkeit gewinnen (Studenten- und Jugendprotest – als ob es nur um die ideologisch bewegte Jugend ginge –; Umwelt- und Landschaftsschutz – wobei sie auch bei den Älteren mehr Verbündete haben könnten, als »die Grünen« begreifen –; Antiindustrialismus gleichgesetzt mit Antikapitalismus – als ob nicht die moderne Industrie und Technik allein die Bedürfnisse der arbeitenden Bevölkerung unseres Gemeinwesens und darüber hinaus politisch wirksam geführt, befriedigen könnte –; Antirüstungskampagnen und »Friedensbewegungen« – wobei das weitgehend subjektive Gesinnungsalibis bleiben mit dem Risiko, eben jenen imperialistischen Kräften die Übermacht zu verschaffen, die heute die höchstbewaffneten und unser eigenes bundesdeutsches Gemeinwesen mit Unfreiheit und monopolistischer Parteifunktionärsmacht am stärksten bedrohen und eben, bei ihrem Sieg, jede »Demokratie von unten« rücksichtslos beseitigen würden –; und das alles intellektualistisch überhöht von Literaten- und Journalistenprotesten der »Aufrufpoeten«, »sozial engagierten« Künstler – deren Absicht doch mehr Publizitätsgewinn als urteilfähige, kluge Wirklichkeitspolitik ist.)

Wenn man wie ich eine Erneuerung der Demokratie »von unten her« als das politische Ziel der nächsten Jahrzehnte bejaht, was soll man dann diesen »Basisbewegungen« als alter Mann raten? Zumindest zwei Ratschläge glaube ich verantworten zu können:

– Einen sozusagen »negativen«: Alle Versuche, dieses Aufbegehren durch einen Zusammenschluß zu einer schlagkräftigen Organisation oder Partei zusammenzufassen (die »Grünen«, eine links von der SPD stehende sozialistische Partei mit Führungsfiguren wie *Günther Jansen* oder *Erhard Eppler*, die Koalition der »Alternativen« als Wahlkonkurrent usw.) sind vergeblich und unpolitisch; dies nicht, weil die funktionärshaft etablierten Parteien unangreifbar wären – man kann sie schon in arge Verlegenheit versetzen –, sondern weil eine solche Form der Organisation das Funktionärstum in den eigenen Reihen züchtet und damit selber wieder »systembestätigend« in die Sackgasse von »Funktionärskämpfen« mit fortschreitender Zersplitterung führt.

– Einen politisch-positiven: Politische Bestrebungen »von unten her« brauchen ein klares, breiten Bevölkerungsschichten unmittelbar einleuchtendes Feindbild, wenn sie sich demokratisch zu »Bewegungen«, also Kräften der großen Veränderungen, durchsetzen wollen (was die Nazis auf ihre Weise eben vor 1933 erreicht hatten). Die Demokratiebewegungen von heute haben sich in ihren »Feindbildern« verzettelt, bewegen sich im Grunde dauernd auf politischen Nebenkriegsschauplätzen, statt zu sehen, daß der Funktionärsstaat ihr Gegner ist, den zu entmachten – bis in ihre eigenen Reihen – allein eine Chance für eine »Demokratie von unten« her bietet. Wenn schon politische Basisbewegung, dann alle geistige, demonstrative, individuelle und kleingruppenhafte Kraft auf die Kernfestung der politischen Gegnerschaft zusammenfassen.

Dabei geht es in der Tat um eine neue Verfassungsgesetzgebung, in der die Unvereinbarkeit von Partei- und Gewerkschaftsfunktionärsmacht (und anderer Wirtschaftsmacht) ein Kernstück zu bilden hätte. Es geht nicht um »mehr Demokratie«, die alsbald in mehr Gremien- und Funktionärsmacht umschlägt, sondern um mehr Gewaltenteilung, die nicht nur Diskussions-, sondern Handlungsfreiräume für private oder kleingruppenhafte Initiativen schafft und dadurch zur aktiven, sich jeweils selbst Ziele setzenden Freiheit führt.

Kurz einige Erläuterungen:

Die Bundesrepublik Österreich hat nach dem Kriege einen gesetzlichen Ansatz in dieser Richtung gemacht, indem sie aus einer antikapitalistischen Tradition die Besetzung von höchsten Staatsämtern, Ministerposten und Abgeordnetenmandaten mit führenden Posten in der Wirtschaft, also in privaten und staatlichen Großunternehmen, Banken usw. als unvereinbar festlegte. Dieser Gewaltenteilungsansatz ist leider nicht nur nicht folgerichtig fortgesetzt, sondern geradezu zu einem partei- und gewerkschaftlichen Herrschaftsmittel verkehrt worden: Daß die Führer von Gewerkschaften auch Vertreter von heute fast übermächtiger Wirtschaftsmacht sind, blieb unerkannt, so daß heute die in ihrer Funktionärsstellung bleibenden Führer von Gewerkschaften im hohen Maße die Minister und selbstverständlich die politischen Abgeordneten stellen. Und umgekehrt: Ein Finanzminister und stellvertretender Bundeskanzler wie *Hannes Androsch*, ohne Zweifel ein finanzpolitischer Sachverständiger hohen Grades, hat seinen Ministerposten und seine Parteikarriere (vorläufig) aufgeben müssen, weil er im Verdacht stand, durch seine privatwirtschaftlich betriebene Firma, deren Leitung er offiziell aufgegeben hatte, doch in die großen Korruptionsbetrügereien von Staatsaufträgen verwickelt zu sein, aber nach seinem Ausscheiden als Minister wurde er sofort mit einer sehr lukrativen Direktorenstelle einer staatlich gesteuerten Bank »abgefunden«. Die »Unvereinbarkeit« ist also nicht nur reine publizistische Augenauswischerei, sondern sie hat sich in ihr Gegenteil verkehrt: Ein sozialistischer Privatkapitalist wird, wenn er parteipolitisch nicht mehr zu halten ist, zum noch höher verdienenden Wirtschaftsführer der sozialistisch gesteuerten Wirtschaft befördert.

Im übrigen gilt dies in gleicher Weise für den Präsidenten der Österreichischen Nationalbank, der seine Stellung vor allem einer Parteikarriere verdankt und zwar in der ÖVP und von dem schlauen *Kreisky* sozusagen »rausgekauft« wurde.

Aber als Soziologe sind mir immer die kleinen symptomatischen Beispiele wichtiger erschienen als die auf »hoher« politischer Ebene. Hier sieht der »Sozialfeudalismus« und die Verschmelzung von Partei- und Funktionärsmacht im kleinsten etwa so aus: Erst durch die österreichische Verfassungsgerichtsbarkeit ist die Einteilung des Landes »Burgenland« in Wahlkreise vorgeschrieben worden, aber der Landeshauptmann (Ministerpräsident) der Sozialistischen Partei (SPÖ) kandidiert nach wie vor an erster Stelle in allen Wahlkreisen. Um bundesdeutschen Lesern diese demokratische Absurdität zu verdeutlichen: Das würde bedeuten, daß *Helmut Schmidt*, *Hans-Dietrich Genscher*, *Helmut*

Kohl oder *Franz-Josef Strauß* oder die jeweiligen Ministerpräsidenten der Länder in allen Wahlen, in allen Wahlkreisen an erster Stelle rangieren könnten. Welchen Wahlkreis vertritt dann überhaupt noch ein solcher demokratischer »Abgeordneter«? Die für die Sozialistische Partei nominierten Wahlkandidaten sind – wenn man die österreichische Praxis der Ämterbesetzung kennt – ausschließlich Partei- und Gewerkschaftsfunktionäre. So z. B. für den Wahlkreis III des Burgenlandes (*Oberwart*) nach dem Spitzenfunktionär *Kery* in allen Wahlkreisen: Arbeitsamtbeamter A. G.; Arbeitsamtbeamter H. P.: Arbeitssekretär E. K.; Bundesstraßenverwaltungsbeamter H. S.; Geschäftsführer der landeseigenen Elektrizitäts- und Gaswerke H. L.; Bauarbeitergewerkschaftssekretär J. T. und am Schluß einige sozialistische Gemeindebürgermeister. Nicht aufgestellt ist auch nur noch ein einzig wirklich arbeitender »Arbeiter«, ein kleiner Landwirt, ein Handwerker, ein Lehrer oder ein Vertreter der Freien Berufe (Ärzte, Rechtsanwälte usw.), ein mittelständischer Betriebsvertreter oder seine Arbeitnehmer, ein Beamter der Justiz, der öffentlichen Verwaltung oder gar ein Pfarrer usw. Das ist das »Basis«-Beispiel einer sozialfeudalistischen Funktionärsdemokratie, deren Wähler publizistisch verdummt werden oder ihre eigenen unmittelbaren Lebensinteressen nicht mehr erkennen können.

Im übrigen ist dieses österreichische »Bundesgesetz über Unvereinbarkeiten« für oberste Organe und sonstige öffentliche Funktionäre (Unvereinbarkeitsgesetz) mit der Hauptbestimmung § 1 a (Verfassungsbestimmung) (1): »Die Mitglieder der Bundesregierung, die Staatssekretäre und die Mitglieder der Landesregierungen ... dürfen während ihrer Amtstätigkeit keinen Beruf mit Erwerbsabsicht ausüben«, bereits von einem sozialistisch beherrschten Nationalrat 1925 in antikapitalistischer Absicht beschlossen und von dort her in die Verfassungswirklichkeit der gegenwärtigen Republik Österreich übernommen worden. Eine grundsätzliche Erörterung, daß höheren Staatsbeamten nicht nur privatkapitalistische Erwerbspraktiken, sondern auch wirtschaftlicher Machtgewinn wie bei den Gewerkschafts- und Verbandsfunktionären (etwa bei einer verstaatlichten, gewerkschaftlich geführten Großindustrie) hat nicht stattgefunden. So ist dies an sich rechtsstaatlich positiv zu bewertende »Unvereinbarkeitsgesetz« längst zu einer bloß parteipolitischen Waffe der Sozialisten gegen die private Unternehmerschaft und das selbständige Gewerbe geworden.

In der Bundesrepublik liegen diese Verhältnisse etwas anders: Es gibt keine gesetzlich geregelten Unvereinbarkeiten von politischen und wirtschaftlichen Führungskräften (Unternehmer, Bankiers, Gewerkschafts- oder andere Berufsgruppenfunktionäre). Im Gegensatz zu Österreich befand sich gerade die Großindustrie in privatwirtschaftlicher Hand. Die bundesdeutschen Gewerkschaften haben ihren Einfluß als unmittelbare Wirtschaftsführungsmacht über andere Instrumente der Sozialen Marktwirtschaft gesucht und gefunden. Die Mitbestimmung, nach 1945 und in den ersten Aufbaujahren als »Wirtschaftsdemokratie« gepriesen, hat dieses lobenswerte politische Ziel längst in die Richtung verändert, daß die betriebs- und unternehmenszugehörigen Arbeitnehmervertreter (Betriebsrat usw.) immer weniger, dafür aber die hauptamtlichen Funktionäre der gewerkschaftlichen Großorganisationen immer mehr in die Unternehmenspolitik hineinregieren können, ohne die Produktions- und Preisverantwortung zu übernehmen und damit letzthin die Verantwortung für produktive Arbeitsplätze. Eine Entwicklung, die gerade die sog. Liberalen der F.D.P. gegen ihre eigene Grundsatzerklärung aus machtpolitischen Gründen befördert haben und die der politische »Sündenfall« dieser Partei schlechthin ist.

Die personalpolitische Machtergreifung läuft längst auf den üblichen west-sozialistischen Gleisen: Gewerkschaftsführer im Amt werden Abgeordnete, Gewerkschaftsfunktionäre stellen den Hauptteil der sozialdemokratischen Minister, so daß zum Beispiel der etatstärkste Bundesminister für Arbeit und Soziales sich längst als Gewerkschaftsminister versteht, wie es übrigens auch der »Minister für Landwirtschaft und Ernährung« in bezug auf die Bauernverbände tut, also »das Soziale« und »die Ernährung«, beides Gemeinwohlaufgaben, treten offensichtlich immer mehr in den zweiten Rang und werden von den Interessenfunktionären für die Regierung ausgelegt. Eine Praxis, die in den bundesdeutschen Länderregierungen ebenso üblich ist. Ein sozialdemokratischer Landwirtschaftsminister (wie in Nordrhein-Westfalen oder ein Arbeits- und Sozialminister in einem CDU/CSU regierten Lande sind immer unglückliche Figuren. Rollenkonflikt – Loyalitätskonflikt. Die Art des »Abfindens« nicht mehr erfolgreicher Partei- und Gewerkschaftsfunktionäre durch hochbezahlte Posten in den von den jeweiligen Regierungen gesteuerten Wirtschaftsunternehmen, Banken usw. ist aber sowohl auf der Ebene des Bundes wie aller Länder längst geübte Praxis. (Das neueste Beispiel ist die Tatsache, einen reinen parteipolitischen Funktionär wie den Hamburger Sozialdemokraten *Ruhnau*, den man offensichtlich aus dem Verkehrsministerium loswerden will, zum Direktor der Deutschen Lufthansa zu machen, obwohl er nie in seinem Leben einen der harten internationalen Konkurrenz ausgesetzten Wirtschaftsbetrieb geleitet hat.)

Überhaupt beherrschen in der Bundesrepublik die Gewerkschaftsfunktionäre unmittelbar eine hohe Wirtschaftsmacht: die

Unternehmen der sog. »Gemeinwirtschaft«. Sie ist aus dem richtigen Grundsatz entstanden, daß die arbeitenden und armen Verbraucher sich genossenschaftlich gegen den privaten Profitkapitalismus zu eigenen Versorgungsunternehmen zusammenschlossen, um den »kapitalistischen Mehrwert« nicht mehr entrichten zu müssen. Aber inzwischen haben die Mitglieder, die »Genossen« dieser genossenschaftlichen Gemeinwirtschaft, gar nichts mehr zu sagen, sondern die Führungsposten besetzten Gewerkschaftsfunktionäre und von ihnen gewählte und abhängige hart privatwirtschaftlich denkende Wirtschaftsmanager. Dieses privatkapitalistische Imperium der Gewerkschaften verfügt in der Bundesrepublik zwar nicht über die Großindustrie, aber: Die Konsumgenossenschaft (modern COOP) ist eines der führenden Handelsunternehmen (mit der größten Fischereiflotte in der Bundesrepublik); die »Volksfürsorge« eine der führenden Versicherungsunternehmen der Bundesrepublik; die »Neue Heimat« wahrscheinlich sogar das größte Bauunternehmen, das fast ausschließlich von sozialdemokratischen Staatsaufträgen lebt und profitiert; die »Bank für Gemeinwirtschaft« gehört zu den führenden Bankunternehmen der Bundesrepublik usw. Alle diese Unternehmen werden nicht nur privatkapitalistisch sachkundig geführt, sondern bieten den Spitzenfunktionären der Gewerkschaften lukrative Aufsichtsratposten in der gleichen Art wie die privatkapitalistischen Bankfunktionäre die industriellen Unternehmen immer mehr beherrschen. Über diese »privatkapitalistische« Wirtschaftsmacht der Gewerkschaften schweigen ihre aggressiv antikapitalistischen Rhetoren genauso wie die antikapitalistischen jungen Linken oder Intellektuellen oder sie werden jedenfalls zum Schweigen gebracht. Die »Genossen« dieser genossenschaftlichen Unternehmen haben längst nichts mehr zu sagen, sondern werden mit einigen Rabatten billigst abgefunden. Für den einfachen Verbraucher wird diese privatkapitalistische Gewerkschaftsmacht längst nicht mehr eingesetzt.

So zeigt auch die Untersuchung der bundesdeutschen Funktionärsherrschaft die gleichen Züge, wie wir sie an ausländischen Beispielen zunächst erkannten und zwingt zu den gleichen Forderungen: Erst wenn eine jüngere Generation erkennt, daß Gemeinwohl und »Demokratie von unten« sich heute im wesentlichen gegen die sozialistische Partei- und Funktionärsmacht zu richten hat, – was die Gegnerschaft gegen die Reste des Privatkapitalismus nicht ausschließt –, erst dann wird man wieder zu den Wurzeln der Demokratie und des Rechtsstaates vorstoßen. Der von *Kurt H. Biedenkopf* vertretene Vorwurf der »Filzokratie« ist zwar anschaulich, aber personalhaft vordergründig. Es geht um eine moderne Gewaltenteilung, die in ihrer Tiefenwirkung und Dauer durchaus der rechtsstaatlichen Trennung der Gewalten gegenüber dem absoluten Fürstentum der Französischen Revolution entspricht. Die Demokratie und der Rechtsstaat sind neu zu gründen. Nicht durch »mehr Demokratie wagen«, sondern durch entschiedenere Gewaltenteilung, die institutionelle Verantwortungen personhaft zurechenbar macht und den Jüngeren damit mehr wirksamere Handlungsmöglichkeiten einräumt, als sie ihnen »volldemokratisierte Gesprächs- und Diskussionsgremien« überhaupt bieten können.

Das St.-Florians-Prinzip

In der verständlichen Sozialwissenschaft hat man gesellschaftliche Entwicklungstendenzen auf einige für viele faßliche literarische Formeln gebracht: So etwa das Parkinson-Gesetz, daß eine Bürokratie immer mehr ihre Hauptaufgabe darin sieht, die Bürokratie zu vermehren; das etwas unbekannter gebliebene »Peter-Prinzip«, einen sachverständigen und wirkungsvollen Mann so hoch nach oben zu befördern, daß er dann eine leitende Stellung erreicht, die ihn ehrt und honoriert, aber die er sachkundig nicht mehr beherrscht. In diesem Sinne eines wissenschaftlichen Scherzes mit tieferer Bedeutung würde ich die Funktionärsherrschaft dem St.-Florians-Prinzip unterstellen. So viel ich weiß, hat zuerst in Tirol ein Hausbesitzer den Spruch

> Heiliger St. Florian,
> beschütz dies Haus,
> zünd' andere an!

offen an seinen Giebel malen lassen. Es ist der kennzeichnende Spruch für Funktionäre aller Art. Gerade heute wird in der Bundesrepublik der darin ausgesagte Partikularegoismus geradezu überdeutlich: Jedermann weiß, daß die gegenwärtige Wirtschafts-, Haushalts- und Beschäftigungsnot nur durch Opfer am erreichten Einkommens- und Konsumstand überwunden werden kann. Was in dieser Lage »Gemeinwohl« ist, pfeifen die Spatzen von allen Dächern. Aber ebenso füllen in den Zeitungen und sonstigen Medien die Aufrufe, Proteste und Vorschläge der Gewerkschaften und sonstiger Berufsverbände, der Parteifunktionäre, der Hochschullehrer und Studentenfunktionäre, der Medienintellektuellen und sonstigen »Bildungs- und Sozialhilfeorganisationen« massenhaft die Zeilen nach dem Grundsatz: Die anderen sollen zurückstecken, ja, aber wir sind so wertvoll, daß man uns ausnehmen muß. »Heiliger Florian, beschütz dies Haus, zünd' andere an!« Gemeinwohl?

(Zum Schluß sei mir ein Literaturhinweis in eigener Sache erlaubt: In meinem Buch »Systemüberwindung, Demokratisierung und Gewaltenteilung«, C. H. Beck Verlag, München 1973, habe ich diese Grundforderung einer modernen Gewaltenteilung bereits ausgeführt, allerdings damals vor allem am Beispiel der Verschmelzung von politischer und publizistischer Macht. Die viel entscheidendere Verbindung der Funktionärsmacht zu einer neuen Herrschaftsgruppe lag damals noch nicht in meinem Blickfeld.)

Über das Verhältnis der Gewerkschaftsfunktionäre zur Rechtsordnung

»Die Gewerkschaftsfunktionäre pachten ein doppeltes Wahlrecht in der rechtsstaatlichen Demokratie: Sie fordern ihre Mitglieder und Anhänger, ja die ganze »Arbeitnehmerschaft« auf, eine bestimmte Partei in die Regierungsverantwortung zu wählen, aber sie wollen dann als Funktionäre dieser so demokratisch-parteipluralistisch zustande gekommenen Regierung noch einmal vorschreiben, was sie regierungsamtlich, parlamentarisch und in der Verwaltung zu tun hat.«

»Die Gewerkschaftsfunktionäre regieren mit, aber sie sind nicht bereit, eine politische Verantwortung für Regierungsmißerfolge zu übernehmen.«

Aus der mangelnden Bindung an das Gemeinwohl und der berufsstrukturellen Vertretung partikularer Interessen, nicht zuletzt ihrer eigenen Funktionärsmacht, entsteht in der Gruppe der Funktionäre eine Vernachlässigung, ja schon Verachtung der Rechtsordnungen und -bindungen, die die Grundlage eines liberalen Rechtsstaates ausmachen. Die Gewerkschaftsfunktionäre sind nicht nur keine Garanten mehr für den liberalen Rechtsstaat, sondern sie schwächen ihn und höhlen ihn aus. Die Gemeinwohlbindung des Deutschen Gewerkschaftsbundes unter der Führung von *Böckler* und *Ludwig Rosenberg* ist mit Recht als ein entscheidender Beitrag zum Wiederaufbau der Bundesrepublik gewürdigt worden (trotz der Konflikte zwischen *Adenauer* und *Böckler* in der Frage der Mitbestimmung in der Montanindustrie, die zu einem rechtsstaatlichen Kompromiß in der Gesetzgebung geführt haben); schon der nachfolgende Vorsitzende des DGB, *Heinz Oskar Vetter*, ist seinen Vorgängern gegenüber nur noch schwankendes Sprachrohr, er kann so und so. Die Gewerkschaftsmacht ist längst an die Führer der Einzelgewerkschaften und ihre Funktionäre und intellektuellen Berater übergegangen. Die Gemeinwohlleistung der Gewerkschaften für den Aufbau des liberal-demokratischen Rechtsstaates Bundesrepublik gehört mehr und mehr der Vergangenheit an; der Kurs, den die Gewerkschaftsfunktionäre letzten Jahrzehnt steuern, gleicht sich immer mehr der Linie an, die aus Großbritannien, Italien und jetzt wahrscheinlich unter *François Mitterand* in Frankreich nicht nur auf einen Staats- und Wirtschaftsbankrott zusteuert, sondern den liberalen Rechtsstaat und die von der politischen Willensbildung der Bevölkerung gewählten Regierungen, also die Demokratie »von unten«, außer Kraft setzt.

Dies versuche ich an drei Gesichtspunkten zu belegen, die sich auf das Verhältnis der Gewerkschaftsfunktionäre (und wie immer mit gemeint auch anderer Funktionäre) zur Rechtsordnung beziehen:

– Die Gewerkschaftsfunktionäre nützen die Vorteile des Rechtsstaates und der durchgehenden Justitiabilität bis zum Äußersten aus, verweigern aber ihren jeweiligen Kontrahenten oft deren Rechtsansprüche bis hin zur Diffamierung der Justiz und der offenen oder verdeckten Unterstützung rechtsausbeutenden oder sogar rechtswidrigen Verhaltens.

– Die Funktionäre polemisieren gegen die im Grundgesetz festgelegten bürgerlichen Pflichten und Verbindlichkeiten nicht nur in Form einer meinungspolitischen Willensbildung im Interesse der Mitglieder, sondern unterstützen offen praktische Verstöße gegen Grundgesetzbestimmungen und gegen die grundsetzlich festgelegte Rolle, die den Gewerkschaften im Geist des Grundgesetzes zugeordnet wurde.

– Die Gewerkschaftsfunktionäre sind somit keine Garanten des liberalen, parteipluralistischen Rechtsstaates, sondern sie unterlaufen den Rechtsstaat und die demokratisch-parteipluralistischen Regierungen zugunsten ihrer Funktionärsmacht. Diese immer verdeckte, das heißt für den Arbeitnehmer aller Ränge kaum durchschaubare Zerstörung der politisch-rechtsstaatlichen Regierungen der Bundesrepublik folgt aus der gemeinwohlwidrigen Auslegung der Tarifautonomie und aus der Verkehrung der Mitbestimmung als Instrumente einer Friedensordnung zu einem Kampfmittel der Gewerkschaftsfunktionäre.

Funktionärsalltag: Rechtsmißbrauch

Das Rechtsbewußtsein der Gewerkschaftsfunktionäre folgt dem Grundsatz: Was uns an den Gesetzen nützt, nehmen wir voll in Anspruch; was uns schadet, muß gesetzlich verboten und unsere Interessenansprüche müssen gesetzlich abgesichert werden. Das ist eine totalitäre Auffassung der Gesetze und erinnert an die Nazi-Auffassung und die im marxistischen Ostblock gängige Auffassung des Rechts, etwa daß »Recht ist, was dem Volke nützt« oder »Recht ist, was dem marxistisch-sozialistischen Regime« dient. Die deutschen Gewerkschaftsfunktionäre operieren im liberalen Rechtsstaat auf der gleichen Linie, wenn sie auch den totalitären Staatsordnungen vorsichtiger und getarnter folgen.

Die liberale Staatsordnung, das Grundgesetz des Aufbaus der Bundesrepublik, hat bewußt vermieden, eine bestimmte Wirtschaftsordnung, etwa die privatkapitalistische grundgesetzlich festzuschreiben, weil sie der Wirtschaftsmacht Freiräume der gruppenhaften Selbstregulierung überlassen wollte. Die monopolistische Macht der privatwirtschaftlichen Unternehmer ist aber nicht nur durch das Kartellamt, die Monopolkommission, sondern auch durch Gesetze gegen unlauteren Wettbewerb usw. staatlich eingeschränkt und zugunsten der Verbraucher, also der großen Mehrheit der Bevölkerung, auf gemeinwohlbezogene Rahmenbedingungen bezogen worden. Natürlich sehen sich die Unternehmer durch diese gesetzlichen Rahmenbedingungen vor immer neue wirtschaftliche Lagen gestellt, die sie zu bewältigen haben. Aber der Grundsatz der Kontrolle privatwirtschaftlicher Monopolmacht besteht doch, um dem Verbraucher, also der Bevölkerung, eine möglichst freie Wahl in dem »Markt-Prinzip von Angebot und Nachfrage« zu sichern.

Demgegenüber versuchen die Gewerkschaftsfunktionäre, ihre zum großen Teil monopolistische Vertretungsmacht der »Arbeitnehmer« jeder rechtspolitischen Kontrolle zu entziehen. Sie sind die »Kapitalisten« der zweiten Jahrhunderthälfte in der Bundesrepublik, aber auch in anderen europäischen Staaten, das heißt sie üben eine fast unbeschränkte Wirtschaftsmacht aus. Während das Grundprinzip des Eigentums grundgesetzlich verbürgt, sozial gebändigt ist in der »sozialen Marktwirtschaft«, fehlt eine gleiche soziale, also auf das Gemeinwohl der Gesamtbevölkerung bezogene Einhegung der Gewerkschaftsmacht. Die Tarifautonomie ist ebensowenig im Grundgesetz festgeschrieben wie die Marktwirtschaft, sondern stützt sich auf die grundgesetzlich verbürgte Koalitionsfreiheit. Sie bedarf genauso der gesetzlich festgelegten Rahmenbedingungen wie die Verfügung über Eigentum.

Doch bevor wir auf diese Folgerungen kommen, wollen wir die kritischen Urteile über das Verhältnis der Gewerkschaftsfunktionäre zu den Gesetzen, der Justiz und der grundgesetzlichen Rechtsordnung in einigen wichtigen Zügen zu verdeutlichen suchen:

Daß die Gewerkschaftsfunktionäre nicht bereit sind, den »Arbeitsmarkt« der Tarifverhandlungen als Gegenseitigkeitsmechanismus eines Marktes, also wie Angebot und Nachfrage zu behandeln, sondern das Streikrecht zu einem grundsätzlich verbürgten Freiheitsrecht zu erhöhen versuchen, während sie die Verhandlungsposition ihrer Markt-Gegenmacht gesetzlich außer Kraft zu setzen versuchen, ist an der Frage des Verhältnisses von Streik und Aussperrung am deutlichsten geworden. Das beste Beispiel für diese Funktionärsstrategie lieferte der Metallarbeiterstreik Ende 1978, als die privatwirtschaftlichen Unternehmer auf die flächenhaft organisierten Streiks der Industriegewerkschaft Metall mit ebenso umfassenden Aussperrungen reagierten. Damals ist dieses rechtsstaatliche Verhältnis von Streik und Aussperrung von Obersten Gerichten der Bundesrepublik eindeutig festgelegt worden: Der Große Senat des Bundesarbeitsgerichtes hat als Rechtsgrundsatz festgelegt, »daß nicht eine Tarifpartei der anderen von vornherein ihren Willen aufzwingen kann, sondern daß möglichst gleiche Verhandlungschancen bestehen«. Darüber hinaus hat das Bundesverfassungsgericht es für »selbstverständlich« gehalten, daß auch die Gewerkschaften angesichts der Bedeutung ihrer Tätigkeit für die gesamte Wirtschaft und ihres (auch ideologischen) Einflusses auf weite Bereiche des öffentlichen Lebens bei allen ihren Aktivitäten das gemeine Wohl berücksichtigen.

Diese Rechtsgrundsätze der Obersten Gerichte der Bundesrepublik werden von den Gewerkschaftsfunktionären nicht nur ignoriert, sondern offen angegriffen. Ein Funktionär der IG-Metall hat dies, offen wiederholt von anderen Funktionären dieser antirechtsstaatlich aggressivsten Gruppe der Gewerkschaftsfunktionäre, auf die Formel gebracht: »Wir lassen uns weder von den Arbeitgebern noch von den Gerichten (!) vorschreiben, wann und wo und wie wir streiken.« Das ist eine Gleichsetzung von bundesdeutscher Gerichtsbarkeit (Bundesarbeitsgericht und Bundesverfassungsgericht) mit dem wirtschaftlichen Tarifpartner »Arbeitgeber«, ein Angriff auf die rechtsstaatlich »Dritte Gewalt« unseres Grundgesetzes.

Das sind keine nur rhetorischen Ausgleitungen, sondern das ist die Linie der aggressiven gewerkschaftlichen Praxis: Sie zielt, besonders bei den Funktionären der Industriegewerkschaft Metall, auf ein gesetzliches Verbot der Aussperrung bei völlig gruppenhaft freier Anwendung des Streikrechts. Daß damit dem »Marktmechanismus« des freien Arbeitsmarktes in einer sozialen Marktwirtschaft des Todesstoß gegeben wird, ist den machtorientierten und durch Gesetze wirken wollenden Funktionären gar nicht mehr einsehbar. Die Autonomie des Tarifpartners »Gewerkschaften« wird eben durch diese Forderungen selbst vernichtet und der Eingriff der Staatsmacht in Form von Gesetzen und Regierungsmaßnahmen geradezu hervorgerufen.

Die schon im ersten Kapitel dieses Buches behandelte Entartung des Streikrechts gipfelt in dem von den Gewerkschaftsfunktionären geforderten Verbot der Aussperrung seitens der Arbeitgeber (privaten und öffentlichen, wobei die letzteren davon leider kaum Gebrauch machen) bei voller, ja vermeintlich gesetzlich gesicherter Streikflexibilität. Das typisch »halbdenkerische«, also nur interessenvertretende Argument dafür lautet: Es könne nicht hingenommen werden, daß die Unternehmer mit der Aussperrung die Gewerkschaftskassen »plünderten« *(Loderer)*. Gilt nicht dieser Einwand in viel höherem Maße gegen Streik jeder Art? »Plündern« die in irgendeiner Form streikenden Arbeiter nicht nur die »Kassen« der Unternehmer (privaten und öffentlichen), sondern gefährden sie nicht noch zusätzlich – wie die durch die hohen Lohnforderungen der letzten Jahre verstärkte technische Rationalisierung gerade jetzt in der Wirtschaftsflaute beweisen –, vor allem bei kleinen und mittleren »Unternehmen« die Arbeitsplätze der vermeintlich von ihnen vertretenen Arbeiter? Und in diesem Zusammenhang muß ich ganz einfach die Frage stellen: Haben nicht auch die Gewerkschaften eine Mitschuld an der wachsenden Arbeitslosigkeit?

Das zwiespältige Verhältnis zur obersten Gerichtsbarkeit unseres Rechtsstaates – Rechte einfordern, Rechtspflichten bekämpfen – wird am deutlichsten am Verhältnis der Gewerkschaftsfunktionäre zur obersten Instanz der Arbeitsgerichtsbarkeit, also dem Bundesarbeitsgericht. Die dienenden juristischen Berater der Gewerkschaften haben richtig bemerkt, daß die »Aussperrung« nicht grundgesetzlich vorgeschrieben, sondern von der obersten Instanz der Arbeitsgerichtsbarkeit als legitim, ja rechtsbestätigend (wobei sie sich auf ein Grundsatzurteil des Bundesverfassungsgerichts stützte) entschieden worden ist. Daß auch das »Streikrecht«, besonders in seinen heute pervertierten »flexiblen« Formen nicht grundgesetzlich verbürgt ist, darüber schweigen die Funktionäre der Gewerkschaften. Im Gegenteil: Sie fordern das Bundesarbeitsgericht auf, ihre obersten rechtsstaatlichen Letztentscheidungen zurückzunehmen, nach denen sie sich nicht zu richten gedenken, aber gewerkschaftsgünstige richterliche Letztentscheidungen zu ihren Gunsten zu treffen, die sie dann als gesetzlich bestätigtes Kampfmittel gegen die Arbeitgeberseiten verwenden können. Funktionärsgrundsatz: die uns zustehenden Rechte ausnützen, ja gesetzlich erweitern, aber die Rechtspflichten nicht beachten, ja bekämpfen. Das nenne ich »Ausbeutung des Rechts«.

Beispiel: *Eugen Loderer*, der Vorsitzende der Industriegewerkschaft der Metallarbeiter, appelliert (1978) an das Bundesarbeitsgericht, das allein den Unternehmen die Möglichkeit zur Aussperrung gegeben habe, »in Würdigung der neuesten Erkenntnisse (von wem?) die schlimmen Folgen einer Rechtssprechung am grünen Tisch wieder zu beseitigen«. Aber im gleichen Atemzuge fordert er eine »Rechtssprechung am grünen Tisch« zugunsten der Gewerkschaften.

»Keine westeuropäische, rechtsstaatliche Rechtsordnung verläßt sich bei der kollektiven Regelung der Arbeitsbedingungen allein darauf, daß die Gewerkschaften, die über ein volles Streikrecht verfügen, davon schon den rechten Gebrauch machen werden« (*Manfred Löwisch*). Die rechtsstaatliche, auf das Gemeinwohl bezogene Begrenzung des Streikrechts nimmt in den verschiedenen Rechtsordnungen der westeuropäisch-US-amerikanischen Staaten jeweils verschiedene Formen an. In der Bundesrepublik folgt sie den Grundsätzen der freien Arbeitsmarktwirtschaft, meines Erachtens der obrigkeitsunabhängigen Gewährung des selbständigen Freiheitsraumes der Tarifpartner.

Ausgerechnet unter der Leitung des früheren Bundesgewerkschaftsministers *Walter Arendt* ist im Auftrag des Präsidiums der SPD eine vergleichende Studie über das Recht der »Aussperrung« erstellt worden, die einseitig das Recht auf »Aussperrung« durch die Unternehmer nicht legalisieren, dafür aber Regierungsangriffe in das Streikrecht der Gewerkschaften durch die Arbeitsgerichtsbarkeit ermächtigen soll. Es gehört zu dem parteilichen Wissenschafts- und Gutachterverständnis der Gewerkschaftsfunktionäre, daß sie vermeintlich wissenschaftliche Gutachten nur in Aussagen zu ihren Gunsten zulassen und gegnerische Positionen verschweigen (vgl. dazu Kapitel vier, Verhältnis zum Sachverstand).

Der Arbeitsrechtler, *Manfred Löwisch,* hat dieses parteiische und gewerkschaftlich-interessenhafte Gutachten einer wissenschaftlichen Kritik unterzogen und kommt zu folgenden Gruppierungen:

»Eine Reihe von Rechtsordnungen läßt wie auch unsere Aussperrung gegen den Streik zu (wie z. B. das sozialdemokratische Schweden, nicht dagegen die französischen und italienischen Gerichte). Eine zweite Gruppe schränkt diese Zulässigkeit der Aussperrung stark ein, gewinnt aber mit der Möglichkeit staatlicher Kassierung geschlossener Tarifverträge ein Korrektiv gegen den Streik. Und eine dritte verbietet die Aussperrung, gleicht das aber durch eine Einschränkung der zulässigen Streikformen wieder aus.« (Ausführliche Stellungnahme in der FAZ vom 01. 12. 78; die in Klammer gesetzten Erläuterungen stammen von mir.) Daß in marxistischen Staaten der Streik schlechthin als rechtswidrig gilt, hat der Fall Polen (»*Solidarität/Walesa*«) wohl allen vor Augen geführt.

Daß in dieser Hinsicht einer sozialdemokratischen Regierung in der Bundesrepublik jede klare Linie einer gesetzlichen Regelung der Wirtschaftsmacht der Gewerkschaften, also vor allem des Streikrechts fehlt, geht aus den Äußerungen und Forderungen des früheren Bundesgewerkschaftsministers, *Herbert Ehrenberg* (Bundesminister für Arbeit und Soziales) deutlich hervor. Die Weigerung, gewerkschaftliche Wirtschaftsmacht gesetzlichen Rahmenbedingungen zu unterwerfen, entspricht scheinbar der Einstellung des bundesdeutschen liberalen Rechtsstaates mit seinem Freiheitsraum für die Tarifpartner, doch folgerichtig müßten dann von ihm auch die gesetzlichen Begrenzungen der »privatkapitalistischen« Wirtschaftsmacht (Kartellamt, Monopolkommission, Verbraucherschutz usw.) in gleicher Weise als überflüssig und abschaffungswert angesehen werden.

Diese scheinbar liberal-rechtsstaatliche Einstellung des Bundesgewerkschaftsministers geht aus einer Pressemeldung hervor, die er ausgerechnet auf der Höhe des in vieler Hinsicht entscheidenden Wendepunktes der bundesdeutschen Gewerkschaftspolitik, dem Stahlarbeiterstreik und den Aussperrungen zu Ende des Jahres 1978 abgegeben hat: »Bundesarbeitsminister *Ehrenberg* denkt nicht daran, die Regeln des Arbeitskampfes zu normieren (d. h. gesetzlich zu ordnen) . . . Er habe allerdings den Eindruck, daß in den letzten Jahren das Mittel der Aussperrung häufiger offensiv als defensiv genutzt worden sei. Der Minister glaubt, daß bei den Tarifpartnern die Bereitschaft wachsen wird, die bisherige Praxis des Arbeitskampfes mit Schwerpunktstreiks und Aussperrung zu überdenken. Als Arbeitsminister täte er gut daran, dafür keine Empfehlungen zu geben« (Pressemeldung vom 19. 12. 1978). Die Grundsatzlosigkeit, ja Verlogenheit solcher Erklärungen eines politisch-opportunistischen »Halbdenkertums« ist offensichtlich: Scheinbar will er den Freiheitsraum der Tarifpartner nicht gesetzlich einschränken, zugleich aber äußert er ein massives gewerkschaftsinteressenhaftes Werturteil (»Aussperrung häufiger offensiv als defensiv«) und schließlich erledigt er sich der gesetzlichen Normierungspflicht mit dem »Glaubensbekenntnis«, daß die Tarifpartner ihre »Praxis« überdenken werden, was sich seit dieser Stellungnahme wohl als die offensichtlichste »Glaubensillusion« erwiesen hat.

Scheinbar folgte der Bundesarbeitsminister, indem er sich weigert, den Arbeitskampf zu »normieren«, der liberalen Warnung, die der Jurist, Sir Otto *Kahn Freund,* einmal so formuliert hat: »Wenn das Recht sich anmaßt, den Arbeitskampf zu regeln, läuft es in Gefahr, sich zu blamieren, weil niemand da ist, der es durchsetzen kann.« Das ist nicht nur eine Halbwahrheit, sondern wäre im Grundsatz auch auf jede unmittelbar staatlich-rechtliche Wirtschaftstätigkeit auszudehnen, hat also wie alle abstrakten Aussprüche zwei Seiten. Wohin übrigens die Nicht-Normierung des Arbeitskampfes führt, hat der wirtschaftliche Verfall Großbritanniens unter der gewerkschaftsbeherrschten Labour-Regierung erwiesen. Die Weigerung des Bundesgewerkschaftsministers *Ehrenberg* diente zu jenem Zeitpunkt den Interessen der Gewerkschaftsfunktionäre, die den Stahlarbeiterstreik (Forderung von 8% Lohnerhöhung bei Unternehmensverlusten der Stahlindustrie, die also durch staatliche Subventionen ersetzt werden, durch Steuergelder, die zum größten Teil die höher verdienenden Facharbeiter, die Angestellten und Beamten bezahlen) gegen das Gemeinwohl durchsetzten. St.-Florians-Prinzip: Hauptsache, wir haben spektakuläre Lohnerhöhungen; daß die anderen Arbeitnehmer und Steuerzahler sie als Lasten auf sich nehmen müssen, geht uns nichts an. Im übrigen streben ja gerade die Gewerkschaftsfunktionäre eine gesetzliche »Normierung« der Arbeitskampfbedingungen über das Bundesarbeitsgericht an; außerdem ist durch oberste Gerichtsurteile längst eine »Normierung« des Arbeitskampfes (»Chancengleichheit«) erfolgt.

Die Frage des Verhältnisses von Staatsnormierungsgewalt und Wirtschaftsmacht ist nicht neuesten Datums; schon vor mehr als sieben Jahrzehnten hat *Max Weber* diese Warnung von *Kahn-Freund*, damals gegen die Macht der Privatwirtschaft gerichtet, wesentlich tiefgreifender liberal geäußert. Ich zitiere ihn so ausführlich, weil ich diese Sätze für eine liberale Wirtschaftsordnung grundsätzlich ansehe und sie bei jeder liberalen Partei im Fundament ihrer Programme enthalten sein sollten: »Überlegen ist der Sachkenntnis der Bürokratie nur die Sachkenntnis der privatwirtschaftlichen Interessenten auf dem Gebiet der »Wirtschaft«. Dies deshalb, weil für sie die genaue Tatsachenkenntnis auf ihrem Gebiet direkt wirtschaftliche Existenzfrage ist: Irrtümer in einer amtlichen Statistik haben für den schuldigen Beamten keine direkten wirtschaftlichen Folgen –, Irrtümer in der Kalkulation eines kapitalistischen Betriebes kosten diesem Verluste, vielleicht den Bestand. Und auch das »Geheimnis« als Machtmittel ist im Hauptbuch eines Unternehmers noch sicherer geborgen als in den Akten der Behörden. Schon deshalb ist die behördliche Beeinflussung des Wirtschaftslebens im kapitalistischen Zeitalter an so enge Schranken gebunden und entgleisen die Maßregeln des Staates auf diesem Gebiet so oft in unvorhergesehene und unbeabsichtigte Bahnen oder werden durch die überlegenen Sachkenntnisse der Interessierten illusorisch gemacht« (»Wirtschaft und Gesellschaft«, Tübingen 1922, S. 673).

So früh ist der überzeugendste Grundsatz der »freien Marktwirtschaft« bereits geäußert worden; *Max Weber* hatte damals nur die privatkapitalistische Wirtschaftsmacht vor Augen, an eine so überwältigende gewerkschaftliche Wirtschaftsmacht war damals noch nicht zu denken. Immerhin würde er ihr wohl kaum einen »überlegenen Sachverstand« bescheinigt haben. Trotzdem sehe ich diese meine Kritik an der Macht der Gewerkschaftsfunktionäre in der geistigen Nachfolge der großen deutschen Liberalen wie *Wilhelm von Humboldt* (»Die Grenzen der Wirksamkeit des Staates zu bestimmen«) oder *Max Weber*.

Im übrigen haben die Gewerkschaftsfunktionäre guten Grund, nicht über die staatliche Gesetzgebung, sondern über das Bundesarbeitsgericht ihre Interessenvorteile legalisieren zu lassen. Wenn sie ihre Forderungen durch ihren Gewerkschaftsminister und das Parlament durchzusetzen versuchten, würde nicht nur die »sozialliberale« Koalition zerbrechen, sondern solche Gesetze unterlägen der Überprüfung durch das Bundesverfassungsgericht, dessen Grundsatzurteil auf »Chancengleichheit« im Arbeitskampf eindeutig ist. Das Bundesarbeitsgericht ist dagegen der interessengebundenste Oberste Gerichtshof einer speziellen Rechtssprechung, auf die die Gewerkschaftsfunktionäre den größten Einfluß haben. Schon die Ernennung der Richter an diesem Obersten Gericht gibt ihnen diese Chance; sie erfolgt durch einen Bundesrichterwahlausschuß, aber ohne den Zwang einer Zweidrittelmehrheit, so daß gerade hier die Gewerkschaften »ihre Leute« durch die SPD-Mitglieder des Ausschusses in Richterpositionen bringen können, eine Möglichkeit, die im Verhältnis von Arbeitgebern zu den CDU-Mitgliedern nicht gleicherweise besteht.

Von diesem Befund sind allerdings die Präsidenten des Bundesarbeitsgerichtes, angefangen 1954 mit *Hans Carl Nipperdey* und seine Nachfolger auszunehmen; hier haben hervorragende Rechtswissenschaftler und -praktiker amtiert, die wohl nicht zufällig auch publizistisch immer wieder für eine Stärkung des Rechtsbewußtseins in der breiten Bevölkerung eingetreten sind, weil sie gerade in der Arbeitsgerichtsbarkeit die gemeinwohlfernste, interessenhafteste Rechtsausbeutung am deutlichsten zur Kenntnis nehmen mußten.

Zu der Politisierung und vor allem zu dem rechtswissenschaftlichen, vor allem arbeitsrechtlichen Absinken des Bundesarbeitsgerichtes vgl. die Abhandlungen des Arbeitsrechtlers *Bernd Rüthers*.

Aber ausgerechnet diesem so interessenhaft beeinflußbaren Obersten Gericht hat der Normierungsunwille und die wachsende Unfähigkeit des Gesetzgebers (Parlament und Regierung) zu praktikablen Gesetzen die unter allen Obersten Gerichten größte richterliche »Gestaltungsfreiheit« eingeräumt. Während z. B. das unter viel ausgewogeneren Bedingungen auch parlamentarisch-fraktionshaft zustandekommende Bundesverfassungsgericht seine justitielle Überprüfung von Gesetzen aus den ausführlich vorhandenen Grundlagen und Protokollen der verfassungsgebenden Versammlung ableiten kann und muß, wimmelt es im Arbeitsrecht von sog. »Generalklauseln«, also nicht eindeutig justiziabel gemachten Bestimmungen, die erst durch die Gerichte in langer Praxis ausgelegt und fallweise konkretisiert werden. In dieser Hinsicht läßt sich allerdings fragen: Ist nicht »das Bundesarbeitsgericht ein selbsternannter Sondergesetzgeber« und liegen hier nicht »Rechtsfortbildung und Rechtsbeugung« ununterscheidbar zusammen?

(Diese Formel entnehme ich der nur im Privatdruck erschienenen Schrift des Rechtsanwaltes Dr. *Heinz Meilicke*, Bonn 1981, in der er »im Arbeitsrecht zur Wiederherstellung rechtsstaatlicher Verhältnisse« aufruft. Wie weit die arbeitsrechtlichen Einzelheiten dieser Schrift begründet sind, entzieht sich meiner unjuristisch-laienhaften Urteilskraft. Aber teile ich diese Eigenschaft nicht eigentlich mit fast allen Arbeitnehmern in der Bundesrepublik?)

Die Einrichtung einer gesonderten Arbeitsgerichtsbarkeit ist ohne Zweifel ein begrüßenswerter Gewinn für die soziale Sicherheit der Arbeitnehmer in einem Rechtsstaat. Nach meinen Informationen gewinnen auch die klagenden Arbeitnehmer in den unteren Instanzen der Arbeitsgerichte in Mehrheit ihre Prozesse. Aber dies Verhältnis kehrt sich um, wenn höhere Instanzen (Landesarbeitsgerichte, Bundesarbeitsgerichte) angerufen werden. Diese verschiedenen Prozeßgewinnquoten beruhen nicht darauf, daß in den oberen Arbeitsgerichtsinstanzen unternehmerfreundliche oder auch nur erfahrenere Richter sitzen, sondern läßt sich justizsoziologisch erklären: Im Verfahren an den untersten Arbeitsgerichten werden Kläger und Beklagte durch etwa gleichqualifizierte Anwälte vertreten, wobei die Arbeitnehmer zum größten Teil durch angestellte Anwälte der Gewerkschaft (eine Untergruppe der Gewerkschaftsfunktionäre) vertreten werden. Nach dem Ausgang des Gerichtsurteils überlegen sich die Unternehmer, ob sich bei einem für sie widrigen Urteil die Kosten einer Verhandlung auf höherer prozessualer Ebene und die damit immer ungewisse »Investition« lohnen oder ob nicht dem Unternehmen in seiner Produktion und seinem Gewinn am besten gedient ist, wenn sie das für sie widrige Urteil annehmen.

Nicht so die gewerkschaftlichen Rechtsanwälte, die ja unbekümmert aus den Mitgliederbeiträgen der Gewerkschaften weiter prozessieren können. Ihr Existenzinteresse liegt ja nicht in Rücksichten auf sozialen Frieden oder gar Steigerung der Produktion und Wirtschaftserträge, sondern in ihrer vermeintlichen Unentbehrlichkeit im Funktionärsgefüge der Gewerkschaften. Sie tragen damit nicht nur der ständigen Erweiterung der Gewerkschaftsbürokratie, sondern auch der Justizbürokratie, ja zur Überlastung der Gerichte bei, die heute in den rechtsstaatlichen Ordnungen für den einfachen Mann wohl das größte Hindernis sind, »Recht zu finden«. Was nützt ein Rechtsurteil nach zwei, drei Jahren, in denen sich der Rechtssuchende längst anderen Lebens- und Arbeitsbedingungen angepaßt hat?

Die entscheidende soziale Wandlung auf diesem Gebiet liegt darin, daß der Streik in unserer Zeit eine ganz andere Bedeutung und Funktion für die Gewerkschaftsfunktionäre gewonnen hat, als er sie ursprünglich für den vom kapitalistischen Unternehmer ausgebeuteten Arbeiter hatte. Dort ging es um Existenzerhaltung, um Verbesserung der Arbeitsbedingungen und um höhere Löhne zur Sicherung menschenwürdiger Lebensbedingungen; ich habe in meinem einleitenden Teil unter dem Stichwort »Die Pervertierung des Streiks« bereits darauf hingewiesen, daß heute der Streik nicht mehr als letztes Mittel, als ultima ratio eingesetzt wird, sondern das immer gesteuerte Machtmittel der Gewerkschaftsfunktionäre nicht nur gegen die Unternehmergewinne, sondern gegen die dem Gemeinwohl dienende hohe wirtschaftliche Produktivität und damit gegen die Erhaltung von Arbeitsplätzen geworden ist. Heute rufen die Gewerkschaftsfunktionäre zum Streik auf, wenn in den tarifautonomen Lohnverhandlungen noch nicht einmal 1 % ihrer Forderung von den Unternehmern versagt werden; vor allem aber versuchen sie immer wieder, die Chancengleichheit im Arbeitsmarkt durch eine über die Arbeitsgerichtsbarkeit zu erreichende Ungleichheit der justitiellen Urteilssprechung zu ihren Gunsten zu verändern. Anstatt die Tarifautonomie und das Streikrecht als chancengleichen Arbeitsmarktmechanismus anzuerkennen, versuchen sie, Rechtsvorteile ohne Rechtsgegenverpflichtungen zu erreichen. Für diese »Rechtspolitik« der Gewerkschaftsfunktionäre scheinen mir – außer der Forderung, die Aussperrung rechtlich verbieten zu lassen – zwei Beispiele kennzeichnend:

- sich der Friedenspflicht der Gewerkschaften rechtlich entziehen zu können;
- Warn- und Demonstrationsstreiks ohne wirksame Gegenmaßnahmen der Chancengleichheit seitens der privaten und öffentlichen Arbeitgeber arbeitsrechtlich legalisieren zu lassen.

Friedenspflicht: Daß während der Gültigkeit eines Tarifvertrages die Gewerkschaften an die Friedenspflicht nicht zu streiken gebunden sind, ist politisch und gesetzlich anerkannte Gegenseitigkeitsverpflichtung (obwohl die Gewerkschaften in bezug auf die »wilden Streiks«, die dieser Rechtsverpflichtung widersprechen, außerordentlich nachsichtig sind). Diese Friedenspflicht läuft mit dem Ende der Tarifvereinbarung aus; es wird auf neue Tarifverhandlungen verwiesen. Scheitern diese, was von beiden Tarifpartnern erklärt werden kann, wird ein von beiden Seiten gewählter Schlichter als Vermittler eingesetzt. Wenn diese Einrichtung eines Schlichtungsverfahrens überhaupt noch einen Sinn haben kann, dann eben den, die Arbeitskampfmaßnahmen zugunsten von sozialfriedlichen Verhandlungen zu nutzen. Die Gewerkschaftsfunktionäre aber versuchen, diese Schlichtung, der sie selbst zugestimmt haben, immer wieder durch Warn- und Demonstrationsstreiks unter Druck zu setzen. Das ist zwar völlige Augenauswischerei gegenüber ihren Mitgliedern – denn welcher Schlichter oder welcher Arbeitgebervertreter würde sich dadurch beeinflussen lassen? –, aber die Gewerkschaftsfunktionäre wollen sich dieser Rechtspflicht, die überhaupt ein Schlichtungsverfahren begründet, nach Möglichkeit entziehen. Die Industriegewerkschaft Metall will das Schlichtungsabkommen ändern. Sie verlangt, daß die »sogenannte« Friedenspflicht bereits während der Schlichtungsverhandlungen nicht mehr gilt. Das bedeutet praktisch, die wichtigste Aufgabe des Schlichtens und damit diese arbeitsfriedliche Einrichtung überhaupt außer Kraft zu setzen.

Warnstreiks: Die aus dem klassischen Streikrecht entwickelte »flexible Streikstrategie« der Gewerkschaftsfunktionäre, ihre Pervertierung, läßt sich am Warnstreik verdeutlichen. Hier wird die Arbeit von meistens nur einem Teil funktionärsgesteuerter Arbeiter auf wenige Stunden niedergelegt, selbstverständlich unter der Voraussetzung, daß diese Warnstreikstunden keinen Lohnabzug bringen. Auch hier unterläuft die Funktionärsstrategie die gesetzlich geforderte Chancengleichheit im Arbeitskampf, denn den (privaten und öffentlichen) Arbeitgebern steht kein angemessenes ökonomisches Widerstandsmittel zur Verfügung. Daß in diesen Fällen die schweren Waffen der Aussperrung oder gar der Entlassung nicht eingesetzt werden können, darüber sind sich nicht nur alle Arbeitsrichter, sondern auch die Unternehmer einig; aber sie werden auf das in diesen Fällen bloße Rechtsmittel der »einstweiligen gerichtlichen Verfügung« verwiesen, die nach den Zeitmühlen der Justiz praktisch immer zu spät kommt, da ja Warnstreiks (wie Demonstrationsstreiks, Sitzstreiks, Solidaritätsstreiks usw.) keiner Anmeldepflicht beim Tarifpartner unterliegen, also »spontan« erfolgen, somit von den jeweiligen Funktionären überraschend angezettelt werden können. Was nützt ein justitiell bestätigtes »Recht-Haben«, wenn der Vorfall längst der Vergangenheit angehört, die Beteiligten ihn längst anpassungshaft verarbeitet haben? In der Tat: Mit diesen Mitteln, in Arbeitskämpfen moderner Funktionärsstrategie einzugreifen, kann sich die Justiz nur »blamieren«. Erforderlich sind unmittelbar wirksame, arbeitsmarktökonomische Sanktionen (wie den Teilnehmern an Warnstreiks usw. einen Lohnabzug in Höhe des Produktionsausfalles aufzuerlegen). Die privaten und öffentlichen Arbeitgeber müssen endlich ihre rein abwehrend defensive Haltung gegenüber der Arbeitsgerichtsbarkeit aufgeben und ebenfalls eine »flexible« Abwehrstrategie entwickeln.

In diesem Zusammenhang ist die Frage nicht unwichtig, wo am wenigsten gestreikt wird. Nämlich in zwei Bereichen:

– In Österreich, weil sich hier die Großindustrie in öffentlicher Hand, also praktisch in Hand der sozialistischen Gewerkschaftsfunktionäre befindet, die Produktionsrücksichten im »kapitalistischen« Sinne zu nehmen gezwungen sind; die österreichische staatlich-gewerkschaftliche Praxis, unrentable Unternehmen stillzulegen und dafür neue Industrieunternehmen und Arbeitsplätze zu fördern oder wenigstens in Aussicht zu stellen, ist für den Bundesdeutschen schwer durchschaubar. Aber der »pervertierte Streik« in Form von Warnstreiks ist in Österreich völlig unüblich; hier wird im wesentlichen um den Erhalt von Arbeitsplätzen gestreikt und diese Streiks richten sich weit weniger gegen die Privatwirtschaft als gegen die Unternehmenspolitik der öffentlichen Hand, also gegen die sozialistisch-gewerkschaftliche, in vielen Fehlentscheidungen und Korruptionen verwickelte wirtschaftende Staatsmacht.

– In der Bundesrepublik werden die wirtschaftlichen Großunternehmen der Gewerkschaft (Baugesellschaft »Neue Heimat«, Konsumgesellschaften, Banken für Gemeinwirtschaft usw.) kaum von Streiks oder gar Warnstreiks betroffen. Der Grund dafür ist leicht einzusehen: Es gibt gar keine echte Arbeitnehmervertretung gegenüber den Wirtschaftsunternehmen der Gewerkschaften, weil hier die Arbeitgeber zugleich das Recht, die Interessen der Arbeitnehmer zu vertreten, monopolistisch für sich in Anspruch nehmen. Eine Gewerkschaft der Arbeitnehmer gegen die Wirtschaftsunternehmen der Gewerkschaften selbst ist bisher als unmöglich erschienen und nie zur Sprache gekommen. Die Gewerkschaftsfunktionäre nehmen daher in der Führung ihrer wirtschaftlichen Großunternehmen geradezu die Stellung der ungehemmtesten »Großkapitalisten« des vergangenen Jahrhunderts ein.

Zu diesem Mangel an Rechtsgefühl der Gewerkschaftsfunktionäre paßt es, daß sie sowohl den Rechtsgegner als auch die Justiz kriminell verleumden und beleidigen. Daß ein Arbeitskampfgegner, wenn er sein nach geltenden Gesetzen gutes Recht ausübt, verleumderisch kriminalisiert wird, dafür ist nicht nur der schon genannte Ausdruck des Metallarbeiterfunktionärs *E. Loderer*, die Arbeitgeber »plünderten« die Kassen der Gewerkschaften kennzeichnend, sondern am eindrucksvollsten waren wohl die Plakate der Arbeiterdemonstranten im Bremer Stahlarbeiterstreik von 1978 mit der Aufschrift »Wer aussperrt, gehört eingesperrt«, d. h. er handelt kriminell. Diese wohl kaum ohne Zustimmung, ja Organisation von Gewerkschaftsfunktionären dann bundesweit medienhaft bekannt gemachten Parolen wollen planmäßig das Rechtsstaatsbewußtsein der Arbeiter zu einem Freund-Feind-Verhältnis verändern, also zu eben einem zwar strukturveränderten, aber harten Klassenkampf, der sowohl durch die Diktatur der Nationalsozialisten und dem – nur in dieser Hinsicht – zu dem ihr folgenden rechtsstaatlichen Aufbau der Bundesrepublik zugunsten von Friedenspflichtungen in sozialen Konflikten der Vergangenheit anzugehören schien. Zu dieser beleidigenden Verhöhnung des Rechtsgegners gehört es auch, daß der Berufsfunktionär *Franz Steinkühler* zu den Tarifverhandlungen in die Sitzung der Tarifverhandlungskommission eine Bänkelsängergruppe einmarschieren ließ, die Spottlieder auf die Arbeitgeber absang; das hat zwar keinen Verhandlungspartner beeinflußt, aber bezeugt die »flexible Streikstrategie« der Funktionäre, die auf beleidigende Verhöhnung des Tarifpartners ausgeht. Hat damit *Steinkühler* der rechtsstaatlichen Freiheit auf tarifautonome Verhandlungen wirklich gedient oder ihr in Wirklichkeit geschadet?

Es scheint mir kein Zufall zu sein, daß ausgerechnet die Funktionäre der in der Bundesrepublik übermächtigen Metallarbeitergewerkschaft hier die neo-klassenkämpferische Speerspitze gegen den Rechtsstaat bilden. Der Stahlarbeiterstreik von Ende 1978 in Bremen und seine organisierten Solidaritätsstreiks sind wahrscheinlich der Wendepunkt in der rechtsstaatlichen Auffassung des friedenspflichtigen Arbeitsrechts gewesen, übrigens nicht nur im Verhältnis der Funktionäre zum Tarifpartner, sondern auch in der inneren Machtauseinandersetzung zwischen den Gewerkschaftsfunktionären unter sich.

Politische Konfliktauseinandersetzungen sowohl in der Sozialpolitik wie in der allgemeinen demokratisch-parlamentarischen Politik entarten immer mehr zu medienverstärkten Gladiatorenkämpfen von Berufsfunktionären.

So wird auch die Gerichtsbarkeit bewußt diffamiert, wenn sie Urteile fällt oder gar nur berät, die zuungunsten der interessenhaften Rechtsauffassung der Gewerkschaftsfunktionäre ausgehen. So hat fast die ganze Funktionärsgruppe der Metallarbeiter die Entscheidung eines Arbeitsrichters des Arbeitsgerichtes Karlsruhe mit dem beleidigenden Urteil, es sei ein Schandurteil, belegt. Die Erinnerung der Deutschen, daß der Begriff »Schandurteil« mit Urteilen des nationalsozialistischen Volksgerichtshofes unter *Freisler* verknüpft ist, scheint den gegenwärtigen Gewerkschaftsfunktionären nicht mehr zur geistigen Verfügung zu stehen.

Dem Leser dieser Zeilen von heute muß man wohl die Einzelheiten dieser Justiz-Verleumdung in Erinnerung rufen. Es begann wie immer klein und endete groß. Zunächst hat der Funktionär der Metallgewerkschaft in Bruchsal dieses Urteil des Arbeitsgerichtes Karlsruhe öffentlich als »Schandurteil« bezeichnet und wiederholte diesen Vorwurf in einem Schreiben an den Direktor des Arbeitsgerichtes als »Schande«. Der Richter am lokalen Arbeitsgericht und Bearbeiter des Falles klagte wegen dieser Äußerung auf Beleidigung und seiner Anzeige folgte das Amtsgericht Karlsruhe, indem es den Funktionär zu einer Geldstrafe verurteilte. Das wäre eine lokale Episode gewesen, in der mir die

Überschreitung der Rechtsschelte durch einen rechtsunerfahrenen Funktionär völlig verständlich ist. Das über die Berechtigung zur Rechtsschelte beschließende Gericht hat daher auch ausdrücklich festgestellt, daß der Beklagte das Urteil als »unverständlich«, »sachwidrig«, »sozialschädlich«, ja sogar als »falsch« hätte bezeichnen können, aber mit der Bezeichnung als »Unrechtsurteil« die Grenze der Urteilsschelte bis zur Beleidigung des Richters als »Unrechtstäter« überschritten habe. Diese lokale Episode wäre längst vergessen, wenn sich nicht die gesamte Funktionärsmacht der Metallarbeitergewerkschaft hochtreibend gegen diese Entscheidungen der Gerichte gewandt hätte: Im Stuttgarter Tarifbezirk haben zunächst 105 hauptamtliche Funktionäre die »Wortwahl« ihres lokalen Kollegen gebilligt; im Gewerkschaftstag der IG Metall in Berlin fanden sich schon über tausend Befürworter dieser Justizbeleidigung mit dem Vorwurf »Schande für den Rechtsstaat«.

Wen wundert es, daß der so ehrgeizige und profilsüchtige Berufsfunktionär *Franz Steinkühler*, Vorsitzender der gewerkschaftlichen Metaller in Württemberg-Baden, sich sofort an die Spitze dieser anti-justitiellen Diffamierung setzte? Er hat nicht nur alle diese Beschlüsse mit der Beleidigung der Arbeits- und Allgemeingerichtsbarkeit unterschrieben, sondern trägt die Verantwortlichkeit auch für die Veröffentlichungen dieser Justizkritik in den betreffenden Gewerkschaftszeitungen.

Daß gegen ihn ein Strafbefehl in dieser Sache erlassen worden ist, gehört mehr zur Komik als zur Aufrechterhaltung der rechtsstaatlich verbürgten »dritten Gewalt«.

Man stelle sich einmal vor, was aus der bundesdeutschen Arbeitsgerichtsbarkeit, ja der allgemeinen Gerichtsbarkeit wird, wenn ein Mann wie der Berufsfunktionär *Steinkühler* zum politischen Führer der nicht nur in der Bundesrepublik übermächtigen, ja international einflußreichsten Gewerkschaft wird. Eine Festigung des Rechtsstaates »Bundesrepublik«? Mit Sicherheit nicht.

Den seit langem schwerwiegendsten Eingriff in ein schwebendes Rechtsverfahren leistete sich aber ausgerechnet ein Landesminister, nämlich der Gewerkschaftsminister Professor *Friedhelm Farthmann* von Nordhein-Westfalen, der – wie sollte es anders sein? – zu seinem Ministeramt kam, weil er vorher der Funktionär-Experte in der Spitze des Deutschen Gewerkschaftsbundes war. Er hatte während der Beratungen und längst vor einem Urteilsspruch des Bundesverfassungsgerichts, das die Unternehmer zur verfassungsrechtlichen Überprüfung des neuen Mitbestimmungsgesetzes angerufen hatten, so unverhüllte Drohungen mehrfach öffentlich geäußert, daß es bei einem für die Gewerkschaften ungünstigen Urteil »zu politischen Eruptionen kommen« werde, ja daß ein für die Gewerkschaften auch nur »restriktives« Urteil des Gerichtes der Glaubwürdigkeit und Stabilität unserer demokratischen Gesellschaftsordnung »mehr schaden (würde) als Tausende Extremisten«. Das Plenum des Bundesverfassungsgerichts (also auch alle seine vor allem vom Vertrauen der SPD getragenen Mitglieder) hat diese Drohungen einhellig als unverhüllten Pressionsverbrauch auf die Unabhängigkeit des Gerichts gewertet.

Es lohnt sich, diese Rüge des Gerichts an *Farthmann* wörtlich festzuhalten: »Hier handelt es sich nicht um Kritik am Bundesverfassungsgericht, sondern um den unverhüllten Versuch, auf das Gericht zugunsten einer Seite Pressionen auszuüben. Es ist mit der vom Grundgesetz gewährleisteten Stellung unabhängiger Gerichte schlechthin unvereinbar, wenn – von welcher Seite auch immer – Druck auf die Rechtssprechung ausgeübt werden soll . . . Das Plenum des Bundesverfassungsgerichts verwahrt sich gegen den unzulässigen, untauglichen und in der Form verfehlten Versuch, nach Abschluß dieser Verhandlung und vor Beginn der Beratungen des Senats auf dessen Entscheidung Einfluß zu nehmen.«

Diese Drohungen *Farthmanns* gehören eigentlich schon zu dem später zu behandelnden Thema der Grundgesetzverachtung durch Gewerkschaftsfunktionäre, aber sie sind zugleich ein Kennzeichen, daß sie die Obersten Gerichte bedrohen und verleumden, wenn ein Urteil nicht von vornherein ihren Interessen entspricht, wogegen sie nach meiner Überzeugung eben dieses Gericht anrufen würden, wenn eine Regierung und ein Parlament die »Rechte« der Gewerkschaften beschneiden würde. Eben dies nenne ich »Rechtsausbeutung«. Zu fragen wäre weiter: Wie kann ein Mann, der so unverhüllt gewerkschaftliche Funktionärspolitik betreibt, dies mit seinen Amtspflichten als Minister eines Bundeslandes (für »Arbeit und Soziales«), in denen er der gesamten Bevölkerung seines Landes zu ihrem Wohl verpflichtet ist, noch vereinbaren? Weshalb führt ein grundgesetzwidriges Verhalten eines solchen Ministers nicht selbstverständlich zu seinem Rücktritt aus dem Ministeramt, sondern sogar zur Förderung seiner ministeriell-politischen Karriere? Rechtsstaat? –

Aber vielleicht der wesentlichste Beitrag zur Rechtsausbeutung, den die Gewerkschaftsfunktionäre leisten, besteht darin, daß sie die Rechtsausbeutung der Gesetze und Maßnahmen zum Schaden der sozialen Sicherheit sozial Benachteiligter durch den brutalen Egoismus von Verantwortungslosen sogar noch unterstützen. Die Bundesrepublik besitzt eine gesetzlich gesicherte Sozialordnung, die den aus vielen Gründen sozial Benachteiligten und Gefährdeten einen Schutz bietet, wie sie kaum ein Staatsbürgertum auf der ganzen Welt genießt (das sog. »soziale Netz«, ein aus der Zirkuswelt stammender fast infamer Begriff, den ich bewußt nicht benutze). An dieser sozialen Sicherung der Alten (Rentenversicherung), der Kranken (Krankenversicherung), der Gebrechlichen, Arbeitsinvaliden, Unfallgeschädigten, körperlich Behinderten auf einem zumutbaren Existenzminimum will niemand, selbst nicht die Ultra-Konservativsten, im Kern irgend etwas ändern. Wer ohne Arbeitsplatz und damit ohne Lohn ist, braucht damit nicht mehr zu verhungern; das Arbeitslosengeld entspricht zwar keineswegs dem alten Arbeitseinkommen, aber ist immerhin so hoch, daß die Mehrheit der Dritten Welt Schlange stehen würde, um von unseren Arbeitsämtern als Arbeitslose »angestellt« zu werden.

Doch diese gesetzliche soziale Sicherung derer, die man früher einmal »die Armen« nannte, ist in Zeiten der wirtschaftlichen Hochkonjunktur gerade von den Gewerkschaften und in dieser Hinsicht fast allen gefällig handelnden politischen Parteien in ein Übermaß gesteigert worden, daß sie in wirtschaftlichen Krisen und Notzeiten wie heute nicht aufrecht zu erhalten ist. Daß die Gewerkschaftsfunktionäre (etwa im Gegensatz zur neuesten Entwicklung im Sozialstaat Schweden) hier nicht bereit sind, den Rechtsmißbrauch der sozialen Sicherheitsgesetze einzudämmen, sondern diesen auch in Fällen absurdester egoistischer Ausbeutungen als »Generalangriff« auf die soziale Sicherungsgesetzlichkeit werten und bekämpfen, ist in vielen Fällen als Beihilfe zum Rechtsmißbrauch anzusehen. Diese Funktionärspraxis hat eine sozialpolitische und eine rechtspolitische Seite: Die erste besteht darin, daß diese egoistische Seite der Ausbeutung der sozialen Sicherheits- und Förderungsgesetzlichkeit im Grunde genommen auf Kosten der produktiven jüngeren Arbeitnehmer geht (ich werde dazu in einem folgenden Kapitel unter der Frage Stellung nehmen, ob die Gewerkschaftsfunktionäre wirklich noch die Interessen der Arbeitnehmer vertreten). Der sozialpolitischen

Aufgabe der Gewerkschaften würde entsprechen, daß sie gerade durch Ausschaltung des Rechtsmißbrauchs die öffentlich noch leistbaren Beiträge der gesetzlich verbürgten sozialen Sicherung erhalten; statt dessen bilden sie den entscheidenden Hemmstein, daß sich der Sozialstaat Bundesrepublik in seiner sozialstaatlichen Substanz auch Wirtschaftskrisen und -fluten gegenüber als »flexibel«, also das größte Gemeinwohl in der jeweils gegebenen wirtschaftlichen Lage suchend erweist. Die rechtspolitische Seite, die ich hier im Blickfeld habe, ist von mir mit dem »St.-Florians-Prinzip« gekennzeichnet worden: Wer in dieser wirtschaftlichen Notsituation Opfer zu bringen hat, sind immer »die anderen«, aber wir verteidigen auch den offensichtlichsten Rechtsmißbrauch der sozialen »Rechte« in jedem Einzelfall dadurch, daß wir rechtsanwaltliche Funktionäre zur Verteidigung der juristischen Untadligkeit dieser Rechtsausbeutung einsetzen.

Die Motivationen für diese Funktionärspraxis scheinen mir auf drei Ebenen ortbar zu sein:

– Zunächst gehört es zu den klassischen Aufgaben der Gewerkschaften, bei den Tarifverhandlungen für die von ihnen vertretenen Arbeiter möglichst hohe Lohnabschlüsse zu erreichen. Aber die Praxis, wie heute Lohntarifverhandlungen mit öffentlichem Druck begleitet werden, verbietet es auch den einsichtigen Funktionären, auf den Kampf um »Prozente hinter dem Komma« zu verzichten und den Arbeitnehmern den Konkurrenzdruck der deutschen Wirtschaft, die damit verbundene Gefährdung von Arbeitsplätzen durch gesteigerte technische Rationalisierung oder die sich sprunghaft steigernden Unternehmenskosten vor allem mittlerer Unternehmen angemessen zu verdeutlichen. Im Gegenteil: Jede autonome Tarifverhandlung wird mit Erwartungen öffentlich angeheizt, die den immer notwendigen Kompromiß hinterher als »Niederlage« der Funktionäre gegenüber den »Kapitalisten« erscheinen lassen. Will man den Arbeitsfrieden fördern, so muß man die Tarifverhandlungen vor öffentlichem Druck von außen in ähnlicher Weise schützen wie die Gerichtsbarkeit. Und auch nach voller Ausschöpfung der Verhandlungen einschließlich der Schiedsgerichtsbarkeit und nach der Zustimmung oder der Ablehnung der Verbandsgremien sollte man die Öffentlichkeit informieren. Aber ist den Gewerkschaftsfunktionären wirklich noch am Arbeitsfrieden gelegen?

– Gewerkschaftsfunktionäre und die ihnen gefälligen Parteien haben eine Vorstellung von mitmenschlicher Hilfsbereitschaft, die alle soziale Hilfe und Sicherung mit einer gesetzlichen Totalversorgung zu regeln bestrebt ist. Daß es in unserer Bevölkerung sowohl im Inneren wie im Verhältnis nach außen ein freiwilliges »Hilfspotential« gibt, das die immer wieder erhöhten Steuer- und Mitgliedsbeiträge vielleicht überbieten könnte, ist für Funktionäre unbekannt. Die dem »sozialen Netz« entgegengesetzte persönliche Hilfsbereitschaft der Familie, der Verwandten, der Nachbarn und Freunde in Notsituationen – der Journalist *Werner Ross* hat sie mit Recht polemisch als »Menschennetz« bezeichnet – wird von den Funktionären nicht mehr in Rechnung gezogen. Dabei ist seit dem Aufbau der Bundesrepublik bis heute eine unmittelbare Hilfe für Hilflose von hier aus viel sicherer und wirksamer als die bürokratisch verwaltete soziale Sicherung. (Wer hat eigentlich der polnischen notleidenden Bevölkerung mehr geholfen, die flaue Unterstützung der Gewerkschaften oder die private, vor allem über die Kirchen vermittelte Hilfsbereitschaft?)

– Hinter beiden Einstellungen steht aber das Hauptmotiv, den Arbeitnehmer, vor allem auch die eigene Gewerkschaftsmitgliedschaft, ganz offen und demagogisch immer abhängiger von der Funktionärsmacht zu machen und diese als den vermeintlich zuverlässigsten Vormund für ihre Lebens-, Arbeits- und Einkommensinteressen zu plakatieren. Und dies, obwohl die Gewerkschaften organisatorisch und politisch nur eine Minderheit der Arbeitnehmer in der Bundesrepublik vertreten, und, was ich noch darlegen werde, gegen die Interessen der arbeitenden Bevölkerung handeln. –

Worin besteht diese ständige Funktionärsunterstützung für den Mißbrauch sozialer Sicherungsrechte? (Der Antwort darauf sei die Unterscheidung, die ich zwischen »Rechtsmißbrauch« und »Rechtsbruch« mache, zur Beachtung empfohlen. Das ist eine alte rechtsphilosophische Frage: Schon *Montesquieu* hat sie mit der Frage nach der Beachtung des »Geistes der Gesetze« aufgeworfen; in der deutschen Staatslehre unseres Jahrhunderts hat sie sich in dem Widerspruch zwischen »Legitimität« und »Legalität« wiederholt.) Was ich hier den Gewerkschaftsfunktionären kritisch ankreide, beinhaltet keineswegs den Vorwurf von Rechtsbeugung und Rechtswidrigkeit im Sinne der »Legalität«, also der geltenden Gesetze und Maßnahmen, wohl aber, daß sie immer bereit sind, den »Geist der Gesetze«, ihre »Legitimität« – verstanden als Orientierung am Gemeinwohl – zu mißachten, und dabei eine an sich juristisch legale, aber tatsächlich langfristige Ausplünderung unserer sozialen Sicherheitsordnung völlig außer acht zu lassen.

Diesen Vorwurf wollen wir an vier wichtigen Beispielen verdeutlichen: an den Mißbrauchfällen der sozialen Sicherung durch das legale »soziale Netz«; an der Frage des »Krankfeierns«; an der Duldung, ja Verteidigung des »grauen Marktes« des außerberuflichen Nebenerwerbs; an der Frage der Zumutbarkeit der Arbeitsaufnahme durch Arbeitslose.

– Was die Mißbräuche der Sozialgesetzgebung betrifft, so ließen sich aus den von mir gesammelten Materialien Hunderte von Beispielen belegen; um aber das argumentative Skelett mit etwas Fleisch anzureichern, möchte ich auf eine sehr anschauliche und fallkonkrete Darstellung eines anderen zurückgreifen:

In einer Leserzuschrift an die FAZ vom 1. 10. 81 stellt ein *Rolf Coeppicus* folgende vier Fälle vor:

»Der Mißbräuche des ›Netzes der sozialen Sicherheit‹ gibt es mannigfaltige. Fall 1: Eine einundzwanzigjährige Notariatsangestellte mit einem Bruttogehalt von etwa 2200 Mark will in etwa 2 Jahren heiraten. Ihr Verlobter, ein Gewerkschaftssekretär, findet heraus, daß sie sich zur Kammersängerin umschulen lassen solle. Denn eine Eignungsprüfung ist da nicht notwendig; man muß nur einmal in der Woche das Konservatorium für ein paar Stunden aufsuchen; Leistungsnachweise werden während der zwei Jahre dauernden Umschulung nicht verlangt; das bisherige Nettogehalt wird weitergezahlt; mit der Heirat entfällt die Rückzahlungsverpflichtung. Die Dame kann nach wie vor nicht singen.

Fall 2: In einem Lehrgang für Polizeibeamte im Alter von etwa 30 Jahren wird erläutert, welche Gebrechen Dienstunfähigkeit zur Folge haben. Etwa die Hälfte der Teilnehmer stellt daraufhin fest, daß sie wegen verschiedener Beschwerden dienstunfähig sind; bis dahin hatten sich die Herren gesund und dienstfähig gefühlt. Einer davon (ihn kennen wir persönlich) wird wegen eines Meniskusschadens kurze Zeit später dienstunfähig geschrieben. Seitdem spielt er zweimal täglich Tennis. Seine Gegner stellen fest, daß er große Fortschritte im Tennis macht. Er beabsichtigt, nach der Versetzung in den Ruhestand eine Tätigkeit als Vertreter und Makler aufzunehmen.

Fall 3: Einer in Oberhausen-Sterkrade wohnenden arbeitslosen Arzthelferin wird eine Stelle in Duisburg-Hamborn angeboten (Sterkrade grenzt an Hamborn; Entfernung der Mittelpunkte der Ortsteile etwa 5 Kilometer). Sie lehnt ab, weil sie kein Auto hat und die Entfernung unzumutbar sei. Das Arbeitsamt erkennt das als richtig an und gewährt Arbeitslosenunterstützung. Diese wird gezahlt unter anderem von Montagearbeitern, die täglich weite Strecken für sich für zumutbar halten.

Fall 4: Ein Oberhausener Textilbetrieb erfährt, daß ein Textilbetrieb in Gelsenkirchen schließt und der dortige Bandleiter arbeitslos wird. Er bietet diesem, da man dringend einen Bandleiter braucht, statt der bisherigen 4000 Mark in Oberhausen 4500 Mark monatlich. Die Fahrtdauer von Gelsenkirchen nach Oberhausen beträgt über die Emscher Autobahn etwa 15 Minuten. Der arbeitslose Bandleiter lehnt ab mit der Begründung, daß er dann ja für 1000 Mark im Monat arbeiten müsse.

Wir werden so mit einer neuen Berechnungsmethode vertraut gemacht. Der Bandleiter zieht von den zu erzielenden 4500 Mark die Arbeitslosenunterstützung ab und stellt fest, daß nur 1000 Mark als Unterschiedsbetrag übrigbleiben. Da leuchtet es natürlich ein, daß jemand, dessen Arbeitskraft monatlich 4500 Mark wert ist, nicht für nur 1000 Mark arbeiten gehen kann.«

– Daß die Frage, ob nicht die volle Lohnfortzahlung im Krankheitsfalle für die Gewerkschaftsfunktionäre ein rotes Tuch wie für den Kampfstier bedeutet, besteht für alle, die intern die Arbeitswelt kennen, kaum ein Zweifel. Die Gewerkschaftsfunktionäre untergraben die einstmals fast vorbildliche Arbeitsmoral und Disziplin des deutschen Arbeiters in einem Ausmaß, das wirtschaftspolitisch kaum abzuschätzen ist.

Auch hier ein Fremdurteil: Unter der Überschrift »Krankfeiern als Tabu« kommentiert die SÜDDEUTSCHE ZEITUNG (kein Arbeitgeberorgan) diesen Tatbestand folgendermaßen: »Krankfeiern ist ein Phänomen, das nicht zu fassen ist, gleichwohl aber die Krankenkassen und damit die Beitragszahler viel, viel Geld kostet . . . Wer angesichts von Krankenständen, die heutzutage mit 6 bis 7 % der Belegschaft als ›normal‹ und mit 10 % als ›nicht ungewöhnlich‹ gelten, von Mißbrauch spricht, zieht unweigerlich den Groll der Gewerkschaften auf sich. Sie machen sofort Bespitzelung der Kranken, Profitmacherei auf Kosten der Belegschaft und ähnliche Ausbeutertricks aus. Für die Arbeitnehmerfunktionäre sind offensichtlich alle Arbeitnehmer blauäugig und alle Arbeitgeber – ob nun Privateigner, Manager oder öffentliche Hand – finstere Bösewichte. Es kann eben nicht sein, was ideologisch nicht sein darf. Unter diesen Umständen hat eine zeitgemäße Form der Krankenkontrolle, die dringend nötig wäre, überhaupt keine Chance. So müssen alle Arbeitnehmer mit ihren Beiträgen für den Mißbrauch durch eine Minderheit teuer bezahlen – weil realitätsfremd gewordene Gewerkschaften es so wollen.«

Daß im Sozialstaat Österreich Rechtsmißbräuche der ersten Art ebenso häufig sind wie in der Bundesrepublik ließ sich leicht belegen. Aber im »Krankfeiern« übertreffen die österreichischen Arbeiter, insbesondere die Pendler, noch bei weitem die bundesdeutsche Praxis: Nicht nur, daß praktisch die Arbeitszeit bereits am Donnerstag Abend oder allenfalls am Freitag Mittag endet, sondern sowohl die österreichische Industrie wie die Regierung haben sich längst auf das »Krankfeiern« zwischen Wochenenden und Festtagen realistisch eingestellt.

Die Frage, wer den dadurch verursachten Produktionsverlust zahlt – natürlich die Arbeitnehmer selbst über höhere Sozialbeiträge, die Betriebe über mangelnde Konkurrenzfähigkeit – wird ernsthaft gar nicht mehr aufgeworfen. Die Voraussage der Gewerkschaften, daß sich die Aufhebung der Karenztage ebenso wenig auf die Arbeitsmoral der Arbeiter auswirken würde wie bei den Monatsgehaltsempfängern, hat sich nicht bewahrheitet; der eigentliche Druck gegen das Krankfeiern geht davon aus, daß man um seinen Arbeitsplatz fürchten muß. Man wird also (mit Ausnahme der Fälle, wo eine Krankenhauseinlieferung erfolgt) entweder die drei Karenztage (also zunächst unbezahlte »Krankheits«-Tage) wieder einzuführen oder das offensichtliche »Krankfeiern« voll auf den gesetzlich und tariflich zustehenden bezahlten Urlaub anzurechnen haben.

– Am schwierigsten ist wohl ein Rechtsmißbrauch zu beurteilen und zu verurteilen, den man als illegale Nebentätigkeit der Arbeitnehmer, auf gut Deutsch als Schwarzarbeit kennzeichnet. Die Vorteile und Nachteile dieser Art von Leistungsverhältnissen sind allen deutlich: Der Arbeitleistende, nennen wir ihn jetzt kurz: der Schwarzarbeiter, hat den Vorteil, daß er für seine so erzielten Einnahmen weder Steuern noch Sozialabgaben oder Gewerkschaftsmitgliedsbeiträge zu entrichten braucht; als Nachteil nimmt er damit den fehlenden Versicherungsschutz oder sogar die fehlende Rechtsvertretung vor Arbeitsgerichten in Kauf. Im Grunde genommen ist von ihm aus dieses geheime Privateinkommen nur eine Großvariante des »Trinkgeldes«, das in bestimmten Berufsgruppen gang und gäbe ist. Die Vorteile des illegalen Arbeitgebers liegen vor allem in den Kosten: Er zahlt, vor allem für Kleinreparaturen in Wohnung und Haus, die Hälfte oder sogar weniger, wie wenn er einen Handwerker oder sonst einen mittleren Gewerbebetrieb damit beauftragen würde, der die Anfahrt und Abfahrt, die tariflichen Stundenlöhne für Meister, Gesellen und Lehrlinge und alle gesetzlich vorgeschriebenen

Nebenbetriebskosten berechnen müßte. Er nimmt in Kauf, daß er keine betriebliche Haftung für mißlungene oder schadhafte Arbeitsausführung beanspruchen kann; zudem muß er fähig sein, sich ein »Hilfskorps« von jeweiligen Schwarzarbeitern anzuschaffen (und seien es wirtschaftliche »Asylanten« aus Polen oder der Dritten Welt).

In dem entlegensten und wahrscheinlich ärmsten Teil Österreichs, in dem ich mindestens jeweils ein halbes Jahr unter Arbeitern lebe und wo man noch unverblümt Deutsch spricht, im südlichen Burgenland, wird diese Schwarzarbeit schonend als »Nachbarschaftshilfe« (Gegenseitigkeitsleistungen, auch über mehrere Dörfer hinweg) oder offener als »Arbeiten im Pfusch« bezeichnet.

Gegen diese Schwarzarbeit ziehen sowohl die mittleren und kleinen Unternehmen des Handwerks und der gewerblichen Wirtschaft, als auch die Verbändefunktionäre zu Felde. Während es den ersten darum geht, ihnen entgehende wirtschaftliche Leistungsaufträge zu begrenzen, geht es den Gewerkschaftsfunktionären in ihrem (verbalen) Protest gegen die Schwarzarbeit um fehlende Sozialabgaben, die den von ihnen beherrschten sozialen Sicherungsinstitutionen (Krankenkassen, Arbeitslosenversicherung, usw.) und nicht zuletzt die lohnberechneten Mitgliederbeiträge entziehen. Von beiden Seiten und vor allem von der politischen Gesetzgebung (»Steuerhinterziehung«) ist schon deswegen keine Eindämmung der Schwarzarbeit zu erwarten, weil sie sich damit zu den längst selbstverständlich gewordenen wirtschaftsmoralischen Überzeugungen der großen Mehrheit der Bevölkerung in Gegensatz befinden würden, nicht zuletzt gerade der einfachen Arbeitnehmer.

Diese Überzeugung hat eine lange Tradition für sich. Mein Großvater, Bergarbeiter, bewirtschaftete selbstverständlich die etwa 10 Morgen Ackerland mit seiner Familie selbst, auch bei einer Arbeitszeit von täglich 12 Stunden, um sich mit Grundnahrungsmitteln (Kartoffeln, Zuckerrüben) und das von ihm zur Selbstversorgung seines Viehs erforderliche Getreide (Schweine, Ziegen, Hühner) selbständig zu erarbeiten. Diese Art der Selbstversorgung war für die ältere Generation der Bergarbeiter im Ruhrgebiet in gleicher Weise selbstverständlich. Waren sie »Nebenerwerbslandwirte« oder nicht vielmehr »selbständige Versorger« für ihre Familie durch zusätzliche Arbeit?

Deshalb ist es nicht überraschend, daß eine repräsentative Bevölkerungsumfrage sich für die Zulassung der Schwarzarbeit in großer Mehrheit ausspricht und dabei keine Schuldgefühle für die Schwarzarbeiter, sondern ihr Verständnis dafür bekunden.

Wieso ist den Gewerkschaftsfunktionären, wenn sie selbst die zunehmende Schwarzarbeit verurteilen, dafür eine Beihilfe zum Rechtsmißbrauch zuzurechnen? Sie haben durch eine vor allem von ihnen durchgesetzte hemmungslose und kostspielige sozialpolitische Reformpolitik die Kosten für das Handwerk, die gewerblichen Klein- und Mittelbetriebe, für alle »Reparatur«-Werkstätten, auf ein so hohes Maß geschraubt und durch von ihnen geforderte Steuererhöhungen belastet, daß sie das Ausweichen auf Schwarzarbeit, insbesondere durch private Haushalte, als systematische Nebenwirkung gefördert und dadurch »offizielle« Arbeitsplätze vernichtet haben. In diesem Zusammenhang ist festzustellen, daß die Gewerkschaftsfunktionäre nicht nur die Arbeitslosigkeit fördern, sondern auch, daß sie demonstrative Sozialpolitik auf dem Rücken der von ihnen vermeintlich vertretenen produktiven Arbeitnehmer praktizieren.

(Daß die Frage der illegalen Nebentätigkeit auch in andere Berufsgruppen hineinreicht, sei dabei nicht verschwiegen. Beamte des staatlichen Finanzamtes machen nebenamtlich Steuerberater, bis sie genug »Kundschaft« haben, um sich als Steuerberater selbständig zu machen. Ein privater Baumeister erstellt Hausplanungen, die er als Beamter der staatlichen Baubehörde zwar nicht selbst genehmigt, aber einer seiner ihm selbstverständlich verbundenen Kollegen. Die Ausnutzung der Universitätseinrichtungen, vor allem durch die Privatpraxis der Mediziner und der Ingenieurwissenschaftler ist bekannt, wird jetzt zwar zum Teil begrenzt. Aber weshalb fängt man nur »von oben« an, statt auch die gleiche »Praxis« von »unten her« zu ordnen?)

Doch hinter dieser vordergründigen Fassade steht ein viel gewichtigeres wirtschaftspolitisches Problem. Die Gewerkschaftsfunktionäre drängen – national und international – auf die 35-Stunden-Woche und auf die Kürzung der Lebensarbeitszeit, um damit, wie sie meinen, neue Arbeitsplätze zu schaffen. Dabei werden die menschlichen Nebenwirkungen, wie immer bei Funktionären, kaum bedacht: Was wird etwa ein Facharbeiter mit einer 5-Tage-Woche zu sieben Stunden und einem dreitägigen Wochenende tun? Was wird ein mit 58 oder 59 rüstiger Arbeiter oder ein noch früher auf Rente gesetzte berufstätige Frau mit dieser Freizeit anfangen? Doch selbstverständlich sich eine die Rente nicht einengende Nebentätigkeit suchen; auf jeden Fall werden sie sich nicht, wie es die Funktionäre und die professionellen »Bildungspädagogen« voraussetzen, der Betreuung durch die Freizeit-Sozialingenieure überliefern. So wird man zum »selbständigen Arbeiter«. Ökonomischer ausgedrückt: Diese Arbeitszeitverkürzungen werden den »grauen Markt«, wie dies der Nationalökonom *Günter Schmölders* bezeichnet hat, erheblich erweitern, der übrigens bei den Wirtschaftspolitikern in den USA schon weit mehr Aufmerksamkeit findet als in den Sozialstaaten Westeuropas.

(Vgl. dazu den urteilsfähigen und informativen Beitrag des Geschäftsführers des Wirtschaftsverbandes Deutscher Werbeagenturen, Dr. *Klaus Hattemer,* in der FAZ vom 12. 4. 82, der mit Recht den gleichermaßen gesetzlich verbotenen und strafbaren Tatbestand der »Schwarzarbeit« auf seine von »Verbrauchern« und »Schwarzarbeitern« gelebte Wirklichkeit zurückführt, indem er zwischen einer »großen« und einer »kleinen Schwarzarbeit« unterscheidet. »Große Schwarzarbeit« ist für ihn z. B. die Organisation von Leiharbeiterkolonnen, vor allem mit Fremdarbeitern bestückt, die sonst voll besetzbare Arbeitsplätze verdrängen (Weshalb wird diese Form der »Arbeitsvermittlung« eigentlich nicht in Folge der Illegalität von Schwarzarbeit gesetzlich untersagt?); »kleine Schwarzarbeit« ist das Werken nebenbei am Feierabend und am Wochenende von Facharbeitern, ja selbst Angestellten und Beamten, die ihre »Freizeit« zu freiwilliger Mehrarbeit benutzen und dabei ihrerseits ein ebenso gutes Gewissen haben wie ihre »Kundschaft«, die nicht nur billiger fährt, sondern überhaupt Kleinreparaturen gemacht erhält. In Österreich wäre ohne stillschweigende Duldung der »kleinen Schwarzarbeit« in einem Bundesland wie dem Burgenland der wirtschaftliche Aufschwung der letzten Jahrzehnte überhaupt nicht möglich gewesen. Aber die Gewerkschaftsfunktionäre interessiert weder die »große Schwarzarbeit« noch die »kleine Schwarzarbeit«, denn von beiden Seiten ist kein Machtgewinn der Funktionäre zu erwarten. Dem Grundurteil Hattemers, daß hier ein großes »Selbständigenpotential« unter den Arbeitnehmern liegt, das durch die Politik der Gewerkschaftsfunktionäre auf kürzere Wochen- und Lebensarbeitszeiten nur noch verstärkt werden wird, stimme ich zu: Ein Beispiel dafür, wie Funktionärspolitik sich von den Lebensinteressen der Arbeitnehmer und der Verbraucher immer mehr entfernt.

Dafür ein anschauliches Beispiel: Ein angesehener Finanzwissenschaftler hat in einer Gesprächsrunde von Unternehmern die Frage gestellt, wer die in seinem Privathaushalt beschäftigte Putzfrau sozialversteuert; da er selbst von vornherein zugab, daß er dies nicht tue, stellte sich heraus, daß es auch keiner der viel einkommensstärkeren Teilnehmer der ganzen Runde tat.

In gleicher Weise wird die von den Gewerkschaftsfunktionären geforderte Lebens- oder Wochenarbeitszeitverkürzung diesen »grauen Arbeitsmarkt« fördern, d. h. Arbeitsplätze vernichten. Das wird vor allem im Handwerk, in den kleinen und mittleren Betrieben der Dienstleistungen (Gärtner, ja Buchhalter und Steuerberater) zum Verlust von »offiziellen« Arbeitsplätzen führen. Es mag sein, daß mit diesen Arbeitszeitverkürzungen in den industriellen Großbetrieben ein Teil der nicht durch technische Rationalisierung aufzufangenden Freigaben von Arbeitsplätzen für die Jüngeren gewonnen wird, aber die Gegenrechnung der Arbeitsplatzvernichtung (auch Lehrstellenvernichtung) habe ich noch nirgends entdecken können. Die Gewerkschaftsfunktionäre sind in ihrer Mentalität völlig auf die Großindustrie ausgerichtet und ausgesprochen mittelstandsfeindlich. Ein Arbeitnehmer in diesen »Mittelstandsbetrieben« täte gut daran zu überdenken, ob seine Mitgliedschaft oder Unterstützung der Funktionärsbosse wirklich noch seinen Lebens- und Einkommensinteressen entspricht.

– Als letztes Beispiel für den Rechtsmißbrauch, für den sich die Gewerkschaftsfunktionäre vormundschaftlich einsetzen, sei die Zumutbarkeit der Arbeitsaufnahme für Arbeitslose angeführt.

Ich habe bereits in meinem ersten Kapitel diese mangelnde Zumutbarkeit an regionaler Flexibilität als einen wichtigen Grund für die sich erhöhende Arbeitslosigkeit angeführt; diese Passage meines Urteils wurde bereits vollständig in einem in der FAZ erschienenen Beitrag abgedruckt und hat mir viel Polemik eingetragen.

Heute, also wenig weitsichtig und mehr durch Finanzierungsnöte als wirtschaftspolitische Voraussicht veranlaßt, sieht sich der Gesetzgeber auf Vorschlag der Bundesanstalt für Arbeit genötigt, hier härtere Maßstäbe der Zumutbarkeit von Arbeitsaufnahme einzuführen: so will er nicht nur die Zu- und Abfahrt mit modernen Verkehrsmitteln auf zweieinhalb Stunden erweitern, sondern auch denjenigen Arbeitslosen, die in einem gleichbelohnten

Beruf nicht innerhalb von drei Monaten vermittelt werden können, zumuten, daß sie einen um eine Stufe niedriger belohnten Arbeitsplatz annehmen müssen. Empörte und maulkräftige Gegner dieses Abbaus der Arbeitslosigkeit: Die Gewerkschaftsfunktionäre. Sie haben mit verschiedenen Mitteln den sozialen Aufstieg und die erhöhte soziale Sicherheit in den Zeiten eines großen Wirtschaftsaufschwunges der Bundesrepublik erreicht, aber sie sind nicht fähig, auch einen zumutbaren sozialen Abstieg zur wirtschaftlichen Gesundung der bundesdeutschen Wirtschaft hinzunehmen. Sie haben die Lehren von 1931/32 (wo in den Großstädten nicht nur ungelernte Arbeiter, sondern auch Facharbeiter und Angestellte mit einem Schild um den Hals »Nehme jede Arbeit an« sich öffentlich feilboten, eine Lage, die der Herrschaftsergreifung der Nationalsozialisten mehr geholfen hat als aller nationalistischer Ressentimentsrummel) oder nach 1945, als politisch unbelastete Hochschullehrer zunächst als Bergarbeiter in die Grube fuhren, dann nach zwei Jahren wieder beamtenrechtlich in »Amt und Würden« waren, nicht bewältigt.

In der Verteidigung der Rechtsansprüche oder vor allem des Rechtsmißbrauchs der in der Sozialgesetzgebung in einer Zeit vollen wirtschaftlichen Wachstums errungenen legalen Rechtsansprüche, verhalten sich Gewerkschaftsfunktionäre wie die neuen Sozial-Feudalherren, die Privilegien bis zum letzten verteidigen, ohne daß ihnen die damit verbundenen ursprünglichen Rechtspflichten gegenüberstehen. Sie tun dies mehr und mehr gegen die Interessen ihrer produktiv arbeitenden Mitglieder, was in einigen Gewerkschaften (Bau) inzwischen auch jenen deutlich wird, die einen sicheren Arbeitsplatz selbst bei Reallohnkürzungen den demonstrativen Lohnsteigerungsforderungen der Funktionäre vorzuziehen beginnen. In Österreich greift in dieser Hinsicht die sozialistische Regierung *Kreisky/Benya* mit ihren Gewerkschaftsministern in alter Staatsautorität wesentlich wirksamer zu, als es den bundesdeutschen Gewerkschaftsfunktionären, von Produktionsproblemen weitgehend entlastet, kaum in den Sinn kommt.

Der Mentalität der Gewerkschaftsfunktionäre gegenüber sozialpolitischen Errungenschaften entspricht übrigens heute völlig die Mentalität der linken und noch linkeren Liberalen: Rechte fordern, Rechtspflichten verweigern. –

Funktionärsmentalität: Grundgesetzverachtung

Während wir im vorhergehenden Teil vor allem den Rechtsmißbrauch der sozialen Sicherungsgesetzgebung geißelten, den die Gewerkschaftsfunktionäre fördern und machtgewichtig unterstützen, scheint mir der Widerstand und die Aushöhlung der grundgesetzlich verankerten demokratischen Regierungsautorität der Bundes-, Landes- und Gemeinderegierungen auf einer für unser Gemeinwesen viel wichtigeren Ebene zu liegen. Dabei zielt der Vorwurf nicht auf Kritiken in der publizierten Meinungsbildung an bestimmten Festlegungen des Grundgesetzes – ich werde selbst solche Kritiken üben, fühle mich dabei dem Kriterium wissenschaftlicher Urteilskraft, die letzthin von meinen wissenschaftlichen Kollegen »kontrolliert« wird, unterworfen; aber schon die von Gewerkschaftsfunktionären veröffentlichte Meinungsbildung ist von ihren Mitgliedern nicht kontrollierbar und verstößt gegen die vermeintliche »politische« Neutralität und Toleranz der ihnen zugeteilten Rolle unseres Grundgesetzes – sondern der Vorwurf zielt auf die Unterstützung, ja Anzettelung von massiven praktischen Aktionen gegen grundgesetzliche Rechtspflichten. Der von den Gewerkschaftsfunktionären beherrschte Sozialstaat ist innenpolitisch (und zum Teil außenpolitisch) nicht mehr souverän. Wer regiert eigentlich noch in unserem Staat: Die mit demokratischen Mehrheiten legal und legitim gewählten Regierungs-Chefs und ihre amtsverpflichteten Minister, also zur Zeit *Helmut Schmidt, Hans Dietrich Genscher,* in den Ländern etwa *Ernst Albrecht, Holger Börner, Hans Koschnik, Johannes Rau, Lothar Späth, Gerhard Stoltenberg, Franz-Josef Strauß* usw. oder die Gewerkschaftsbosse wie *Leonhard Mahlein, Heinz Kluncker, Eugen Loderer, Franz Steinkühler, Ernst Breit* und die Spitzenfunktionäre der Eisenbahn- und Postgewerkschaften?

Diese kritischen, ja verzweifelnden Fragen wollen wir an einigen Beispielen verdeutlichen:

Daß Beamte nicht streiken dürfen, ist im Grundgesetz zwar nicht in einem besonderen Paragraphen festgelegt, aber, weil dies bei dessen Abfassung als selbstverständlich erschien, beziehen sich die Artikel 33, IV und V, 73,8 und 74 a (1) auf diese metaverfassungsrechtliche Voraussetzung, die dann durch weitere Gesetzgebung, durch Urteile Oberster Gerichte und einhellig von allen rechtswissenschaftlichen Kommentatoren bestätigt und längst dem Allgemeinbewußtsein der westeuropäischen Staaten, insbesondere aber der Rechtsauffassung in der Bundesrepublik und in Österreich, entspricht. Um allgemeinverständlich zu bleiben: Jemand, der zum Beamten ernannt und damit auf Lebenszeit seinen Arbeitsplatz und sein Einkommen im hohen Maße gesichert erhält (selbst über »Revolutionen« hinweg), hat dieses Vorrecht – durch einen Diensteid bekräftigt – mit mindestens zwei Verpflichtungen zu entgelten: daß er eine aktive Treuepflicht gegenüber der Staatsordnung hat, die ihn zum Beamten gemacht hat, und daß er damit den ihn sichernden Staat nicht als bloßen »Arbeitgeber« betrachten und behandeln darf. Beide gegenseitigen grundgesetzlich abgesicherten Verpflichtungen werden heute von den Gewerkschaftsfunktionären (und den Linksintellektuellen) planmäßig ausgehöhlt und unterlaufen. Auch hier also das Grundprinzip: subjektive und kollektiv-organisierte Rechtsansprüche auszuweiten, ohne die damit ursprünglich verbundenen Rechtsverbindlichkeiten zu übernehmen.

Die der Strategie der Gewerkschaftsfunktionäre zugrundeliegende Überzeugung läuft also praktisch auf Abschaffung des Berufsbeamtentums hinaus. Beamte und höhere Angestellte im öffentlich-rechtlichen Dienst, die Mitglieder und Unterstützer der Gewerkschaft ÖTV (Öffentliche Dienste, Transport und Verkehr) sind meines Erachtens unfähig, ihre hohen Sonderrechte zu wahren, versprechen sich aber dadurch persönliche Karrierevorteile. Es wäre an der Zeit, daß das von den Gewerkschaftsfunktionären geforderte Streikrecht einmal von den Beamten der Behörden probeweise verdeutlicht würde: von den Richtern der Arbeitsgerichtsbarkeit, von den Beamten in den Arbeitsämtern, also vor allem von den Beamten im öffentlich-rechtlichen Dienstverhältnis. Ein solcher »Streik« würde sicherlich beamtendisziplinarrechtliche Schwierigkeiten aufwerfen; aber was ist gegen die streikenden, beamteten Lehrer, die systemfeindlichen, beamteten Hochschullehrer als regierungsamtliche »Sanktion« (abgesehen von Ausnahmen wie Niedersachsen) eigentlich durchgeführt worden? Die Beamten und höheren Angestellten des öffentlich-rechtlichen Dienstes verkennen, daß ihre beamtenrechtlichen oder sonstwie gesicherten Positionen keine Selbstverständlichkeit der Staatsrechtsordnung sind, sondern gegen den Angriff der Gewerkschaftsfunktionäre aktiv verteidigt werden müssen und zwar mit dem Risiko, sich beamtenrechtlichen Folgen auszusetzen.

In Österreich ist diese Frage längst zugunsten der Gewerkschafts-, Partei- und Verbändemacht entschieden: Bis in die Obersten Gerichte hinein, zur Bestellung als Chefarzt einer medizinischen Klinik oder eines Arbeitnehmers im Gemeindedienst (Straßenbauarbeiter) hat niemand ohne Partei oder Gewerkschaftsprotektion eine Chance.

Ähnlich steht es mit der Auflösung und Unterhöhlung der staatlichen Treuepflicht der Beamten: Hier hat sich insbesondere die Gewerkschaft »Erziehung und Wissenschaft« hervorgetan (*Erich Frister*), die die treuepflichtigen Lehrer und Hochschullehrer von dieser Auflage befreit sehen, aber alle Vorteile des Beamten-Status dabei erhalten wollen. Aber auch die Gewerkschaften staatlicher Monopolbetriebe (Post und Eisenbahn) folgen dieser Aushöhlung der beamtenrechtlichen Treuepflicht, wenn auch vorsichtiger. Bisher richtet sich diese Funktionärspolitik eindeutig gegen grundgesetzliche und verfassungsgerichtliche Pflichtfestlegungen des Beamtentums.

Unter dem Druck dieser Gewerkschaftsmacht bereitet (nach Pressemeldungen) der in seiner Partei linksopportunistische Innenminister *Gerhart Baum* ein Gesetz vor, das eine »abgestufte Treuepflicht« für verschiedene Stufen des Beamtentums vorsieht, also praktisch die unteren Beamten der staatlichen und kommunalen Behörden von dieser beamtenrechtlichen Treuepflicht weitgehend entbinden will, weil sie vermeintlich keine »obrigkeitlichen« Aufgaben von Gemeinwohlwichtigkeit zu erfüllen haben. Die Vorstellung einer »abgestuften Treuepflicht« von Beamten ist nicht nur verfassungswidrig, sondern ein politisch-moralischer Unbegriff. (Schon *Bismarck* hat einmal spöttisch von einer »deflorierten Jungfräulichkeit« gesprochen; nach den Grundsätzen des Innenministers könnte ein Ehemann oder eine Ehefrau ein »abgestuftes Recht« auf Ehebruch wohl in Anspruch nehmen, z. B. bei Impotenz des Mannes oder Frigidität der Frau.) Die Vorstellung, »niedrigere« Treuepflichten von vermeintlich »untergeordneten« Beamten zu verlangen, ist eine bloße Politfunktionärs-Illusion: Wer könnte im »Ernstfall«, also bei einem Angriff und bei einer Verteidigung der Bundesrepublik als staatsfeindlicher, praktisch kommunistischer Beamter eigentlich mehr Sabotage treiben: der Lokomotivführer der Eisenbahn, der Telegraphenbeamte der Post, der beamtete Fluglotse oder der beamtete Studienrat, der kommunalbeamtete Paßbearbeiter oder selbst der beamtete Regierungsdirektor einer Umwelt- oder Unterrichtsverwaltung einer Landesregierung? Es ist zu hoffen, daß das Bundesverfassungsgericht diesen Unbegriff der Treuepflichten eines Beamten gleicherweise ablehnen wird, wie es die Obersten Gerichte bisher getan haben.

Unter dem Druck der Funktionärsmacht der Gewerkschaften vermeiden die Politiker (Regierungen und Parlamente, mit zum großen Teil gewerkschaftsabhängigen Parteifunktionären besetzt) die politischen Grundsatzentscheidungen und Aufhebung längst veralteter politischer Privilegien und Unbegriffe: die klaren und allen Bürgern verständlichen Entscheidungen würden etwa in Forderungen bestehen, die auf folgenden politischen Grundsatzentscheidungen beruhen:

– Der Aushöhlung und Aufhebung der verfassungsrechtlichen Beamtenpflichten muß von den jeweiligen Regierungsamtsträgern auf allen Ebenen rechtsstaatlich wirksamer entgegengetreten werden, als dies heute geschieht.

An den Kern der Frage, wem Beamtenpflichten und Beamtenrechte zukommen müssen, also einer drastischen Verringerung des Berufsbeamtentums überhaupt, aber dafür einer strengeren Handhabung der Treuepflicht und des Streikverbots, wagen sich weder linksliberale Innenminister als Verfassungsminister noch ein sozialdemokratischer Justizminister (*Gerhart Baum* und *Jürgen Schmude*) heran, beide aus Rücksichten, aus parteifunktionärshaften Rücksichten auf ihr »Wählerpotential«.

Dabei ist die Verringerung des Beamtentums auf seinen am Gemeinwohl orientierten Kern, also auf Inhaber wirklich »hoheitlicher« Aufgaben, durchaus zu beraten und zu entscheiden. Daß dies von den gegenwärtigen demokratischen Parteien, die alle mit Interessenfunktionären durchsetzt sind, nicht zu erwarten ist, sollte diese entscheidende Frage für die Staatsordnung der nächsten zwei Jahrzehnte nicht vom Tisch fegen, sondern sie verlangt geradezu, daß sie an der Partei- und Interessenfunktionärsmacht vorbei in einer neuen Verfassungsgesetzgebung, einer Neuen Stunde Null, gelöst wird.

Weshalb sollte nicht überall da, wo der Staat, die Gemeinden usw. als »wirtschaftende« Macht auftreten, ein gemeinwirtschaftliches Unternehmen ohne Beamtenverwaltung auf der Grundlage von kündbaren Angestellten und Arbeitern die Aufgaben übernehmen unter der Voraussetzung, daß es sich der Konkurrenz der (sozialen) Marktwirtschaft aussetzt? Weshalb sollen eigentlich Lehrer und Hochschullehrer nicht zunächst als disponible Angestellte oder »Beamte auf Zeit« eingestellt werden und erst nach einer gewissen Berufsbewährung verbeamtet werden? Das wird in dem gewiß nicht »undemokratischen« Schul- und Hochschulwesen der USA als durchaus normal hingenommen. (Meine eigene Erinnerung aus dem »Dritten Reich«: Zwar wurde ich als dreißigjähriger Privatdozent auf einen ordentlichen Lehrstuhl berufen, aber es war damals noch selbstverständlich, daß ich ihn erst 3–4 Jahre nur als »außerplanmäßiger« Professor besetzte.) Weshalb sollen Post- und Eisenbahnbeamte mit Dienstpflichten, die sich in keiner Weise von denen der privaten oder gemeinwirtschaftlichen Wirtschaft unterscheiden, eigentlich verbeamtet werden? (Obwohl ich der Verbeamtung der staatlich-technischen Monopole des modernen Staates im Gegensatz zur sonstigen Verbeamtungsschwemme noch am meisten Verständnis entgegenbringe; dagegen spricht die verbeamtete »Fluglotsenmentalität«.)

– Die Forderung der Gewerkschaftsfunktionäre auf Streikrecht der Beamten entzieht den traditionellen Staatsmonopolen immer mehr ihre Berechtigung. Wenn sie der größtmöglichen »Privatisierung« der staatsmonopolistischen und regierungsbestimmten Unternehmen und Einrichtungen zustimmten – was ja nicht Überführung in privatwirtschaftliches Eigentum, sondern auch in »privat«-gemeinwirtschaftliche Unternehmen mit eigenverantwortlicher Wirtschaftsführung einschließen würde – dann würde ihnen hier das »Streikrecht« sozusagen selbstverständlich zufallen. Aber im Gegenteil: In der heute typischen Auffassung von »Politik«, also dem »Halbdenkertum«, fordern gerade Gewerkschaftsfunktionäre immer mehr »Verstaatlichung«, staatliche Kontrollen und Planung und somit immer mehr staatliche Verwaltung, staatliche Amtspositionen, die sie mit ihren Günstlingen und Schützlingen besetzen und damit an wirtschaftlicher und politischer Macht zu gewinnen hoffen. Dies natürlich auf Kosten des »Staates«, somit des steuerzahlenden Bürgers, wozu ja bereits ein großer Teil der qualifizierten Industriearbeiter gehört, und der Privatwirtschaft, die dann Arbeitsplätze »wegrationalisiert«, so daß der eigentliche, aber halbdenkerisch nicht anerkannte (Neben-)Erfolg in einer erhöhten Arbeitslosigkeit besteht. (Doch dazu später in meinem sechsten Kapitel.)

Uns interessieren unter diesem Gesichtspunkt nicht die weitgehend verstaatlichten Industrieunternehmen (VEBA, Volkswagenwerk usw.) oder die von Steuerzuschüssen gegenüber ausländischer Konkurrenz geschützten vermeintlich noch privatwirtschaftlichen Unternehmen (Stahlindustrie, Kohlebergbau usw.), sondern allein die staatsmonopolistischen Unternehmen wie die Eisenbahn, die Post, die Schulen und Hochschulen, die gemeindepolitischen Monopole von Verkehr, Müllabfuhr usw.; denn während in den ersten »staatlichen« Unternehmen weder das Streikrecht bestritten noch die Verbeamtung auf Lebenszeit üblich ist, werden in den letzten Bereichen lebenslange Verbeamtungen immer frühzeitiger vorgenommen, auch nach dem geltenden Beamtenrecht von Verwaltungsgerichten so entschieden.

Für das, was hier geschieht, drei nur skizzierte Beispiele:

– Wer würde es in der Privatwirtschaft ohne Protest der Normalverbraucher wagen, das Porto für einfache Briefe um ein Drittel abrupt zu erhöhen? Anstatt den Nachlaß für die postaufwendigen Drucksachenvariationen zu erhöhen, was den realen Kosten entspräche, beutelt man staatsmonopolitisch den wehrlosen Normalverbraucher, der Briefe schreibt, und zwar mit Zustimmung der Postgewerkschaftsfunktionäre, die ja praktisch die Politik dieses staatsmonopolistischen Unternehmens vom Minister bis zur Verwaltungsführung bestimmen. Während die staatlich monopolisierte Eisenbahn längst ein Steuerzuschußunternehmen ist, weil sie sich der Konkurrenz des privatwirtschaftlichen Güter- und Reiseverkehrs zu stellen hat, stellt sich die Post dieser verbraucherfreundlichen Konkurrenz bisher nicht.

– Das traditionelle Staatsmonopol im Schul-, ja selbst im Hochschulwesen wird zunehmend von der Eigenverantwortung der Lehrer und hin zur Entindividualisierung der Hochschullehrer und Forscher geprägt. Lehrer aller Ebenen werden oft durch ministerielle Maßnahmen, »Curricula« und sonstige bildungs- und erziehungswidrige Maßnahmen beschränkt; die Beschränkung der akademischen Selbstverwaltung auf innerakademische Fragen ist ebensowohl durch die erzwungene gruppenuniversitäre Interessenbildung wie durch die Aufhebung der stabilisierten Spannung zwischen Selbstverwaltungsautonomie und der die Individualität des Hochschullehrers und Forschers stützenden hochschulministeriellen persönlichen Arbeitsbedingungen aufgehoben worden.

– Die Monopole der Gemeinden, insbesondere der großen Kommunen sind aufwendiger, leistungsstarrer und -schwächer als die gleichartigen privatwirtschaftlichen Unternehmen, selbst wenn sie im Gemeindeauftrag tätig sind. Hier, weniger in den bundes- und landesmonopolistischen Unternehmen, muß die »Reprivatisierung an der öffentlichen Basis« einsetzen. Hier ist die Verquickung von »Arbeitgebern« und »Arbeitnehmerfunktionären« in den Ratsparlamenten und städtischen Behörden neben den »kapitalistischen« Unternehmen des Deutschen Gewerkschaftsbundes am weitesten gediehen, zuungunsten der Funktionäre (als Abgeordnete und Gemeindebeamte) und zuungunsten der erbrachten Leistungen für den Gemeindebürger. Diese Verstaatlichungs- und damit Verbeamtungstendenz ist durch die im letzten Jahrzehnt in der Bundesrepublik und in Österreich durchgeführten Eingemeindungen erheblich verstärkt worden. Sie hatte ja gute Gründe, aber die nicht überlegten und nicht vorausgesehenen bürgerfeindlichen Nebenwirkungen sind ebenso offensichtlich. Die »guten Gründe« lagen darin, daß bestimmte Gemeindeaufgaben wie städtische Schulen, städtische Krankenhäuser, ein über die Gemeindegrenzen hinausgehendes Verkehrsangebot usw., die das gemeindlich selbständige Umland voll mit ausnutzte, auch einen finanziellen Beitrag von ihm erforderte, wie daß bestimmte regionale Leistungen nur mit einer breiteren Trägerschaft auf die Dauer möglich sind. Die vielleicht ungewollten negativen Nebenerfolge bestehen darin, daß man das Gemeinde-, ja Heimatbewußtsein der Bürger der Umweltkleingemeinden vernichtet hat; als Ersatz dafür hat man »Bezirksparlamente« in den neuen Großgemeinden eingerichtet, die zwar laut tönen, aber nicht entscheiden dürfen. Doch in diesem Zusammenhang ist entscheidend, daß sich zwei Versprechen dieser Eingemeindungen nicht erfüllt haben: Eine umfassende kommunale Leistungserhöhung und damit verbundene Verringerung der Gemeindeabgaben des einzelnen Gemeindebürgers und eine Verringerung der beamteten oder sonstwie in ihrem Arbeitsplatz hoch gesicherten kommunalen Funktionäre.

Das veraltete Grundprinzip dieser Eingemeindungsreform besteht darin, daß sie nicht nur übergemeindlich zu bewältigende öffentliche Leistungen neu verteilen wollte, sondern dies nach dem »totalen« Gemeindeprinzip der Neuzuteilung aller gemeinderechtlichen Aufgaben an die Großgemeinden der »zentralen Orte« vollzog. Dabei hätte gerade im Land Nordrhein-Westfalen ein Modell zur Verfügung gestanden, das seit mehr als einem halben Jahrhundert funktioniert: In den Landschaftsverbänden Rheinland und Westfalen/Lippe hatten sich die Gemeinden längst zu einer verbindlichen Zusammenarbeit in gemeindegemeinsamen und gemeindeüberschreitenden Aufgaben zusammengefunden. Weshalb hat sich dieses funktionierende Modell nicht auch auf »zentrale Orte« und ihre Umweltgemeinden im verkleinerten Maßstab übertragen lassen? Weil die Gemeindefunktionäre der Großgemeinden ihre Verwaltungsmacht »total« erhöhen wollten, was übrigens quer durch die parteipolitisch herrschenden Rathausparteien der Fall war. Im ländlichen Österreich hat diese Form der Eingemeindung die kleinen Dörfer geradezu entkultiviert: Nachdem die Schulen am Ort weitgehend aufgehoben wurden, in zentrale Schulen mit steuerlichen Beförderungsmitteln umgewandelt worden sind, wobei selbst da die Residenzpflicht der Lehrer in der Großgemeinde nicht gefordert wird, so daß ein großer Teil der Lehrer nach Ableistung ihrer Schulstunden sich außerhalb auch der neuen Großgemeinde aufhalten; nachdem diese Kleinpfarren nicht mehr besetzbar sind, sondern durch besuchsweise abgehaltene Gottesdienste ersetzt werden und nachdem die immer parteipolitisch besetzte Gemeindeverwaltungen der Großgemeinden für die Bedürfnisse abgelegener Dorfbewohner immer weniger Verständnis haben und immer weniger Beratung bieten, bleibt als einzige gemeindebindende Einrichtung nur noch die freiwillige Feuerwehr.

(Ich bin selbst »Eingemeindungsgeschädigter«, rede also nicht wie der Blinde von der Farbe. Anstatt der bäuerlich bestimmten Gemeinde St. Mauritz anzugehören, bin ich jetzt in die mittlere Großstadt Münster eingegliedert; Vorteile: keine; Nachteile viele, vom Mangel an Kenntnis und mündlicher Verständigung mit den Gemeinderatsmitgliedern über die schlechter funtkionierende Müllabfuhr, Schneeräumung usw. bis zur maßlos erhöhten Hundesteuer und ähnlichem.)

Das geforderte und in einigen Fällen ja schon praktizierte Beamtenstreikrecht, ja selbst das Streikrecht vieler im »öffentlichen Dienst« tätigen Angestellten und Arbeiter (deren Arbeitsplatzsicherung in solchen Monopolbetrieben praktisch der der Beamten längst entspricht) ist typisch für die zu Anfang bereits dargestellte »Pervertierung der Streiks«, weil er fast immer als »Streik auf Kosten Dritter« durchgeführt wird. Dies bedeutet, daß die durch solche Streiks Benachteiligten die »Opfer«, keineswegs die Behörden, sondern die Bürger und zwar meistens die breiten Schichten der gar nicht so wohlhabenden Arbeitnehmer sind. Nirgends wird die in der Verfassung grundlegende Maxime des Vorrangs des Gemeinwohls offensichtlicher verletzt als in der Streikform »auf Kosten Dritter«, die in der jeweiligen Tarifauseinandersetzung gar nicht zu Wort und zum Ausdruck kommt. Hier besteht nicht nur eine »gesetzesformale« Lücke im Grundgesetz, sondern ein gegen den »Sinn der Verfassung« verstoßender sog. »Freiheitsraum« der Funktionäre. Zu fordern ist hier, daß nicht nur eine erneuerte Verfassungsgesetzgebung das Streikverbot der Beamten entschieden bestätigt, sondern darüber hinaus allen im Öffentlichen Dienst Tätigen und vor allem ihren Funktionären eine erhöhte Friedenspflicht auferlegt.

Die bürgerfeindliche Infamie dieser »Streiks auf Kosten Dritter« habe ich bereits in meinem ersten Kapitel ausführlich behandelt. Hier noch zwei weitere Beispiele: Während des Stahlarbeiterstreiks in Bremen 1979 veranstalteten die Omnibusfahrer der Münsterschen städtischen Verkehrsbetriebe einen sog. »Solidaritätsstreik«, in dem sie, selbstverständlich unangekündigt, nicht nur den ganzen Berufszugangsverkehr für die Arbeitnehmer lahmlegten, sondern durch Straßensperrungen der von ihnen sich widerrechtlich angeeigneten Omnibusse auch den privaten Straßenverkehr sperrten. Von Folgerungen der Stadtverwaltung gegenüber diesen, vor allem den einfachen Arbeitnehmer treffenden Streik, habe ich bisher nichts entdecken können. Aber der Streik der Postgewerkschaft Ende November 1980 ist mit Recht als »Speerspitze der Funktionäre« zur Erpreßbarkeit der »Gesellschaft« bezeichnet worden: In den Wochen vor Weihnachten, wo weniger der privatkapitalistische Unternehmer als der einfache Bürger seine Weihnachtspäckchen nach West- und Ostdeutschland zu versenden pflegt, wurde dies durch Streik verhindert; als der (selbst aus der führenden Reihe der Gewerkschaftsfunktionäre kommende) Postminister *Kurt Gscheidle* zu einem Notdienst Postbeamte einsetzte, wurden diese, die nur ihre Beamtenpflicht erfüllten, als »Streikbrecher« diffamiert; so schrieb der SPD-Pressedienst, daß die pflichtgemäße Einsetzung von Beamten, um einen Notdienst der Postzustellung aufrechtzuerhalten, eine »Verletzung der Angemessenheit von Arbeitskampfmaßnahmen durch den Arbeitgeber darstellt«. Deutlicher kann man die Verneinung des Beamtenrechts gegenüber den Funktionärsansprüchen kaum bezeugen. Daß die Auslandsbeurteilungen dieses Streiks sofort die Gleichheiten zur britischen und französischen Gewerkschaftsherrschaft zog, hat die Funktionäre der Postgewerkschaft wenig gerührt.

Als ein Unbegriff, der zugunsten der Funktionärsmacht das Leben unseres Gemeinwesens vernebelt, ist in erster Linie die Formel vom »öffentlichen Arbeitgeber« zu nennen: Der »Arbeitgeber« der Beamten, also der Soldaten, Richter, der Polizei und aller zum Zwecke des Gemeinwohls und der öffentlichen Ordnung und Sicherheit in irgendeiner Form staatsmonopolisierten und damit in ihrer Berufstätigkeit besonders gesicherten Gruppen ist zunächst »das Volk« als demokratischer Souverän selbst, also der Wahlbürger, der Gemeindebürger, der Steuerzahler, und keineswegs die von demokratisch gewählten Parlamenten bestellten Regierungen und ihre Behörden-Chefs. Das Gemeinwesen in diesem Sinne verlangt nicht »Arbeit«, die auf einem Arbeitsmarkt gehandelt wird, sondern es fordert gesicherten, also unter allen Umständen pflichtgemäß zu erfüllenden Dienst. Zur Wahrung dieser Dienstpflicht hat die demokratisch-parteipluralistische Grundordnung von Zeit zu Zeit durchaus abrufbare Regierungen und ihre jeweiligen Behörden-Chefs als Dienstherren eingesetzt. Indem diese von den Gewerkschaftsfunktionären den in der gewinn- und produktionsorientierten Wirtschaft unter innerstaatlichem und internationalem Konkurrenzdruck handelnden Arbeitgebern und ihren Unternehmensführern gleichgesetzt werden, verfälschen sie die am Gemeinwohl ausgerichtete Verfassungsgrundlage unserer staatlichen Ordnung. Diese sieht nicht ohne Grund für eine Verletzung dieser Dienstpflichten eine eigene Gerichtsbarkeit vor (Disziplinargerichtsbarkeit und Verwaltungsgerichte).

Diesem das öffentliche Bewußtsein bis hin zu den Gerichten überwuchernde Unbegriff des »öffentlichen Arbeitgebers« entspricht der scheinbar nur auf die Regierungsebene bezogene Begriff des »politischen Beamten«; in Wirklichkeit liegt hier die Einbruchstelle der Parteifunktionäre in den auf Gemeinwohl bezogenen Sinn unserer Verfassung. Daß sich die Regierungsführer mit Mitarbeitern umgeben wollen, die ihre politischen Ziele exekutiv wirksam vertreten, ist verständlich und berechtigt. Was aber bei dieser ständigen Ausdehnung des »politischen Beamten« übersehen oder verschwiegen wird, ist die von der Verfassung gewollte Amtsträgerschaft auf Zeit, die von der lebenslangen Pflichterfüllung eines Berufsbeamten deutlich unterschieden werden müßte. Wer durch Parteienmacht und -gunst zur Stellung eines »politischen Beamten« aufsteigt, sollte auch nur »Beamter auf Zeit« werden. Das würde bedeuten, daß bei einem demokratisch-parteipolitischen »Machtwechsel« diese politischen Beamten auf Zeit in ihre vorher ausgeübte Berufstätigkeit, zumindest im zumutbaren Arbeitsalter, zurückzukehren hätten. Es geht hier nicht um die Bezüge, die Pensionssicherung usw. von Ministern und sonstigen »politischen Beamten«, sondern um die Aushöhlung des lebenslang dienenden und eines sich parteipolitisch neutral verhaltenden Beamtentums.

Der Bund der Steuerzahler, neben den immer weniger beachteten staatlichen Rechnungshöfen fast die einzige Instanz, die den unberechtigten Vorteilen der »Politiker« entgegentritt, hat eine Dokumentation über die Gehälter, Aufwandsentschädigungen, Zuwendungen und erreichbaren Altersversorgungen der Regierungschefs von Bund und Ländern sowie der der Minister, Senatoren und Bürgermeister vorgelegt. Hier geht es weniger um die Höhe der monatlichen Zuwendungen als darum, daß sich diese regelmäßig aus einer Häufung von Amtsgehalt, aus Abgeordnetengrundentschädigungen, aus einer Dienstaufwendungsentschädigung als Amtsträger und einer ebenso steuerfreien Aufwandsentschädigung als Abgeordneter zusammensetzen; bei den Ruhegehältern genießen die Regierungsmitglieder wesentlich günstigere Regelungen als die übrigen Beschäftigten im öffentlichen Dienst und die Arbeiter und Angestellten in der Wirtschaft. In den meisten Fällen reichen schon vier Jahre Amtszeit für eine Pension und die Vollendung des 50. Lebensjahres als Zahlungsbeginn.

Gerade die gegenwärtige, auch von mir in diesem Buch gerechtfertigte Zumutbarkeit, bei Arbeitslosigkeit in der Wirtschaft geringer bezahlte Tätigkeiten anzunehmen, sollte auf die durch parteipolitische Karriere zu »politischen Beamten« gewordenen staatlichen Amtsträger auf Zeit (und das sind ja nicht nur Minister, sondern darüber hinaus ein viel weiterer Kreis oberster Ministerialbeamter) gelten. Weshalb »unten« notwendig härtere Maßstäbe als »ganz oben«? Eine Statistik, wieviel »arbeitslose politische Beamte« auf Staatskosten offiziell nichts tun, war kennzeichnenderweise nirgends zu erhalten. Auch hier geht es mir nicht um die Kosten, sondern um die parteipolitische Zerstörung des Berufsbeamtentums, das mit dieser Parteipolitisierung bis in die untersten Ränge zersetzend wirkt; so ist für den Entschluß junger Juristen die öffentliche Verwaltung längst abschreckend, denn sie sind der richtigen Überzeugung, daß in der öffentlichen Verwaltung nur noch parteipolitische Bindung und Protektion zu fachangemessenen Karrieren verhilft, während dies in der Justiz (mit Grenzen im obersten Bereich), in der Wirtschaft (auch hier mit Grenzen gegenüber radikalen Gegnern der Marktwirtschaft) oder in den freiberuflichen juristischen Berufen (Anwälte usw.) ein geringeres Gewicht hat.

Unter dem Unbegriff des »politischen Beamten« verbirgt sich also der Verfassungsmißbrauch von Parteifunktionären, die gerade unter der sozialdemokratischen Staatsführung von *Helmut Schmidt* vielfach zugleich als Gewerkschaftsfunktionäre in die Beamtensicherung geraten sind, ohne die Amtsverpflichtung und die bewährte Sachkenntnis des langgedienten, erfahrenen Berufsbeamten mit einzubringen. Diese Entwicklung widerspricht dem »Sinn des Grundgesetzes«, das immerhin noch von der klassischen Gewaltenteilung von (verbeamteter) Exekutive und kontrollierenden Parlamentsabgeordneten ausgeht. Daß ein Amtsträger der Regierung zugleich der vermeintlich kontrollierenden Abgeordnetenschaft der Legislative (und zwar mit erheblichen Einkommensvorteilen) angehören kann, ist ein grundlegender Verstoß gegen die Idee und die Funktion des Parlaments im liberalen Rechtsstaat. Da keine der demokratischen Parteien und ihre Parteifunktionäre an dieser lukrativen Praxis etwas zu ändern wünschen, sind dies utopische, liberal-restaurative Betrachtungen. Aber unterscheiden wir uns im Westen, also vor allem in der Bundesrepublik wirklich noch, trotz pluralistischer Parteienaufteilung, von der der parteipolitischen Herrschaft der Funktionärs-Cliquen des Ostblocks?

Wenn ich hier Unbegriffe kritisch aufgreife, so geschieht dies nicht in erkenntnistheoretischer Absicht, sondern weil diese der Funktionärsmacht zuspielenden Wortformeln inzwischen so selbstverständlich im politischen Bewußtsein der bundesrepublikanischen Bürger hingenommen werden, daß man ihre das Gemeinwohl schädigenden Grundsatzüberlegungen gar nicht mehr anstellt, übrigens auch und gerade nicht in den Reihen der mehr oder minder system-protestierenden Jugend. Wie man an den Beispielen – »öffentlicher Arbeitgeber« und »politischer Beamter« – leicht feststellen kann, verhüllen diese »Unbegriffe« gemeinwohlwidrige Sachverhalte.

Zu den »Unbegriffen« in diesem Sinn gehört in diesen Zusammenhang auch die Bezeichnung und der Sachverhalt einer Gewerkschaft »Öffentliche Dienste, Transport und Verkehr« (ÖTV): Zunächst ist diese Bezeichnung unwahrhaftig; als sich nach dem Kriege die deutschen Gewerkschaften neu gliederten und zwar vor allem nach der Regel, gleichartige Arbeiterinteressen (parteineutral) gleichartigen Arbeitgeberinteressen gegenüber zu vertreten, ist die Gewerkschaft ÖTV illegitim, d. h. ohne Anerkennung dieses Grundsatzes, mit unter dieses Dach geschlüpft. »Öffentliche Dienste« ist das den Gewerkschaftsfunktionären der ÖTV zuspielende Schwammwort, das dem des »öffentlichen Arbeitgebers« entspricht. Seltsam, daß hier noch von »Dienst« gesprochen wird, obwohl es sich im wesentlichen um Versorgungsleistungen der öffentlichen Hand handelt, die von den Arbeitenden kaum noch als »Dienst« verstanden werden. Weshalb also nicht von »öffentlicher Arbeit« sprechen? Im übrigen ist dieser Grundsatz, gleichartige Interessen der Beschäftigten gegenüber einer gleichartige Arbeit verteilenden Behörde zu vertreten, niemals innerhalb und außerhalb des Deutschen Gewerkschaftsbundes durchgesetzt worden. Innerhalb: Neben der ÖTV gibt es unter dem Dach des DGB in der Postgewerkschaft, der Eisenbahngewerkschaft, der Gewerkschaft »Erziehung und Wissenschaft« usw. von Anfang an die Aufspaltung der Arbeitnehmervertretung auf den jeweiligen »öffentlichen Dienst-Herren«. Außerhalb: Nach dem Grundsatz, gegen gleichartige Arbeitgeberinteressen der öffentlichen Hand gleichartige Arbeitnehmerinteressen arbeitsmarktpolitisch zu vertreten, hat sich eine Vielzahl von Berufsverbänden gebildet: der Beamtenverband, die Lehrerorganisationen, der Hochschul(lehrer)verband, die Polizeivertretung, der Verband der Bundeswehrsoldaten, die Pilotenvertretung in den staatlich beherrschten Luftfahrtunternehmen usw., ganz abgesehen davon, daß die Deutsche Angestelltengewerkschaft (DAG) als der einzig wichtige Konkurrent der DGB-Gewerkschaft ÖTV auftreten kann.

Wenn trotzdem die ÖTV (neben der Gewerkschaft Metall) die mitgliederstärkste bundesdeutsche Gewerkschaft geworden ist, so verdankt sie dies ihrem uneinheitlichen Interessenvertretungsanspruch; während die Bergarbeiter- oder die Bauarbeitergewerkschaft, ja selbst die große Gewerkschaft »Chemie«, mit klaren einheitlichen Arbeiterinteressen gegenüber ebenso einheitlichen Unternehmerinteressen tariflich verhandelt und das soziale »Klima« dadurch nicht vergiftet wird, sondern vielfach zur Zusammenarbeit (etwa in Forderungen an die staatliche Wirtschaftspolitik) führt, glaubt die ÖTV ein Sammelsurium von Interessen von »Arbeitnehmern« vertreten zu können. Ihre Mitgliedermenge rekrutiert sie vom Bundeskanzler und seinen Ministern, von Ministerpräsidenten des Landes und seinen Ministern, den Oberbürgermeistern und Stadt- und Kreisdirektoren (also ihren sog. »Arbeitgebern«) über alle Ränge der Verwaltungsbeamten, Professoren und Studenten (!) bis hin zu den Arbeitern und Angestellten der Elektrizitätswerke, den Omnibusfahrern oder den algerischen oder türkischen Fremdarbeitern in der Müllabfuhr. Fragen: Wessen »Arbeiterinteressen« vertritt eigentlich die ÖTV und gegenüber welchen »Arbeitgebern«? Sitzen nicht ÖTV-Mitglieder bei Tarifverhandlungen gleichzeitig auf der Arbeitgeber- wie auf der Arbeitnehmerbank? (So besonders in den Gemeinden, die, wie sich gezeigt hat, den anderen »öffentlichen Arbeitgebern« in den Rücken fallen.) Was wird das ÖTV-Mitglied Bundeskanzler *Helmut Schmidt* tun, wenn die

ÖTV zu einem Streik der »öffentlichen Dienste« aufruft, sein Mitgliedsbuch zurückgeben oder mitstreiken? Absurde »öffentliche Ordnung«, auf die ich mich als Jugendlicher von 20 Jahren auch nicht mehr verpflichten ließe.

Die Neuordnung des Gewerkschaftswesens ist heute weit wichtiger als die Bekämpfung des »privatwirtschaftlichen Kapitalismus«. Hier und nicht in bloßen Umweltschutzforderungen liegt die Verfassungsneugestaltung der Jüngeren, wenn sie ihre Lebensschicksale in die eigene Hand nehmen wollen. Die Neue Stunde Null, die Stunde der Selbstbestimmung einer nachgewachsenen Generation, kann sich nicht auf »Protest« beschränken, sondern muß neue öffentliche Ordnungen als Grundverfassung des Staates durchsetzen. Aber dazu werde ich noch in meinem Buch »Eine Neue Stunde Null« ausführlich Stellung beziehen.

Als politisch-geistige Folge solcher Mammut-Gewerkschaften, die völlig unterschiedliche Interessen gegenüber wirtschaftlich-ungleichen »Arbeitgebern« vertreten wollen, sind ihre Funktionäre gezwungen, möglichst außerbetrieblich demagogisch als »Massenführer« aufzutreten, durch dauernde verbale Kraftakte, durch produktions- und damit arbeitsplatz-gefährdende Warnstreiks, Solidaritätsstreiks und was dergleichen mehr ist, ihre Mitgliederschaft emotionell zusammenzuhalten, also ein soziales Klima des Unfriedens, der Konfrontation, zu suchen, das zu vermeiden eines der Hauptziele der Verfassungsgeber der Bundesrepublik war. Während unter völliger Ausnutzung der Tarifautonomie die kleineren Gewerkschaften, die einheitliche Arbeitnehmerinteressen gegen einheitliche Arbeitgeberinteressen vertreten (Bergarbeiter, Bauarbeiter, Textilarbeiter, Gaststätten, Chemiearbeiter usw.), sich meist in einem friedlichen Kompromiß einigen und keine Krise oder Gefährdung ihrer Unternehmer heraufbeschwören, sind die Funktionäre der Mammut-Gewerkschaften nur noch »führungsfähig«, wenn sie die der Tarifautonomie zugrunde liegende friedliche »soziale Partnerschaft« aufkündigen und durch dauernd aktualisierte, gemeinwohlwidrige Gegnerschaft ersetzen.

Von hier aus ist es kein Zufall, sondern ein grundgesetzwidriger Strukturfehler des bundesdeutschen Gewerkschaftswesens, daß die größten Gewerkschaften (ÖTV und IG Metall) sich zu den radikalsten Wortführern des wirtschaftlich-sozialen Konflikts entwickelt haben. Das gilt neben der Gewerkschaft ÖTV vor allem auch für die privatwirtschaftlich orientierte Gewerkschaft »Metall«, die so unterschiedliche Arbeitgeber und Unternehmen wie die Elektroindustrie (die gut profitiert), die Automobilindustrie (z. B. Volkswagenwerk, praktisch ein Staatsunternehmen mit einer Überzahl an Fremdarbeitern), die immer noch export-gewinnträchtige Werkzeugmaschinen- und metallverarbeitende Privatindustrie und die durch Steuerzahlung hochgepäpelte, international sonst nicht konkurrenzfähige Stahlindustrie unter einen tarifautonomen Nenner zu bringen versucht. In der Bundesrepublik wird die zum Monopolismus ausartende Wirtschaftsmacht der privatwirtschaftlichen Unternehmen inzwischen sozial begrenzt und behördlich kontrolliert; was bisher fehlt, ist eine gleichartige Begrenzung und Kontrolle der wirtschaftlichen Gewerkschaftsmacht. –

Zu den Grundgesetzverachtungen zähle ich auch, daß insbesondere die DGB-Funktionäre immer mehr ihre eigentliche Aufgabe, die Lebensinteressen der Arbeiter zu vertreten, verlassen und sich zu einer allgemeinen Kraft der politischen Willensbildung auf Kosten der demokratischen Parteien und den von ihnen bestellten Regierungen entwickeln. Sie verletzen damit den ihnen vom »Geist des Grundgesetzes« zugebilligten Freiheitsraum, der gerade nach dem Kriege, als man die parteipolitischen »Gesinnungsgewerkschaften« zugunsten einer alle Arbeitnehmer bestimmter Berufsgruppen zusammenfassenden Gewerkschaftsorganisation aufhob, davon ausging, daß den Gewerkschaften weitgehend eine parteipolitische Neutralität und eine Rücksicht auf die politische Wählergesinnung ihrer Mitglieder (»Toleranz«) zugemutet werden muß. Dieser, wie ich meine, entscheidende und aufbauende Fortschritt der öffentlichen, also gemeinwohlbezogenen Rolle der Gewerkschaften, wird von den gegenwärtigen Funktionären des DGB zunehmend verspielt zugunsten einer inneren Umgestaltung als sozialdemokratische Gesinnungsgewerkschaft und auf Kosten der zu Gewerkschaften des DGB gehörenden, aber nicht SPD wählenden Arbeitnehmer. Die Gewerkschaften sind im Grundgesetz nicht, wie die Parteien, zur Mitarbeit an der allgemeinen politischen Willensbildung in der Demokratie berechtigt worden; gleichwohl nehmen die jüngeren Funktionäre, gerade des DGB, dies immer mehr in Anspruch.

Beispielhafte Anzeichen für diese verfassungswidrige Praxis der Gewerkschaftsfunktionäre:

– Bei der Wahl zum Europaparlament sind Gewerkschaftsführer wie *H. O. Vetter, Eugen Loderer, Karl Hauenschild* als führende Kandidaten der Sozialdemokratie angetreten, also als Parteiabgeordnete; daß einige von ihnen nach der Wahl sofort ihr Mandat niedergelegt haben oder praktisch (wie *Willy Brandt*) nicht ausüben, grenzt nicht nur an Wählerbetrug, sondern macht den Deutschen Gewerkschaftsbund von innen her immer mehr zu einer parteipolitischen »Gesinnungsgewerkschaft«.

– Daß die gegenwärtigen Gewerkschaftsfunktionäre sich nicht mehr auf die Vertretung von Arbeitnehmerinteressen beschränken, sondern allgemeine politische Willensbildung beanspruchen, wurde zum ersten Mal in der Außenpolitik deutlich; damals haben sich Hunderte von Betriebsratsvorsitzenden, Gewerkschaftsfunktionären usw. für die Außenpolitik der Regierung *Brandt/Scheel* und für deren Ostpolitik mit Warnstreiks oder mit öffentlichen Aufrufen eingesetzt. (Es wäre demoskopisch wissenswert, wer von den damaligen aktiven Unterstützern der Funktionäre heute, nach dem offensichtlichen Scheitern der »Entspannungspolitik«, noch zu seinem Urteil von damals steht und welche öffentliche Verantwortung er übernimmt.)

– Im Grundsatzprogramm des DGB von 1963 »bekräftigen (die Gewerkschaften) ihre Entschlossenheit zu weltanschaulicher, religiöser und politischer Toleranz.« Es war typisch für die heutige Funktionärsmentalität, daß bei den Beratungen für ein neues Grundsatzprogramm des DGB Anfang 1981 diese Formel der »Toleranz« umstritten war und politisch-gruppenegoistisch polarisiert wurde. Auf der einen Seite sollte sie völlig entfallen, auf der anderen Seite wurde sie verwandt, um die kommunistischen Mitglieder der Gewerkschaft funktionärsfähig zu machen. Zur ersten Seite gehört der Vorschlag des DGB-Vorstandes selbst, der den Begriff »Toleranz« aus dem neuen Programm völlig auslassen will (offensichtlich, weil er für seine Funktionäre nicht mehr praktizierbar ist); auf der anderen Seite stehen die (immer die linke Minderheit vertretenden) Gewerkschaften, die unter dem Stichwort »Toleranz« kommunistenfreundlich sind und die Toleranzfloskel im wesentlichen als legal für das Eindringen von Gegnern des demokratischen Rechtsstaatssystems auslegen (so vor allem die Gewerkschaft Erziehung und Wissenschaft, die Gewerkschaft Handel, Banken und Versicherungen und die neuerdings im DGB aktive Journalistengewerkschaft). Dazwischen stehen Gewerkschaften wie Gewerkschaft Textil und Bekleidung (GTB) und die Gewerkschaft Nahrung, Genuß (!) und Gaststätten (NGG), die innergewerkschaftlich konservativ gesinnt sind (die Mehrheit ihrer Mitglieder sind keine SPD-Gesinnungsgenossen) und an der Verankerung des »Toleranzbegriffes« im ursprünglichen Sinne der Gewerkschaftsneugründung interessiert sein müssen; sie werden durch die innergewerkschaftliche Entwicklung zur »politischen Gesinnungsgewerkschaft« (SPD und linksradikale Öffnungsgewerkschaften) am meisten im engen Verhältnis zu ihren Mitgliedern bedroht.

Über die Strategie der neueren Gewerkschaftsfunktionäre

Nun sind »Grundsatzprogramm-Diskussionen«, ob in den Gewerkschaften oder Parteien, politisch real ziemlich wirkungslos und dienen mit ihren Kompromißformeln nur als jeweilige verbal-theoretische Alibis, fast beliebig ausdeutbar, als publizistische Argumente einer längst anderswo entschiedenen oder unentschiedenen Politik. Aber sie sind, gerade weil sie als Energieablenkungsmechanismen der intellektuellen und halbintellektuellen Wortführer der Organisationen dienen, zugleich ein Kennzeichen dafür, was an politisch selbstverständlichen Grundüberzeugungen diese Organisationen noch zusammenhält oder entzweit. Die Toleranz-Diskussion im neuen Grundsatzprogramm des Gewerkschaftsbundes ist ein Anzeichen für die Gruppenentzweiung der Gewerkschaften (wie auch in der SPD und F.D.P. und, etwas früher in der CDU/CSU).

(Vgl. dazu meine Abhandlung »Die strategischen Voraussetzungen politischer Grundsatzprogramme« in der jetzt als Ullsteinbuch zugänglichen Ausgabe der Schrift »Der selbständige und der betreute Mensch«, 1978, S. 49 ff., Originalausgabe im Seewald Verlag).

Der ausgeschiedene DGB-Chef *Heinz O. Vetter* gab zum Schluß ein typisches Funktionärs-Interview (im »Stern« vom 15. 4. 1982) mit biedermännisch vorgetragenen Halbwahrheiten: Der DGB wäre noch nie von den Parteien so unabhängig gewesen wie in seiner Amtszeit. Waren *Hans Böckler, Ludwig Rosenberg* von der *Adenauer-Regierung* abhängiger als von einer mit Gewerkschaftsministern bestückten SPD-geführten Regierung *Helmut Schmidts* oder lag die Abhängigkeit vielleicht sogar umgekehrt? Aber zu den Parteitagen und den Gewerkschaftsräten der SPD marschierten doch er und alle Top-Funktionäre der Gewerkschaften regelmäßig? Ja, aber das nur ein- bis zweimal im Jahr! Auch zu denen der CDU oder gar CSU? Urteile: »Der bauernschlaue *Norbert Blüm* ... ein handfester CDU-Politiker«; *Graf Lambsdorff*, der »mit dem forschen Mundwerk«; »diese angeblich sozial-demokratisch geführte Bundesregierung. Die SPD verliert an Profil, sie wird blasser«; »Es gehört zu meinen Fehlern, die sozial-liberale Koalition mitgetragen zu haben«. Eine bewußt an die Grenze der Verleumdung vorstoßende Reihe von Urteilen von nicht gewerkschaftshörigen Politikern und Regierungsamtsträgern, einschließlich des Bundeskanzlers *Schmidt* und seiner von Gewerkschaftsfunktionären besetzten Bundesregierung. *Vetter* vergaß zu erwähnen, daß er selbst, die Gewerkschaftsbosse *Eugen Loderer* und *Karl Hauenschild* bei der Wahl zum Europa-Parlament als Parteikandidaten ebenso »handfest SPD-Politiker« waren wie etwa der dem Bundestag als SPD-Abgeordneter seit langem angehörende Chef der Bergarbeitergewerkschaft, *Adolf Schmidt*, ein charaktervoller Gewerkschaftsfunktionär der »alten Schule«. Er vergaß zu erwähnen, daß gerade der übermäßige Einfluß der Gewerkschaftsfunktionäre des DGB in Regierung und SPD dazu geführt hat, daß »die SPD an Profil verliert«, was im Klardeutsch bedeutet, daß ihr die Arbeiter als Wähler in Scharen weglaufen. Ein solches Interview ist für die in diesem Buch behandelte »Mentalität« neuerer Gewerkschaftsfunktionäre so kennzeichnend, daß ich es als Beispiel festhalten möchte.

Meine kritische Beurteilung auf zwei Ebenen: Charakterlich und von der politischen Urteilskraft des ausgeschiedenen Oberfunktionärs der DGB-Gewerkschaften läßt sich die Bezeichnung »schäbig« kaum vermeiden; Gewerkschaftsführer wie *Hans Böckler, Ludwig Rosenberg* oder *Otto Brenner* würden ein Interview dieser Art nie gegeben haben. Aber politisch viel wichtiger ist, daß hier versucht wird, durch Halbwahrheiten, also Mißinformation, und durch Verschweigen allgemein bekannter Umstände den von den Gewerkschaftsfunktionären ausgeübten Einfluß auf die Politik der Bundesregierung, nachdem diese in eine Talsohle geraten ist, möglichst von sich abzuwälzen. Das entspricht dem bekannten Ablenkungsruf »Haltet den Dieb!«. Ein solches Interview bestätigt zwei von uns vertretene Urteile: Die Gewerkschaftsfunktionäre regieren mit, aber sie sind nicht bereit, eine politische Verantwortung für Regierungsmißerfolge zu übernehmen; und: Gerade unter dem Vorsitz des Oberfunktionärs *H. O. Vetter* ist der DGB zu einer sozialdemokratischen Gesinnungsgewerkschaft geworden.

Wie wäre es, wenn die moralisch anspruchsvollen, linksidealistischen Gesellschafts-Schriftsteller, anstatt sich breit über vergleichsweise unbedeutende Springer-Journalisten oder in der Kritik der profitsuchenden Kapitalisten (Gerling-Konzern) oder gar den ewigen Eitelkeitsstreitern von Schauspielern (*Gustaf Gründgens/Klaus Mann*) auszulassen, einen aktuellen Schlüsselroman über »die Wandlungen des Funktionärs *H. O. Vetter*« schrieben?

Wir wollen hier von weiteren Beispielen zu dieser Verwerfung des Begriffs »Toleranz«, übrigens gleichzeitig auch der »Gemeinwohl«-Bindung, absehen; sie würden sich alle in den linksintellektuellen Spitzengewerkschaften finden lassen, die ideologisch aggressiv für eine geringe Minderheit ihrer Berufsgruppe sprechen, sich aber unter das Macht-Dach der »klassischen« Arbeitergewerkschaften geflüchtet haben. Das sind vor allem die Gewerkschaft »Erziehung und Wissenschaft« (GEW), die linke Journalisten-Gewerkschaft und die »Jugendarbeit« im DGB, die ja fast ausschließlich von intoleranten, ja klassenkampfgesinnten Intellektuellen und Seminaristen geleitet wird. Würde man unter den Arbeitermitgliedern einmal die Ansicht über diese »Akademisierung« und »Intellektualisierung« ihrer Funktionärs-Kader erforschen, würde man auf eine überwältigende Ablehnung stoßen; aber »man«, d. h. die längst in den Hintergrundhänden von eben diesen Intellektuellengruppen beheimatete Argumentations- und Informationsgewalt, hat an solchen Feststellungen begreiflicherweise kein Interesse.

Diese ideologisch-parteiliche Totalisierung der Gewerkschaftsfunktionäre von heute geht auf Unklarheiten im ursprünglichen (alten) Programm der Gewerkschaften zurück. Da heißt es noch: »Als gemeinsame Organisation der Arbeiter, Angestellten und Beamten nehmen die Gewerkschaften die wirtschaftlichen, sozialen und kulturellen Interessen (!!) aller Arbeitnehmer und ihrer Familien wahr und dienen den Erfordernissen des Gemeinwohls.« Obwohl hier schon zu bezweifeln ist, daß die »kulturellen Interessen« zu vertreten, wirklich ein Auftrag derer ist, die den Gewerkschaften als Mitglieder angehören oder die als vertretene Gruppe genannt wird, spielte dies keine Rolle, solange von den Gewerkschaften im wesentlichen die Vertretung der wirtschaftlichen und sozialen Arbeitsbedingungen der ihnen zustimmenden Arbeitnehmer mit den Ansprüchen des Gemeinwohls in der Entwicklung des Gemeinwesens Bundesrepublik vereint wurde. Dies ist vom Wiederaufbau der Bundesrepublik bis zu Anfang der 70er Jahre den Gewerkschaftsführungen trotz aller Detailkonflikte gelungen und dies hat ihr international den Ruf eingebracht, eine zwar mächtige, aber ihre Wirtschaftsmacht letzthin immer zur Stabilisierung des bundesdeutschen Gemeinwesens, seiner wirtschaftlichen und politischen Entwicklung, eingesetzt zu haben. Diesem Urteil stimme ich ohne Zögern zu.

Aber ab Ende der 70er Jahre ist diese »Gemeinwohl«-Politik der Gewerkschaft zu einer zwar häufig noch vorgetragenen Legende, in Wahrheit aber zum Deckmantel für einen nun immer deutlicher wahrnehmbaren, »umfassenden« Herrschaftsanspruch in unserem Gemeinwesen geworden. Kein Geringerer als der DGB-Vorsitzende *H. O. Vetter* hat bei einer Sitzung des Europäischen Gewerkschaftsbundes gesagt, daß die Gewerkschaften sich nicht auf eine »schmalspurige Interessenvertretungsorganisation« zurückdrängen (!) lassen, sondern sie seien für alle Lebensbedingungen von Arbeitnehmern (etwa 80–90 % der erwerbstätigen Bevölkerung, die ihnen dafür nie ein demokratisch begründetes Vertrauen ausgesprochen hat) verantwortlich, sie seien die größte Bürgerinitiative im Lande. Gerade in bezug auf große, politische Bürgerinitiativen, wie sie die »Grünen« oder die »Alternativen« darstellen, die folgerichtig eine Veränderung des politischen Gesamtsystems verlangen und sich redlicherweise den politisch-demokratischen Wahlen stellen, erhebt zwar der oberste Gewerkschaftsfunktionär den gleichen Anspruch, das politische Gesamtsystem zu bestimmen; aber die Folgerung, sich dann als »Gewerkschaftspartei« der demokratischen Wählerzustimmung zu stellen, zieht er nicht. Die Gewerkschaftsfunktionäre, als etablierte Herrschaftsgruppe, bevorzugen den indirekten Weg der Machtausübung gegenüber den legitimen politischen Regierungsorganen der Bundesrepublik. –

Dieser besteht darin, daß sie durch Drohungen gegen den sozialen Frieden und die öffentliche Ordnung, die parlamentarische und regierungsamtliche Gesetzgebung und sonstige demokratisch-legalisierte Entscheidungsgremien vor ihren Entscheidungen, diese unter Druck zu setzen versuchen und nach erfolgter Gesetzgebung wieder »vom Tisch« zu fegen versuchen. In dieser Weise werden von den Gewerkschaftsfunktionären sowohl erlassene Gesetze wie auch die Entscheidungen Oberster Gerichte bekämpft und unterlaufen. Damit wird nicht nur die Regierungsfähigkeit auch arbeiterfreundlicher Gesetzgeber (SPD in unheiliger Koalition mit der F.D.P.) entscheidend geschwächt, sondern die Autorität und Verbindlichkeit der »Dritten Gewalt«, praktiziert durch Oberste Gerichte – entscheidende Grundlage des Rechtsstaates – immer wieder unter massiven Druck gesetzt.

Die Strategie der neueren Gewerkschaftsfunktionäre besteht darin, die Gruppeninteressen im demokratischen Rechtsstaat bis zum letzten auszunutzen, jedoch auf interessenwidrige Entscheidungen der legitimen Regierung oder der Obersten Gerichte mit gesellschaftlichen Drohungen in jeder Form zu antworten. Diese Strategie und Mentalität der neueren Gewerkschaftsfunktionäre ist für den Bestand der Bundesrepublik und ihre Gemeinwohl-Stabilität weit gefährlicher als alle bewußt systemverändernden »Alternativ-Parteien« oder gar der linksradikale Terrorismus.

Wir wollen dieses Urteil durch kennzeichnende Beispiele aus der letzten Zeit verdeutlichen, die sich auf den Widerstand gegen legitim und legal zustande gekommener Gesetze (a), auf Eingriffe in die Justiz (b) und letzthin auf das soziale Klima der Zusammenarbeit in unserem Gemeinwesen (c) beziehen. Beginnen wir mit einem Ausspruch des obersten ÖTV-Gewerkschaftsfunktionärs *Heinz Kluncker* zu Anfang der Tarifverhandlungen im Öffentlichen Dienst 1982, der für alle hier aufgeführten Beispiele kennzeichnend ist: »Wir haben bisher (!) noch keinen totalen Krieg (!) erklärt, indem wir etwa Klärwerke stillgelegt oder den Bürgern (!) Strom, Gas oder Wasser abgeschaltet hätten. Wenn es aber sein muß, dann machen wir's – und dann aber richtig.«

a) Nur ein Beispiel aus letzter Zeit: Die Bundesregierung und die Länderregierungen, gerade die rein sozialdemokratischen, hatten eine Kürzung von 1 % der Beamtengehälter gesetzlich beschlossen; wie die Meinungsumfragen ergaben, war die Mehrheit der Beamten damit durchaus einverstanden, wenn dies als ein Anfang eines Beitrages zur sozialen und wirtschaftlichen Stabilität verstanden würde. Nicht so die Funktionäre der Gewerkschaft »Öffentliche Dienste, Transport und Verkehr«: *Kluncker* forderte, daß dieser Gesetzesbeschluß »vom Tisch« sein müsse, also ein legal beschlossenes Gesetz nicht angewendet würde, ehe er in Tarifverhandlungen ernsthaft eintrete. Und die Regierungen gaben nach und setzten die Geltung des Gesetzes aus. Man hat dies personifiziert als einen Sieg von *Kluncker* gegen *Baum* (dem obersten »Arbeitgebervertreter« des öffentlichen Dienstes) publizistisch gewertet; das ist falsch: hier hat sich interessenhafte Funktionärsmacht gegenüber der legalen und legitimen Regierungsentscheidung durchgesetzt.

Der Verwaltungsrat der Nürnberger Bundesanstalt für Arbeitsvermittlung (*Josef Stingl*) hat in Abwägung der Interessen der Arbeitslosen und der sie finanzierenden produktiven Arbeitnehmer eine neue »Zumutbarkeitsregelung« beschlossen, nach der Arbeitslosen auch geringer bezahlte Arbeit und eine höhere regionale Mobilität zugemutet werden muß. Die Vertreter des Bundesarbeitsministeriums in dieser, wie es scheint, eben doch nicht als »selbstverwaltend« geachteten Institution der sozialen Sicherung, haben dieser Zumutbarkeitsregelung zugestimmt. Aber unter gewerkschaftlichem Funktionärsdruck zog der damalige Arbeits- und Gewerkschaftsminister *Ehrenberg* diese Entscheidung an sich und wollte durch eine bundesgesetzliche Rechtsverordnung praktisch diese durchaus legale Regelung aufheben. Die F.D.P. als Koalitionspartner der gegenwärtigen Bundesregierung widersprach dem entschieden; aber die F.D.P. ist ja nicht nur eine Pendler-, sondern auch eine »Umfall-Partei«.

Eine Liste der legitim und legal durch die jeweiligen Gesetzgeber getroffenen und im nachhinein durch Funktionärsdrohungen aufgehobenen oder zumindestens unterlaufenen Entscheidungen ließe sich, besonders auch wenn man die Gesetzgebung der Länder, z. B. in der Bildungspolitik, mit berücksichtigt, fast beliebig verlängern.

Eine andere Form der illegitimen Machtausübung der Gewerkschaftsfunktionäre besteht darin, den Gesetzgeber (Parlamente und Regierungen) zu Entscheidungen und Maßnahmen zu nötigen, die er ohne diesen Interessendruck aus besserem Sachverstand und Rücksicht auf das Gemeinwohl nicht treffen würde. Wir sehen davon ab, wie das neue Mitbestimmungsgesetz von 1979 zustande gekommen ist, in dem die F.D.P. von ihrem Grundsatz abwich, die *inner*betriebliche Mitbestimmung der Arbeiter zu steigern, diesem dann aber zugunsten einer vermehrten Macht der unternehmens- und betriebsfremden Gewerkschaftsfunktionäre aus »Koalition« – d. h. also aus parteitaktischem Opportunismus – untreu geworden ist, sondern wollen uns auf Hinweise aus neuester Zeit beschränken.

Das sogen. »Beschäftigungsprogramm« der sozialdemokratisch-freidemokratischen Regierung ist zunächst aus den Ministerien heraus als wirkungslos abgelehnt worden; unter dem Druck der Gewerkschaftsfunktionäre blieb dieser ministerielle Sachverstand auf der Strecke und wurde durch ein »Beschäftigungsprogramm« ersetzt, von dem zwar jeder weiß, daß es so unwirksam ist, aber dem die F.D.P. aus »Koalitionstreue« zustimmt. Die Folgerung, daß das Ganze nur einer »Alibi-Funktion« der Gewerkschaftsfunktionäre auf Kosten der Arbeitnehmer dient, und daß die Erhöhung der Mehrwertsteuer alle Verbraucher, also auch die Rentner, die einfachen Arbeiter und vor allem ihre Hausfrauen durch unvermeidbare Preiserhöhungen trifft, macht höchstens die Opposition im Bundestag klar; die Gewerkschaftsfunktionäre (und ministeriellen Parteifunktionäre) nehmen auf den Verbraucher kaum noch Rücksicht, wenn sie ihren Einfluß auf den Gesetzgeber als vermeintlich arbeiterfreundlich massiv ausüben. Wenn man die von den Ministerien für Arbeit und Soziales, also dem früheren Gewerkschaftsminister *Ehrenberg*, durchgebrachten oder nur vorgelegten Gesetze (z. B. Meldepflicht für offene Stellen) einmal systematisch untersuchte, so würde man finden, daß sie mit größter Wahrscheinlichkeit von den Funktionären der Gewerkschaft, auch im eigenen Hause, ausgeheckt und dem Kabinettsmitglied aufgenötigt wurden.

b) Die Angriffe auf und Eingriffe in die Justiz als unabhängige, demokratisch-rechtsstaatliche »Dritte Gewalt« durch die Verfassungsauffassung oder -mißachtung der Gewerkschaftsfunktionäre haben sich in wirtschafts- und sozialpolitisch wichtigen Prozessen vor Obersten Gerichten deutlich gezeigt. Zwei Beispiele: oberstgerichtliche Entscheidungen über das neue Mitbestimmungsgesetz und über die Berechtigung der Arbeitgeber zur Aussperrung.

Gegen das neue Mitbestimmungsgesetz der Bundesregierung von 1979 haben die Arbeitgeber vor dem Bundesverfassungsgericht geklagt, also Verfassungsüberprüfung verlangt. Dieses auch dem einfachen Bürger zustehende Recht wurde von den Gewerkschaftsfunktionären nicht nur durch Abbruch der »Konzertierten Aktion«, die von einem sozialdemokratischen Minister (*Karl Schiller*) in Bonn eingeführt wurde, beantwortet, sondern auch mit Eingriffen in das schwebende Verfahren durch Drohungen. So hat der Gewerkschaftsminister des Landes Nordrhein-Westfalen, Prof. *Friedhelm Farthmann*, zweimal vor dem Urteil öffentlich geäußert, daß eine mögliche verfassungsrechtliche Beschränkung der Mitbestimmungsgesetzgebung der demokratischen Verfassung »mehr schaden würde als Tausende Extremisten«. Dieser amtsverpflichtete »Minister« einer auf das Gemeinwohl vereidigten Regierung, der – vor einem Urteil des Obersten Gerichts – dessen Entscheidung mit den systemgegnerischen Terroristen gleichsetzt, kann wohl kaum als öffentlicher Amtsträger (Beamter) Vertrauen genießen; aber im Gegenteil: die »regierungsamtliche« Pression auf ein laufendes Verfahren der Gerichte wird ihm Pluspunkte seiner Gewerkschaftsfunktionäre und wahrscheinlich auch Beförderungs-Chancen im Minister-Gewerbe einbringen.

Dabei hat das Bundesverfassungsgericht in seiner mehr als Jahrzehnte dauernden Praxis nun zum zweiten Male im Plenum (also mit allen von sozialdemokratischer Seite gewählten Richtern) die Äußerungen Farthmanns eindeutig als Druck (Pression) auf die Unabhängigkeit der Gerichte bezeichnet: »Hier handelt es sich nicht um Kritik am Bundesverfassungsgericht, sondern um den unverhüllten Versuch, auf das Gericht zugunsten einer Partei Pressionen auszuüben. Es ist mit der vom Grundgesetz gewährleisteten Stellung unabhängiger Gerichte schlechthin unvereinbar, wenn – von welcher Seite auch immer – Druck auf die Rechtssprechung ausgeübt werden soll ... Das Plenum des Bundesverfassungsgerichts verwahrt sich gegen den unzulässigen, untauglichen, in der Form verfehlten Versuch, ... vor dessen Entscheidung Einfluß zu nehmen«. Früher hätte ein »Minister« nach solcher Verfassungsverletzung seinen Hut nehmen müssen, heute dient dies seiner politischen Karriere. Rechtsstaat?

Derselbe Minister *Farthmann* hat bei dem Versuch der Gewerkschaften, die Aussperrung als illegal zu verbieten, den bemerkenswerten Ausspruch getan, das sei für die Gewerkschaften keine Frage des Rechts, sondern der Politik. In gleicher Weise der Ausspruch eines hohen Funktionärs der Gewerkschaft Metall: »Wir lassen uns weder von den Arbeitgebern noch von den Gerichten (!) vorschreiben, wann und wo wir streiken.« In gleicher Linie, die Gerichte dann öffentlich abzuwerten oder gar die Richter zu beleidigen, wenn ein Urteil nicht ihren Erwartungen entspricht, liegt die Äußerung über ein Urteil eines Arbeitsgerichts in Karlsruhe als »Schandurteil«; diese Wortwahl hat nichts mehr mit der selbstverständlich erlaubten Urteilsschelte als »falsch«, »sachwidrig«, »sozial schädlich« usw. zu tun, sondern ordnete den Richter in die Reihe derer ein, die wie *Freisler* im Volksgerichtshof des Dritten Reiches »Schandurteile« aussprachen.

Diese Äußerung eines untergeordneten Funktionärs der IG Metall wäre belanglos, weil man auf dieser Ebene vielleicht über die Bedeutung der öffentlichen Wortwahl von Kleinfunktionären nicht so pingelig sein sollte, aber daß sich nicht nur alle Funktionäre der IG Metall in Württemberg-Baden, an der Spitze selbstverständlich der Bezirksvorsitzende *Franz Steinkühler*, der Show-Master unter den führenden Gewerkschaftsfunktionären, ja selbst die Mehrheit des Gewerkschaftstages auf Bundesebene sich ausdrücklich dieser Wortwahl angeschlossen hat, zeugt von der allgemeinen Abwertung der Gerichte durch die Gewerkschaftsfunktionäre. Denn schließlich müßte wenigstens dort noch die Erinnerung an das, was man mit Recht als »Schandurteile« im Dritten Reich bezeichnet hat, vorhanden sein. Es fällt überhaupt für einen Älteren schwer, den Unterschied der Auffassung von Recht und Justiz von Hitler noch zu sehen: Beide setzen sie als politisches Interessenorgan ein, wenn es ihren politischen Absichten entspricht, beide waren oder sind nicht bereit, die letztrichterlichen Entscheidungen als verbindlich anzunehmen, wenn sie nicht ihren meta-rechtlichen Interessen entsprechen. Die Demontage der »Dritten Gewalt«, also der Unabhängigkeit der Justiz von Regierungs- und Partikularinteressen, ein Kernstück des Rechtsstaates, hat sich in der Bundesrepublik unter veränderten Herrschaftsverhältnissen längst wieder eingestellt.

In diesen Urteilen liegt keine Kritik der Obersten Gerichte, sondern im Gegenteil eine Anerkennung und Verteidigung der Richter der Obersten Gerichte, diesem wachsenden, interessenhaften und politischen Druck auf ihre Entscheidungen zu widerstehen. Aber angesichts der Unterwanderung und der partei- und interessenhaften Richterernennung und -beförderungspraxis wird diese ältere Generation der Justizautonomie immer mehr ausgeschaltet, so daß zu fragen ist: Wie lange noch?

c) Das soziale Klima, das durch diese Einstellung der Funktionäre den Bürgern immer mehr aufgedrängt wird, widerspricht dem Geist des Grundgesetzes, das aus der Verführungsformel »Volksgemeinschaft« der von allen Bürgern damals und heute geteilten und geretteten Überzeugung, daß den sozialen Frieden unter allen Bürgern zu erhalten, bei weitem Vorrang hat gegenüber den immer anstehenden Interessenauseinandersetzungen und zwar sowohl der Parteifunktionäre (Wahlen) wie der anderen Interessenfunktionäre. Diesem das Grundgesetz beherrschende Versprechen an die Bürger der Bundesrepublik, das nicht zuletzt bis heute, die überwältigenden Mehrheiten für die demokratischen Parteien begründet, erfüllen die Funktionäre als Herrscher und Manager der parteilichen Interessenorganisationen nicht mehr. Das zeigt sich vor allem in zwei Feldern: Es wird mit Hilfe der »Medien« ein innenpolitisches Kampfklima geschaffen, das nur noch zwischen »Freund und Feind« die Wahl ansinnt, aber die Zusammenarbeit der politischen und wirtschaftlichen Gruppen untergräbt; es wird durch einseitige, sich empörende und gehässige Information, insbesondere über die Entscheidungen der Obersten Gerichte, in breiten Bevölkerungskreisen die Überzeugung geweckt und gestärkt, in der Bundesrepublik in einem Gemeinwesen der sozialen Ungerechtigkeit, ja einem Unrechtsstaat zu leben.

Die Belege für dieses Urteil kann ich nur andeuten: Am unverhülltesten hat es wohl der Oberfunktionär der Gewerkschaft Öffentliche Dienste, Transport und Verkehr (ÖTV), *Heinz Kluncker* ausgesprochen, wenn er in dem bereits zitierten Satz von einem »totalen Krieg« gegen »die Bürger« sprach, der zwar »bisher« noch nicht erklärt sei, aber »wenn es sein muß, . . . dann machen wir es, aber richtig«. Was er aussäht mit solchen Äußerungen, kann nicht als polternde Wortwahl eines vermeintlich einfachen arbeitenden Mannes verharmlost werden (beides war *Kluncker* nie, sondern immer Berufsfunktionär), sondern man muß diese Drohung des »totalen Krieges gegen den Bürger« wohl ernster nehmen, vor allem wenn man bedenkt, daß gerade die ÖTV als gewerkschaftlicher Lohnführer Mitte der 70er Jahre Lohnerhöhungen von über 11 % – gegen den dringenden Rat des damaligen Kanzlers *Willy Brandt* – durchgesetzt und damit die »hausgemachte Inflation« der westdeutschen Wirtschaft eingeleitet hat. Die gestiegenen Preise sind nicht nur den Ölmultis anzulasten, sondern sie sind in gleicher Weise »Klunckerpreise«.

Um anschaulich zu machen, was ein »totaler Krieg« des *Klunckers* gegen die Bürger bedeuten würde: »Damit zwingen sie die Menschen, im Winter in ungeheizten Räumen, ohne warme Nahrung und ohne Wasser zu leben. Denken diese Männer nicht daran, daß sie das Leben zahlloser Kranker und Alter gefährden? Ganz abgesehen davon, daß unabsehbare Mengen von Nahrungsmitteln in Kühl- und Gefrierschränken in Privathaushalten und Geschäften vernichtet und der Volkswirtschaft große Schäden durch Lahmlegung von Verkehr und Industrie zugefügt werden« (*K. Geerds*, Leserbrief FAZ). Man möchte fast wünschen, daß die ÖTV ihren »totalen Krieg gegen die Bürger« einmal praktizierte, damit sie das zugeteilte Vertrauen in den von ihnen vertretenen Arbeitnehmern und ihren Familien noch stärker erschüttern würde als etwa durch die Korruptionsfälle in gewerkschaftseigenen Großunternehmen, wenn dies nicht allzu sehr dem familien- und gemeinwohlwidrigen, nur halbspaßigen Vorwurf entspräche: Geschieht meinem Vater ganz recht, wenn ich mir die Hände erfriere, wenn er mir keine Handschuhe kauft.

Die Beispiele dafür, wie von den Funktionären die soziale Feindschaft angeheizt wird, ließen sich beliebig vermehren: Es werden Gesetze einer immerhin entscheidend von den Gewerkschaften mitbestimmten Regierung schlicht als »Kampfansage« denunziert; da werden Vorschläge, die von den Arbeitgeberverbänden zur »Straffung des sozialen Netzes« als bloße Denkschrift vorgelegt, übrigens von der sozialdemokratisch-liberalen Regierung selbst erwogen werden, mit dem Stichwort »brutal« abgewehrt (so der Presse-Dienst der IG Chemie: »brutaler Riß in das soziale Netz«). Wenn die Interessengegner ihre legalen Rechte in Anspruch nehmen, also vor einem Obersten Gericht, klagen die Arbeitgeber gegen das wesentlich von den Gewerkschaften bestimmte letzte Mitbestimmungsgesetz, so wird dies als »Bruch des sozialen Friedens« und sozusagen mit Abbruch der Beziehungen in Form einer Großmacht (z. B. Austritt aus der »Konzertierten Aktion«, einem gesetzlich geschaffenen Verständigungsgremium der Interessengruppen) geahndet, obwohl die Funktionäre, wenn sie sich Machtzuwachs davon versprechen, ihrerseits die Obersten Gerichte nur allzu gern anrufen. Einzelne Gewerkschaftsfunktionäre drohten dem Bundesverfassungsgericht, ehe es überhaupt über diese Klage der Arbeitgeber beraten und entschieden hatte, mit dem schwersten politischen Kampfmittel, das den Gewerkschaften zur Verfügung steht, dem »Generalstreik«. Die Pseudokriminalisierung des Interessengegners gehört fast zur Selbstverständlichkeit der Gewerkschaftsfunktionäre (»Wer aussperrt, gehört eingesperrt«). *Heinz O. Vetter,* der Erste Vorsitzende des DGB, drohte ganz offen, daß die Gewerkschaften einer aus CDU und FDP möglicherweise zusammenkommenden, also legal gebildeten Regierungskoalition »kräftig an die Gurgel fahren werden«; dies ist eine »brutale« Drohung: praktisch die Aufkündigung einer durch Mehrheitsbeschlüsse von Abgeordneten demokratisch zusammengetretenen Regierung.

Gerade an der Mitbestimmungsklage der Arbeitgeber läßt sich

die weitere Verunsicherung des Rechtsstaates durch die Gewerkschaftsfunktionäre aufzeigen: Nachdem das Bundesverfassungsgericht die Klage der Arbeitgeber abgewiesen hatte, weil es der demokratischen Regierungsautorität wirtschaftsordnungspolitische Entscheidungen zubilligte, versah es diese Abweisung ausdrücklich mit der Begründung, daß damit das grundgesetzlich verbürgte Recht auf »Eigentum« nicht verletzt werde, und interpretierte die soziale Verpflichtung des Eigentums ausdrücklich dahingehend, daß »sein Gebrauch zugleich dem Wohle der Allgemeinheit dienen« müsse, zugleich aber auch die Ausdehnung der Mitbestimmung der »allgemeinwohlen« Verpflichtung zum sozialen Frieden unterworfen sei, und daß sie weder zur »Funktionsunfähigkeit des Tarifvertragssystems noch der Unternehmen« führen dürfe. Die Gewerkschaftsfunktionäre, die zuvor massiven Druck auf die Entscheidung dieses Obersten Gerichts ausübten, zeigten sich, wie die von ihnen abhängige Regierung, »tief befriedigt«. Sieht man sich aber einmal einesteils die Urteilsbegründung und andererseits die gewerkschaftliche und sonstige linke Berichterstattung über dieses Verfahren an, so ist die einseitige Berichterstattung darüber offenkundig.

So berichtete »DER SPIEGEL« in seinem Leitartikel vom 5. 3. 1979 unter der Überschrift »Mitbestimmung ohne Wenn und Aber« über dieses Urteil in Form einer Siegesmeldung für die Gewerkschaften; die wahrheitsgemäße Berichterstattung hätte unter die Überschrift »Mitbestimmung mit Wenn und Aber« gehört, aber »DER SPIEGEL« ist ja nach der programmatischen Aussage seines Eigentümers und Herausgebers *Augstein* immer »im Zweifel links«. Und woran läßt sich heute im öffentlichen Leben nicht »zweifeln«? Also »immer links«. Die Gewerkschaftspresse, die mir immer noch zugänglich ist, folgt selbstverständlich dieser einseitigen Information.

Die entscheidende einseitige Fehlinformation scheint mir in diesem Falle aber gerade darin zu bestehen, daß man auf Seite der Gewerkschaften immer wieder betont, daß der Verfassungsgesetzgeber keine bestimmte Wirtschaftsordnung (Marktwirtschaft, Gemeinwirtschaft oder öffentliche Wirtschaft) grundgesetzlich festgelegt und geschützt hat und daß Veränderungen unserer Wirtschaftsordnung nur eine Schranke am Schutz des Eigentums findet, da dieser aber zugleich zugunsten des Gemeinwohls beschränkt sei (Art. 14 Grundgesetz, der auch gerade in der Abweisung der Klage der Arbeitgeber im »Mitbestimmungsurteil« gewichtig herangezogen wird). Die Gewerkschaften übersehen dabei, daß gleichzeitig und gleichrangig auch keine verfassungsrechtliche Sicherheit der Tarifautonomie besteht, und daß diese sich nur auf die grundgesetzlich verbürgte Vereinigungsfreiheit stützen kann«, Art. 9, bes. Art. 9 III GG, nach der »das Recht, zur Wahrung und Förderung der Arbeits- und Wirtschaftsbedingungen Vereinigungen zu bilden, für jedermann und für alle Berufe gewährleistet« wird, und daß nur diejenigen Maßnahmen als rechtswidrig gelten, die sich gegen »Arbeitskämpfe« richten, die zur Wahrung und der Arbeits- und Wirtschaftsbedingungen von solchen Vereinigungen dienen [was ebensowohl das Streikrecht wie die Aussperrung legitimiert]). Die gesetzliche Regelung der Wirtschaftsordnung aber kann ebenso wie die gesetzliche Gestaltung der Tarifautonomie nur von dem legalen Gesetzgeber (gewählten Parlamenten und den aus ihnen hervorgehenden Regierungen) durchgeführt werden. Sie sind dabei an eine wichtige Grundverpflichtung gebunden: den sozialen Frieden in der gesamten Staatsbevölkerung und das Gemeinwohl zu fördern. Gegen diesen Grundsatz des Verfassungsrechts verstößt die Mentalität der Funktionäre nicht nur dauernd, ja sie baut dieses Fundament unseres Rechts- und Staatsbewußtseins, gewollt und ungewollt immer wieder ab.

Dafür ein letztes kennzeichnendes Beispiel: Der den Gewerkschaftsfunktionären nahestehende Gewerkschaftstheoretiker *Werner Glastetter* hat diese aufgefordert, sich zu entscheiden, ob sie »Ordnungsfaktor oder Gegenmacht« im bundesdeutschen Gemeinwesen sein wollen. Sein Gedankengang: Binden sich die Gewerkschaften an das Gemeinwohl, unterwerfen sie sich einem gesellschaftlichen Integrationsprozeß. Dann verzichten sie jedoch auf ihre Autonomie. Dann nämlich sind sie nur »Ordnungsfaktor«, das heißt: »Die gewerkschaftliche Interessenvertretung denaturiert zu einem Residualfaktor der Wirtschaftspolitik« (des staatlichen Gemeinwesens). Das Votum des Gewerkschaftstheoretikers zielt also eindeutig darauf, daß sich die »Gewerkschaften«, also ihre Funktionäre, als »Gegenmacht« verstehen. Bei der intellektuellen Unfähigkeit der Gewerkschaftsfunktionäre, grundsätzliche Verfassung- und Rechtsfragen zu verstehen oder zu beachten, sondern im Stil von »Pro und Contra« zu beurteilen, finden solche wissenschaftstheoretischen »Hilfestellungen« natürlich Anerkennung und Wirkung.

Man muß einmal den wissenschaftlichen Fremdwortgebrauch solcher Äußerungen auf die Wirklichkeit des arbeitenden Menschen hin entblättern: Die Begriffe »gesellschaftlicher Integrationsprozeß«, »Autonomie«, »Residualfaktor der Wirtschaftspolitik« und »Gegengewalt« gehen nicht nur über das Verständnis der von den Gewerkschaften vertretenen Arbeitnehmer, sondern auch ihrer Funktionäre wissenschaftlich-souverän hinweg.

»Gesellschaftlicher Integrationsprozeß«: Wollen die von den Gewerkschaftsfunktionären vertretenen Arbeitnehmer bei aller materiellen Interessenwahrung zur politischen Stabilität unseres politischen Gemeinwesens beitragen oder es bekämpfen? Wollen sie sich »einfügen« (»integrieren«) oder alle übrigen Bürger, vor allem auch Arbeitnehmer, als »Gegenmacht« bekämpfen? Man braucht keine Meinungsforschung, um den Willen zum inneren Frieden (»Integration«) als die Grundüberzeugung der überwältigenden Mehrheit der Arbeitnehmer zu erfahren.

»Autonomie«: Inzwischen ein wissenschaftsmodisches Fremdwort, das, indem man es seines konkreten rechtsbezogenen Inhalts entkleidet, trefflich geeignet ist, Rechtsfreiheiten und Rechtspflichten zu einem Brei der subjektiven Willkür zu verkleistern. Autonomie ist immer freiheitliche Selbstbestimmung und Selbstverwaltung innerhalb eines vorausgesetzten und anerkannten Rahmens der souveränen Gesetzgebung eines Staates und seiner Überwachung durch seine verfassungsgemäßen Organe (Verwaltung, Justiz). Vergleiche: Minderheitenautonomie in einem ethnischen Vielvölkerstaat kann nie die Souveränität des gesamten Gemeinwesens in Frage stellen: Erziehungsautonomie der Eltern muß gesetzliche Bindungen wie Schulmonopol und Schulpflicht des Staates, ihren Mißbrauch durch staatliche Überwachung durch die Jugendämter usw. in ihre »Freiheitsrechnung« einbeziehen; die »Autonomie« der Forschung und Lehre, von der der Wissenschaftler *Glastetter* Gebrauch macht, war in unserer freiheitlichen Staatsordnung nicht nur durch die geforderte Verfassungstreue der beamteten Universitätsgelehrten begrenzt, sondern in der Blütezeit der deutschen wissenschaftlichen Forschung auf »akademische Selbstverwaltung« beschränkt, während die (ihr dienende und helfende) institutionelle Verwaltung der Hochschulen und Schulen immer in der Hand staatlicher Behörden verblieb. Diesen Begriff der »Freiheit« (Selbstbestimmung und Selbstverwaltung) will Glastetter zugunsten einer »souveränen Gewalt« der Gewerkschaftsfunktionäre überhöhen, sozusagen den »totalen Krieg« *Klunckers* durch die »totale Selbstbestimmung« einer Interessengruppe, durch einen »Staat im Staate« ergänzen.

»Residualfaktor der Wirtschaftspolitik«: Dieses wunderbar

wissenschaftlich klingende Wort verschleiert nichts anderes als die Gesetzesgegnerschaft, die Glasstetter »den Gewerkschaften« als neues Selbstverständnis ansinnt. »Residualfaktor der (staatlichen) Wirtschaftspolitik« kann zunächst bedeuten, daß die Gewerkschaften und ihre Funktionäre praktisch ein Organ der politischen Staatsführung bilden, ihre Handlungskommandos »von oben« erhalten und nur eine unselbständige Funktion der Beruhigung und Scheinfreiheit für die arbeitende Bevölkerung ausüben. Dies ist im Ostblock durchgehend der Fall und gegen diese gewerkschaftliche »Kommandierung von oben« haben sich die polnischen Arbeiter gewehrt, weil ihre materiellen Lebensinteressen durch solche Gewerkschaften nicht mehr wirkungsvoll vertreten wurden. Unterstellen wir einmal dem »Gewerkschaftstheoretiker« *Glastetter*, daß er in den bundesdeutschen Gewerkschaften keineswegs diese bloße höchstobrigkeitliche Gehorsamsfunktion als vorhanden ansieht; aber was bedeutet dann die die staatliche Politik angreifende Formulierung »Residualfaktor der Wirtschaftspolitik«? Sind die deutschen Unternehmer, deren Schwierigkeiten nicht zuletzt aus unaufhörlichen gesetzlichen Belastungen durch den Sozialstaat stammen, dann nicht noch mehr »Residualfaktoren der (staatlichen) Wirtschaftspolitik«? Werden die Familien als Eltern und als Generationsverband nicht im gleichen Sinne zu »Residualfaktoren« staatlicher Schul-, Jugend- und Alterspolitik? Diese so wissenschaftlich klingende Formel dient also nur dazu, die »totale« Gegnerschaft der Gewerkschaftsfunktionäre gegen die legitime und legale Regierungspolitik zu unterstützen.

»Gegenmacht«: Die Gewerkschaften, also ihre Funktionäre, verzichten mit der Bindung an das Gemeinwohl auf ihre organisatorische Selbstbestimmung, geraten nach dem Urteil des Theoretikers in einen »logischen Widerspruch«. Sie müßten sich nicht als »Ordnungsfaktor« sondern als »Gegenmacht« verstehen. Macht: ja; aber wogegen? Wenn damit nur die Interessengegnerschaft zum Unternehmer, dem privaten, öffentlichen und gemeinwirtschaftlichen, gemeint wäre, dann wäre eine solche Formulierung nicht nur ein uralter Hut, sondern würde nur die Aufgabe der Gewerkschaften in einer freien Marktwirtschaft verbal modernisiert bestätigen. Aber die aggressive Stoßrichtung dieser Theorie richtet sich ja eindeutig gegen die (legal und demokratisch zustande gekommene) Staats- und Regierungsmacht, denen gegenüber die »Gewerkschaften« ihre Gegenmacht ausspielen sollten. Gegen die demokratisch-rechtsstaatliche, also von dem Grundgesetz gewollte Bindung der »Vereinigungsfreiheit« an die »verfassungsmäßige Ordnung« (Art. 9, II GG) wird hier eindeutig verstoßen. Sollten die Gewerkschaftsfunktionäre

die ihnen von »ihrem« Theoretiker zugesonnene Rolle übernehmen, würden sie auf der schiefen Bahn einer Verfassungs- und Rechtsstaatsgegnerschaft, auf der sie sich ihrer Mentalität und Praxis nach schon längst befinden, noch einen erheblichen Rutsch nach unten vollziehen.

Eine solche Auseinandersetzung mit einem begriffsschwachen »Theoretiker« wäre im wissenschaftlichen Raume, wo er die Meinungsäußerungsfreiheit in Anspruch nimmt, unerheblich; aber da er als »Theoretiker« von den Gewerkschaftsfunktionären in eine »Meinungsäußerungspflicht« zu ihren Gunsten – wer führt wen? – genommen worden ist, geht es hier um mehr als eine wissenschaftliche Lehrmeinung. Diese hat von der Ablehnung des »gesellschaftlichen Integrationsprozesses«, der Umdeutung der »Autonomie«, der Denunzierung der staatlichen Wirtschaftspolitik bis hin zur Aufforderung zur »Gegengewalt« durchaus einen Sinnzusammenhang, wenn auch nicht den der »Logik«, sondern der parteilichen Wissenschaftsargumentation. *Glastetter* ist nur ein Symptom für die Mentalität der Gewerkschaftsfunktionäre.

Fast unnötig zu sagen, daß die »Entweder-Oder-These« *Glastetters* für wirklichkeitsfern und für ideologisch, also für unwissenschaftlich gehalten wird. Niemand beansprucht in einer freien Marktwirtschaft, daß die Gewerkschaften »Ordnungsfaktor« sein sollen; sie sind Interessenvertretungen; aber ebenso wenig können sie nach unserem Grundgesetz- und Staatsverständnis beanspruchen, politische »Gegenmacht« zu sein. Die begriffliche Alternative des Professors *Glastetter* ist undurchdacht, somit schlechte Wissenschaft.

(Vgl. zu dieser Auseinandersetzung den informativen Beitrag von *Ernst Günter Vetter* »Ratlos vor den Zwängen der Freiheit. Das Denken und Handeln der Gewerkschaften in den 80er Jahren« in der FAZ vom 3. 4. 1982, der allerdings die kritischen Akzente anders setzt wie ich.)

Ergebnis: ein soziales Klima des Kampfes und der Rechtsverachtung

Kommen wir zu Schlußfolgerungen, die mein Urteil zusammenfassen: Die Gewerkschaftsfunktionäre schaffen ein soziales Klima des Kampfes und der Rechtsverachtung!

Betrachtet man den Wortschatz der Funktionäre von *Klunckers* »totalem Krieg gegen die Bürger«, über den Vorwurf der »Brutalität« gegen bloße politische Meinungsäußerungen interessenhaft gegnerischer Gruppen bis hin zu *Glastetters* »Gegengewalt«-Forderung, so gleicht dieser Sprachgebrauch den Argumentationen der roten Terroristen und der sonstigen gewalttätigen und straßenterroristischen Systemgegner wie ein rotgefärbtes Osterei dem anderen. Gewiß: die Gewerkschaftsfunktionäre sind keine Terroristen oder aktiven »Systemüberwinder«, aber ihre Sprache, in der sie mit Gegnern im Interessenstreit umgehen, (»Kommunikation«) hat sich der der aktiven »Systemgegner« so weit genähert, daß der Unterschied zwischen beiden nur noch darin besteht, daß die Terroristen diese Worte bis zum Einsatz ihres Lebens oder mindestens der feindlichen Gewaltenauseinandersetzung mit den Staatsorganen (Polizei) ernst nehmen, und sich nicht mit rhetorischem Bla-bla zufrieden geben wollen, während die Gewerkschaftsfunktionäre auf bloßen Meinungszustimmungsgewinn für ihre Art der Systembeherrschung (nicht Systemüberwindung) zielen. (Meine Sympathie gilt in diesem Gegensatz der wahrscheinlich aussichtslosen Aktivität derer, die Lebenseinsatz wagen und nicht den sorgsam ihre berufliche Karriere beachtenden Gewerkschaftsfunktionären und Partei- und Regierungsfunktionären, weil ich weiß, daß ich als Zwanzigjähriger heute unter den »Aktivsten« und nicht unter den berufliche Vorteile erstrebenden Funktionärsaspiranten zu finden wäre.)

Die Verwendung der Sprache als Mittel der Politik in einer medien-beherrschten Gesellschaft ist im letzten Jahrzehnt wissenschaftlich gründlicher untersucht worden. Einen Überblick darüber gibt der von *W. Bergsdorff* herausgegebene Sammelband »Wörter als Waffen« mit Beiträgen von *Bracher, Lübbe, Hans Maier, Schelsky, Schmölders, Sontheimer* und *Orwell* (Verlag Bonn Aktuell, Stuttgart 1979). Aber die politische Sprache der Gewerkschaftsfunktionäre und anderer Interessengruppenfunktionäre ist von allen Autoren unbeachtet geblieben.

Um das soziale Kampfklima, das sich in der Bundesrepublik ausbreitet, zu erklären, stellt sich fast unvermeidlich die Formel des »Klassenkampfes« ein, und zwar sowohl bei den Vertretern wie bei den Gegnern dieser Art von Politik. Die Linken – von den Terroristen bis zu *Willy Brandt* – (»Klassenkampf von oben«) erklären ihre Gegner zu »Klassenkämpfern«, aber genauso wird ihnen von der Gegenseite (Parteien und Publizistik) die Wiederbelebung und Praxis eines »Klassenkampfes« vorgeworfen. Der Begriff, aus dem 19. Jahrhundert übernommen, gehört heute zu den typischen halbdenkerischen Unwahrheiten des politischen Lebens.

Zunächst seine längst geschichtlich überholte Unwahrheit: In der Bundesrepublik stehen sich in keiner Weise noch »Klassen« (Bourgeoisie und Proletariat) gegenüber, sondern funktionärshaft gut vertretene, materiell ausgerichtete Interessengruppen. Weder in einer Facharbeiterfamilie noch in einer Familie von mittelständischen Unternehmern oder großorganisatorischen Unternehmensmanagern spielt »Klassenkampf« im Verhältnis zu anderen Teilen der Bevölkerung noch eine entscheidende Rolle, die über belanglose Meinungsstereotypen hinausgeht. Die Verwendung der Sprachformel »Klassenkampf« ist das, was man gut marxistisch als »ideologischen Überbau« kennzeichnen muß.

Aber politische »Halbdenker«-Aussagen sind immer auch Halbwahrheiten. Zwar kämpfen heute nicht mehr ganze bevorrechtigte und unterdrückte oder ausgebeutete Bevölkerungsgruppen gegeneinander, aber der Kampf der Funktionärsgruppen gegeneinander ist zu einer Schärfe geraten, die an den überholten Klassenkampf anknüpft. Was heute geschieht, ist, wie ich schon in meinem ersten Kapitel ausführte, ein »Klassenkampf der Funktionäre«. Dabei ist nicht die gelegentliche, ideologische Anknüpfung an den marxistischen Propagandamythos der Kommunisten gemeint, sondern ein neuer »Klassenkampf« völlig unmarxistischer Art. Nicht »Klassenkampf« ist gegenwärtig die den sozialen Frieden gefährdende Kraft im öffentlichen Leben, sondern die Auswucherung der Funktionärsmacht, und darin gleicht sie mehr und mehr dem »realen Sozialismus« der Funktionäre marxistisch-östlicher Prägung, die sich zwar ideologisch noch als »Klassenkämpfer« verstehen, in Wirklichkeit ja aber längst Apparatschiks einer Funktionärsherrschaft sind (*Djilas'* »Neue Klasse«, anderswo »Nomenklatura« genannt). Und daran hat sich auch bei uns längst die gesamte Bevölkerung gewöhnt: Vom Fremdarbeiter bis zum Universitätsprofessor, vom Postboten bis zum Klinik-Chef kämpfen wir nicht persönlich mit individuellem Risiko für unsere wahren oder vermeintlichen Rechte, sondern wir beauftragen damit unsere Verbandsfunktionäre, und unser »Einsatz« besteht in einer Beitragszahlung.

Zu den geistigen und charakterlichen Gemeinsamkeiten gehört die Schwächung des Rechtsbewußtseins in dem Sinne, daß man »sein Recht« im Übermaß durchzusetzen versucht, daher keinen konfliktlösenden Richterspruch mehr anzunehmen gewillt ist, dafür aber danach strebt, möglichst die Gesetze selbst zu machen, die man dann von den anderen bis ins letzte Tüpfelchen zu befolgen fordert, ja »eisern« durchsetzt. Daß dies für die Rechtsauffassung monopolistischer Parteifunktionäre im Osten wie in allen Militärdiktaturen gilt, braucht nicht erläutert zu werden. Aber die bundesdeutschen Gewerkschaftsfunktionäre befinden sich längst auf der gleichen Straße, wenn auch noch etwas hinten im Rennen. Die Prozeßsucht der Gewerkschaftsvertreter ist bekannt und wird in einem Ausmaß ausgeübt, das entscheidend mit zur Überlastung der Gerichte und damit zur praktischen Rechtsverweigerung führt, aber die rechtsanwaltlichen Funktionäre der Gewerkschaften müssen ja beschäftigt werden und Kosten hat man nicht zu scheuen. Denn Geld ist ja durch die Mitgliedsbeiträge genügend vorhanden. Daß diese Einstellung, besonders auf Kosten anderer keinen konfliktlösenden Richterspruch mehr hinzunehmen, weite Kreise der Bevölkerung erfaßt, scheint mir eine ganz selbstverständliche Breitennebenwirkung zu sein, die den Rechtsstaat mehr aushöhlt als die offene »Gegengewalt«. Zum Rechtsbewußtsein gehört eben nicht nur, daß man um »sein Recht« kämpft, sondern auch, daß man Richterurteile annimmt um des sozialen Friedens willen.

Noch bequemer, somit machtgewinnender ist es natürlich, die Gesetze gleich selbst zu machen, sie dem demokratischen Gesetzgeber und den Regierungen aufzunötigen und dann die anderen »gesetzlich« unter »sein Recht« zu beugen.

Diese Praxis hat bei den Gewerkschafts- und anderen Verbandsfunktionären im letzten Jahrzehnt erheblich an Boden gewonnen; dafür folgende Beispiele aus letzter Zeit: Daß das sogen. »Beschäftigungsgesetz« der Bundesregierung auf Druck der DGB-Gewerkschaften zustande gekommen ist, obwohl kurz vorher noch die ministeriellen Sachverständigen der gesamten Koalition davon abrieten, pfeifen die publizistischen Spatzen von allen Dächern; daß es nur finanzierbar ist, wenn die Mehrwertsteuer erhöht, also gerade die breite Verbraucherschicht der arbeitenden Bevölkerung zur Kasse gebeten wird, kümmert die »Gesetzesmacher« des DGB nicht; sie geben dies zwar nicht offen zu, sondern verstecken sich hinter dem Finanzierungsvorschlag einer »Arbeitsmarktabgabe« der Unternehmen, der Beamten und Freien Berufe, aber sie vernichten dadurch wahrscheinlich mehr Arbeitsplätze als das »Beschäftigungsprogramm« neu schaffen würde, zumal der unmittelbare wirtschaftliche Erfolg darin besteht, die Unternehmen zu bestrafen, die auf eigene Initiative und Risiko hin bereits neue Arbeitsplätze und Lehrstellen geschaffen haben, während jetzt »die Wirtschaft« sich darin natürlich in Erwartung eines Subventionsregens zurückhaltend verhält.

Oder: Vor dem Düsseldorfer Innenminister *Herbert Schnoor* (SPD) erschien eine Delegation mit dem DGB-Landesvorsitzenden und dem ÖTV-Bezirksleiter, die ihm einen kompletten Gesetzentwurf zur Novellierung des gültigen Personalvertretungsgesetzes im öffentlichen Dienst übergaben; zwar hat der Minister amtsgemäß darauf hingewiesen, daß »die Leitung einer Behörde – anders als die Führung eines privatwirtschaftlichen Unternehmens – dem Wohl der Bevölkerung zu dienen habe und der parlamentarischen Kontrolle unterliege«. Aber das zur politischen Durchsetzung im Funktionärsauftrag vorformulierte Gesetz hat ja zum Kern, daß möglichst viel »Mitwirkungsrechte« der behördlichen Personalräte (die bei Veränderung der behördlichen Arbeitsorganisation oder der Einführung neuer technischer, meist arbeitsrationalisierender Maßnahmen völlig zu Recht bestehen) in »Mitbestimmungsrechte« umgewandelt werden und das heißt, daß eine staatlich-gemeinwohl-gebundene Regierungsverantwortung zugunsten einer danach natürlich erfolgenden »Mitregierung« hauptamtlicher DGB-Funktionäre beschränkt werden soll.

Letztes Beispiel: Der Kanzler wollte aus wohl erwogenen Gründen in der Mitte der jetzigen Legislaturperiode sein Kabinett umbilden; dabei stand auch der Minister für »Arbeit und Soziales«, *Herbert Ehrenberg,* zur Disposition, weil er durch überraschende, die Koalition gefährdende und vor allem sachlich undurchdachte, zwar trickhaft vorgebrachte, aber dann immer wieder zurückgenommene Gesetzesvorschläge die Stabilität der sozialdemokratisch-liberalen Regierung öffentlich erschüttert hatte. Der DGB-Vorsitzende *H. O. Vetter* intervenierte ganz öffentlich beim Kanzler, daß er den Minister *Ehrenberg* nicht austauschen dürfe, denn der sei der Vertrauensmann der Gewerkschaften in der Regierungsmannschaft. Das heißt: Der oberste DGB-Funktionär greift offen in die verfassungsmäßigen Rechte des Regierungs-Chefs ein, weil er den »Minister für Arbeit und Soziales« als »Gesetzesbeschaffer« der Gewerkschaften in Anspruch nimmt. Dem entsprechen die Abschiedsäußerungen *H. O. Vetters,* daß er, also die Gewerkschaftsfunktionäre, inzwischen bedauern, die gegenwärtige, demokratisch zustande gekommene Regierungskoalition von SPD und F.D.P. unterstützt zu haben. Da ist der österreichische Weg, der den Gewerkschaften ein offizielles Vorschlagrecht für den »Sozialminister« zugesteht, zwar weniger rechtsstaatlich, aber von offener Ehrlichkeit.

In solchen Vorgängen tritt zutage, daß die Gewerkschaftsfunktionäre des DGB das Recht eines Verfassungsorgans in Anspruch nehmen, ohne dem Gemeinwohl und der Amtspflicht aller anderen Verfassungsorgane in der Verantwortung zu entsprechen. Die Gewerkschaftsfunktionäre pachten ein doppeltes Wahlrecht in der rechtsstaatlichen Demokratie: Sie fordern ihre Mitglieder und Anhänger, ja die ganze »Arbeitnehmerschaft« auf, eine bestimmte Partei in die Regierungsverantwortung zu wählen, aber sie wollen dann als Funktionäre dieser so demokratisch-parteipluralistisch zustande gekommenen Regierung noch einmal vorschreiben, was sie regierungsamtlich, parlamentarisch und in der Verwaltung zu tun hat. Man spricht jetzt publizistisch dauernd von einer »vierten Partei«, den »Grünen« oder »Alternativen«; das ist typisch publizistische Kurzsichtigkeit, denn diese »Vierte Partei« existiert schon längst, nämlich die Partei der Gewerkschafts- und sonstigen interessenhaften Verbandsfunktionäre in den Parlamenten, den Regierungen und den Verwaltungen. Sie hat mit den »Grünen« allerdings eines gemeinsam: Sie beanspruchen Mitbestimmungs- und Entscheidungsrechte in den Parlamenten und Regierungen, ohne eine Verantwortung für die Regierungsaufgabe, das politische Schicksal der Bevölkerung in den ständig wechselnden politischen Weltläuften, für ihre innere und äußere Sicherheit, für den sozialen Frieden und eine wirksame soziale und wirtschaftliche Wohlfahrt zu übernehmen.

Um dem naheliegenden Einwand zu begegnen, ich wollte die Gewerkschaften zu bloßen politischen Eunuchen herabstufen, sei gesagt, daß ich den politischen Streik in Form des Generalstreiks in bestimmten politischen Lagen für durchaus berechtigt halte. Der politische Streik wird zum harten Druck auf die politischen Organe der »allgemeinen Staatlichkeit« geführt; er ist ein der Revolution nahestehendes, äußerstes Mittel zur Durchsetzung oder zum Widerstand gegen undemokratisch, freiheitswidrige Gewaltherrschaft des politischen Systems, indem er alle oder jedenfalls die lebenswichtigen Betriebe eines Landes lahmlegt. Dies ist aber wohl nur berechtigt, wenn die rechtsstaatlich-parlamentarische Demokratie unseres Staates bedroht wird, die auch die Grundlage freier Gewerkschaften ist. Aber wo war der politische Generalstreik der reichsdeutschen Gewerkschaften bei der Machtübernahme Hitlers 1933 oder der österreichischen beim Einmarsch *Hitlers* in Österreich? Wo sind heute mehr als gelegentliche Meinungsäußerungen gegen die radikalen linken Systembedroher von den Gewerkschaftsfunktionären zu hören? (Selbst die kommunistischen Gewerkschaften in Italien haben den politischen Streik als Druckmittel gegen die Sympathisanten des rechten und linken Terrors eingesetzt.) In der Bundesrepublik faseln zwar einige Gewerkschaftsfunktionäre vom Generalstreik gegen ein noch nicht ergangenes Urteil eines Obersten Gerichtes, aber die Bedeutung des politischen Generalstreiks als Schutz des parlamentarisch-pluralistischen Rechtsstaates ist fast allen Funktionären längst aus den Augen geraten. Jedenfalls gibt es innerhalb der mächtigsten Funktionärs-Elite des DGB keinerlei verläßliche Grundsätze, wo und wann der politische Generalstreik einzusetzen ist.

Damit ist die machtwichtigste Gruppe der Gewerkschaftsfunktionäre, nämlich die der DGB-Gewerkschaften, weder ein Garant des Rechtsstaates noch sichert sie die partei-pluralistische Demokratie. Sie verstehen sich in der Mentalität ihrer jüngeren Funktionäre längst als »geheime vierte Partei«. Die entscheidende politische Konfliktlage der 80er und 90er Jahre, wie zu einer konservativ-liberalen Regierungsmehrheit, würde in der Bundesrepublik und in Österreich wahrscheinlich noch legal vor sich gehen können, aber eine solche Regierung und Parlamentsmehrheit würde auf die bewußt friedensstörende Gegnerschaft der Gewerkschaftsfunktionäre als »geheime Mitregierung« treffen. Es gehört wenig Prophetengabe dazu vorauszusagen, daß eine Regierung dieser Art weniger ihren Gegnern in der parlamentarischen Parteiopposition als in dem radikalen Widerstand der Gewerkschaftsfunktionäre finden würde.

Während in Österreich, käme eine solche Parteikoalition zur Regierungsmacht, für diese die in einer Legislaturperiode kaum lösbare Hauptaufgabe darin bestünde, die von Gewerkschaftsfunktionären besetzte und verkrustete Personalstruktur der Bundes-, Landes- und Gemeindebehörden aufzubrechen und – hoffentlich – mit sachverständigen Fachleuten anstatt eigenen Funktionären zu besetzen, würde diese Auseinandersetzung in der Bundesrepublik viel radikaler verlaufen. Eine gesetzliche Beschränkung der Macht der Gewerkschaftsfunktionäre würde hier aus ihrer Rechtsauffassung und ihrem Mitregierungsanspruch als »geheime vierte Partei« wahrscheinlich zu schweren Brüchen des sozialen Friedens bis hin zum »Generalstreik« führen, die sich in diesem Falle nicht gegen Verfassungsgegner, sondern gegen eine legitim und legal gewählte Regierung richten würde.

(Von hier aus gesehen, kommt der Aufgabe eines Ministers für »Arbeit und Soziales« in einem solchen Regierungswechsel eine Schlüsselbedeutung zu, die er nach meinem Urteil ohne strukturelle Änderung seines Ministeriums gar nicht lösen kann.) Jedenfalls werden die entscheidenden Weichenstellungen einer möglichen konservativ-liberalen Regierungsmehrheit in den nächsten Jahrzehnten nicht in der äußeren Sicherheits- und Bündnispolitik, in der Energiepolitik oder sonstigen staatlichen Wirtschaftspolitik liegen, sondern in der rechtlichen Bindung der Macht der Gewerkschaftsfunktionäre an den Rechtsstaat und die Autorität der demokratischen Regierungen. Auf diese Auseinandersetzung sind sowohl die konservativen wie auch die liberalen politischen Parteien bisher aus Rücksicht auf Wählermehrheiten in keiner Weise vorbereitet.

Den Rechtsstaat erneuern: Kontrolle der Allmacht der Funktionäre

Nach der aus einem internationalen Vergleich gewonnenen Erkenntnis des Arbeitsrechtlers *Manfred Löwisch* ist eine rechtliche Ordnung der Macht der Gewerkschaften und ihrer Funktionäre überall im demokratischen Westen (vom marxistischen Osten ganz abgesehen) vorhanden:

»Keine westeuropäische Rechtsordnung verläßt sich bei der kollektiven Regelung allein darauf, daß die Gewerkschaften, die über ein volles Streikrecht verfügen, davon schon den rechten Gebrauch machen werden. Eine Reihe von Rechtsordnungen läßt – wie die unsere – die Aussperrung gegen den Streik zu. Eine zweite Gruppe grenzt die Zulassung der Aussperrung stark ein, gewinnt aber mit der Möglichkeit staatlicher Kassierung geschlossener Tarifverträge ein Korrektiv gegen den Streik. Und eine dritte verbietet die Aussperrung, gleicht dies aber durch eine Einschränkung der zulässigen Streikformen wieder aus.«

Ziehen wir noch das Urteil des nun wirklich nicht gewerkschaftsgegnerischen Sozialpolitikers Professor *Oswald von Nell-Breuning* heran, der das Ende der Einheitsgewerkschaft prophezeite, wenn die Gewerkschaften sich nicht mehr dem Wohl aller Bürger verpflichtet fühlten – das heißt, sich ihm nicht unterordneten –, dann sind die Ausgangspunkte unserer konkreten Forderungen für eine gesetzliche Kontrolle der Macht der Gewerkschaftsfunktionäre offengelegt.

Eine solche gesetzliche Regelung der wirtschaftlichen Funktionärsmacht müßte sich auf folgende Ziele beziehen:

1. Der Grundsatzartikel 9 (Vereinigungsfreiheit), insbes. 9, III ist einer gleichen Gemeinwohlpflicht zu unterwerfen wie das Eigentum in Art. 14 (»Eigentum verpflichtet. Sein Gebrauch soll zugleich dem Wohle der Allgemeinheit dienen«). Vor allem muß der Art. 9, III GG im Sinne der Erfahrungen der letzten 35 Jahre in der Bundesrepublik klarer gefaßt werden: Der Begriff des Arbeitskampfes, alt-klassenkämpferisches Überbleibsel – formuliert in Gegnerschaft zu den damals erfahrenen obrigkeitlichen Kommandovertretungen der Arbeiterinteressen durch nazistische und marxistische Monopolparteifunktionäre –, ist überholt und sollte durch die Bestimmung eines friedlichen, auf Verhandlungen beruhenden Aushandelns von Interessen ersetzt werden, der die Tarifverhandlungen, selbst mit ihren Folgen, möglichen Streiks und möglicher Aussperrung, als einen Freiheitsraum der gegenseitigen Arbeitsmarktinteressen versteht. Zu einer solchen Änderung von Art. 9 III des Grundgesetzes würde gewiß eine verfassungsändernde Mehrheit des Bonner Parlamentes erforderlich sein, aber vielleicht wäre eine zukunftweisendere Lösung durch eine neue grundgesetzgebende Versammlung in einer »Neuen Stunde Null« befreiender. Da beides zunächst unerfüllbare Wunschvorstellungen der bundesdeutschen politischen Situation sind, scheint es mir wirklichkeitsnäher zu fragen, ob nicht gerade hier die Gestaltungsfreiheit des Obersten Verfassungsgerichts sich bewähren könnte, indem es noch stärkere Betonungen als schon bisher auf die Gemeinwohlpflicht von Eigentum und Tarifstreit legt.

2. Die auf diesen Voraussetzungen (Sicherung des inneren Friedens und des Gemeinwohls aller Staatsbürger bei freier [autonomer] Interessenwahrnehmung) beruhende gesetzliche Regelung der Tarifautonomie würde sie in bestimmten Hinsichten einschränken, aber gerade dadurch rechtlich sichern und verstärken. Bisher wird die Tarifautonomie willkürlich und nach jeweiliger subjektiver Deutung der Tarifpartner in Anspruch genommen, weil sich der Gesetzgeber um klare ordnungs- und friedenspolitische Entscheidungen aus Rücksicht auf seine Wählerklientel bei den Gewerkschafts- und Wirtschaftsfunktionären drückt: vielleicht das deutlichste Anzeichen für die Interessen-Unter-

wanderung einer demokratischen »Volkssouveränität« und einer darauf beruhenden Autorität und Regierungsfähigkeit in einer rechtsstaatlichen und parteipluralistischen Demokratie.

Ehe ich hier mein eigenes Urteil abgebe, möchte ich meine »Lehrmeister« *Götz Briefs* und *Oswald von Nell-Breuning* zu Wort kommen lassen. In den 1968 neu herausgegebenen Schriften *Briefs* von 1955 (Fritz Knapp Verlag, Frankfurt 1968) ist eine nur sechs Seiten umfassende Abhandlung über »die Grenzen der Tarifautonomie« enthalten, in der er sich ausdrücklich im hohen Maße auf *Nell-Breuning* stützt. (Diese sechs Seiten weitgehend zu verbreiten, würde wirksamer sein als die vielen Gelder, die Unternehmensverbände in sogenannte »Public-Relation-Arbeit« für die Marktwirtschaft stecken.)

Die wichtigsten Einsichten dieser »Klassiker« der wissenschaftlichen Aussagen über die Tarifautonomie:

Die Tarifautonomie war in ihrem Ursprung ein arbeitgeberisches Privileg: »Als vor vier Generationen die britische Gewerkschaftsbewegung entstand . . ., begegnete sie der Forderung nach Tarifautonomie seitens der Arbeitgeber. Damals hieß Tarifautonomie: Der Staat hat kein Recht, sich in die Regelung der Arbeitsbedingungen einzuschalten; sie müssen ganz der freien Vereinbarung überlassen bleiben. Mit diesem Argument bekämpften die Arbeitgeber die Auflockerung des Koalitionsrechts, die Frauen- und Kinderschutzgesetze, die Begrenzung des Arbeitstages, die Fabrikinspektionen und manches andere mehr. Unter den Bedingungen einer uneingeschränkten Wirtschaftsfreiheit jener Jahrzehnte spielte die Tarifautonomie einseitig in die Hände der Arbeitgeber. Demgegenüber bemühten sich die Gewerkschaften, in erster Linie alle die Koalitionsfreiheit beschränkenden Gesetze, dann aber auch die Frauen- und Kinderarbeit gesetzlich (!) einzuschränken« (*Briefs* a. a. O. S. 167).

Heute ist die Lage umgekehrt: Nichts lehnen die modernen Gewerkschaften und ihre Funktionäre schroffer ab als eine gesetzliche Einschränkung der Tarifautonomie, weil sie inzwischen zum entscheidenden Machtinstrument für sie geworden ist, dessen Leidtragende nicht nur oft die Funktion der Unternehmen und Betriebe, sondern die Verbraucher, die Sparer, ja selbst die Arbeitenden selbst durch Inflation und Verlust von Arbeitsplätzen sind. Schon dieser kurze Zeitvergleich zeigt, daß Tarifautonomie kein individuelles Grundrecht, sondern ein Herrschaftsmittel für den jeweils wirtschaftlich Mächtigsten darstellt. Ihre gesetzliche Regelung ist damals wie heute im Sinne der Unterwerfung unter das Gemeinwohl und der Bändigung überwuchernder Wirtschaftsmacht notwendig.

»Prof. *Oswald von Nell-Breuning* hat sehr richtig bemerkt, daß die Gewerkschaft eine zwielichtige Politik betreibt, wenn sie sich bei ihrer nur halb öffentlich-rechtlichen Situation gegen den Staat auf ihre Tarifautonomie beruft, je nach ihrem Vorteil. Aus *Nell-Breunings* Referat vor dem Beirat der IG Bau-Steine-Erden sei folgende Stelle zitiert: ›Die Entwicklung zur gefestigten Gewerkschaft bringt es auch mit sich, daß die Gewerkschaften sich zu entscheiden haben, ob sie es vorziehen, freie Verbände des Privatrechts zu bleiben oder öffentlich-rechtlichen Charakter anzunehmen. Bekanntlich haben es die deutschen Gewerkschaften verstanden, die Entscheidung zu umgehen und sich so die Vorzüge beider Wahlmöglichkeiten zugleich zu sichern . . . Ein unvermeidlicher Nachteil aber sollte nicht unterschätzt werden, daß nämlich dieser zwitterhafte Zustand zu einer Bewußtseinsspaltung führt, die es den Gewerkschaften sehr erschwert, wenn nicht gar verunmöglicht, über ihr Verhältnis zu Staat und Gesellschaft und damit über eine entscheidend wichtige Grundlage ihres Daseins und ihrer Wirksamkeit Klarheit zu gewinnen‹.«

Schon 1959 schrieb der englische Professor *F. W. Paish* in einem Buch »Trade Unions in a free Society« über die Gewerkschaften: Solange sie nur eine kleine Minderheit von Arbeitern erfaßten, konnten sie ihr Ziel, die Hebung des Lebensstandards, oft erreichen. Aber sobald sie an Zahl und Gewicht wuchsen, wurde es zunehmend schwerer, Erfolge zu erzielen, deren Lasten nicht auf andere Arbeiter und deren Verbände zurückfielen. Heute sei es sehr zweifelhaft ob die Gewerkschaften insgesamt noch einen Anteil am Nationalprodukt erreichen könnten, der nicht durch produktionshemmendes Verhalten einzelner Verbände gemindert werde. »Es gibt also ein ernsthaftes Argument dafür, daß die Gewerkschaften aufgehört haben, eine ihrer bedeutsamsten ursprünglichen Aufgaben zu erfüllen. Sie haben ihren Gesichtskreis und ihre Politik nicht den veränderten Umständen angepaßt; darum handeln sie oft nicht im Interesse der Gesamtwohlfahrt, ja selbst nicht in dem ihrer Mitglieder.«

Nochmals *Götz Briefs*: »Es wäre irrig zu glauben, unsere These von den Grenzen der Tarifautonomie verkürze das Recht der Arbeitgeber oder der Gewerkschaften. Das Recht der Sozialpartner muß immer seine Begrenzung finden am übergeordneten Recht der Volksgesamtheit und des Staates als Hüter des Gemeinwohls. Die unbegrenzte Tarifautonomie des einen oder anderen Partners mag ihm auf kurze Sicht Vorteile bringen, auf lange Sicht lohnt sie sich nicht.«

Götz Briefs: »Man muß sich von der Illusion befreien, daß es ›die‹ Gewerkschaften gibt. ›Die‹ Gewerkschaften präsentieren sich, wirtschaftlich gesehen, als eine Vielzahl von Konditionskartellen am Arbeitsmarkt, deren jedes seine Selbstbestimmung gegenüber dem Dachverband und den anderen Verbänden betont.« (Alle Zitate und Auszüge bei *Briefs*, ebs. S. 166–171.)

(Doch genug der Zitate! Sie so ausführlich zu bringen, entspringt der Absicht zu zeigen, daß die in dieser Schrift vertretenen Urteile längst von besseren Kennern des Gewerkschaftswesens, als ich es bin, vertreten wurden und bekannt sein könnten. So ist mein Text zunächst nur eine Aktualisierung auf das Jahr 1982 in der Bundesrepublik. Allerdings möchte ich eine eigene Betrachtungsweise gegenüber *Briefs, Nell-Breuning* usw. für mich in Anspruch nehmen: Alle diese Kenner des Gewerkschaftswesens begründen ihre Ausagen fast ausschließlich sozialpolitisch und ökonomisch, aber *die gruppensoziologische Entstehung einer Funktionärskaste* ist von ihnen ebensowenig beachtet worden wie *die sozialpsychologische Entstehung einer neuen Generationsmentalität der Gewerkschaftsführer*, ja, der Begriff »Funktionär« kommt weder bei *Briefs* noch bei *Nell-Breuning* an den wesentlichen Stellen ihrer Urteile und Erkenntnisse überhaupt vor. Die Lücke auszufüllen, beabsichtige ich mit dieser Schrift.)

Wenn wir mit den genannten Autoren die Überzeugung vertreten, daß eine am Gemeinwohl sich ausrichtende gesetzliche Neuordnung der Gewerkschafts- und ihrer Funktionärsmacht erforderlich ist, so muß man fragen und sagen, worin sie bestehen müßte oder könnte. Obwohl ich wahrscheinlich darauf dilettantisch antworte, will ich offen aus meinen Urteilen die praktischen Folgerungen ziehen, wie ich sie sehe:

3. Beginnen wir bei dem letzten Vorwurf, der Vergiftung des »sozialen Klimas«. Für mich gibt es nichts Ungereimteres, also die politisch unreife und von Lebenserfahrungen kaum berührte Forderung nach dem weltpolitischen Frieden – wer wollte ihn nicht? – dadurch durchsetzen zu wollen, daß man von der Familie über den Verkehr mit Nachbarn und Berufskollegen bis zur inneren Politik des Gemeinwesens hin Unfrieden (»Konfrontation«) erzeugt. An einer »Friedensbewegung« mit symbolisch geballten Fäusten (Brokdorf, Frankfurter Flughafen) mich zu beteiligen, würde mir eine Verleugnung meiner langen Lebenserfahrung zu einem »Credo ad absurdum« abfordern, zu dem ich in meinem gelebten Leben nicht bereit bin, es zu bringen, selbst wenn ich

den idealen Zielen dieser Friedens-Aktivisten in vielem zustimme.

»Charity begins at home«, diesen alten englisch-liberalen und christlichen Grundsatz sollte man einmal für die bundesdeutsche (und amerikanische usw.) Gegenwart verdeutlichen: »Frieden beginnt zu Hause«, im gelebten Leben des Miteinanders auf allen Ebenen.

Was läßt sich daraus für eine Neuordnung der Tarifautonomie folgern?

Die Aushandlung der jeweiligen Lohnerhöhungen und Änderung der Arbeitsbedingungen darf nicht mehr meinungs- und medienpolitisch zum inneren Unfrieden hochgeputscht werden. Die Verhandlungspartner legen sich damit eine öffentliche Unfähigkeit zum Kompromiß auf, der übrigens von den Gewerkschaftsfunktionären zu ihren Ungunsten mehr überzogen wird als von den Arbeitgeberfunktionären. Die medienpolitische Aktivität der Gewerkschaftsfunktionäre zwingt sie zur gruppenegoistischen Forderungsüberhöhung, von der sie wissen, daß sie sie ihren Mitgliedern gegenüber nicht einlösen können, während die Arbeitgeber ihre Interessengegnerschaften medienpolitisch viel unauffälliger ausdrücken, das heißt medienpolitisch ihr öffentliches »Gesicht« besser wahren. Man sollte im beiderseitigen Einvernehmen der Tarifpartner bis zum positiven Abschluß oder zum offiziellen Scheitern der Tarifverhandlungen die öffentliche »Begleitmusik« abstellen und so stillschweigend verhandeln, wie Firmen und gute Diplomaten dies seit langem untereinander tun, wenn sie Erfolg haben wollen. Daß danach der Beschluß (Einigung oder Nichteinigung) den eigenen Mitgliedern der Tarifpartner zur Stellungnahme öffentlich vorgelegt und dann natürlich auch medienpolitisch verdeutlicht wird, gehört zum Öffentlichkeitsgrundsatz in einem liberal-rechtsstaatlichen Gemeinwesen, aber damit würden demokratisch die wirklichen Entscheidungsfreiheiten zur Wahl gestellt.

Die Vorteile für beide Tarifpartner wären deutlich: Durch diese nur als Konvention, nicht gesetzlich zu erreichende Regelung würden die Gewerkschaften – statt ihre gehorsamen Mitglieder in Warnstreiks, Clownerien á la *Steinkühler* usw. so emotionell aufzuputschen, daß sie selbst so sehr kompromißunfähig werden und nicht ihr »Gesicht« vor ihren Mitgliedern verlieren, wenn sie die verhandelnde Tarifautonomie aufgeben, zugunsten der Einschaltung von »Vermittlern« (in diesem Jahr 1982 besonders auffällig), die verhandelnde Tarifautonomie festigen, ohne dauernd mediengemachte »Knallharte« Verhandlungspartner darstellen zu müssen. Die privatrechtlichen und öffentlichen Arbeitgeber würden den Vorteil haben, auf die sogen. »neue Beweglichkeit« der Gewerkschaftsfunktionäre nicht mit Anrufungen der Gerichte, werbenden Großannoncen und wahrscheinlich auch »flexiblen« Lohnabzügen sich möglichst schadlos halten zu müssen. Ein Preis würde allerdings von beiden Seiten gezahlt werden müssen: Der Stab der Verbandsfunktionäre, vor allem der »Öffentlichkeitsarbeit«, würde an Betätigungsfeldern einbüßen; daher müßten die Publizisten aller Art in eine solche »Konvention« eingeschlossen werden, was aber nur auf der intellektuellen und politisch obersten und gemeinwohlbewußten Ebene, nicht jedoch auf der Basis der Maulhandwerker zu erreichen sein wird.

4. Gesetzgeberpflichten werden auf die Justiz abgeschoben: Der Bundesarbeitsminister Gewerkschaftsminister *Herbert Ehrenberg* war bis zuletzt nicht bereit, die Regeln des Arbeitskampfes gesetzlich zu normieren, sondern er glaubte, daß bei den Tarifpartnern die Bereitschaft wachsen werde, die bisherige Praxis des Arbeitskampfes mit Schwerpunktstreiks und Aussperrung zu überdenken. Als Arbeitsminister tue er gut daran, dafür keine Empfehlungen zu geben. Diese (im Dezember 1981) geäußerte Einstellung ist nicht die erste und nicht die letzte Wahl, die dieser Bundesminister zwischen der Amtspflicht als dem Gemeinwohl aller Staatsbürger und der Interessenvertretung der Gewerkschaften zugunsten der letzteren getroffen hat. Natürlich liegt es im Gemeinwohlinteresse, daß »Arbeitskämpfe« gesetzlich in ihre Grenzen »normiert«, also eingegrenzt werden. Aber der Gewerkschaftsminister *Ehrenberg* verstand sich wie sein Vorgänger *Walter Arendt* vor allem als Interessenvertreter der Gewerkschaftsfunktionäre in der Bundesregierung, nicht als Vertreter eines Regierungsamtes. In Wirklichkeit schob er damit die Regierungsverantwortung für die immer zu erneuernde Gesetzgebung auf diesem Gebiet an die Justiz ab und machte aus einem demokratischen Rechtsstaat mit politischen Ordnungsentscheidungen einen »Justiz-Staat«. Daß es gesetzliche, ja grundgesetzliche Verbindlichkeiten des »Arbeitskampfes« längst gibt, und daß sie gemeinwohlbezogen fortzuentwickeln wären, sah dieser Bundesminister für »Arbeit und Soziales« nicht als seine Regierungspflicht an. Unterlassene oder schuldig verfaßte Gesetze

schieben der Arbeitsgerichtsbarkeit, ja dem Bundesverfassungsgericht, dauernd politisch unbequeme, also wählermeinungsschädigende Entscheidungen zu. Insofern ist der Vorwurf, das Bundesarbeitsgericht sei »selbsternannter Sondergesetzgeber« (*H. Meilicke*) an die falsche Adresse gerichtet. Der legitime und legale Gesetzgeber versagt auf Kosten der Justiz, die man zu politischen Entscheidungen nötigt und damit scheinbar aufwertet, in Wirklichkeit immer funktionsunfähiger macht.

So haben jetzt bereits zwei Arbeitsgerichte (in Niedersachsen und in Baden-Württemberg) die rechtliche Ordnung der »Warnstreiks« (die gewerkschaftliche »neue Beweglichkeit«) eingrenzen müssen; selbstverständlich landet dies bei einer Letztentscheidung des Bundesarbeitsgerichts. Dessen Präsident *R. Kissel* hat offen geäußert, daß sich die Arbeitsgerichte von der Politik im Stich gelassen fühlen. Sie seien in die undankbare Rolle des Ersatzgesetzgebers geraten, weil wichtige gesetzliche Regelungen fehlen und besonders auch Grundsatzentscheidungen zu arbeitsrechtlichen Fragen. Der Grund dafür: Es fehle am notwendigen arbeitsrechtlichen Können im Arbeitsministerium und an Mut, Dinge in Gesetzesform vorzulegen, die gesellschaftspolitisch brisant seien. Damit stauten sich die Prozesse in den Arbeitsgerichten derart, daß praktisch eine Rechtsverweigerung herauskomme. Allein dem Ratschlag von Präsident *Kissel*, die personelle und sachliche Ausstattung der Arbeitsgerichte zu erhöhen, um dem zu begegnen, kann ich nicht zustimmen; es würde noch mehr Justizbürokratie erzeugen.

Die Lösung dieser Schwierigkeiten muß an ihrem Ursprung ansetzen, also eine politische Entscheidung sein: Das in seiner Etatgewalt und seiner Zuständigkeit sowieso übermächtige und begrenzungsbedürftige Mammutministerium für »Arbeit und Soziales« sollte grundsätzlich keinem Gewerkschaftsfunktionär mehr anvertraut werden, sondern einem arbeitsrechtlich und in einer Behördenleitung erfahrenen Fachmann, möglichst sogar einem »Parteilosen«. Daß dieses Ministerium über enge Verbindung und Verständnis mit den Gewerkschafts- und Verbandsfunktionären verfügt, ließe sich dadurch erreichen, daß der beidseitig informierende »parlamentarische Staatssekretär« als »Beamter auf Zeit« in einer Vereinbarung mit den Gewerkschafts- und sonstigen Verbandsfunktionären bestellt würde. Solche Überlegungen setzen zunächst »utopische« strukturelle Änderungen der Regierungsorganisation voraus, also eine »Neue

Stunde Null«, wozu ich in einer späteren Publikation gleichen Titels noch ausführlicher Stellung nehmen werde.

5. Eine grundgesetzgeberische, möglicherweise sogar verfassungsändernde Regelung des bundesdeutschen Gewerkschaftswesens würde zunächst bedeuten, das praktische Monopol der Millionen-Großgewerkschaften, wie in diesem Falle vor allem der Gewerkschaft Öffentliche Dienste, Transport und Verkehr (ÖTV) aufzulösen und zu kontrollieren nach dem liberal-freiheitlichen Grundsatz, daß nur gleichgeartete Arbeitnehmerinteressen gleichgearteten Arbeitgeberträgern gegenüber vertreten werden können. Denn nur so funktioniert die rechtsstaatlich verhandelnde Tarifautonomie. Es widerspricht sowohl der sozialen Gerechtigkeit wie der rechtsstaatlich berechtigten Interessenwahrung, daß mit jeder Lohnerhöhung eines Gemeindearbeiters, oder eines Müllarbeiters, auch der Bundeskanzler und die Ministerpräsidenten der Länder und die dazwischen liegenden Ränge die gleiche Einkommenserhöhung erhalten. (Einzig der Düsseldorfer Ministerpräsident, *Johannes Rau,* hat einmal auf diesen Gesichtspunkt aufmerksam gemacht, sich allerdings vor grundsätzlichen Folgerungen gehütet.) Die Interessen der Arbeitnehmer wären für sie angemessener gewahrt, wenn es eine eigene kollektive Interessenvertretung der in den Gemeinden (Kommunen) beschäftigten in- und ausländischen Arbeiter und Angestellten, der Bundes- und Landesbeamten und der »politischen Beamten auf Zeit« gäbe.

Dieser Grundsatz der Begrenzung und Kontrolle monopolistischer Gewerkschaftsmacht gilt in fast noch höherem Maße für die Mammutgewerkschaft »Metall«, die sehr unterschiedlichen Arbeitgeberinteressen von der gut profitierenden Elektroindustrie bis zu der nur durch Steuergelder gestützten Stahlerzeugungsindustrie oder der Werften gegenübersteht.

6. Doch bleiben wir zunächst beim »Öffentlichen Dienst«! Der im Grundgesetz gemeinte und in vielen Urteilen Oberster Gerichte bestätigte Gleichheitsmechanismus von Streik und Aussperrung kann bei »öffentlichen Arbeitgebern« nicht funktionieren. Denn diese können zum Teil rechtlich, vor allem aber praktisch nicht »aussperren«, so daß sie über die »Waffe« der Arbeitgeber im »Arbeitskampf« gar nicht verfügen. Weder kann die Post streikende Postbeamte, -angestellte oder -arbeiter, noch die Eisenbahn streikende Lokomotivführer oder (bei uns) der öffentliche Arbeitgeber Fluglotsen aussperren, weder die Kommunal-

verwaltung ihre Müllarbeiter, Omnibusfahrer, Magistratsangestellten usw. oder die öffentlichen Verwaltungen ihre streikenden Beamten, Polizisten, Hochschullehrer oder sogar Studenten. Zwar kann der »öffentliche Arbeitgeber« streikende Beamten in der Disziplinargerichtsbarkeit belangen, aber die »Sanktionen« sind derart langwierig und nur ausnahmsweise wirksam, sodaß eine harte Interessenabwägung bei »öffentlichen Arbeitnehmern« so etwa wie bei Bau- oder Textilarbeitern gar nicht zum Tragen kommt.

Vorläufig ist eine streikende Justiz, eine streikende Bundeswehr oder Polizei, einschließlich Grenzschutz, für uns Bundesdeutsche kaum vorstellbar. Aber bleibt diesen »öffentlichen Dienern« bei der sie benachteiligenden Funktionärsherrschaft und dem damit verbundenen Verfall des Staats- und Pflichtbewußtseins eigentlich auf die Dauer anderes übrig, als entweder den beamtenrechtlich verbotenen Streik zu erproben oder sich der Partei- und Gewerkschaftsfunktionärsmacht zu unterwerfen? Am leichtesten wäre noch die Frage der »Lehrer« zu lösen: Die Überproduktion an Arbeitsbewerbern auf diesem Gebiet ergäbe bei entsprechender Gesetzesänderung durchaus die Möglichkeit, streikberechtigte und »aussperrbare« Lehrer von denen zu trennen, die beamtentreupflichtig Streik als mit ihren Dienstpflichten unvereinbar entschieden ablehnen und denen, die das Streikrecht (gegen Kinder und Eltern) beanspruchen, aber sich dann auch auf das Risiko der »Aussperrung« einlassen würden; eine konkurrierende Arbeitskraftreserve ist ja in diesem Bereich inzwischen vorhanden und wächst heran.

Ich wiederhole mein Urteil, daß in einem demokratischen Rechtsstaat der »öffentliche Arbeitgeber«, der schwächste Arbeitgeber, der öffentlich-rechtliche »Monopolist« erst gar nicht »bestreikt«, sondern nur »genötigt« wird. Denn seine Verantwortung für das Gemeinwohl unterliegt nicht der Gewinn- und Verlustkalkulation der privaten Unternehmer. Hier sind die Benachteiligten immer die Bürger aller Schichten. Nur in Diktaturen, wo jede Form der unrechtsstaatlichen Gewalt angewendet werden kann (Monopolgewalt einer Parteifunktionärsclique, militärische Diktaturen, Kriegsrecht usw.), ist der »öffentliche Arbeitgeber« im unbedingten Herrschaftsvorteil, natürlich erst recht auf Kosten der Lebensinteressen seinen Staatsbürger.

Der von mir bereits erwähnte *Manfred Löwisch*, der in allen westeuropäischen Rechtsordnungen über die rechtliche Ordnung des Streiks drei Typen herausstellt – Streik und Aussperrung als freiheitliche Interessenauseinandersetzung, staatliche Kassierung von freien Tarifverträgen zugunsten des Gemeinwohls, das Verbot von Aussperrungen durch Einschränkung der erlaubten Streikform – hat sicher damit Recht, daß unsere Verfassungsordnung den ersten, freiheitlichsten Typ der wirtschaftlichen Interessenauseinandersetzung zum Verfassungsgrundsatz erhoben hat. Aber dieser greift nicht bei der Regelung der »Interessen« im »öffentlichen Dienst« und in staatlich-öffentlichen Monopolunternehmen.

Will man nicht den in breiten Bereichen der unternehmerischen Privatwirtschaft bewährten Grundsatz der freien Tarif- und Arbeitsbedingungsverhandlungen aufgeben und damit ein sozialistisch-obrigkeitsdirigiertes Modell schaffen, dann ist die Lösung, frei geschlossene Tarifverträge staatlich im »öffentlichen Dienst« aus Gründen des Gemeinwohls zu kassieren oder zu suspendieren (Löwisch Modell II) wohl das notwendige Mischsystem der Tarifautonomie, das gerade als Kompromiß von abstrakten Grundsätzen der Tarifautonomie und der Staatsautorität Gemeinwohl, allgemeine Bürgerinteressen und beschränkte Berufsgruppeninteressen rechtsstaatlich versöhnen könnte. Das hieße allerdings, einen »Abschied vom Prinzipiellen« (*Udo Marquard*) zu nehmen, was der deutschen »Mentalität« immer schon schwergefallen ist.

Das hieße aber auch, in der Interessenauseinandersetzung, besonders im »öffentlichen Dienst«, die Friedenspflicht zu Lasten der in diesem Falle vor allem gewerkschaftlichen und sonstigen verbandsfunktionärshaften aggressiven »Nötigungen« auszuweiten. Dies würde bedeuten müssen, daß Streik im »öffentlichen Dienst« auf Zeit oder überhaupt durch Regierungen als Amtsträger des Gemeinwohls – eine Pflicht, die klar ihrer Aufgabe als »Arbeitgeber« vorangeht – oder durch die zuständige Gerichtsbarkeit verboten wird und daß die zuwiderhandelnden Rädelsführer strafrechtlich belangt werden können. Das Verbot eines Streiks überhaupt trifft natürlich vor allem die Beamten aller Ränge und Institutionen, besteht längst grundgesetzlich verbrieft, und wird von der Rechtsprechung streng wahrgenommen, die die unverzichtbare Grundlage unseres demokratischen Rechtsstaates bildet. Damit ist, wie sich gezeigt hat, keine ohne Arbeitskampf erzwungene verhandelnde Tarifautonomie der Interessenvertretung dieser Beamtengruppen mit dem »öffentlichen Arbeitgeber« unterdrückt. Im Gegenteil: Auf solche Interessenanhörung und Berücksichtigung einzugehen, gehört mit zu den Amtspflichten der »arbeitgebenden« und »Dienst« fordernden Behörden.

Aber eine völlige Aufhebung des Streikrechts wäre auch für Arbeiter und Angestellte im öffentlichen Dienst in den Fällen berechtigt, wo die öffentlich Herrschenden (Bundes- und Landesregierungen, Gemeindeselbstverwaltungen) ein Monopol für die Dienstleistungen gegen privatwirtschaftliche Konkurrenz in Anspruch nehmen. Das gilt bei Bahn und Post und vor allem bei den Dienstleistungen der Gemeinden für den Bürger. Allerdings nicht »total« (wie bei den Beamten der Justiz, der Bundeswehr, Polizei usw.), sondern »gemischt«: In einigen Dienstleistungen für den Bürger ist rechtlich und praktisch privatwirtschaftliche Konkurrenz und damit Ausweichen des Bürgers und Verbrauchers völlig ausgeschlossen, in anderen Bereichen ist sie durchaus möglich.

Beispiele: Bei der staatlich monopolisierten Post sind der Briefverkehr, das Telefon, das Telegrafieren und die Technik der öffentlichen Medien »total« monopolisiert, während Postomnibusverkehr oder sogar Paketbeförderung zum großen Teil dem Verbraucher erlaubt, auf privatwirtschaftliche Konkurrenz umzusteigen, was ja die großen Unternehmen der Wirtschaft im Paket- und Güterzulieferungsverkehr schon im erheblichen Umfange tun; wenn sich hier Postarbeiter und Angestellte durch Streik in das Risiko, ihre Arbeitsplätze zu verlieren, einlassen, sollte man dies arbeitsrechtlich durchaus gewähren, vorausgesetzt, daß die Verluste der Post nicht aus den Steuerzahlungen der dann zweimal benachteiligten Bürger und Verbraucher ausgeglichen werden. Bei der Eisenbahn ist die privatwirtschaftliche Konkurrenz bei Streiks von Arbeitern und Angestellten noch größer: Trotz erheblicher Nachteile kann der »Verbraucher« im Fern- und Nahverkehr auf private Ausweichmöglichkeiten umsteigen: im Fernverkehr auf Fluggesellschaften, vor allem auch ausländische, in beiden Fällen auf private Omnibusgesellschaften, auf das eigene Atuo oder Motorrad (bei mehr Benzinverbrauch) oder sogar auf das Fahrrad. Es geht bei einer gesetzlichen Neuordnung dieser »öffentlichen Dienste« und ihres Staatsmonopols also nicht nur um eine erforderliche arbeitsrechtliche Neuordnung des Streikrechts, sondern zugleich um eine Neubestimmung staatlich monopolisierter Dienstleistungsunternehmen. Es zeigt sich diese Notwendigkeit bereits darin, daß das Management der Bundesbahn immer mehr auf privatwirtschaftlich erfahrene Persönlichkeiten übergeht; bei der Post ist diese Entwicklung leider noch nicht im gleichen Maße eingeleitet: Es liegt vor allem daran, daß die staatlichen Zuschüsse zur Eisenbahn dauernd wachsen und daß es keinen reinen »Eisenbahnminister« im Bundeskabinett gibt, der wie zum Beispiel der Postminister über Regierungsfunktionen und Regierungsfunktionärsstellen parteitaktisch verfügen kann. Die Lösung läge natürlich darin, daß sowohl Bahn wie Post keine staatsmonopolistischen Unternehmen mehr sind, sondern »öffentlich gemeinwirtschaftliche«, an denen zwar der Staat als »privater« Hauptaktionär am Gewinn und am Verlust zu beteiligen wäre, aber nicht der Verbraucher und Steuerzahler mit eingetriebenen Staatsabgaben. In solchen Fragen müßte sich eben auch ein eventueller Neuanfang der jüngeren Generation in der Bundesrepublik in einer »Neuen Stunde Null« bewähren, nicht in gesinnungsideologischen Diskussionen.

Am schwierigsten ist diese Frage wahrscheinlich bei den Monopolbetrieben der Gemeinden (Kommunen) zu lösen. Hier sitzen sich nicht nur gegensätzlich gesinnte Parteivertreter, sondern meist auch Gewerkschaftsfunktionäre der gleichen Interessenorganisation sowohl auf der »Arbeitgeber«- wie auf der Arbeitnehmer-Bank gegenüber; so ist in den Tarifverhandlungen mit der ÖTV, wie sich gezeigt hat, der »Arbeitgeber« Gemeinde oder der von den Gemeinden abhängigen Produktionsunternehmen (z. B. Elektrizitätswerke) der Tarifpartner, der am willfährigsten auf Kosten der verbrauchenden Bürger nachgibt. Gerade die Drohung des ÖTV-Bosses *Heinz Kluncker*, den »Bürgern«, also vor allem der Masse der Bevölkerung in den großen Städten und Siedlungsballungen den »totalen Krieg« zu erklären und ihnen Strom, Gas und Wasser und Müllabfuhr oder die Kanalisation durch Stillegung der Klärwerke »abzuschalten« macht wohl deutlich, daß hier eine falsch aufgefaßte »Tarifautonomie« in Wirklichkeit eine Bedrohung der öffentlichen Ordnung, der lebenswichtigsten Ansprüche der ganzen Bevölkerung (»Gemeinwohl«) darstellt.

Hier sollte Friedenspflicht als Verhandlungspflicht durchgeführt und am besten durch die jeweilig zuständige Arbeitsgerichtsbarkeit und nicht durch Gemeinde-»Regierungen« festgelegt werden und zugleich sollte – vor allen Tarifverhandlungen, vielleicht bereits auch durch gerichtliche Verfügung – ein »Schlichter« eingesetzt werden, der in diesem Falle nicht nur einen Vorschlag, sondern – unter angemessener und veröffentlichter Würdigung der allgemeinen Arbeitslage – eine für beide Tarifpartner« dann verbindliche Entscheidung für eine Tarifspanne trifft. Dies einfach deshalb, weil die Tarifpartner durch Scheitern der Verhandlungslösung, von welcher Seite auch immer erklärt, die ihnen zustehende »Tarifautonomie« verspielt haben. (Daß Herr *Kluncker* die in seiner Gewerkschaft organisierten Arbeitnehmer in Privatunternehmen des Transportes und Verkehrs zu Streiks aufrufen konnte, soll damit nicht angetastet werden; allerdings macht dies eine meiner Hauptthesen wiederum deutlich: Eine Massengewerkschaftsorganisation wie die ÖTV ist strukturell derart wenig einheitlich, daß sie zwischen Vertretung von Arbeitnehmerinteressen und dem Machtgewinn der Funktionäre und der Rücksicht auf das Gemeinwohl der Bürger gar nicht mehr zu unterscheiden fähig ist.)

Damit zur letzten Forderung, die eine gleiche Friedenspflicht begründet: Der »Streik auf Kosten Dritter«, die als Verbraucher von staatlich monopolisierten Dienstleistungen die hilflosen, einflußlosen und meist auch in ihren Lebensplänen zeitlich überraschten, die eigentlich Geschädigten und Leidtragenden dieser Streiks sind, muß zum Teil gesetzlich ganz untersagt oder in Fällen, wo eine zeitgerechte Einstellung der betroffenen Bürger auf andere Vorhaben oder Pläne auszuweichen erlaubt, an eine öffentliche Verkündigungsfrist im voraus rechtlich gebunden werden. Beispiele dazu: Zum völligen Verbot des »Streiks auf Kosten Dritter« gehören alle die im »totalen Krieg« klunckerischer Art angedrohten »Arbeitskampfmaßnahmen«. Zur Forderung nach öffentlicher Vorwarnung gehören die Streiks der Fluglotsen oder der Piloten, der im Nahverkehr Beschäftigten, der Lehrer usw., denn in allen diesen Fällen ändern die beamtenrechtlich-disziplinarischen »Sanktionen« im nachhinein nicht mehr die Schäden für die betroffenen Bürger. Und hier muß eine klare Grenzziehung zu dann strafrechtlich zu verfolgenden Delikten erfolgen.

Was wollte ich in diesem zentralen Kapitel meiner Erörterung über die Funktionäre beweisen?

Daß zur Erneuerung des Rechtsstaates Bundesrepublik, zu einem möglichen neuen Anfang durch die jüngere Generation in der Zustimmung zu ihrem Gemeinwesen, eine rechtliche Bindung und Einfügung der Funktionärsmacht aller Art gehört, wobei die Machtbändigung der DGB-Gewerkschaftsfunktionäre zum Kernpunkt einer solchen generationshaften »Neuen Stunde Null«, zur Nagelprobe eines solchen Versuchs wird.

Im Konkreten macht die Funktionärsmacht der Gewerkschaft »Öffentliche Dienste, Transport und Verkehr« (ÖTV) alle diese zu überdenkenden und neu zu ordnenden Grundlagen des Rechtsstaates Bundesrepublik zum Mittelpunkt dafür, wie die Gründungsentscheidungen des Gemeinwesens Bundesrepublik mit den über mehr als drei Jahrzehnte gemachten Erfahrungen in diesem Staat zu einer politisch lebenswerten und zukunftversprechenden öffentlichen Ordnung zu vereinen sind.

Ob es den Jüngeren gelingt, den Rechtsstaat zu erneuern, ihn mit persönlich vertretenem Lebenssinn und mit Aktivität zu erfüllen, wird sich an der Frage der Gemeinwohlbindung der Funktionäre erweisen. Alle ideologischen Gegensätze sind rechtsstaatlich belangloser und pragmatisch leichter zu beherrschen und zu vereinigen. Die Reform der gewerkschaftlichen Funktionärsmacht bildet die entscheidende Frage, die den Bürgern vor allem den Jüngeren im achtziger und neunziger Jahrzehnt in der Bundesrepublik gestellt ist.

Quellen

Dieses Kapitel über »Die Funktionäre« und die »Rechtsordnung« ist inhaltlich und im Umfang der Mittelpunkt dieser Schrift; alle weiteren Kapitel bedürfen nicht nur weniger Einzelangaben, sondern sind in vielem aus den vorangehenden Kapiteln fast ableitbar, daher kürzer zu fassen.

Daß dieses Buch nicht beabsichtigt, eine wissenschaftliche Abhandlung im Sinne irgendeiner Fachdisziplin und ihrer binnenwissenschaftlichen Fragestellungen zu bieten, dürfte inzwischen jedem Leser deutlich geworden sein. Es ist bewußt als ein politisches Werk zur Beurteilung der gegenwärtigen und vor allem zukünftigen Lage des Gemeinwesens Bundesrepublik an alle politisch Interessierten gerichtet, wobei eine mehr durch Vorurteile und Leidenschaftlichkeit bestimmte Zustimmung oder Ablehnung von vornherein in Rechnung gestellt wurde. Diese Kennzeichnung gilt natürlich auch für mich als Verfasser: Dieses Buch beruht auf den Erfahrungen meines Lebens als ganzem, auf denen des letzten Jahrzehnts und auf denen von heute; es ist also eine Mischung von persönlichen Lebenslagen und Umgang mit anderen Menschen (»Kommunikation«) und von politischer und wissenschaftlicher Urteilsfähigkeit.

Wenn man sich diesen Ursprung selbstkritisch eingesteht, wäre es Unsinn, mit literarischen Veröffentlichungshinweisen (Literaturverzeichnis), dies »absichern« zu wollen, sondern die »Quellenangabe« muß die eingebrachten Erfahrungsbereiche offen legen. Diese sind für meine Schrift, in der Rangfolge ihrer Wichtigkeit, folgende:

1. Seit etwa acht Jahren habe ich die akademisch-wissenschaftliche Isolierung auf wissenschaftliche und fachliche Kollegen bewußt abgebaut und mich immer mehr auf einen persönlichen Verkehr und auf Gespräche mit »einfachen« Leuten in der Bundesrepublik und in Österreich eingestellt. Diese wählen fast ausnahmslos sozialdemokratisch, sind vielfach Gewerkschaftsmitglieder, aber urteilen in ihrer Sprachweise sehr verschieden von den Funktionären, die ihre Interessen auf höherer politischer Ebene vertreten. Gerade weil ich in diesen menschlichen Beziehungen nicht als »Funktionär« gewertet wurde, ja auch keine Vorteile zu versprechen brauchte, glaube ich, eine Kenntnis erworben zu haben, die der offizieller Gewerkschafts- und Parteifunktionäre in dieser Hinsicht überlegen ist. Es ist die Überlegenheit dessen, der »interessenlos« zuhören kann.

2. Da wir alle einen Großteil unserer Welt- und Wirklichkeitserkenntnis nur »aus zweiter Hand«, also medienvermittelt erfahren, sind für mich alle Formen der Medien (Zeitungen, Fernsehen und Rundfunk, Berichte über öffentlich gehaltene Reden usw.) das zweite Erfahrungsfeld, das ich in dieser Schrift zum Ausdruck bringe. Das bedeutet konkret: Ich lese täglich zwei Tageszeitungen der Bundesrepublik, die FRANKFURTER ALLGEMEINE ZEITUNG und die MÜNSTERSCHE ZEITUNG, dazu in Österreich verschiedene Tageszeitungen regelmäßig und halte mich dadurch für »medienorientiert« auf höherer und niederer Ebene; wenn mir bestimmte Fragen besonders wichtig erscheinen, beschaffe ich mir auch andere Tageszeitungen von der FRANKFURTER RUNDSCHAU bis zur WamS (WELT AM SONNTAG) oder den Wochenzeitschriften vom RHEINISCHEN MERKUR, dem Spiegel bis hin zu der Zeit. Ich höre die Nachrichten des Fernsehens und Rundfunks, vor allem in den genannten Themen. Mehr ist an medienhafter Informationsannahme kaum zu leisten, um zu einem selbständigen Urteil zu kommen, ohne jede eigene geistige Arbeitskraft zu verlieren. Vielleicht sollten sich die Führungsgruppen unserer Politik einmal klar machen, daß schon eine solche beschränkte passive Informationsbreite nur einem ganz kleinen Teil unserer politisch interessierten Bürger, den sog. »mün-

digen Menschen« zugänglich ist. Auf der Klaviatur dieser Beschränktheit mit Unterstützung der rechtlichen und vor allem medienorganisatorischen Meinungsäußerungsfreiheit spielen zu können, gehört heute zu den entscheidenden Herrschaftsmitteln der Funktionäre aller Art.

3. Selbstverständlich gibt es für mich auch noch die dritte Ebene, persönliche Urteilsfähigkeit zu gewinnen und zu überprüfen: die wissenschaftlichen Quellen der für diese Frage jeweils im Besonderen fachzuständigen Gelehrten. So ist mein Urteil im hohen Maße durch *Götz Briefs* und durch den Arbeitsrechtler und Sozialwissenschaftler *Bernd Rüthers*, Konstanz, (»Gesellschaftlicher Wandel – Anpassung oder Widerstand des Rechts« 1981, und vielfache Artikel in der FAZ] geprägt worden, aber unter vielen anderen muß ich (ohne jede Literaturangabe) hier mit persönlicher Dankbarkeit besonders noch den Einfluß des Wirtschaftsrechtlers *Ernst-Joachim Mestmäckers*, des Nationalökonomen und Sozialpolitikers *Bruno Molitor* und des Sozialpolitikers und katholischen Sozialethikers *Oswald von Nell-Breuning* erwähnen. Wo ich andere wissenschaftliche Urteile übernehme, ist dies im Text selbst angegeben.

Über die Verachtung des Sachverstandes durch die Gewerkschaftsfunktionäre

»Es geht in keiner Weise um die Beschränkung oder Aufhebung freier Gewerkschaften oder gar ihre Unterstellung unter ›staatliches Kommando‹, sondern um die Grundfrage: Wie machen wir die Gewerkschaften (und andere Interessenverbände) wieder zu den Stützen der sozialen und politischen Stabilität unseres Gemeinwesens, die sie beim Aufbau der Bundesrepublik in den ersten Jahrzehnten ihres Bestehens gewesen sind. Das schließt allerdings eine ständige schöpferische Wandlung und Gestaltung der Sozialen Marktwirtschaft gerade zugunsten der Arbeiter und Verbraucher ein und verbietet das heute von rechts wie von links übliche bloße Lippenbekenntnis.«

In dem Dreieck der Faktoren Wirtschaft, Wissenschaft und Politik, die den in ihnen Tätigen Gestaltungskraft, Beherrschung und weitsichtiges Denken abverlangen, entwickeln sich all diese Fähigkeiten durch Erfahrung und Erkenntnis zu einer Kraft der Lebensbewältigung, die ich hier im weitesten Sinne als Sachverstand bezeichne.

Sachverstand im engeren Sinne vertieft und begrenzt sich oft auf das Lebensgebiet, in dem man dauerhaft tätig ist; so oft zu einem wirtschaftlichen, einem wissenschaftlichen und einem politischen Sachverstand. Obwohl sich der Sachverstand meist nur in der gelebten Trennung dieser Gebiete zu hohem Können und erfolgreichen Leistungen entwickeln kann, bleiben die gewonnenen Erfahrungen in all diesen Bereichen in gewisser Weise immer voneinander abhängig. Dies zeigt sich in einem günstigen Fall darin, daß man in seinem eigenen Sachkönnen das der anderen als selbständig anerkennt und für sich selbst beratend auswertet; im ungünstigen Sinne aber dadurch, daß man sich in seinem eigenen Sachverstand isoliert und nebenbei im anderen Bereich ohne wirklich solide Kenntnis »herumpfuscht«.

So entsteht der erfolgreiche Wirtschaftsorganisator, der ein politischer Ignorant ist und die wirtschaftswissenschaftliche und technologische Beratung verachtet; so entsteht zuweilen der in seinem Fach hochberühmte Wissenschaftler, der ein ökonomischer und politischer Idiot ist; so entsteht der Politiker, der die Wirtschaftskenntnisse und die Wissenschaftskenntnisse einseitig nur zu seiner Machtbehauptung als argumentative Hilfe heranzieht, aber dann zum Schaden seiner eigenen Sachaufgaben und der von ihm vertretenen Partei- und Mitgliederinteressen die wesentlichen Aussagen dieses anderen Sachverstandes übersieht, ja verachtet. Das demagogische Können verdrängt also den wirtschaftlichen, wissenschaftlichen und letzthin auch weitsichtig politischen Sachverstand. Das ist insbesondere bei den bundesdeutschen Gewerkschaftsfunktionären des DGB, aber weit darüber hinaus immer mehr auch bei den Parteifunktionären in den Regierungen und Parlamenten zu beobachten. Wir wollen uns hier auf die erste Gruppe beschränken, ohne damit die Partei- oder sonstigen Verbandsfunktionäre von den gleichen Vorwürfen zu entlasten.

Drei Thesen zum Thema

Dabei wollen wir drei Gesichtspunkte herausstellen, die hier zunächst in kurzen Thesen zusammengefaßt werden.

- Der wissenschaftliche und wirtschaftliche Sachverstand Verbandsfremder wird von den Funktionären nach Möglichkeit politisch ausgeschaltet (1).
- Damit entwickelt sich unter den Funktionären eine kulturelle Grundüberzeugung als »Selbstverständlichkeit«: Wissenschaft muß parteilich sein (2).
- Da auf diese Weise die Gewerkschaftsfunktionäre den verbandsfremden (gar nicht verbandsfeindlichen, sondern selbständigen) Sachverstand nicht mehr zur Kenntnis nehmen, werden sie immer sachunkundiger für die Vertretung und Lösung der Konflikte und Interessen ihrer eigenen Mitglieder (3).

Der wirtschaftliche, wissenschaftliche und weitsichtig politische Sachverstand Verbandsfremder, also nicht Funktionärshöriger, wird nach Möglichkeit ausgeschaltet.

Wir wollen dieses Urteil über den Einfluß der Gewerkschaftsfunktionäre auf Ausschaltung des jeweils »anderen« Sachverstandes an drei beispielhaften und jeweils aktuellen Bereichen belegen: am Einfluß auf die Regierungspolitik, am Einfluß auf die Produktivität der Wirtschaftsunternehmen und am Einfluß auf die Bildungspolitik (von der Ausbildung bis zur Forschung).

Die Beispiele für die Ausschaltung des politischen, wirtschaftlich und wissenschaftlichen Sachverstandes in der verantwortlichen (also nicht funktionärshörigen) Regierungspolitik:

1. *Konzertierte Aktion:* Die Politik der Bundesregierung und einiger Landesregierungen in den 60er und 70er Jahren hat versucht, die allen selbstverständlichen und damit grundsätzlich einigenden politischen Grundgedanken des Wiederaufbaus eines westdeutschen Gemeinwesens, als diese gerade durch ihren Erfolg (Wirtschaftswunder) zur Selbstverständlichkeit wurden und daher ihre beherrschende Motivationskraft nachließ, durch neue Formen der »Versachlichung der Politik« zu ersetzen. So ist die praktisch staatsoffizielle Einrichtung einer »Konzertierten Aktion«, in der Regierung, Wirtschafts- und Gewerkschaftsführer und sonstige wirtschaftliche Interessenvertreter sich mit wissenschaftlichem Sachverstand bereits im vorparlamentarischen und vorregierungs- und voradministrativen Raum auseinandersetzen mußten und ohne jeden Öffentlichkeitsbeschluß daraus ihre par-

teihaften Folgerungen zunächst selbständig ziehen konnten, zerstört worden. Die staatsoffizielle Gründung dieser unverbindlichen, aber wirksamen Vorverständigung ist dem sozialdemokratischen Wirtschaftsminister *Karl Schiller* zu verdanken, der nicht nur wie *Ludwig Erhard* zugleich ein um den wirtschaflichen und politischen Aufschwung der Bundesrepublik verdienter Minister, sondern auch ein weitsichtiger Wirtschaftswissenschaftler war.

Zerstört worden ist diese »Versachlichung« durch eine Überschätzung der »verwissenschaftlichten« Politik, vor allem aber durch den Machthunger der Gewerkschaftsfunktionäre. Der Versuch *Horst Ehmkes* im Kanzleramt, eine wissenschaftliche Steuerung der politischen Planung einzuführen, ist genauso gescheitert wie ein gleichartiger Versuch der christlich-demokratischen Landesregierung unter *Bernhard Vogel* in Rheinland-Pfalz. Der wissenschaftliche Sachverstand hat seinen Einfluß auf die politischen Interessen sowohl der eigenen Minister und Abgeordneten als auch die Totalisierung der sachlichen Regierungsgewalt auf den jeweiligen Regierungschef weit überschätzt. Aber das Ende der »Konzertierten Aktion« haben die Gewerkschaftsfunktionäre bewußt herbeigeführt.

Der Anlaß war, daß die in der Konzertierten Aktion vertretenen Unternehmervertreter eine verfassungsgerichtliche Überprüfung des neuen Mitbestimmungsgesetzes herbeiführten, also von einem Rechtsanspruch Gebrauch machten, der jedem Bürger und insbesondere jeder Organisation in einer freiheitlichen Staatsordnung zusteht. Doch der politische Zweck dieser Sabotage war die Ausschaltung des wissenschaftlich-wirtschaftlichen Sachverstandes: Der führende Gewerkschaftsfunktionär der IG-Metall, *Eugen Loderer*, hat dann, wie so oft, mit der Naivität des Übermächtigen dieses eigentliche politische Ziel offen dargelegt. Nach seiner Ansicht »sollten in Zukunft nur noch Vertreter der Politik, Arbeitgeber und Gewerkschaften zum ständigen Teilnehmerkreis gehören. Alle anderen – wie Sachverständigenbeirat und Bundesbank – könnten dann von Fall zu Fall hinzugezogen werden«. Nach seiner Ansicht »hat eine Konzertierte Aktion nur Sinn, wenn etwas zustande kommt und nicht nur jede Seite ihre Meinung kundtut«. Also Forderung: Die Gewerkschaftsfunktionäre und die Unternehmerfunktionäre sollen sich als »Wirtschafts- und Sozialrat« zur Regierungsmacht gesellen.

Wie ich schon früher deutlich gemacht habe, würde dies eine Ausbeutung der Verbraucher durch die Produzenten bedeuten

(Verbraucher: die wirtschaftenden Hausfrauen, die Rentner, die Sparer und die Steuerzahler). Denn Unternehmer und Gewerkschaften einigen sich immer auf Kosten des machtlosen Dritten, also des Verbrauchers, den die interessenhaft gebundene Regierung immer weniger vertritt. Die wissenschaftlichen Sachverständigen sind die einzigen unvoreingenommenen Vertreter der Verbraucher; natürlich kann man ihnen »Fehlprognosen« nachweisen, aber sie beruhen meist darauf, daß die Regierenden eben den Ratschlägen des wissenschaftlich-wirtschaftlichen Sachverstandes nicht folgen und damit außerhalb der sachverständigen Ratschläge diese »falsifizieren«. Der Dumme und Ausgebeutete ist immer der Verbraucher.

Daß der Gewerkschaftsminister *Herbert Ehrenberg* seine ministeriellen Amtspflichten verletzte und prompt auch der Konzertierten Aktion fernblieb, beleuchtet das Machtverhältnis zwischen Gewerkschaftsfunktionären und diesem Minister; dazu ein (sozialdemokratischer) Kanzler-Berater: »Den behandeln die doch wie einen Commis.«

2. *Sachverständigenrat:* Ein gleiches Schicksal wollen die Gewerkschaftsfunktionäre offensichtlich dem Sachverständigenrat bereiten, den eine frühere Regierung zur wissenschaftlich-wirtschaftlichen Begutachtung der gesamtwirtschaftlichen Entwicklung der Bundesrepublik eingesetzt hat. Er ist unter der Kennzeichnung »Die fünf Weisen« bekannt geworden. Auch er ist vor allem den gewerkschaftsgesteuerten Politikern unbequem geworden.

Das hat zwei Gründe: Der Sachverständigenrat besteht – mit der Ausnahme des den »Gewerkschaften nahestehenden« Mitglieds – aus Wirtschaftswissenschaftlern, die sich der wissenschaftlichen Erkenntnis und dem Streben nach Objektivität zu allererst verpflichtet fühlen, die also kein bloßes Zustimmungsgremium für politische, insbesondere partei- und gewerkschaftlichpolitische Vorentscheidung bilden. Der zweite Grund liegt in der Unfähigkeit der Politiker, überhaupt noch die Aussageweise der Wissenschaft zu verstehen. Zunehmend wird von ihnen beklagt, daß die wirtschaftswissenschaftlichen »Weisen« sich in ihren Aussagen nicht auf bloße Situationsanalysen beschränken, sondern wirtschaftspolitische Ratschläge erteilen. Aber eben genau das ist ihr Auftrag; die wissenschaftliche Aussage hat immer den Charakter der Hypothese und der Folgerung daraus, also die Aussageform: »Wenn . . ., dann . . .« Dieses ohne jede Exekutivgewalt ausgestattete wissenschaftliche Urteil kann natürlich von der Regierungsgewalt jederzeit dadurch falsifiziert werden, daß man das »Wenn . . .« nicht aufnimmt und dann lauthals verkündet, daß die wissenschaftlichen »Weisen« prognostisch geirrt haben (eine Argumentation, die leider auch der wirtschaftswissenschaftlich ausgebildete Bundeskanzler *Helmut Schmidt* politisch äußert).

Wenn allerdings der Sachverständigenrat seit Jahren darauf hinweist, daß die Staatsausgaben gekürzt werden müssen, daß dabei die Verringerung der sozialen Wohltaten unumgänglich ist, um neue Arbeitsplätze – die größte soziale Wohltat und Sicherheit –, zu schaffen, wenn er empfiehlt, die Subventionen an die verschiedenen in der Landwirtschaft, im Wohnungsbau und an anderen Stellen organisierten Interessen, ebenso wie die Zuschüsse an die Bundesbahn (Nahverkehr) oder an studienunfähige Studenten (Bafög) zu durchforsten und erheblich zu verringern; wenn sich führende Wirtschaftswissenschaftler der Bundesrepublik – und so weit kann ich die jüngere Generation meiner wissenschaftlichen Kollegen noch beurteilen, um auszusagen, daß sich in dieser Gruppe alle diejenigen befinden, die im internationalen Vergleich überhaupt als ernst zu nehmende Wissenschaftler geachtet werden, die in ihrer privaten, parteipolitischen Überzeugung sehr verschiedenen Parteien angehören, aber eben weder den Unternehmern noch den Gewerkschaften, sondern der von ihnen vertretenen Wissenschaft nahestehen –, wenn sich eine solche Gruppe hervorragender wirtschaftwissenschaftlicher Sachverständiger ohne offiziellen Auftrag, sondern freiwillig zusammenfindet und solche Ratschläge gibt wie die, daß die Steuer- und Abgabenbelastung der Arbeitnehmer und der Arbeitsplätze schaffenden Wirtschaft nicht mehr erhöht werden dürfte. Daß man schon viel gewinnen würde, wenn eine halbjährige Lohnpause (natürlich gleichzeitig eine gleiche Preissteigerungspause) Luft für eine wirtschaftliche Stabilisierung der Bundesrepublik schaffen könnte, daß man »nicht weniger, sondern mehr arbeiten« müsse, um in der internationalen Konkurrenz wieder wettbewerbsfähig sein zu können und den vor allem vom Export begründeten Wohlstand der Bundesrepublik leidlich zu erhalten (ein Grundsatz, den Japan und in ihrer Weise die marxistisch-kommunistisch regierten Ostblockstaaten mit Selbstverständlichkeit befolgen); wenn . . ., dann widersprechen diese Sachverständigenurteile deutlich der Politik, die die sozialdemokratisch geführte Bundesregierung vor allem unter dem Machteinfluß der Gewerkschaftsfunktionäre betrieben hat, die ja längst mehr und mehr zum entscheidenden Partner der »sozialliberalen« Koalition geworden sind, ohne dazu eine verfassungsrechtlich abgesicherte Legitimität aufweisen zu können oder zu brauchen.

Wie nun haben die Gewerkschaftsfunktionäre und die von ihnen abhängigen Bundesminister auf diese wissenschaftliche Kritik geantwortet? Mit Drohungen und Besserwisserei, und zwar in einer planmäßigen Aktion! Das begann bereits im Januar 1981, in dem das Wirtschafts- und Sozialwissenschaftliche Institut (WSI) des Deutschen Gewerkschaftsbundes das 81er Gutachten des Sachverständigenrates als »Politik gegen die Gewerkschaften« verleumdete und nur die wissenschaftliche Meinung des immer offensichtlicher zum »Mann der Gewerkschaften« erniedrigten Professors *Glastetter* als wissenschaftlich »richtigen« Sachverstand gelten ließ.

Man hätte diese Polemik noch als Auseinandersetzung zwischen wissenschaftlichen Lehrmeinungen und Instituten betrachten können, wenn nicht der Vorstand des DGB sich dieser Kritik »seines« Institutes sofort als politisches Votum angeschlossen hätte und in der Folge »ihrem Mann« nicht erlaubte, in einem wissenschaftlichen Sondervotum – unter Gelehrten, unter wissenschaftlich ausgebildeten Richtern, noch eine erfreuliche Selbstverständlichkeit – seine Darstellung abzugeben, sondern ihn auch noch zum Rücktritt aus dem Sachverständigenrat veranlaßte. Zwar ging man noch nicht so weit, die anderen vier »Weisen« als »Männer der Arbeitgeber und der politischen Opposition« zu verdächtigen, – denn sie gehören sämtlich national und international anerkannten wirtschaftwissenschaftlichen Instituten an –, aber die politische Gegnerschaft gegen den unabhängigen wissenschaftlichen Sachverstand kündigte sich schon deutlich an.

Diese Gegnerschaft ist in dem Streit um das Gutachten 1982 des Sachverständigenrates jedoch in einer Weise gesteigert worden, die dem Tempo des wirtschaftlichen Niedergangs und der Regierungsunfähigkeit der Bundesrepublik entspricht. Noch bevor dieses Gutachten überhaupt veröffentlicht wurde, erklärte die politische Führung des Deutschen Gewerkschaftsbundes, daß eine Fortsetzung der Arbeit des Sachverständigenrates und eine weitere Finanzierung durch die Bundesregierung nur dann gerechtfertigt sei, wenn die vorurteilsfreie Darstellung der verschiedenen politischen Strategiemöglichkeiten uneingeschränkt gewährleistet werde. Außerdem müsse seine personelle Besetzung der Vielfältigkeit des wissenschaftlichen Meinungsspektrums in der Bundesrepublik Rechnung tragen.

In einer solchen Erklärung wird zweierlei deutlich: Daß die Funktionäre des DGB selbstverständlich beanspruchen, der Bundesregierung die Richtung ihrer Entscheidungen vorzuschreiben; für unseren Gegenstand hier ist jedoch wichtig, daß unter dem leicht durchschaubaren Vorwand eines vollständigen »wissenschaftlichen Meinungsspektrums« die Abdankung des Mehrheitskonsenses des vor allem wissenschaftlich verpflichteten Sachverstandes gefordert wird und an seine Stelle der interessenhörige Wissenschaftsargumentator gesetzt werden soll. Einem Sachverständigenrat, der aus einem »Mann der Gewerkschaften«, einem »Mann der Unternehmer« und dann unvermeidbar einem »Mann der Landwirtschaft«, einem »Mann des mittelständischen Gewerbes« oder der »freien Berufe« oder gar einem »Mann der jeweils herrschenden Regierung« bestehen sollte, brauchen wir in der Tat nicht. Aus diesen Äußerungen wird die Auffassung von Wissenschaft deutlich, die gewerkschaftliche und auch andere Funktionäre haben, dieser Gesichtspunkt wird noch eindringlicher darzustellen sein.

Dies war die erste Phase der Aktion gegen den wissenschaftlichen Sachverstand; die zweite bestand darin, daß, noch bevor das Gutachten veröffentlicht und damit einem Urteil der politischen und wissenschaftlichen Öffentlichkeit zugänglich wurde, die SPD-Fraktion in dieser Verdammung nachzog und sich »kritisch« darüber äußerte; der SPD-Wirtschaftsexperte, Dr. *Uwe Jens*, übernahm die Kritik der Gewerkschaften und empfahl, »die künftige Rolle der Weisen zu überdenken«. Was bei diesem Denkvorgang herauskam, bezeugt die dritte Phase: Der ehemalige Gewerkschaftsfunktionär und damalige SPD-Finanzminister *Hans Matthöfer* forderte folgerichtig die Abschaffung des wissenschaftlichen Beratungsorgans der Bundesregierung.

Dabei hatte er als Minister so viel Regierungssachverstand erworben, daß er nach dem werbehaften Betrug der letzten Bundestagswahl, in der den Wählern Entscheidungen abverlangt wurden, die sich schon vier Wochen nach der Wahl als bloße Verschleierung der in Wirklichkeit anstehenden Regierungsaufgaben erwiesen, einmal ehrlich im Parlament Fraktur sprach; aber sein ministerieller Sachverstand (und dies teilte er mit seinem Regierungschef) konnte sich nicht mehr gegen die interessenhaften und ideologischen Einflüsse der Gewerkschaften und seiner Partei durchsetzen. Einmal Funktionär, immer unter Interessenkommando! Eine seiner letzten Aussagen als Bundesfinanzminister stellte daher auch bisher den Höhepunkt der wissenschaftsgegnerischen Kampagne dar: »Der Sachverständigenrat versteht sich mehr und mehr als politpädagogischer Lehrer. Wenn die so weitermachen, werde ich die zu ihrem zwanzigjährigen Jubiläum abschaffen, das ist dann mein Beitrag zur Konsolidierung.« Eine »Konsolidierung« in Form von General *Jaruzelski*. Man glaubt, die Regierungsschwächen und ungelösten Aufgaben erst einmal dadurch zu bewältigen, daß man ihre Kritiker durch Regierungsmacht abschafft.

Wird sein (wissenschaftlich gebildeterer) Nachfolger als Bundesfinanzminister dieses Vermächtnis erfüllen? Sollten nicht die sachverständigen Wirtschaftswissenschaftler unter solcher beleidigender Behandlung besser daran tun, eine offizielle Beratungstätigkeit gegenüber einer solchen Regierung aufzugeben und sich auf die immer noch in genügendem Ausmaß vorhandenen wissenschaftlichen Diskussion und Urteilsäußerung zurückziehen?

Ich bin der Überzeugung, daß der Aufstieg des Gemeinwesens Bundesrepublik der geschichtlich selten auftauchenden Vereinigung von politischem und wirtschaftlichem Erfahrungskönnen mit wissenschaftlichem Sachverstand – jeweils auf allen Ebenen – zu verdanken ist; ebenso aber ist der offensichtliche Niedergang der Bundesrepublik weniger der immer angeprangerten Weltkrise oder parteipolitischen Wahlergebnissen und ihren regierungstaktischen Auswertungen, sondern dem zuzurechnen, daß die genannte Vereinigung der gestaltenden Kräfte unseres Gemeinwesens interessenhaft und wiederum ideologisch zerspalten und aufgelöst wird, wobei die Gewerkschafts- und Parteifunktionäre eine wahrhaft unheilvolle führende Rolle spielen.

Die politische Bewährungsprobe: ein verfehltes Beschäftigungsprogramm

Ehe wir auf die hinter dieser Verachtung des Sachverstandes stehende Wissenschaftsauffassung näher eingehen, wollen wir noch auf das heute wahrscheinlich wichtigste Beispiel der intellektuellen Unfähigkeit der Gewerkschaftsfunktionäre, soziale

Notstände zu beheben, eingehen: ihre vergeblichen Bemühungen, die wachsende Arbeitslosigkeit beseitigen zu helfen.

Daß eine Massenarbeitslosigkeit das politische und wirtschaftliche Problem Nr. 1 ist, daß gerade hier alle Regierenden sich heute in der Verantwortung zu bewähren haben, darüber sind alle einigermaßen urteilsfähigen Deutschen einig. Nicht zuletzt deshalb, weil noch genügend Teile der Bevölkerung wissen, daß die Massenarbeitslosigkeit zu Anfang der 30er Jahre den Nationalsozialisten zur Macht verholfen und dadurch, 1933 kaum übersehbar, den Zweiten Weltkrieg mit allen seinen Opfern und Leiden bei den betroffenen Völkern verursacht hat.

Verhältnismäßige Einigkeit herrscht auch noch darüber, daß die deutschen wirtschaftlichen Unternehmen (private, gemeinwirtschaftliche oder monopolistisch staatliche), nationale und internationale, mehr verkaufen müssen, um mehr Arbeitsplätze zu schaffen, das heißt ihre Produktion steigern zu können. Der Streit geht um die Mittel und Maßnahmen, die zu diesen Zielen und Zwecken führen. (*Max Weber* nannte dies Zweck-Mittel-Rationalität und unterschied sie von der Wert-Rationalität, die hier nur sehr hintergründig mitspielt, denn die Gewerkschaftsfunktionäre wollen in ihrer Mehrheit gar keine »andere Republik«.) Aber erst hier tritt die Urteilskraft ins Spiel, und zwar als wissenschaftliche, als politische und als praktisch-wirtschaftliche (unternehmerische) Urteilsfähigkeit. Erst auf dieser Ebene trage ich meine Kritik gegen den Sachverstand der Gewerkschaftsfunktionäre, vor allem des DGB, vor.

Die heute politisch zu bewältigenden Aufgaben sind vor langer Zeit von den Wirtschaftswissenschaftlern erörtert worden: Im März 1979 hat die Ludwig-Erhard-Stiftung eine Wissenschaftlertagung abgehalten, in der anerkannte Wirtschaftswissenschaftler wie *W. Stützel, N. Horn, E. Gaugler, H. Willgerodt* oder der erfahrene Unternehmensberater *Gerhard Kienbaum* zu Wort kamen. Zugegeben, alle diese Sachverständigen halten die soziale Marktwirtschaft für die Wirtschaftsordnung, die sich neuen Lagen am flexibelsten anpassen, also privat und staatlich, die erfolgreichste Politik betreiben kann. Aber wo ist ein wissenschaftliches Gremium von ähnlich anerkanntem Sachverstand, das den im Sinne der Politik der Gewerkschaftsfunktionäre grundsätzlichen Wirtschaftsordnungsumschwung wissenschaftlich begründen könnte?

Bei den funktionärshörigen wissenschaftlichen Mitarbeitern

des WWI oder den durch linkssozialistischen Protektionismus zu Professoren gehieften »bremischen« Professoren? Die bundesdeutschen Gewerkschaftsfunktionäre haben kein anderes Verhältnis zur deutschen Wissenschaft als aus ihr publizistische Argumentationsgehilfen zu machen. Die »Sache selbst« ist ihnen gleichgültig, im Stil ihrer akademischen Anhänger formuliert »scheißegal«.

Die viel wichtigere Gegnerschaft gegen den Sachverstand richtet sich bei den Gewerkschaftsfunktionären gegen die Erfahrung und die Urteilsfähigkeit der politisch Regierenden, denn hier – soviel »politischen Machtverstand« haben gerade die Funktionäre auch – fallen die durchsetzbaren, wenn auch nicht immer erfolgreichen Entscheidungen. Überschriften aus dem Wirtschaftsteil der FAZ vom 15. 5. 1981: »*Loderer* kritisiert Konjunkturgutachter«; die »Wirtschaftsprobleme können nicht auf dem Rücken der Arbeitnehmer gelöst werden«. – Wo denn sonst? – Bundesbank: »Einkommen steigen kräftiger als Ölkosten. Unternehmen zahlten die Rechnung. Kritik an der Lohnpolitik« und zwar sowohl der Gewerkschaften wie der Arbeitgeberfunktionäre. Im Nachrichtenmagazin »DER SPIEGEL« vom 10. 11. 1981: Die DGB-Funktionäre fordern eine »beschäftigungspolitische Offensive« und legen ein dementsprechendes Regierungskonzept vor. »Punkt für Punkt gingen Regierungsökonomen im Wirtschafts- und Finanzressort die Forderungen durch, die DGB-Chef *Heinz Oskar Vetter* an Bonn gerichtet hatte«. »*Schmidt* wie auch Finanzminister *Hans Matthöfer* und Wirtschaftsminister *Otto Graf Lambsdorff* halten teure staatliche Eingriffe derzeit sogar für schädlich.« Ein »krauses Programm«, befanden die Bonner Ökonomen«: Utopisch die Vorstellung, »die Unternehmen könnten auf die Schnelle zusätzlich Arbeitnehmer einstellen«, denn »die Kapazität der Unternehmen sei im Schnitt nur noch zu 80 % ausgelastet«. Wer investiert da? »Völlig dubios« sei Vetters Plan finanziell, »das Geld fehlt«. Also bleibt nur die Ausweitung des öffentlichen Dienstes, obwohl alle Staatsstellen (Bund, Länder, Gemeinden) haushaltlich vor der Pleite stehen; aber der ÖTV-Boss *Heinz Kluncker* war gegen jede Kürzung im öffentlichen Dienst und nannte die Sparpläne der Regierung (8. 9. 1981) eine »Kampfansage« an die Gewerkschaften und »einen Versuch konservativer Kreise, eine gesellschaftspolitische Tendenzwende zu Lasten der Arbeitnehmer einzuleiten.« Und dann erfolgt der Generalangriff der Funktionäre: »Der ursprünglich zum Nachfolger des DGB-Vorsitzenden ausersehene *Alois Pfeiffer* hat kürzlich (1. Mai 1982) eine Politik, die marktwirtschaftliche Kräfte aktivieren und dadurch Arbeitslosigkeit verringern soll, als ›inhumanen Ökonomismus‹ bezeichnet« (FAZ 30. 4. 1982).

Hier ist nicht nur mangelnder Sachverstand, sondern bewußte Verdummung des bundesdeutschen Arbeitnehmers am Werk. Wenn der – immerhin Kandidat zum obersten Funktionär des DGB – *Alois Pfeiffer* die bundesdeutsche Wirtschaft als »inhumanden Ökonomismus« bezeichnete und zugleich die amtliche Äußerung einer SPD/F.D.P.-Regierung erschien, daß der geringe wirtschaftliche Aufschwung zu Anfang 1982 ausschließlich auf gewachsene Exporterfolge bundesdeutscher Unternehmen beruht, dann muß man sich doch fragen: Wer belügt wen? Weshalb verschweigt *Pfeiffer*, daß die hohe soziale Sicherheit der bundesdeutschen Arbeitnehmer und gerade die Erfolge der Gewerkschaften nicht zuletzt darauf beruhen, daß die soziale Marktwirtschaft eines *Ludwig Erhard* ein wirtschaftlich völlig zusammengebrochenes Land wieder an die Spitze der Industrieländer geführt hat? Weshalb wohl?

Die Gewerkschaftsfunktionäre merken gar nicht mehr, wie sie sich in ihren öffentlichen Äußerungen widersprechen und ihren Mangel an Sachverstand zur Schau stellen. So hat fast zu gleicher Zeit der Oberstfunktionär *Heinz Oskar Vetter* in einem Fernsehinterview die bundesdeutsche Wirtschaft als die »stabilste in der ganzen Welt« bezeichnet. Offensichtlich sind ihm die Wirtschaftslagen in Österreich, in der Schweiz oder gar in Japan unbekannt. Wenn die Wirtschaftskenntnis der Funktionäre noch nicht einmal über die unmittelbaren Grenzen (Österreich, Schweiz) reicht, von Japan ganz abgesehen, von wo die Gewerkschaftsfunktionäre bei gelegentlichen Besuchen möglichst wortlos zurückkommen, dann ist ihr wirtschaftspolitischer Sachverstand entweder äußerst gering oder sie ordnen ihn ihrem Interesse an funktionärem Machtgewinn rücksichtslos unter. Auf wessen Kosten?

Den drei genannten Beispielen (Österreich, Schweiz, Japan) ist nämlich eines gemeinsam: niedrigere Arbeitslosigkeit, niedrigere Inflationsrate und niedrigere Lohnsteigerungen als in der Bundesrepublik. Selbst im immer gerühmten Modell-Sozialstaat Schweden haben die Gewerkschaften ihre Lohnforderungen erheblich unter die Preissteigerungen gesenkt. Die bundesdeutschen Gewerkschaftsfunktionäre sind von solchen wirtschaftspolitischen Einsichten noch weit entfernt; sie streiken noch um ein/zwei Stellen hinter dem Komma.

Gewiß wollen die bundesdeutschen Gewerkschaftsfunktionäre keine »sozialistische« Wirtschaftslage wie in Polen, im ganzen Ostblock oder in Großbritannien oder Italien. Aber ihr wirtschaftspolitischer Sachverstand reicht nicht aus, eine ähnliche Entwicklung auch in der Bundesrepublik zu verhindern. Die größte wirtschaftspolitische Gefährdung geht nicht davon aus, daß die Gewerkschaften politisch kommunistisch unterwandert werden, sondern von dem mangelnden Sachverstand der Gewerkschaftsfunktionäre als unverantwortlich Mitregierenden.

Erstes Urteil: In der Sache unwirksam

Überschlägt man einmal bilanzmäßig, wieviel Arbeitsplätze in den letzten zehn Jahren, also der jeweils von den Gewerkschaften als heimlichem Koalitionspartner beeinflußten Regierung der Sozialdemokraten in Bonn und der Sozialisten in Wien, durch eine dauernd die Unternehmerinitiativen, besonders den gewerblichen Mittelstand, belastende Sozial- und Steuerpolitik verlorengegangen sind und wieviel durch wirtschaftspolitische Maßnahmen dieser Regierungen (die jeweils nur zögernd die Zustimmung der Funktionäre fanden) an dauerhaften Arbeitsplätzen dazugewonnen wurden, so wird der Verlust den Gewinn überwiegen. Es sind die Jahre der Bankrotterklärungen der Finanzen der öffentlichen Hand, der zahlreichsten Firmen- und Unternehmerpleiten, also des Verlustes an Arbeitsplätzen, die durch staatliche (also aus Steuergeldern bezahlte) Stützungen meist zu spät aufgefangen oder durch Begünstigung neuer Unternehmen und damit von Arbeitsplätzen, auch auf Kosten der Steuerzahler, Sparer und Verbraucher, ausgleichend ersetzt werden sollen. Die hohe Arbeitslosenzahl ist also – wie die Inflation – keineswegs nur auf die »Weltwirtschaftskrise« zurückzuführen, sondern sie ist auch durch die Wirtschafts- und Sozialpolitik zum großen Teil »hausgemacht«.

Hier ist zunächst der Publizistik (den »Medien«) nicht der Vorwurf zu ersparen, daß sie über solche Zusammenhänge die Bevölkerung bewußt oder gewollt wenig aufklären. Dabei richtet sich mein Vorwurf keineswegs an tendenziös marktwirtschaftlich gebundene Zeitungen und Rundfunk/Fernsehsendungen, sondern an Tageszeitungen wie die FRANKFURTER RUNDSCHAU und die SÜDDEUTSCHE ZEITUNG oder an Wochenblätter wie DER SPIEGEL, DIE ZEIT oder in Österreich an PROFIL.

Da in Österreich die Wirtschafts- und Arbeitsplatzpolitik viel stärker als in der Bundesrepublik sozialistisch-gewerkschaftlich gesteuert wird, hat sich hier eine einfache Art der Zusammenarbeit zwischen sozialistisch-gewerkschaftlichen Regierungsfunktionären und ihren Presseerklärungen entwickelt. Wo Arbeitsplätze verlorengehen, verspricht die Regierung, sie nach Möglichkeit zu erhalten, meist hohle Worte, denen gar keine Taten folgen, weil der wirtschaftliche Sachverstand genauer rechnet als der politisch-demagogische; dafür aber werden Großprojekte wie Firmengründungen oder öffentliche Bauten mit großem Aplomp als »Arbeitsplatzbeschaffung« der Regierenden verkauft (das Werk von General Motors oder der Bau des Konferenzzentrums in Wien), obwohl heute schon abzusehen ist, daß die Unternehmen nach Abschöpfung der öffentlichen Steuerbeihilfen sich arbeitsplatzverringernd oder gar stillegend verhalten werden.

Daß die Rationalität der Kapitalisten der der Bürokraten – und Funktionäre – weit überlegen ist, hat *Max Weber* festgestellt, worauf ich schon auf Seite 89 hingewiesen habe:

»Überlegen ist der Sachkenntnis der Bürokratie nur die Sachkenntnis der privatwirtschaftlichen Interessenten auf dem Gebiet der ›Wirtschaft‹. Diese deshalb, weil für sie die genaue Tatsachenkenntnis auf ihrem Gebiet direkt wirtschaftliche Existenzfrage ist. Irrtümer in einer amtlichen Statistik haben für den schuldigen Beamten keine direkten wirtschaftlichen Folgen, – Irrtümer in der Kalkulation eines kapitalistischen Betriebes kosten diesen Verluste, vielleicht den Bestand. Und auch das ›Geheimnis‹ als Machtmittel ist im Hauptbuch eines Unternehmers immerhin noch sicherer geborgen als in den Akten der Behörden. Schon deshalb ist die behördliche Beeinflussung des Wirtschaftslebens im kapitalistischen Zeitalter an so enge Schranken gebunden und entgleisen die Maßregeln des Staates auf diesem Gebiete so oft in unvorhergesehene und unbeabsichtigte Bahnen oder werden durch die überlegene Sachkenntnis der Interessenten illusorisch gemacht« – Max Weber, Wirtschaft und Gesellschaft, zuerst Tübingen posthum 1920; das Zitat stammt aus dem Kapitel IX, Herrschaftssoziologie, 2. Abschnitt; ähnlich in Kapitel III, Die Typen der Herrschaft –. Nach über sechs Jahrzehnten noch immer aktueller, als das, was deutsche Soziologen oder Politologen inzwischen geschrieben haben.

Die Sorgen einer doppelten öffentlichen Buchführung haben die DGB-Funktionäre nicht. Da sie – abgesehen von ihren eigenen großwirtschaftlichen Unternehmen – keine Produktionsverantwortung haben, kann ihr publizistisches Konzept viel kümmerlicher ausfallen: An Arbeitsplatzverlusten ist die Marktwirtschaft und sind die »Kapitalisten« schuld, am Arbeitsplatzzuwachs vor allem der Druck der Gewerkschaftsfunktionäre.

Kurze Zwischenbetrachtung zur sentimentalisierten Jugendarbeitslosigkeit

Von besonderer Wirkungslosigkeit sind die von den Gewerkschaftsfunktionären und ihren Partei- und Regierungsabgeordneten verlangten Maßnahmen gegen die Jugendarbeitslosigkeit. Dieses mit sentimentalen Gefühlen und damit für zukünftigen Wähler- und Machtgewinn so aufladbare Thema wird nicht umsonst von dieser Seite her dramatisiert, hochgespielt und zu bewußter Täuschung der Bevölkerung über die wahren Tatsachen benutzt. Auf eine Meinungsumfrage des Allensbacher Instituts, ob die Jugendarbeitslosigkeit in der Bundesrepublik im internationalen Vergleich besonders schlimm sei, antworteten mehr als ein Fünftel der Befragten mit »besonders schlimm« und fast 40 % mit dem Urteil »kein Unterschied zum Ausland«. Rund 60 % der westdeutschen Bevölkerung sind in dieser Meinung einer bewußt gesteuerten Täuschung (Desinformation) erlegen. Die belegbaren Tatsachen: Die Arbeitslosenquote der Jugendlichen hat in den letzten Jahren seit 1979 konstant unter dem Durchschnitt gelegen. Im internationalen Vergleich steht die Bundesrepublik nach einem Prüfungsbericht der OECD unter den sechs größten Industrieländern in der Jugendarbeitslosigkeit an vorletzter Stelle vor Japan.

Dieser Meinungstäuschung entspricht die dahinterstehende Praxis gegen die Jugendarbeitslosigkeit: Aus der Einsicht, daß ein beruflich höherqualifizierter Jugendlicher mehr Arbeitsplatz-Chancen hat als ein Jugendlicher, der höchstens mit dem Abgang von der Hauptschule, und zwar meist ohne die letzten Klassen dieser schulischen Anforderungen noch zu schaffen, unmittelbar in Arbeitsplätze mit Lohngewinn einsteigen möchte, wird von allen Seiten, aber besonders von den Gewerkschaften und ihren Regierungsfunktionären, immer wieder gefordert, die Lehrstellen für jugendliche Schulabgänger zu vermehren. Von wem gefordert? Zunächst auf keinen Fall vom Tatbestand her; denn welcher Beweis liegt vor, daß die Gewerkschaften in ihrer Verwaltungsbürokratie oder ihren »gemeinwirtschaftlichen« Großbetrieben wie Baufirmen, Konsumbetrieben und ihrer großen Fischereiflotte, in ihren Bankenkonsortien u. v. a. mehr Lehrstellen anbieten als die privat-unternehmerische Wirtschaft? Keiner!

Versagt nicht auch hier die journalistische Aufklärung? Gefordert wird vom Staat, der diese Anforderungen prompt an die Wirtschaft weiterleitet. In der Bundesrepublik wird auf Gewerkschaftsforderung hin eine »Lehrstellenabgabe« angedroht; das gleiche geschieht jetzt in Österreich, wo die sozialistische Regierung einen gesetzlichen Einstellungszwang von Lehrlingen für die Betriebe (natürlich vor allem der mittelgroßen Industrie und der Handwerksbetriebe) in Aussicht stellt. Man kann den Unternehmern aller Ränge nur raten, möglichst keine neuen Lehrstellen zu schaffen, um eine Lehrstellenreserve für die staatlich verordneten Einstellungspflichten oder Zahlungen zur Verfügung zu haben und bei jeder steuerpflichtigen Rechnung, wie die Mehrwertsteuer, auch die Lehrlingssteuer eigens als staatliche Belastung aufzuführen.

Das Umschlagen der Jugendarbeitslosigkeit in die Frage nach Lehrstellen ist kein sehr neues Problem, sondern steht an der Schwelle der wirtschaftlichen Neubegründung des Gemeinwesens Bundesrepublik, nur daß damals Staat und Gewerkschaftsfunktionäre anders gehandelt haben wie heute.

Ich muß jetzt, um dieses Urteil zu begründen, eine um mehr als dreißig Jahre zurückliegende Erfahrung und Urteilsbildung einschalten: Im Jahre 1948 wurde ich an die von den Gewerkschaften (DGB), den Konsumgenossenschaften und der sozialdemokratisch regierten Hamburger Regierung begründete »Akademie für Gemeinwirtschaft« als völlig unabhängiger Wissenschaftler berufen; nach meiner Überzeugung sah ich es als wichtigste Aufgabe eines Soziologieprofessors (neben routinehaften Vorlesungen, Übungen usw.) an, die Tatsachen der damaligen sozialen Notstände zu erforschen und zur Kenntnis zu bringen. Mit finanzieller Hilfe der US-Amerikanischen Gewerkschaften (Mittelsmann *Nels Anderson*) beauftragte mich der Deutsche Gewerkschaftsbund (DGB) mit der Erforschung der Jugendarbeitslosigkeit, die in drei Forschungsgruppen in Berlin, Hamburg und München unter meiner wissenschaftlichen Leitung durchgeführt wurden. Die Ergebnisse dieser damals umfangreichsten und auch später kaum wieder erreichten Forschungsarbeit junger Wissenschaftler sind veröffentlicht in zwei Bänden unter dem Titel »Arbeitslosigkeit und Berufsnot der Jugend. Hersg. vom Deutschen Gewerkschaftsbund, Bundesvorstand Düsseldorf, Hauptabteilung Jugend. Erarbeitet ... unter der wissenschaftlichen Leitung von *Helmut Schelsky*, Köln Bund-Verlag 1952«.

So »gewerkschaftsfeindlich«, wie man mich nach dieser Schrift einstufen wird, war ich damals wohl nicht. Bleibt die Frage: Wer hat sich in den dreißig Jahren Bundesrepublik am meisten verändert, die Gewerkschaftsfunktionäre des DGB oder Ich?

Eines wurde nicht nur mir, sondern allen meinen sehr verschiedenen Fächern entstammenden Mitarbeitern sehr bald klar: Jugendarbeitslosigkeit ist kein in sich selbst isolierbares und damit lösbares Problem, sondern der Aufschwung und die Produktivität der deutschen Wirtschaft beseitigt die Jugendarbeitslosigkeit. Unter diesem Gesichtspunkt hat die Wirtschaftspolitik *Ludwig Erhards* so nebenbei auch die damalige Jugendarbeitslosigkeit beseitigt.

Dies erkennend, haben wir damals sehr bald der Lehrlingsausbildung und dem Berufseinstieg der Jugendlichen unsere wissenschaftliche Aufmerksamkeit geschenkt. Dabei stellten sich sehr bald die überbetrieblichen und die großbetrieblichen Lehrwerkstätten als die beste Form der außerschulischen Lehre heraus. In beiden Fällen wurden die ersten zwei Jahre der Ausbildung, die lehr- und kostenintensiv, aber wenig unternehmensproduktiv sind, als »Investitionen« behandelt. Die großbetrieblichen Lehrwerkstätten befanden sich natürlich damals vor allem im Ruhrgebiet, wo sich die Großbetriebe wirtschaftlich zuerst erholten: Die überbetrieblichen Lehrwerkstätten waren vor allem im Raum Hamburg/Schleswig-Holstein verbreitet, getragen sowohl vom Staat (von Hamburg bedeutet dies die Leistung einer bombenzerstörten Großstadt), von den Gewerkschaften und später dann auch von den Handwerks- und Gewerbebetrieben.

Die Einteilung war nach den damals industriell gefragten Berufsfähigkeiten sehr simpel: Lehrwerkstätten für Holz, für Metall, für häusliche Dienstleistungen neben vielem anderen. Aber die Wirksamkeit war unerwartet groß: Nicht nur, daß die Großbetriebe die in ihren Lehrwerkstätten ausgebildeten Facharbeiter fast immer im Betrieb behielten, sondern die Handwerks- und Gewerbebetriebe im Raum Hamburg/Schleswig-Holstein rissen sich gerade darum, so ohne Eigenkosten vorgebildete Lehrlinge im zweiten oder dritten Jahr ihrer Lehre zu übernehmen. Die Investitionen waren an wirksamer Stelle angesetzt.

Demgegenüber sind die gegenwärtigen Maßnahmen gegen die Jugendarbeitslosigkeit der Gewerkschaftsfunktionäre und der von ihnen abhängigen Partei- und Regierungsfunktionäre phantasielos, wirtschaftsfremd und nur ein publizistisches Meinungsalibi. (Das gehört zu dem Thema, ob die Gewerkschaftsfunktionäre noch die Interessen der Arbeitnehmer oder in diesem Falle der jungen Arbeitslosen vertreten oder ob sie nur ein publizistisches Schaugeschäft zur eigenen Machterhaltung, einschließlich internationaler Kongresse über Jugendarbeitslosigkeit, abziehen.) Darüber wird im Schlußkapitel noch zu reden sein.

Über einen Funktionärsgrundsatz: die »Pontius-Pilatus-Haltung«

Damit ist bereits sehr viel darüber ausgeführt, was zum Gegenstand »wirtschaftlich-unternehmerischer Sachverstand« zu sagen ist, der den Gewerkschaftsfunktionären völlig fehlt.

Sie erkennen nicht die Interessen und Bedürfnisse der mittelständischen Wirtschaft, denn dort haben sie keine Machtpositionen. Sondern der allenfalls vorhandene Betriebsrat oder der einzelne Arbeitnehmer selbst, der mit dem Gewerbetreibenden ein viel persönlicheres Verhältnis hat als mit den Gewerkschaftsfunktionären, kommt durch Gespräche mit seinem Unternehmer viel vernünftiger zu Lösungen von möglichen Streitfällen (Interessen-Konflikten) als durch die Einschaltung Dritter. Nirgends wird die sich gegenseitig stützende Einheit der Lebensführung zwischen Arbeitgebern und Arbeitnehmern sinnfälliger als in den gewerblichen und freiberuflichen Mittel- und Kleinbetrieben. Nirgends wird – sowohl in der Bundesrepublik wie in Österreich – die wirtschaftspolitische Unterschätzung, ja Verachtung dieser Art von »Unternehmern«, »Arbeitgebern« und »ihren Arbeitnehmern« deutlicher geachtet als von den großorganisatorischen Gewerkschaftsbossen und den ihnen hörigen sozialistisch/sozialdemokratischen Regierungen.

Die Gewerkschaften, also in der Bundesrepublik vor allem der DGB, sind als international versippte Gewerkschaftsmultis nur noch auf nationale und internationale Großunternehmen eingestellt, und zwar auf ihre Förderung und Stützung durch Steuergelder, wenn es ihrer wirtschaftlichen Machtmitbestimmung dient, oder auf Steuerabgaben (Sozialabgaben) dieser Unternehmen, wenn sie nur ihrer Verfügungsgewalt und damit ihrer funktionärhaften Abschöpfung unterstehen.

Der Grundsatz, nach dem Großfunktionäre der Gewerkschaften handeln, ist leicht zu durchschauen: Wir wollen möglichst viel an unternehmerischen Entscheidungen mitbestimmen, aber wir wollen den Erfolg oder Mißerfolg dieser Unternehmensentscheidungen nicht mit verantworten: Pontius-Pilatus-Haltung!

Dazu nur ein Beispiel, das jeder gute Wirtschaftsjournalist beliebig ergänzen könnte: »Bittere Vorwürfe hat *Rudolf Judith*, das für die Stahlindustrie zuständige Mitglied der IG Metall, gegen die Vorstände der Stahlindustrie gerichtet. Er warf den Unternehmern vor, sie versuchten ›firmenegoistisch‹ aus der Misere anderer für sich Kapital zu schlagen ... Die Stahlindustrie ist seit einem Vierteljahrhundert paritätisch mitbestimmt. *Judith* unterstellt ja geradezu den Aufsichtsräten (zu denen er selbst gehört) und den Arbeitsdirektoren, daß sie sich um nichts kümmern ... Aber wahrscheinlich muß ein sonst so besonnener Mann wie *Judith* hin und wieder einige markige Worte gegen die Unternehmen von sich geben, um das kämpferische Image (!) der Gewerkschaft zu bestätigen« (Oktober 1981). Hinzuzufügen wäre, daß die bundesdeutsche Stahlindustrie sich in der internationalen Subventionskonkurrenz nur behaupten kann, wenn der deutsche Steuerzahler sie mit »öffentlichen« Geldern unterstützt, in einer Forderung, worin sich Stahlunternehmer und mitbestimmende Gewerkschaftsfunktionäre selbstverständlich völlig einig sind. Geld auf wessen Kosten?

Funktionärsmacht durch gewerkschaftseigene Unternehmen

Am schlimmsten für den in den Gewerkschaften organisierten oder von ihnen vermeintlich vertretenen deutschen Arbeiter wirkt sich der Mangel an unternehmerischem Sachverstand in den Unternehmen aus, die durch die Beiträge der Arbeiter aufgebaut, aber von den Funktionärsbossen nicht mehr kontrolliert werden können. Die zwar wie jedes »kapitalistische« Unternehmen Gewinne machen, die den sie finanzierenden Beitragszahlern aber gar nicht mehr zugute kommen. Diese Großunternehmen in der Hand von Gewerkschaftsfunktionären sind bekannt:

das Bauunternehmen »Neue Heimat«, das Versicherungsunternehmen »Volksfürsorge«, das Lebensmittel- und Textil-, ja Universalverbraucher-Unternehmen »Konsumgesellschaft«, die Bankunternehmen »Bank für Gemeinwirtschaft« bis hin zu kaum übersehbaren Presseunternehmen, Werbeagenturen, Druckereien oder den davon abhängigen, oft von den gewerkschaftlichen Unternehmenszentren selbst gegründeten »Privatunternehmen« der Heizungsindustrie, der Mieteintreibung, der Lebensmittelproduktion und bis hin zur Beteiligung an vermeintlich selbständigen Unternehmen wie der Beamtenbausparkasse, der Unionsdruckerei, der Hollandse Koopmasband in Amsterdam.

Man nennt das nicht ohne Grund ein »Wirtschaftsimperium« der Gewerkschaften. Meine Kritik gegen diese Art von Wirtschaftsmacht der Funktionäre richtet sich dagegen, daß sie unternehmerisch unfähig sind, diese Unternehmen auf ihre Effizienz, ja sogar ihre Legalität zu kontrollieren, und daß sie damit zum Schaden nicht nur der Arbeitnehmer überhaupt, sondern insbesondere ihrer Gewerkschaftsmitglieder handeln. Das alles vollzieht sich unter der Tarnkappe der Gemeinnützigkeit, die in diesem Falle eine Ausbeutung des Steuerzahlers darstellt und damit das Gemeinwohl schädigt. Am Beispiel der Wirtschaftsgroßunternehmen der Gewerkschaften treffen wiederum die Hauptpunkte meiner Kritik der Funktionäre wie in einem Brennpunkt zusammen: Sie schädigen das Gemeinwohl; ihnen mangelt es an Sachverstand, die Aufgaben zu bewältigen, die ihnen die politische Lage unseres Gemeinwesens, halb freiwillig, halb gezwungen, zugespielt hat; sie stellen die Bewahrung und Erweiterung ihrer Funktionärsmacht längst vor ihren Dienst an den Lebensinteressen der Arbeiter oder gar der Arbeitnehmer überhaupt.

Tarnkappe »Gemeinnützigkeit«

Was Gemeinnützigkeit im rechtsstaatlichen-verbindlichen Sinne wirklich bedeutet, ist weder verfassungsrechtlich noch wirtschaftsrechtlich festgelegt. Steuerrechtlich hilft man sich mit den über den Daumen gepeilten Bestimmungen: »Gemeinnützig« ist, wer Aufgaben an Stelle des Staates übernimmt und dabei keine Gewinne macht. Im übrigen regieren ererbte Steuerprivilegien die Zuteilung der steuersparenden »Gemeinnützigkeit«, insbesondere gegenüber den Gewerkschaften. Eine formalrechtliche Bestimmung der »Gemeinnützigkeit« fällt selbst der sonst so definitionsfähigen Justiz schwer:

So hat das Oberlandesgericht Düsseldorf, das in einem wettbewerblichen Rechtsstreit einer Tochter der Bank für Gemeinwirtschaft untersagte, sich zu Wettbewerbszwecken als »gemeinwirtschaftliches« Unternehmen zu kennzeichnen, folgende Erkenntnis mit in sein Urteil aufgenommen: »Der Begriff ›gemeinwirtschaftlich‹ ist in der Alltagssprache wenig geläufig und dementsprechend auch nicht klar abgegrenzt, andererseits aber auch nicht inhaltslos. Auch diejenigen, die mit diesem Begriff nicht vertraut sind ... werden zunächst den naheliegenden Schluß ziehen, daß damit ein prinzipieller Unterschied zu üblichen Wirtschaftsunternehmen (insbesondere auch Banken) betont werden soll, das heißt ein Gegensatz zu privatwirtschaftlichen oder erwerbswirtschaftlichen Unternehmen ... Schon vom Wortsinn her erweckt der Begriff Assoziationen wie: gemeinnützig, Gemeininteresse, Allgemeininteresse, Gemeinwesen, Gemeinschaft (insbesondere auch im Sinne von Volksgemeinschaft oder Kommune) und ähnliches. Für den Verbraucher liegt daher die Annahme nahe, daß es sich um Gemeineigentum (handelt) ...«

So erweist sich das steuersparende Privileg der Gemeinwirtschaft immer mehr als eine Art Blankoscheck auf die Staatsfinanzen, also auf den Steuerzahler.

Daß die so steuerprivilegierten »gemeinnützigen« Unternehmen der Gewerkschaften sich längst nicht mehr selbst an die vagen Grenzen der Gemeinnützigkeit halten, weiß zwar seit langem jeder, der sich nur etwas damit beschäftigt, aber politisch blieb dies folgenlos und die Politiker aller Parteien spielten in diesem Falle gemeinsam die Rolle der drei weisen Affen »Wir sehen nichts, wir hören nichts, wir sagen nichts«.

Ich wiederhole hier eine ganz persönlihe Erfahrung: Ich bin als pensionierter Beamter, der etwa ein Viertel von dem bezieht, was ein Großverdiener, wie ein Gewerkschaftsfunktionär, monatlich erhält, der aber keiner Gewerkschaft angehört, von den »Gemeinnützigen« genauso begünstigt im Einkauf oder bei einer Dienstleistung wie jeder hart arbeitende Facharbeiter oder gar ungelernte Arbeiter und Rentner. Denn ob ich beim gewerkschaftseigenen COOP oder bei der EDEKA oder bei einer anderen Lebensmittelkette einkaufe, bringt mir nur Pfennigvorteile, und zwar nicht immer bei den steuerbegünstigten »gemeinnützigen« Unternehmen.

Diese persönliche Erfahrung läßt sich ins Öffentliche verlängern: So kann auch das Bauunternehmen »Neue Heimat« übergangslos und genehmigungsfrei für »gemeinnützige« und für wohlhabende Auftraggeber tätig werden: Das fängt an bei der Errichtung von Luxusappartements auf Westerland und auf Sylt, bis hin zum Angebot von »Einkaufszentren von der Stange«, von Kongreßzentren und Hotelketten und zum Bau von kompletten Universitäten wie in Göttingen, von Auslandsbetätigungen ganz abgesehen. Diese Praktiken eines »Konzerns ohne Kontrolle« sind von keiner Bundes- oder Landesbehörde auf »Gemeinnützigkeit« geprüft und schon gar nicht von dem »Gesellschafter« in diesen Geschäften, dem Deutschen Gewerkschaftsbund zur Kenntnis genommen worden.

Dabei hat die Neue Heimat/Bayern in ihrer Werbung diese privatwirtschaftliche Einstellung bereits 1976 offen ausgesprochen: »Wir sind ein gemeinnütziges Unternehmen, das bringt Ihnen Vorteile . . . Wir planen und bauen für das Heute und das Morgen, für jeden Bürger (!), für jeden Lebensstandard (!!), für jeden Geldbeutel (!!).« Wenn es den »gemeinnützigen« Wohnungsunternehmen paßt, wie in den Thesen des Bauvereinstages von 1977, so arbeiten sie nur noch als eine »privatwirtschaftliche Organisation«. Die Doppelzüngigkeit gehört zur Ausnutzung des Gemeinwohls!

Die gemeinwohlwidrige, ja widerrechtliche Auswucherung der »Gemeinnützigkeit«, besonders durch das gewerkschaftliche Bauunternehmen Neue Heimat, ist von den nicht-sozialdemokratischen, also nicht-gewerkschaftsabhängigen Parteipolitikern natürlich längst bemerkt worden. Am entschiedensten hat allerdings der unabhängige Wissenschaftliche Beirat beim Bundeswirtschaftsminister die »Überführung der Wohnungswirtschaft in die Soziale Marktwirtschaft« gefordert. Aber auch der wohnungspolitische Sprecher der F.D.P., *Hans H. Gattermann*, wie der wohnungspolitische Sprecher der CDU, *F.-A. Jahn*, wollen die »gemeinnützigen« Wohnungsbauunternehmen nur noch als »Organe oder Partner des Staates« soweit steuerfrei lassen, wie ihr Wohnbestand ausschließlich den bedürftigen Familien zur Verfügung steht und die »Gemeinnützigen« auf die Aufgaben beschränken, die die Wohnungsmarktwirtschaft schwer zu lösen imstande ist, weil einkommensschwächere Bevölkerungsschichten und Haushalte auf dem gegenwärtigen »freien Markt« keine oder nur preisüberhöhte Wohnungen finden können.

Ich halte diese Vorschläge für typische, folgenschwache und wenig zukunftsweisende Kompromisse, von denen man zu sagen pflegt, sie seien »ein Schritt in die richtige Richtung«. Der CDU/CSU gelingt es nicht, ein klares Gegenprogramm politisch zu entwickeln, die F.D.P. bleibt im bloß Verbalen. Die CDU verleugnet ihre sozialpolitischen, die F.D.P. ihre marktwirtschaftlichen Grundsätze. Die sozialpolitischen Grundsätze der CDU, wie sie etwa *Norbert Blüm* vertritt, stellen klar die Familie oder den Haushalt in den Mittelpunkt der Sozialleistungen und der sozialen Hilfe; dann aber sind Leistungen durch funktionärsbesetzte Wirtschaftsunternehmen wie »gemeinnützige«, von der CDU beherrschte, der falsche Weg. Die Familie, als die private zukunftsvorsorgende, in sich selbständige Entscheidungs- und Lebenseinheit muß gestärkt, nicht aber durch immer neue Bevormundung entlastet und geschwächt werden. (Ob *Blüm* einen neuen Rang nicht nur als Gewerkschaftsführer, sondern als ein dem Gemeinwohl zuallererst verpflichteter Staatsmann der Bundesrepublik erreicht, wird sich daran entscheiden, ob er fähig ist, die Interessen und das Wohlergehen der arbeitenden Bevölkerung seiner Grundüberzeugung nach auch gegen die Funktionärsmacht der Gewerkschaften und ihre sozialpolitisch-wirtschaftlichen Tabus durchzusetzen.) Die F.D.P. vertritt in Grundsatzreden die Soziale Marktwirtschaft, macht aber aus Machtopportunismus jeden Kompromiß mit, den ihr die Gewerkschaftsfunktionäre als gewichtigster »Koalitionspartner« über die SPD abnötigen; so gewinnt sie, indem sie den Ruf einer »Pendler-Partei« abschütteln möchte, den viel schlechteren einer Partei, die immer umfällt, einer Partei ohne Konsequenzen, aber verläßlicher Opportunität.

So sollte keine bloße Entflechtung der Neuen Heimat gefordert werden, sondern die grundsätzliche Aufhebung der »gemeinnützigen« Steuererleichterungen für alle Wirtschaftsunternehmen, die »Gewinne« grundsätzlich anstreben, auch wenn diese im Unternehmen verbleiben (z. B. auch bei Wirtschaftsunternehmen als Stiftung) und nicht in privates Eigentum zurückfließen. Dafür zu sorgen, daß die einkommensschwachen Schichten oder junge Ehepaare eine erschwingliche Wohnung bezahlen können, ist nicht über den Umweg der »gemeinnützigen Wirtschaftsunternehmen«, sondern unmittelbarer durch Sozialleistungen zu erreichen, über die (z. B. als einige Jahre lang gesicherter Mietzuschuß an den betreffenden Haushalt wie über das Kindergeld) feste gesetzliche Regeln entscheiden müssen. Eine solche Lösung würde sowohl die selbständige Verfügungsfreiheit dieser Familie steigern als auch – da diese jetzt sehr wohl als voll zahlende Mieter auftreten können –, die Konkurrenz zwischen privatwirtschaftlichen und gemeinwirtschaftlich-genossenschaftlichen Unternehmen auf einem Wohnungsmarkt beleben, da jetzt beide Formen von Unternehmen sich um diese Mieter bemühen müssen.

So sollte man endlich auch von der begünstigenden Formel, die »Gemeinnützigen« seien »Partner des Staates« Abstand nehmen und erkennen, daß der Sachverhalt längst umgekehrt liegt: Der Steuerfiskus wird zum brav helfenden Wirtschaftspartner seitens der »Gemeinnützigen Gewerkschaftsunternehmen« gemacht, die ihm, wo immer legal oder auch »am Rande der Legalität« möglich, gewinnbringende finanzielle Hilfe abzapfen, was übrigens den Praktiken der Privatwirtschaft auf anderen Gebieten, auch dem der Forschungsförderung, durchaus entspricht.

Symptom: »Anstandslos, wenn auch unter Vorbehalt, hat die Neue Heimat Berlin bereits einen beträchtlichen Teil der Gelder zurückbezahlt, die sie zu Unrecht aus öffentlichen Mitteln erhalten hatte. Insgesamt hat das gewerkschaftseigene Bauunternehmen seit 1980 rund 6,5 Millionen DM . . . überwiesen, zuviel bezogene Subventionen plus Zinsen . . . Bei den 6,5 Millionen wird es nicht bleiben: Weitere Abrechnungen der Neuen Heimat Berlin werden derzeit noch geprüft.« Meldung in DER SPIEGEL Nr. 25 vom 21. 5. 1982. »Geprüft«! Weshalb wurde nicht vorher »geprüft«? Dabei betonen die »Gemeinnützigen« immer, daß sie der Staatsaufsicht unterliegen. Aber diese orientiert sich zumeist lediglich an den Prüfungsberichten der Prüfungsverbände, in denen Gesetzesverstöße nur erkennbar sind, wenn sie nach Auffassung der Prüfungsverbände vorliegen und festgehalten werden. Die Prüfungsverbände selbst aber sind zugleich die Interessenvertretung der regional zusammengefaßten gemeinnützigen Wohnungsunternehmen. Fachmännisch nennt man dies »Insichprüfung«, was in Wirklichkeit bedeutet, daß nicht »der Staat« etwa das Finanzamt, sondern die »gemeinnützigen« Unternehmen die Legalität ihrer »Gemeinnützigkeit« selbst überprüfen.

So enthüllt sich die »Gemeinnützigkeit« immer mehr als ein politisch wirtschaftliches Schwammwort, dessen Vieldeutigkeit nur der Machtlegende oder dem sozialen Alibi der »Gemeinnutzfunktionäre« zugute kommt. Es enthüllt aber noch mehr: Die Unfähigkeit des Gesetzgebers – in diesem Falle der sozialliberalen

Koalition – hier eindeutiges und der Bevölkerung verständliches Recht im Sinne des Gemeinwohls aller zu gestalten. Aber hier hat nicht nur der Gesetzgeber seit Jahren versagt (aus Rücksicht auf den geheimen, aber mächtigsten »Koalitionspartner« Gewerkschaftsfunktionäre), sondern hier hat auch die oberste Gerichtsbarkeit und die gerade von der rechtssoziologischen Linken so betonte »Gestaltungskraft« der Richter in der notwendigen Fortbildung des Rechts und der »Gerechtigkeit« versagt.

Schließlich wird an dieser Frage deutlich, wie brüchig das Verständnis unseres souveränen Wahlvolkes für wirtschaftliche Zusammenhänge ist, deren politische Meisterung im Grunde genommen über ihr und ihrer Kinder Wohlergehen entscheidet. (Die Meinungsforschungsinstitute erforschen zwar jede Facette der Meinung der Bevölkerung über Parteifunktionäre und bestimmen dadurch im hohen Maße deren parteipolitische Wahltaktik, aber über die Urteilsfähigkeit des demokratischen Wählers liegen vergleichsweise sehr geringe Untersuchungen vor, obwohl nur von hier aus politische und rechtsstaatliche Erneuerungen unserer Demokratie ausgehen könnten). So wäre es in diesem Falle nicht unwichtig zu wissen, wieweit der demokratisch »mündige« Wähler überhaupt über die Unterschiede von »Gemeinnützigkeit«, »Gemeinwirtschaft« und »Gemeinwohl« unterscheiden kann und was welche Berufs-, Alters- und Bildungsschichten jeweils unter diesen so strapazierten Vorstellungen verstehen.

Doch wir wollen hier nicht nur anhand aktueller Ereignisse kritisieren, sondern generell die Maßstäbe unserer Kritik offenlegen, das heißt zu bestimmen versuchen, welche Bedeutung dem Steuerprivileg der »Gemeinnützigkeit« ordnungspolitisch in einem liberalen und demokratischen Rechtsstaat zukommt. Auch das bisher bekannte Kennzeichen der »Gemeinnützigkeit« besteht aus einem positiven und einem negativen Grundsatz:

Positiv: Das Steuerprivileg und damit die indirekte finanzielle Unterstützung ist dort am Platze, wo die Privatinitiative der Bürger freiwillig Opfer und Tätigkeit aufbringt, die eine staatliche Bürokratie und Verwaltung auch nicht annähernd in Gang setzen, ja geradezu verhindern würde. In dieser Hinsicht könnte die »Gemeinnützigkeit« zu einer Verselbständigung und Gemeinwohlaktivität des einzelnen »mündigen« Bürgers in hohem Maße beitragen. Es wäre eine echte Übertragung von Volkssouveränität an die arbeitenden Menschen des »Volkes«.

Das bedingt allerdings, daß die private Tätigkeit und finanziellen Beiträge ein Ausmaß erreichen, das den »Staat«, das heißt den Steuerzahler, in erheblichem Maße entlastet, und daß die »Privatinitiativen« nicht in Wirklichkeit auf organisierte Funktionärsmacht anderer Art übertragen werden. In dieser Hinsicht haben sich eine große Anzahl ehemals »bürgerlich-privater« Organisationen genauso der Staatsabhängigkeit angepaßt wie die »gemeinnützigen« Funktionäre der Gewerkschaftsunternehmen (Deutsches Rotes Kreuz, wahrscheinlich mehr oder minder auch die anderen karitativen Organisationen, das Privatschulwesen, die Krankenhäuser, Altersheime mit »privaten Trägern« usw.).

Diese positive Forderung des Steuerprivilegs »Gemeinnützigkeit« muß also in viel höherem Maße als heute an das Ausmaß der jeweiligen echten Privatinitiative gebunden und daraufhin überprüft werden, sonst finanziert der Steuerzahler sogenannte, in Wirklichkeit aber von ihm selbst bezahlte »Privatinitiativen«. Wenn man heute den Bereich überblickt, wo sich spontane und freiwillige Bürgerinitiativen entfalten, so stellt man zunächst fest, daß dies in allen Bevölkerungs- und Altersgruppen geschieht, sowohl unter sozial gesinnten »Unternehmer«-Frauen wie unter den intellektuellen Beamtenberufen mit ihrer Schleppe von sozial-unterstützten Studenten und Schülern. Die Reglementierungen des bürokratischen Sozialstaats kommen hier zu krassen Fehlurteilen obrigkeitlicher Politik.

So ist, um nur ein Beispiel anzuführen, wohl nichts grotesker, als daß der parteipolitische Opportunist, Bundesinnenminister *Gerhart Baum*, zugleich regierungsamtlich den durch starke Privatinitiativen geforderten Umweltschutz vertritt, gleichzeitig aber die Bundespolizei (Bundesgrenzschutz) gegen eben diese Umweltschutz-Demonstranten einsetzt. Loyalitätskonflikte spielen heute bei Ministern keine Rolle mehr.

Mißt man den privaten Einsatz an Tätigkeiten und geldlicher Unterstützung, wie er zur Zeit in der Bundesrepublik erkennbar ist, so schälen sich ganz bestimmte, aber begrenzte Tätigkeitsbereiche heraus: Zunächst die karitativen, nämlich die Hilfe für Kranke, einsame Alte, wirklich Arme, Schwerbehinderte, vor allem auch psychisch Kranke, Sterbende usw.

An zweiter Stelle stehen die Bemühungen, die Zerstörung der Natur, der Landschaft, der Kulturbauten und -denkmäler der Vergangenheit, also einer »gesunden Umwelt« zu verhindern und sie zu bewahren durch Pflege und Abwehr der sie schädigenden industriell-wirtschaftlichen oder vermeintlich politisch-militärisch notwendigen Ausbeutung und Zerstörung.

An dritter Stelle wären zu nennen alle privaten Bemühungen, den wissenschaftlichen Fortschritt und Verkehr oder die Verbreitung der »Künste« zu fördern.

(Schon *Wilhelm von Humboldt* hat die Autonomie der Wissenschaft dadurch begründet, daß sie »ohne den Staat viel besser ginge«, ein Grundsatz, der in einer kultur- und rechtsstaatlichen Ordnung in einer so aufgefaßten »Gemeinnützigkeit« seine Verallgemeinerung finden würde. Natürlich weiß ich, daß heute bestimmte Arten von technischer Großforschung ebenso wenig noch »privat« oder »wissenschaftsautonom« zu tragen sind wie das gesamte Krankenhauswesen oder daß es unter den Künstlern Großverdiener gibt (Dirigenten, Schriftsteller, Maler, Schauspieler), die weder die »Gemeinnützigkeit« noch die hohen aus Steuergeldern bezahlten Gagen in Anspruch nehmen dürften oder wenigstens sollten.

Negativ: Die negative Voraussetzung der Gemeinnützigkeit wäre damit völlig entbehrlich, da Wirtschaftsunternehmen nach einer auf funktionärslose Privatinitiative bezogenen Bestimmung der Gemeinnützigkeit darunter nicht mehr fallen würden. Bisher war der Gesichtspunkt Wirtschaftsunternehmen »ohne Gewinn« völlig privatwirtschaftlich ausgelegt worden; das heißt, er ist daran gemessen worden, ob private Eigentumsgewinne ausgezahlt wurden oder nicht; das ist in einem sozialen Rechtsstaat nicht mehr haltbar.

Während um die Investitionsgrundlagen der Privatwirtschaft heftige, aber unter sozialistischen Regierungen meist unzureichende erfolgreiche Förderungsmaßnahmen politisch umkämpft werden, wird den »gemeinnützigen Gewerkschaftsunternehmen« ihre Dauerinvestition aus Unternehmensgewinnen unter der Tarnkappe der »Gemeinnützigkeit« politisch fraglos zugestanden. Das wäre noch zu vertreten, wenn von ihnen entscheidende Impulse zur wirtschaftlichen Krisenüberwindung ausgingen (Arbeitsplatzvermehrung, mehr Lehrstellen für Jugendliche, wirtschaftliches Wachstum und internationale Konkurrenzüberlegenheit), aber das Gegenteil ist der Fall. Alles dies erwartet die sozialdemokratisch-gewerkschaftsgesteuerte Regierungspolitik von der Privatwirtschaft, vor allem von den mittleren Privatunternehmen und den mittelständischen Handwerks- und Gewerbebetrieben und stellt an sie ihre sozialpolitischen Forderungen. Im Sinne einer rechtsstaatlichen Gleichheit, nicht nur gegenüber einzelnen Menschen, sondern auch vor allem gegenüber Wirtschaftsunternehmen sind die Steuerprivilegien hier grundsätzlich aufzuheben!

Daß solche Grundsatzwandlungen des Gemeinwesens sowohl den Gesetzgeber als auch die Regierungen, also Parteien, und dann auch die Justiz vor eine Fülle von neuen Aufgaben (Gesetze, Verwaltungsmaßnahmen, Finanzprüfungen, Urteilssprüche von Obersten Gerichten aller Art) stellen, daran zweifle ich nicht. Aber wie soll die von allen politischen Kräften so werbungsmäßig-volksverdummend plakatierte Parole »Wir gestalten die Zukunft« anders verwirklicht werden als durch solche Arbeit und politische Leistung der Führungskräfte?

In der Unternehmensaufsicht unfähig und leichtfertig

Die wichtige Seite der Skandale um die Neue Heimat als gewerkschaftseigenes Bauunternehmen liegt weder in der Tatsache, daß sich Direktoren und führende Mitarbeiter auf Grund ihrer Verbindung zum »gemeinnützigen« Unternehmen privatkapitalistisch bereichert haben, noch in den einträglichen, durch ebensolche Verbindungen zustande gekommenen legalen privaten Steuerabschreibungen von führenden Gewerkschaftsfunktionären – über beides kann man moralisch entrüstet sein, aber »Entrüstung ist keine politische Kategorie« (*Bismarck*). Was im Sinne der Arbeiterinteressen politisch und sozial am schwersten wiegen sollte, ist der mangelnde Sachverstand und die Leichtfertigkeit, mit denen hier von den Funktionären die ihnen von Arbeitern anvertrauten Gelder verwaltet, oder besser, mißverwaltet wurden. Dies zu verdeutlichen, soll keine Wiederholung des allgemeinen publizistischen Wehgeschreis sein, sondern eine der Hauptthesen dieses Buches verdeutlichen: Daß der Arbeiter, besonders der in Gewerkschaften organisierte, ein politisch-kritisches Verhältnis zu seinen organisationsleitenden Funktionären gewinnen und die moralisch-vertrauensvolle oder gar verblaßt ideologische Zustimmung – ähnlich den orthodox Gläubigen zu den Priesterkasten – aufgeben und in sich bekämpfen muß. Nur so wird es in Zukunft so etwas wie »den selbständigen Arbeiter« geben.

Beginnen wir unsere Beweisführung mit zwei Zitaten (und Kommentaren) von linken, jedenfalls keinesfalls gewerkschaftsfeindlichen Autoren.

Der jetzt aus Altersgründen abgetretene Oberfunktionär des DGB, *Heinz Oskar Vetter*, hat in seinen rückblickenden öffentlichen Betrachtungen neben vielen Halbwahrheiten, die ja immer auch Halblügen sind, doch einiges voll wahrhaftig eingestanden. So, wenn er über die Kontrolle der wirtschaftlichen Gewerkschaftsunternehmen den – von ihm nicht mehr zu vertretenden – Abschiedswunsch äußert: »Vielleicht sollten wir die Aufsichtsräte in unseren gemeinwirtschaftlichen Unternehmen anders als bisher zusammensetzen. Vielleicht sollte mehr Sachverstand auf diesen Positionen eingesetzt werden.« Das hat viel Ähnlichkeit mit Lebensenden, in denen sich ein literarisch wirksamer Atheist auf dem Todesbett mit der katholischen Kirche aussöhnt. Von seinem Nachfolger als DGB-Oberchef *Ernst Breit* ist jedenfalls eine Funktionärs-Unternehmenspolitik in dieser Richtung nicht zu erwarten.

In einem Interview in DER SPIEGEL (vom 7. 6. 1982) wurde er gefragt, ob nicht aus verschiedenen Gründen den Kontrollpersonen die nötige Sachkenntnis fehlte; Antwort: »Ich glaube nicht, daß es an der Sachkompetenz gefehlt hat. Dazu sind viel zu viele Leute mit langjähriger Erfahrung (worin?) in den Aufsichtsräten.« Gefragt, ob er wiederum Aufsichtsratvorsitzender der Neuen Heimat werden wolle oder diese Aufgabe einem sachverständigeren anderen überlassen wolle (Frage der Unvereinbarkeit), erfolgt eine Antwort im Stile der Witze des sogenannten Senders Eriwan: »Von der Arbeitsbelastung her könnte ich gut auf ein solches Amt verzichten. Von dem Anspruch, den das Unternehmen (!) und die darin Beschäftigten vielleicht (!) an den DGB-Vorsitzenden stellen können, sieht die Sache anders aus.« Also Funktionärs-Business as usual. Man sollte dieses in allen Passagen peinliche Interview festhalten, vervielfältigen und immer wieder an die Mitglieder der Gewerkschaften versenden.

Zweites Zitat: *Rudolf Augstein*, Herausgeber und Herr des Wochenmagazins DER SPIEGEL, hat in einer Herausgeberkolumne »Vom gemeinen Nutzen« (15. 2. 1982) Urteile über die Aufsichtsratspraxis der gewerkschaftlich-»gemeinnützigen« Unternehmen geäußert, die vernichtend kritisch sind: Fehlen jedes

Unrechtsbewußtseins »in einem Maße, wie es bei Vorstandsmanagern der sogenannten freien Wirtschaft kaum denkbar ist«; »die Vermengung von gemeinnützigen beruflichen Aktivitäten mit beruflichen Tätigkeiten im nicht gemeinnützigen Bereich war und ist ein Unding«; über den Chef der gesamten gewerkschaftlichen Dachgesellschaft, *Walter Hesselbach*, »sein Verhalten ist nicht nur nach deutschen, sondern auch nach amerikanischen Begriffen zu beanstanden«, und schließlich: Es hat an der »notwendigen Aufsicht gemangelt, weil die Linke nicht wissen wollte, was die Rechte tat«.

Wenn eine Wochenzeitschrift wie DER SPIEGEL und gar sein Herausgeber persönlich, der immerhin als öffentlichen Leitspruch für sein Urteilen und die politische Richtung seines Blattes die Formel »Im Zweifel links« ausgegeben hat, dann gerade in der Aufdeckung der Praktiken und Korruptionen der »gemeinnützigen Gewerkschaftsunternehmen die entscheidende Rolle der Aufklärung in der deutschen Publizistik spielt und sogar sein Herausgeber so entschiedene Urteile fällt, dann erhebt sich (auch wenn man Verkaufssteigerungen als selbstverständlich für ein »kapitalistisches« Zeitungsunternehmen in Rechnung stellt) die spöttische Frage: Gab es hier keine »Zweifel« mehr oder werden die »gemeinnützigen« Gewerkschaftsbosse nicht mehr als »links genug« eingeschätzt?

Wenn der neue DGB-Chef *Ernst Breit* davon spricht, daß in den Aufsichtsräten der gewerkschaftseigenen Unternehmen »viele Leute mit langjährigen Erfahrungen« sitzen und damit die anderen führenden Gewerkschaftsfunktionäre meint, so kann er wohl kaum wirtschaftlich-unternehmerische Erfahrung damit gemeint haben. Diese Aufsichtsratgremien der Gewerkschaftsunternehmen setzen sich zur übergroßen Mehrheit, ja fast ausnahmslos, aus hohen Gewerkschaftsführern zusammen, denen eine langjährige Erfahrung, ihre Funktionärsmacht zu erhalten, nicht abgesprochen werden kann.

Erfahrung aber, die eine Übersicht über die Verfilzungen von »gemeinnützigen« mit unternehmenskapitalistischen oder gar privatkapitalistischen Firmen und Wirtschaftstätigkeiten ihrer Unternehmensvorstände und -direktoren gibt, ist ihnen ein »böhmisches Dorf« geblieben, sozusagen höhere Mathematik für Grundschüler. Wer ist durch diese sträfliche Sachunkenntnis geschädigt worden? Auf keinen Fall die Gewerkschaftsfunktionäre selbst, aber vielleicht doch der seinen Mitgliedsbeitrag zahlende

Arbeiter, dessen keineswegs Groschen-, sondern hohe Markbeiträge hier leichtfertig vergeudet werden.

Zum Sündenbock der nun sattsam bekannt gewordenen Unternehmensmißwirtschaft der »Neuen Heimat« ist ihr Vorstandsvorsitzender *Albert Vietor* sowohl von den beteiligten Gewerkschaftsfunktionären wie von dem wirtschaftsnaiven Teil der Presse gemacht worden; nun ist er keineswegs ein »gemeinnütziges«, gewerkschaftliches Unschuldslamm, aber seine Verfehlungen lassen sich gerichtlich klären, wenn die mitbeteiligten Gewerkschaftsbosse nicht aus eigenem Interesse die volle justitielle Aufdeckung der schuldhaften Zusammenhänge unterbinden.

Die Ausnahme unter den gewerkschaftlichen Aufsichtsräten, denen der Vorwurf mangelnden Sachverstandes nicht zu machen ist, heißt *Walter Hesselbach*, der einzige erfahrene und sachkundige Bankier und Unternehmenspolitiker, den die Gewerkschaften besitzen. In dieser Rolle ist er unersetzbar und wird daher von den Funktionären (und der wirtschaftsfremden Publizistik) in seiner Verantwortung geschont. Wen hätte man schon sonst an seine Stelle zu setzen? Würde man eingestehen, daß Hesselbach der Hauptschuldige am Trümmerfeld der Gewerkschaftsunternehmen ist, so hieße dies einzugestehen, daß die Gewerkschaftsfunktionäre von ihm sozusagen am Nasenring geführt worden sind. Wenn überhaupt jemand die Verschachtelung und Verfilzung von »gemeinnützigen« und privatkapitalistischen Unternehmensformen durchschaut, ja zum großen Teil bewußt herbeigeführt hat, dann war es *Walter Hesselbach*, Aufsichtsrat in allen gewerkschaftlichen Einzelunternehmen und Vorstandsvorsitzender der Dachgesellschaft aller gewerkschaftseigenen Unternehmen und in dieser Stellung durchaus gerichtlich überprüfbar; denn, wie *Rudolf Augstein* urteilt: »Sein Verhalten ist nicht nur nach deutschen, sondern auch nach amerikanischen Begriffen (Gesetzen?) zu beanstanden.«

Hesselbach wird auch von der keineswegs gewerkschaftsfreundlichen Presse hoch geschätzt; so veröffentlichte die FRANKFURTER ALLGEMEINE Anfang November 1981 einen in den Grundzügen sehr anerkennenden Beitrag über ihn mit der Überschrift »*Hesselbach* rüstet den Gewerkschaftskonzern (!) für die Zukunft«; nur die Zukunft traf schneller und überraschender ein, als *Hesselbach* vorkalkuliert hatte. In der Privatwirtschaft würde ein Aufsichtsratsvorsitzender und gar Vorstandsvorsitzender eines auch nur annähernd großen Unternehmens (Siemens, Thyssen,

Krupp oder gar – aktuell – AEG) längst seinen Hut nehmen müssen. Aber nach »innen« sind eben die Gewerkschaftsunternehmen keineswegs von »kapitalistischen« Verantwortungs- und Risikogrundsätzen erfüllt, sondern von »Funktionärssolidarität«.

Nun meinen wir mit unternehmerischem wirtschaftlichem Sachverstand keineswegs ein Studium der Wirtschafts- oder Rechtswissenschaften – die Bankiers *Robert Pferdmenges* oder *Ludwig Poullain* haben auch nicht studiert, ja hatten zum Teil noch nicht einmal Abitur, wogegen Gewerkschaftsfunktionäre wie *Walter Arendt, Heinz Kluncker, Heinz Oskar Vetter* wenigstens die Anfänge einer wissenschaftlichen Ausbildung in Volkswirtschaft und vor allem genossenschaftlicher Betriebswirtschaft erhalten haben.

Der Hauptmangel liegt gar nicht in den wirtschaftlichen Vorkenntnissen, sondern darin, daß die Funktionäre nicht bereit waren und sind, unternehmerisch dazu zu lernen; und hier schlägt Mangel an Sachverstand in Leichtfertigkeit um. Zu ihrer Entschuldigung wäre nur anzuführen, daß sie durch ihre Ämterüberhäufung dazu gar keine Zeit hatten, eine Mangelerscheinung, die gesetzlich zu beseitigen eine sozialpolitische Wohltat für die überlasteten Gewerkschaftsfunktionäre wäre; denn in bezug auf Arbeitsüberlastung durch Ämterhäufung sind die hauptamtlichen Gewerkschaftsfunktionäre durchaus eine »unterprivilegierte Schwerarbeitergruppe«. Sie müssen nicht nur eine sehr große Gewerkschaftsorganisation in den Einzelgewerkschaften gegenüber einer Vielfalt von sehr verschiedenen Unternehmensinteressen und -lagen und als Dachverband (Einzelgewerkschaft) national und vor allem auch international die Lebensinteressen ihrer Mitglieder (nach ihrem politisch-moralisch überhöhten Pflichtbewußtsein) auch aller bundesdeutschen Arbeiter, ja Arbeiter überhaupt (so nahezu vier Fünftel der westdeutschen Erwerbspersonen) vertreten, sondern man (wer?) verlangt ja noch viel mehr von ihnen.

So müssen die arbeitsüberlasteten Gewerkschaftsfunktionäre auch noch Parteipolitiker mit Abgeordnetenmandaten und ständigen Sitzungen und Beratungen über nationale und internationale Schicksalsfragen spielen. Sie müssen als »Hauptaktionäre« wenigstens einen Teil der »Unternehmen der Medienbeherrschung«, also der Meinungsmache vertreten. Sie müssen vor allem aber die von ihnen geschaffenen (und an ihnen verdienenden) gewerkschaftseigenen Unternehmen als »Aufsichtsräte« überprüfen und leider auch noch die gleiche Aufgabe in verstaatlichten oder regierungsabhängigen Wirtschaftsunternehmen (Veba, Volkswagenwerk, Stahlunternehmen, Krupp, Lufthansa, Mannesmann, Thyssen).

Wäre es nicht eine soziale Wohltat, wenn diesen schwer arbeitenden Gewerkschaftsfunktionären die gleiche Möglichkeit nahegelegt würde – wie sie sie den älteren Arbeitern heute ansinnen –, sich mit 50–55 Jahren aus dem produktiven Arbeitsvorgang zu entfernen? Natürlich, was von denen niemand ausspricht, mit Rentenkürzung der Älteren und Produktionsschwierigkeiten der Wirtschaftsunternehmen! So fällt das Versagen in den Sachaufgaben natürlich immer zusammen mit einer zerstörten Gesundheit, wobei in den zahlreichen Rücktritten von Gewerkschaftsmächtigen natürlich das erste nie eingestanden, das zweite als ein allzu plausibler Grund als letzte Täuschung breit veröffentlicht wird. Man wagt gar nicht daran zu denken, daß alle diese Gewerkschaftsschwerarbeiter auch noch eine Frau, meist auch Kinder und Enkelkinder, womöglich sogar private Freunde haben, denen sie von ihrer Arbeitsüberlastung auch noch Zeit und Gedanken abziehen müssen.

Aber kehren wir zu unironischen sachlichen Angaben zurück. Die Gewerkschaftsführer *Walter Hesselbach* und *Eugen Loderer* hatten im August 1978 neun bis elf Aufsichtsratsposten inne, acht Aufsichtsratsitze hatte *Heinz Kluncker*, sieben *Heinz Oskar Vetter*, sechs *Karl Hauenschild*, fünf *Günther Döding* (Gewerkschaft Nahrung-Genuß), *Adolf Schmidt* und der Vorstandssprecher der Bank für Gemeinwirtschaft, *Thomas Wegscheider*. Seit der Zeit haben sich die Aufsichtsratsbelastungen bei den Gewerkschaftsfunktionären noch erheblich vermehrt.

Dabei geht es nicht nur um die Oberbosse, sondern auch um die Funktionäre vermeintlich kleinerer Gewerkschaften. Die linke Wochenzeitschrift DER STERN, die unter dem unfreiwillig feudalistischen Titel »Ein König muß gehen« sich besonders der Kritik an *Albert Vietor* widmete (»Vergangene Woche stolperte er über seine gewinnträchtigen Privatgeschäfte, die er über Strohmänner abwickelte. Doch der Fall ›Neue Heimat‹ ist kein Einzelfall. Auch in anderen Gewerkschaftsfirmen herrscht der Kollege Filz«), macht die Vetternwirtschaft unter Gewerkschaftsfunktionären und ihren groben Eigennutz an einer vermeintlich kleineren Gewerkschaft deutlich. »Ein typisches Beispiel dafür gibt die Gewerkschaft der Eisenbahner Deutschlands (GdED), mit über 400 000 Mitgliedern sechstgrößte Einzelgewerkschaft im DGB. Die GdED hat das Sagen in der Deutschen Eisenbahnversicherungskasse (Devka) und deren Tochtergesellschaft Devka Allgemeine Versicherungs AG, bei denen nahezu alle deutschen Eisenbahner, aber auch andere Bundesbürger (!) ihre Autos, ihren Hausrat und ihr Leben versichern.

Vorsitzender des Aufsichtsrats der Devka ist der Gewerkschafter *Philipp Seibert*, der bis 1977 zugleich Vorsitzender der Eisenbahnergewerkschaft war. Zumindest er, der jahrelang auch im Aufsichtsrat der Neuen Heimat gesessen hat und dort erst kürzlich ausschied, . . . ist nämlich selbst in Verdacht geraten, private und dienstliche Interessen vermischt zu haben. Außer seinem stattlichen Bungalow . . . im hessischen Städtchen Langen gehört *Seibert* im idyllischen Taunus-Städtchen Königstein ein ansehnliches Reihenhaus . . ., das er vermietet. Beide Häuser . . . wurden von der Frankfurter Baufirma *Appel & Zahn AG* gebaut.

Bemerkenswert daran ist, daß durch . . . dieselbe Baufirma die Eisenbahnversicherungskasse auf Anregung *Seiberts* in dessen Wohnort Langen zwei Wohntürme mit 260 Wohnungen bauen ließ. Die Hochhäuser, 20,4 Millionen DM teuer, wurden ohne die sonst üblichen Ausschreibungen von Seiberts Freund . . . geplant und – ebenfalls ohne Ausschreibung von *Appel & Zahn AG* hochgezogen und dann gepachtet. Obwohl die Baufirma *Appel & Zahn AG* mit den Pachtzahlungen in Rückstand geriet, weil sich die Wohnungen nur schwer vermieten ließen, verzichtete die von *Philipp Seibert* beauftragte Eisenbahnerversicherung darauf, die noch ausstehenden 1,5 Millionen DM einzutreiben. Der Gewerkschaftsboß und Aufsichtsratsvorsitzende hielt schützend seine mächtige Hand über die Baufirma . . . Die fehlenden Pachtzahlungen sind bis heute nicht in die Kasse der GdED-Versicherung geflossen. *Appel & Zahn AG* gingen in Konkurs . . . Neben seiner stattlichen Pension als Bundestagsabgeordneter . . . und seinen stattlichen Bezügen von der Eisenbahnergewerkschaft kassiert Seibert aus seinem Haus heute 2200,– DM Miete.

Mitverantwortlich für die millionenschwere Fehlinvestition war *Josef Mück*, im Hauptberuf damals noch Vorschweißer im Bundesbahnausbesserungswerk Köln-Nippes, nebenher Mitglied im Hauptvorstand der Eisenbahnergewerkschaft und zugleich Vorsitzender des Beirats für Vermögensanlage im Aufsichtsrat der Eisenbahnerversicherung. Kurz nachdem er dort für die Genehmigung des von Seibert betriebenen Bauprojekts gesorgt hatte . . . durfte er mit einem Monatsgehalt von 8000,– DM (inzwischen 12 000,– DM) im Vorstand der Deutschen Eisenbahner-Versicherung Platz nehmen . . . Als Dienstwagen fährt er einen

Mercedes 280 SE mit seinen Initialen K-JM auf dem Kennzeichen. Das Berliner Versicherungsamt hat bezweifelt, daß ein Schweißer für den verantwortungsvollen Job der Vermögensanlage ausreichend qualifiziert sei und *Mücks* Ernennung zum Vorstandsmitglied untersagt. Da druckten die pfiffigen Gewerkschaftsunternehmer kurzerhand andere Briefköpfe, in denen die Worte »Mitglied des Vorstandes« nicht mehr vorkamen. Ein Jahr lang ließen sie ihn bei ungekürzten Bezügen Erfahrungen sammeln. Dann hatte das Aufsichtsamt nichts mehr gegen seine Ernennung ... Zur Zeit führt *Josef Mück* Verhandlungen über den Bau eines neuen Verwaltungsgebäudes für die GdED-Versicherung, das – wer wohl sonst? – die Neue Heimat demnächst in Köln errichten soll.

Der Zusammenhalt unter den Funktionären ist groß und kaum ein Kollege braucht zu fürchten, von einem anderen kritisiert oder gar denunziert zu werden. (STERN vom 18. 2. 1982, S. 17–27.)

Wie man aus dem Folgenden sehen wird, habe ich die »Lebensläufe« von Funktionären nicht nur als anekdotische Veranschaulichung eingefügt, sondern als eine Beweishilfe für grundsätzliche Urteile. Wenn man sich vor Augen hält, daß die Bundesdeutsche Eisenbahn eines der größten bundesstaatlichen Zuschußunternehmen aus Steuergeldern darstellt, so daß sie notgedrungen einem privatwirtschaftlich erfahrenen Management übergeben werden mußte, dann streifen die Praktiken der Eisenbahnergewerkschaftsfunktionäre geradezu an das abenteuerliche Kriminelle. Wie wäre es, wenn das staatlich monopolisierte Fernsehen, statt einerseits völlig kulturfremde Gangsterfilme oder Scotland-Yard-Krimis, andererseits immer neues »Unterprivilegierten-Gejammer« zu senden, einmal an die bundesdeutsche Wirklichkeit der Lebensläufe von Funktionären heranginge?

Zwei grundsätzliche Folgerungen:

In der Ämterüberlastung als Aufsichtsratmitglieder stehen die privatwirtschaftlichen Unternehmensvertreter den gewerkschaftlichen zunächst keineswegs nach (im August 1978 hatte der Vorsitzende der Firma Bosch, Dr. *Hans Merkle*, neun Aufsichtsratsmandate, sehr viele Industrie- und Bankunternehmensführer haben acht bis fünf Aufsichtsratsposten inne. Gleicht sich das nicht aus mit den Aufsichtsratshäufungen der Gewerkschaftsfunktionäre? Nein, denn alle diese privatwirtschaftlichen Unternehmensfunktionäre handeln allein im Interesse ihrer Unternehmen, ihrer Aktionäre und Eigentümer, aber keiner von ihnen führt eine große politische Mitgliederorganisation oder spielt den parteipolitischen Abgeordneten in irgendeinem Parlament. Ihre Loyalität und Verantwortung ist eindeutig und sie werden, wenn sie dauernd den Aktionären und Eigentümern ihrer privatwirtschaftlichen Unternehmen rote statt schwarze Zahlen, also Verluste statt Gewinne servieren, ohne jede Kollegialsolidarität in die Pensionswüste geschickt, wenn es nicht, wie die großen privatwirtschaftlichen Unternehmensbankrotte (AEG, Bauknecht usw.) belegen, auch hier zu spät geschieht. Aber jede Geldanlage in privatwirtschaftlichen, von den privatwirtschaftlichen Banken kontrollierten Industrieunternehmen ist erheblich sicherer und gewinnbringender, auch für den einfachen Arbeiter, als sein finanzielles Vertrauen in die ihnen ideologisch näherstehenden Gewerkschaftsfunktionäre zu setzen.

An der Wurzel dieser Verschiedenheit von Gewerkschaftsfunktionären als Unternehmer und den führenden Managern der Privatwirtschaft liegt ihr unterschiedliches Verhältnis zum Eigentum. Während in der Privatwirtschaft ein auf konkrete Personen bezogenes Eigentum produktiv verwaltet wird, deren Privatinteresse sich in den Hauptversammlungen der Aktionäre und im Kauf oder Verkauf von Aktien äußern kann – von Familienbetrieben der Unternehmen, in denen der den Betrieb Leitende zugleich der private Eigentümer ist, ganz abgesehen – gehört das Geld in den Gewerkschaftsunternehmen einer abstrakten Organisation und die Aufsichtsräte und die von ihnen eingesetzten Manager haben keine Eigentumszurechnung zu befürchten; denn es gibt keine Instanz, die sie kontrolliert, außer ihrer kollegialen Selbst-Kontrolle.

Konrad Adenauer pflegte zu sagen: »Sozialisten können nicht mit Geld umgehen«; ich würde dies, übrigens durchaus im Sinne des Alten, genauer fassen: Sozialisten können nicht mit dem Geld anderer umgehen, nämlich der Steuerzahler, der Gewerkschaftsmitglieder, der Rentner usw. Denn dort, wo es um ihr persönliches Privateigentum geht, wie zum Beispiel um Sparen beim Steuerzahlen oder um Hausbau und -vermietung von Privathäusern, haben sie erwiesenermaßen ein Unternehmensgeschick, das dem der Großkapitalisten durchaus ebenbürtig ist.

Eigentum ist also nicht nur persönliche Freiheit, sondern auch Rationalität in dem Sinne, daß gerechnet (kalkuliert) und für die Zukunft und die der eigenen Familie vorgesorgt wird. Die Privat-Politik der Gewerkschaftsfunktionäre ist der beste Beweis dafür, daß Eigentumsbildung in Arbeiterhand, ja in der gesamten breiten Bevölkerung zu mehr Freiheit und zugleich mehr Lebensverantwortung führt. Leider wird diese »alternative Sozialpolitik« viel zu zaghaft vertreten.

Gewerkschaftsunternehmen: gegen die Interessen der Arbeiter

Die in einem freiheitlich-demokratischen Rechtsstaat nicht zu entbehrende Betätigung freier Gewerkschaften beruht, was man selten erkennt, auf der Vertretung des privaten Eigentumsinteresses der Arbeiter. Denn das Vertrauen, das die Gewerkschaften genießen, beruht darauf, daß die meisten Arbeiter (wie andere Arbeitnehmer gegenüber ihren Berufsverbänden) sich durch sie in ihren Einkommensverhältnissen und anderen materiellen privaten Leistungen gegenüber den Arbeitgebern am sichersten vertreten fühlen. Die Aufgabe der freien Gewerkschaften liegt einzig und allein in ihrer Funktion als Tarifpartner als die gesellschaftliche Kraft, die Arbeitsplätze erhält und Arbeitsbedingungen verbessert, ohne sich dem Kommando der Privatwirtschaft oder der Regierungen (wie im marxistischen Osten) zu unterwerfen.

Aber hinter diesem großen Vertrauensvorschuß haben die Gewerkschaftsfunktionäre eine über diese Aufgabe weit hinausreichende Machtstellung aufgebaut, die sie zur zwar verantwortungslosesten, aber mächtigsten Gruppe im demokratischen Parteienstaat macht. Greift man diese Machterweiterung der Funktionärsclique in gewerkschaftsfremden oder -usurpierten politischen Feldern an, so trifft man auf das politisch wirksamste soziale Tabu der Politik in den westeuropäischen Staaten, auch gerade in der Bundesrepublik. Denn jede solche Kritik oder gar Absicht, die Gewerkschaftsfunktionäre auf ihre ureigenen Aufgaben zurückzuverweisen (Gewerkschaftsreform), trifft erst einmal auf das Funktionärsgeschrei, man wolle die Grundrechte der freien Gewerkschaften beseitigen. (Beispiele dafür: Die CSU hat einen Anlauf zu einer Gewerkschaftsreform gemacht, aber aus Wahlgründen hat ihr Vorsitzender *Franz Josef Strauß* längst wieder den Verbrüderungskurs eingeschlagen; der CDU-Vorsitzende von Nordrhein-Westfalen, *Kurt H. Biedenkopf*, wollte die »Filzokratie« der Gewerkschafts- und SPD-Parteifunktionäre, allerdings alle wahlkurzfristig offenlegen und hat damit zwar private Zustimmung, aber keinen Wahlerfolg geerntet.)

Hinter diesem politischen Banngebiet haben sich die Gewerkschaftsfunktionäre zwei Herrschaftspositionen aufgebaut, die zwar ihre Gruppenmacht steigern, aber dem bundesdeutschen Arbeiter eher schaden als nützen. Der erste politische Irrweg dieser Art ist die überbetriebliche Mitbestimmung in Großunternehmen durch Organisationsbosse der Gewerkschaften. Daß die Arbeiter am Ort durch Betriebsräte (gewählt!) oder durch Sitze im Aufsichtsrat mitbestimmen und die wirtschaftliche Entwicklung des Unternehmens beurteilen können und sich nicht einfach privatwirtschaftlichen Gewinnkalkulationen auszuliefern brauchen, halte ich für einen der großen wirtschaftlich-sozialen Fortschritte unseres bundesdeutschen Gemeinwesens. Er entspricht übrigens völlig dem von *Werner Maihofer* begründeten und verfaßten »Freiburger Programm« der F.D.P. Aber aus regierungspolitischen Machterhaltungsinteressen haben die Koalitionspartner *Hans Dietrich Genscher* und Genossen diesen liberalen Grundsatz aufgegeben. Sie haben den letzten grundsätzlichen liberalen Denker praktisch aus der Partei vertrieben und den Funktionärsinteressen in den privatwirtschaftlichen Großbetrieben die Tür geöffnet, wofür sich dann der scheidende Oberboß des DGB, *Heinz Oskar Vetter*, damit bedankte, daß er als einen seiner Fehler die Unterstützung der sozial-liberalen Koalition bekannte. Daß dem Opportunisten *Genscher* noch die Schamröte ins Gesicht steigt, ist bei seinem Charakter wohl kaum zu erwarten.

Der zweite Irrweg auf Kosten der Lebensinteressen der Arbeiter, insbesondere der Gewerkschaftsmitglieder, besteht im Aufbau eines Konzerns von Gewerkschaftsunternehmen, der den Funktionären (mit sog. sozialem Alibi) bisher kaum überblickbare Machtfülle, den Arbeitern aber kaum Vorteile beschert hat. Wir haben schon zu Anfang dieser Zwischenbetrachtung darauf hingewiesen, daß die einkommensschwächeren Bevölkerungsschichten keinerlei Vorteile in der Wohnungssuche oder gar in ihrer Miete (oft im Gegenteil), im Konsum, in Kreditgeschäften und vielem mehr von den Gewerkschaftsunternehmen haben. Dabei ist es ihr Geld, ihr Eigentum, mit dem die Gewerkschaftsunternehmer wirtschaften. Hier wird eine stille Enteignung der Gewerkschaftsmitglieder betrieben.

Die Opposition gegen die sozialliberale Regierung hat bisher nicht zustande gebracht, das verlogene Tabu der Gewerkschaftsfunktionäre und eines immer mehr wachsenden Teils der SPD-Parteifunktionäre zu durchbrechen. Allein wenn das gelingt, würde eine »Wende« in der bundesdeutschen Innenpolitik dauerhaft zustandekommen, nämlich wenn man die breiten Bevölkerungsschichten der Arbeiter (»Arbeitnehmer«) davon überzeugt, daß ihre sozialen und materiellen Lebensinteressen in einer sozialen Marktwirtschaft besser aufgehoben sind als in einer funktionärsbestimmten Planwirtschaft. (Die polnischen Arbeiter haben dies inzwischen begriffen.) Eine »alternative« Gesetzgebung und Regierung, die bisher bei der CDU/CSU keineswegs erkennbar ist, würde um folgende Änderungen der »gemeinnützigen« Gewerkschaftsunternehmen gerade im Interesse der Arbeiter und Gewerkschaftsmitglieder nicht herumkommen:

- Das Steuerprivileg der »Gemeinnützigkeit« ist für alle Wirtschaftsunternehmen grundsätzlich aufzuheben.
- Die gewerkschaftlichen Wirtschaftsunternehmen sind in normale Aktiengesellschaften umzuwandeln, deren Aktionäre die Beitrag zahlenden Mitglieder der Gewerkschaftsorganisation sind. Dies mit allen Folgen des privatwirtschaftlichen Wirtschaftsrechts: Die Aktionäre können in Hauptversammlungen über die Unternehmens- und Aufsichtsratspolitik abstimmen und ihre Aktien frei kaufen oder verkaufen. Das wäre die Anerkennung eines »wirtschaftlich mündigen Arbeiters«.
- Eine solche Regelung würde die Unvereinbarkeit von Gewerkschaftsfunktionärsaufgaben mit gemeinwirtschaftlich-genossenschaftlichen Unternehmen zur Voraussetzung haben. Die jetzt bestehende Gesetzeslage macht die in ihrem Betätigungsfeld handelnden Gewerkschaftsfunktionäre zugleich zu Unternehmern mit fremdem Geld und zu vermeintlichen Vertretern der Arbeiterinteressen, ein Verhältnis, das völlig dem Modell des marxistischen Ostens entspricht. Diesem sind im Binnenverhältnis die bundesdeutschen Gewerkschaftsfunktionäre sowieso viel näher als der ab und zu beschworenen Zustimmung zur Marktwirtschaft.

Die Zurückführung der Gewerkschaftsorganisationen und ihrer Funktionäre auf ihre eigentlichen Aufgaben setzt aber weiter voraus, daß die Arbeiter- und Gewerkschaftsmitgliederinteressen auch gegen den Unternehmer und Arbeitgeber »Gewerkschaft« wirksam vertreten werden können. Welche Gewerkschaft vertritt eigentlich die Arbeiter gegenüber den Gewerkschaftsunternehmern? Der frühere IG-Metall-Chef *Otto Brenner* hat noch offen für seine Gewerkschaft die Parole ausgegeben: »Kollegen, wozu brauchen wir schon einen Betriebsrat? Wir sind doch keine gewöhnlichen Arbeitgeber.« In der Tat sind die Gewerkschaftsfunktionäre keine gewöhnlichen Arbeitgeber, denn nach innen spielen sie – wie der ganze monopolparteilich geführte sozialistische Ostblock – beide Rollen zugleich, die des Arbeitgebers, der aber zugleich seine eigenen Arbeitnehmer vertritt. Wie gesagt, nach außen voll angepaßt kapitalistisch, nach innen funktionärsmonopolistisch, wie die Russen in der Weltwirtschaft!

Leider haben sie einige soziale Gesetze gegen die Privatwirtschaft durchgesetzt, die auch sie selbst als Unternehmer und Organisation binden: Auch sie müssen auf jeden Fall einen gewählten Betriebsrat haben, auch ihre Großunternehmen müssen im Vorstand einen Arbeitsdirektor aufweisen, der die sozialen Interessen der arbeitenden Belegschaft mit der Unternehmenspolitik in Einklang bringt. Aber wie sieht dies konkret in Gewerkschaftsbetrieben, also sowohl Organisationsbüros wie Gewerkschaftsunternehmen aus? Ist jemals bei Betriebsratswahlen in Gewerkschaftsbetrieben eine andere Liste zur Wahl gestellt worden als die von den Oberfunktionären vorher gebilligte Einheitsliste von treuen DGB-Unterfunktionären? Wo etwa Kommunisten eine Gegenliste versucht haben, wurden sie »wegen gewerkschaftsschädigenden Verhaltens« sofort aus der Gewerkschaft als Mitglieder ausgeschlossen: Ganz in der Art, wie der polnische Militär- und Parteidiktator die Führer der oppositionellen freien Gewerkschaft »Solidarität« wegen »Schädigung der nationalen Interessen« verfolgt und beseitigt.

Natürlich hat ein Baugroßunternehmen wie die Neue Heimat einen Arbeitsdirektor. Allerdings ist es »zufällig« im Funktionärsfilz der abgetretenen langjährige Vorsitzende der Gewerkschaft Erziehung und Wissenschaft, *Erich Frister*, der als ehemaliger Lehrer die Interessen von Bauarbeitern, Technikern und Architekten besonders gut versteht. Was würde die Metallarbeitergewerkschaft dazu sagen, wenn man einen zurückgetretenen Bankier der Deutschen Bank zum Arbeitsdirektor bei Mercedes-Benz machte? Was hat die Gewerkschaft Bau, Steine, Erde dazu gesagt, daß der Erziehungsgewerkschaftsfunktionär *Erich Frister* zum Arbeitsdirektor in einem der größten Bauunternehmen Europas gemacht wurde? Offensichtlich hat sie zugestimmt. (Aufgefallen ist das Vorstandsmitglied Arbeitsdirektor *Frister* allerdings bisher nur dadurch, daß er im Fernsehen rhetorisch lebhaft die Politik der Vorstandskollegen verteidigte (»alles ist nicht so schlimm«), als von diesen niemand mehr bereit war, so öffentlich vor die Kameras zu treten.

Erstes Urteil:

Eine »alternative« Politik der kommenden 80er und 90er Jahre in der Bundesrepublik wird um eine öffentliche und gesetzliche Reform der Gewerkschaften nicht herumkommen, obwohl ich bisher keine politischen Kräfte sehe, die diese Aufgabe auf sich nehmen würden und könnten. Aber zumindest sollte die hier liegende Zielsetzung breiter klar gemacht werden.

Es geht in keiner Weise um die Beschränkung oder Aufhebung freier Gewerkschaften oder gar ihre Unterstellung unter »staatliches Kommando«, sondern um die politische Grundfrage: Wie machen wir die Gewerkschaften (und andere Interessenverbände) wieder zu den Stützen der sozialen und politischen Stabilität unseres Gemeinwesens, die sie beim Aufbau der Bundesrepublik in den ersten Jahrzehnten ihres Bestehens gewesen sind? Das schließt allerdings eine ständige schöpferische Wandlung und Gestaltung der Sozialen Marktwirtschaft gerade zugunsten der Arbeiter und Verbraucher ein und verbietet das heute von rechts wie von links übliche bloße Lippenbekenntnis.

Um diese Folgerung einmal den offiziellen Verteidigern der Marktwirtschaft deutlich ins Stammbuch zu schreiben: Ihre Offizialverteidiger sollten weniger die Gesinnung der bereits Überzeugten stärken, sondern vielleicht durch ein Rosabuch (kein Rotbuch oder Schwarz- oder Weißbuch) die Interessen der Arbeiter, der Verbraucher, der Rentner, der Jungen und Alten, also der Bürger gegen die Tabus der Funktionärsmacht sammeln und mit allen publizistischen Mitteln offenlegen. Die Soziale Marktwirtschaft dieser Art muß angriffsbewußt vorwärts verteidigt werden, nicht nur defensiv gesinnungsbestätigend im Rückzug.

Ich habe im letzten Absatz bereits die Frage aufgegriffen – vertreten die Gewerkschaftsfunktionäre noch die Interessen der Arbeiter? – die ich im Schlußkapitel über »gemeinnützige« und sonstige Gewerkschaftsunternehmen zurück zu der viel gewichtigeren Frage eines »verfehlten Beschäftigungsprogramms«, also der Erhaltung und Schaffung von Arbeitsplätzen durch möglichst hohe Vollbeschäftigung in der bundesdeutschen Wirtschaft hin erweitern werde.

Zweites Urteil:

In einer parteipolitischen Demokratie urteilsunfähig.

Vorauszusehen war, daß dieses der sozial-liberalen Regierung abgeforderte Beschäftigungsprogramm politisch nicht durchgesetzt werden konnte. Zwar konnten die Gewerkschaftsfunktionäre ihre in der Bundesregierung sitzenden Parteibeauftragten, so insbesondere den »Gewerkschaftsminister« *Herbert Ehrenberg*, darauf einschwören, ihre vermeintliche arbeitsschaffende Politik zu vertreten – worauf der auch daran gescheiterte und zum Rücktritt gezwungene »Sozialminister« *Ehrenberg* dem Regierungschef, der die Leitlinien der Bundesrepublik bestimmt und verantwortet, es mit einem »politischen Testament« heimzahlte, das vor den Gesinnungsgenossen unter den Gewerkschaftsfunktionären und der innerparteilichen linken SPD-Opposition jenem eine in den Grundzügen verfehlte Politik vorwarf; denn schuld an der eigenen Unfähigkeit haben immer die anderen.

Aber daß die SPD-Mitglieder des Regierungskabinetts selbst die so kompromißbereite F.D.P. zu noch mehr staatlichem Dirigismus bekehren oder die CDU/CSU-Mehrheit im Bundesrat zu ihrer Art der Finanzierung von mehr Arbeitnehmerbelastung nicht würde bekehren können, wußte jeder vorausschauende Regierungs- und Parteipolitiker. (Bezeichnenderweise richtet sich der Zorn der Gewerkschaftsfunktionäre daher in erster Linie gar nicht gegen die politische Opposition, also die sogenannte »Kapital- und Unternehmer-Parteien«, die zur Zeit eine taktisch kluge »Umarmungspolitik« von *Herbert Blüm* und *Franz Josef Strauß* gegenüber den Gewerkschaften betreiben, sondern gegen den sozial-liberalen Koalitionspartner F.D.P., insbesondere gegen den Wirtschaftsminister *Otto Graf Lambsdorff*.

Die Gewerkschaftsfunktionäre sind inzwischen – im Gegensatz zu der Ära *Böckler* oder *Rosenberg* – unfähig geworden, politische Lagen in einem parteipluralistisch-demokratischen Staat weitsichtig einzuschätzen; ihr indirekter Anspruch auf Teilnahme an der Regierungsmacht nähert sich immer mehr dem totalitären Gebahren von sozialistischen Monopolparteien des Ostens. Die Folge: Gegen die wachsende Arbeitslosigkeit ist in den letzten Jahren praktisch nichts Wirksames geschehen.

Drittes Urteil:

Finanzielle Realitäten in der nationalen und internationalen Wirtschaftslage, in den Haushalten der öffentlichen Institutionen und Organisationen, in den privaten Haushalten der breiten arbeitenden Bevölkerung sind für Funktionäre kaum noch ein Richtpunkt ihrer Politik, sondern sie versuchen, diese Mängel durch stärkere finanzielle Belastung der Arbeitnehmer aller Schichten auszugleichen. (Ihre eigenen Finanzen stimmen ja immer, da sie einfach Beitragserhöhungen verfügen.)

Die Finanzierungsvorschläge, die der DGB-Vorsitzende seiner Forderung nach einem staatlichen Beschäftigungsprogramm zur Verminderung der Arbeitslosigkeit hinzufügt, sind natürlich von einem wirtschafts- und finanzwissenschaftlichen Argumentations-Brimborium begleitet, das aber, was wichtiger ist, nur Sand in die Augen der eigenen Arbeitnehmermitglieder streut. Wenn ich versuche, dieses Bündel an Finanzierungsvorschlägen auf meine geistige Ebene eines nur sozialwissenschaftlich vorgebildeten Wissenschaftlers zurückzuführen (»Reduzierung von Komplexität«, *N. Luhmann*), dann scheinen mir folgende drei/vier Forderungen die Kernpunkte zu sein:

- Das Beschäftigungsprogramm, also die Beschaffung neuer dauerhafter Arbeitsplätze, soll im wesentlichen die Wirtschaft einschließlich der Freien Berufe selbst finanzieren.
- Zweitens soll es der Staat organisieren und finanzieren.
- Höhere Sozialleistungen der arbeitenden Bevölkerung sind aus Solidarität für die nicht-produktiven Menschen unseres Gemeinwesens nicht zu vermeiden.

Zur ersten Gruppe der Finanzierungsvorschläge:

Die DGB-Funktionäre fordern eine Unternehmensabgabe zur Finanzierung dieser Arbeitsplatzbeschaffung und schließen darin die Freien Berufe (z. B. Ärzte) ein. Also sollen vor allem »die anderen« bezahlen; aber deren ökonomisch-finanzieller Sachverstand ist dem der Funktionäre überlegen; selbstverständlich werden sie die finanzielle Mehrbelastung sowohl auf die Preise, also den Verbraucher abwälzen und die Entwicklung menschlicher Arbeitsplätze wegrationalisieren. Bei industriellen Unternehmen ist dies schon lange die beherrschende Entwicklung, aber offensichtlich will dies die Gewerkschaftsführung nun auch für die Freien Berufe – eine eigene Art von Kleinunternehmen – erzwingen oder wo dies nicht möglich ist, ihre Produktionsstätten in das weniger lohn- und sozialabgabenfordernde Ausland verlagern.

Nehmen wir als Beispiel die frei praktizierenden Ärzte: Ihr Personalstand an Helfern hat sich in den letzten Jahren sprunghaft erhöht, aber sie werden »Unternehmensabgaben«, das heißt neue Steuern, ebenfalls auf höhere Preise abwälzen, die dann die Krankenkassen und damit letzthin der krankenversicherte Arbeitnehmer durch höhere Beiträge zu bezahlen hat oder sie werden ihr Personal verringern, das heißt Arbeitsplätze aufgeben. Also bezahlt so oder so der arbeitende Teil der Bevölkerung, ohne daß neu investiert, also die Arbeitslosigkeit abgebaut wird.

Natürlich sehen auch Gewerkschaftsfunktionäre, daß mehr Geld für Arbeitsplatzbeschaffung nur durch mehr Investitionen in der Produktion aller Art erreicht werden kann. Aber sie erreichen mit all ihren Forderungen lediglich technische und organisatorische Rationalisierungen anstelle der Beseitigung der Arbeitslosigkeit, indem sie denen, die investieren, das heißt zunächst Geld einsetzen sollen, um in der Zukunft daraus Produktions- und Einkommensvorteile zu ziehen, erst einmal Geld wegnehmen. Im Grundsatz heißt dies: Rechts kräftig nehmen wollen, um daraus links zögernd geben zu können. Und dazu kommt dann der politische Machtgrundsatz: Wo aber investiert wird, wollen wir entscheidend mitbestimmen (Investitionskontrolle und -lenkung). Womit man, marktfremd und unternehmensunerfahren, sich längst auf dem Weg zur sozialistischen Staatswirtschaft befindet, die sich im Osten gerade schwer bankrott darstellt.

Die zweite Gruppe der Finanzierungsvorschläge kann man unter dem Grundsatz zusammenfassen: »Der Staat«, das heißt Bundesregierung, Länderregierungen und Gemeinden, sollen ihrerseits neue Arbeitsplätze schaffen, indem sie ihre Haushalte ausdehnen und sich erhöht verschulden, notfalls neue Steuern erheben. Daß diese Regierungshaushalte, insbesondere der Länder und Gemeinden, nach den übereinstimmenden Aussagen ihrer Finanzminister praktisch vor dem Offenbarungseid stehen, ficht die Gewerkschaftsfunktionäre, die ja keine Regierungsverantwortung tragen, wenig an. Dabei gerät das Größenverhältnis von öffentlichen und privatwirtschaftlichen Investitionen völlig aus ihrem Blickfeld. Der sozialdemokratische Bundesfinanzminister *Manfred Lahnstein* – wahrlich kein Gegner der Gewerkschaften – hat sachlich festgestellt, daß die durch den Bundeshaushalt zu finanzierenden Investitionen höchstens 20% betragen könnten, während 80% von der privatwirtschaftlichen Initiative (und ihrer Risikobeurteilung) erwartet werden müßten.

Diese Möglichkeit ist wahrscheinlich für die Länder- und Gemeindehaushalte noch weitaus zu hoch gegriffen; diese stehen ja – wie das einstmals so reiche Land Nordrhein-Westfalen, mit sozialdemokratischer Mehrheit regiert, heute beweist – vor der umgekehrten Aufgabe, nämlich Arbeitsplätze einzusparen, das heißt abzubauen oder vorgesehene staatliche Bauvorhaben und sonstige Aufträge (vorläufig) hinauszuschieben, vor allem aber öffentliche Bediensteten-Stellen (also Arbeitsplätze) zu verringern.

In Wirklichkeit ist selbst das bescheidene Investitionsprogramm der Bundesregierung nur zu finanzieren, indem die Mehrwertsteuer, die gerade die breite Schicht der Verbraucher mit selbstverständlich damit verbundenen Preissteigerungen belastet, erhöht wird; natürlich können die Gewerkschaftsfunktionäre dem öffentlich nicht zustimmen, aber auch ihr Protest dagegen fiel im Gegensatz zu dem der CDU/CSU geführten Länderregierungen äußerst schwach aus. Der Macht- und Verantwortungsgegensatz zwischen sozialdemokratischen Regierungen und den vermeintlich noch sozialdemokratischen Gewerkschaftsfunktionären wird somit immer offenkundiger.

Gerade in diesen Tagen (Juni 1982) wird diese Abwälzung von Gewerkschaftsforderungen auf den Staat wieder in der Forderung des Gesamtbetriebsrates der AEG deutlich, die Bundesregierung und die Landesregierungen sollen sich direkt, das heißt durch Steuergelder an der pleitegegangenen Firma mit einer Milliarde DM beteiligen, wobei dann das Unternehmen Bauknecht, wo es ähnlich steht, gleich in die Forderung auf Gleichbehandlung eingeschlossen wird. Dies solle mit dem »ganzen politischen Druck« der Gewerkschaft Metall, mit der man »eine Lobby zu schaffen« beabsichtige, durchgesetzt werden. Bundeswirtschaftsminister *Otto Graf Lambsdorff* hat dies ohne Umschweife als »marktwirtschaftswidrig« und »ganz und gar abseitig« zurückgewiesen. Um wessen Geld geht es eigentlich?

Die dritte Gruppe von Finanzhilfen zur Arbeitsplatzbeschaffung zielen noch unmittelbarer auf Belastungen der arbeitenden Bevölkerung: Früheres Rentenalter, natürlich unter vollem Bezug der sonst erst später fällig werdenden Renten, können nur durch höhere Beiträge zur Rentenversicherung direkt oder durch noch stärkere staatliche Steuerbeiträge zur Rentenkasse finanziert werden, die letztlich doch vom Lohn der Arbeitenden (Lohnnebenkosten, höhere Verbraucherpreise usw.) zu bezahlen sind.

Daß dann die Beamten eine gleiche Behandlung, also frühere

Pensionierung erreichen werden und damit die arbeitsplatzsparende Haushaltspolitik der öffentlichen Hand noch verstärkt werden muß, bleibt in diesen Vorschlägen ebenso unerwähnt wie die Nebenfolgen, nämlich daß durch die Freisetzung noch voll arbeitsfähiger Menschen, die dann nicht steuer- und versicherungspflichtige Schwarzarbeit im hohen Maße aufnehmen, Arbeitsplätze im Handwerk und in anderen kleinen und mittleren Gewerbebetrieben vernichtet werden.

Von der Einsicht der gesamten wissenschaftlichen Altersforschung, daß eine zwangsweise Herabsetzung des Pensionärs- oder Rentenalters auf 60 oder sogar 55 Jahre schwere psychische und gesundheitliche Folgen für diese Arbeitnehmer mit sich bringt, nehmen natürlich Gewerkschaftsfunktionäre keine Kenntnis. So hat 1981 ein gerontologischer (sich mit Altersforschung beschäftigender) Kongreß in Hamburg, an dem Mediziner, Psychologen, Soziologen usw. aus 55 Ländern teilnahmen, sich einstimmig für eine Flexibilität, also persönliche Wahlmöglichkeit der beruflichen Altersgrenze eingesetzt, die eine Herabsetzung auf das 60. oder 55. Lebensjahr genauso ermöglichen sollte wie eine Heraufsetzung, die im Einzelfall sogar über das 70. Lebensjahr hinausgehen könnte. Außerdem sei der Vorteil einer Teilzeitbeschäftigung für ältere Arbeitnehmer bisher nicht ernsthaft ausgenutzt worden. Daran die Mißachtung der international übereinstimmenden Wissenschaft durch Gewerkschaftsfunktionäre erneut festzustellen, erscheint mir genauso wichtig wie die Einsicht, daß die Funktionäre phantasielos und daher zu einer fortschrittlichen Sozial- und Arbeitspolitik im Interesse der Arbeitnehmer unfähig sind, weil sie routinehaft und schematisch veralteten Generalrezepten folgen.

Das gleiche ließe sich an anderen, von den Gewerkschaften vorgeschlagenen Zwangssolidarisierungen nachweisen, zum Beispiel an der ständigen Ausdehnung der »Zwangskrankenversicherung« auf Kreise, die längst für Krankheitsfälle selbst vorgesorgt haben; an der Forderung nach »Sonderbelastungen« für Beamte und Freie Berufe, wobei natürlich die Gewerkschaft ÖTV ihre Beamtenklientel ausgenommen haben will (St.-Florians-Prinzip). Grundsätzlich weigern sich die Funktionäre, dem Arbeitnehmer einen Beitrag zur Selbsthilfe abzuverlangen, der etwa dem Alkohol- oder Nikotinkonsum eben der »sozial Geschützten« gleichkäme; im Gegenteil, das hieße ja, das »Netz der sozialen Sicherheit« zu zerreißen, ein Anspruch, dem man in jedem Falle Widerstand leisten werde (so auch der neue DGB-Chef *Ernst Breit*).

Doch lassen wir die beliebig fortzusetzenden und von Tag zu Tag sich vermehrenden Beispiele und wenden wir uns den bewußten und unbewußten Grundsätzen zu, die heute, gerade am Musterfall eines Arbeitsbeschaffungsprogramms als Mentalität und Denkweise der Gewerkschaftsfunktionäre anzusehen sind.

Sozial- und arbeitspolitische Funktionärsgrundsätze

1. *Das versteckte Selbsthilfeprinzip*

Arbeitnehmer aller Ränge, finanziert eure Arbeitsplätze selbst! Wir werden dafür sorgen, daß die Leistungsfähigen und Fleißigen, die Produktiven und diejenigen, die ein gesundes Leben führen, immer mehr »Solidarität« leisten müssen für die Unproduktiven, deren Anzahl zu vermehren unsere Absicht ist.

2. *Der ständige Machtgewinn als Hauptmotiv*

Selbstverständlich muß euer Geld, bundesdeutsche Arbeitnehmer, erst in Kassen fließen, über die wir Funktionäre entscheidend mitzubestimmen haben, und wir werden dafür sorgen, daß immer mehr solcher Kassen errichtet und immer mehr Geld unserem Zugriff unterstellt werden; denn wir sind die Verteilungselite, die im Sozialstaat herrschen muß!

3. *Die Mißachtung der Benya-Alternative*

Der österreichische oberste Gewerkschaftsführer *Anton Benya* – nicht nur einer der alten lebenserfahrenen Sozialdemokraten wie etwa *Hans Böckler, Wilhelm Kaisen* oder *Hinrich Kopf*, sondern darüber hinaus zu einem führenden Staatsmann des neuen Österreich geworden – hat den österreichischen Arbeitern und vor allem den Sozialisten seiner Partei gegenüber ein Entweder-Oder mit ungewohnter Offenheit ausgesprochen: Entweder man verzichte auf jede weitere Steigerung der »sozialen Sicherheit«, ja vermindere ihre nicht für die Arbeiterbevölkerung lebenswichtigen Leistungen oder man sichert und vermehrt die Arbeitsplätze und Beschäftigungssicherheit. Er selbst setzt sich für den Vorrang der Arbeitsplatzsicherung und -vermehrung ein. Eben diese Alternative wird von keinem bundesdeutschen Gewerkschaftsfunktionär angenommen, sondern sie verfolgen das unpolitischutopische Ziel, viel konkret utopischer als die Utopien linker Ideologen, sowohl jeder Beschneidung überzogener Sozialleistungen »Widerstand« zu leisten, ja sie noch steigern zu wollen, aber alibihaft gleichzeitig für Sicherung und Vermehrung der Arbeitsplätze einzutreten. Die bundesdeutschen Gewerkschaftsfunktionäre haben die von ihnen erstrebte und ihnen zugefallene wirtschaftspolitische Macht nicht regierungsverantwortlich genutzt, weil sie keiner demokratischen Kontrolle und Entscheidung durch die gesamten Arbeitnehmer und Beschäftigten in der Bundesrepublik unterliegen.

4. *Keine Arbeitsplätze, aber Regierungsfähigkeit der »Arbeiterpartei« SPD*

Was haben die Gewerkschaftsfunktionäre mit ihrer Durchsetzung eines »Beschäftigungsprogramms« seitens der sozial-liberalen Bundesregierung erreicht? Bisher nicht die geringste Vermehrung, ja überhaupt keine Sicherung der Arbeitsplätze, dafür aber den Beweis ihrer demokratisch unverantworteten Mitregierungsmacht und die daraus eben auch folgende Regierungsunfähigkeit der an die Gewerkschaften als politische Stütze gebundenen SPD-Politiker. Die Stellungnahme der SPD-Fraktion und ihrer Regierungsmitglieder zum »Beschäftigungsprogramm« läßt sich am besten durch eine Variation einer Erkenntnis von *Friedrich Nietzsche* kennzeichnen: Mein Gedächtnis sagt mir, das kannst du so nicht gewollt haben, mein (politisches Opportunitäts-)Gewissen sagt mir: Das kannst du nicht gesagt haben; endlich gibt das Gedächtnis nach. Die Wahlniederlagen der SPD können nur vordergründig auf ideologische Bewußtseinsänderungen oder materielle Enttäuschungen in der Bevölkerung zurückgeführt werden; ihre Regierungsunfähigkeit verdankt die SPD auch der Abhängigkeit von Gewerkschaftsfunktionären, die das Wahlvolk gar nicht zur Verantwortung ziehen kann. (Natürlich gibt es daneben noch eine Fülle anderer Gründe!)

Schon dieser Überblick über den mangelnden Sachverstand der Gewerkschaftsfunktionäre auf allen Gebieten (außer ihrer Machtstrategie für sich selbst), ihre geringe Welt- und Wirklichkeitskenntnis sowie ihre Unfähigkeit zu lernen, wirft die Frage auf, die das letzte große Thema dieser Schrift sein soll: Vertreten die Gewerkschaften noch die Interessen der Arbeiter? Doch zuvor sei noch eine kurze Betrachtung eingefügt: Parteihafte Wissenschaftsauffassung.

Über die Hochschul- und Wissenschaftspolitik der Funktionäre: die Wissenschaft muß parteilich sein

»In der parteiischen Wissenschaftsauffassung übertreffen die bundesdeutschen DGB-Funktionäre und neomarxistischen Sozialisten noch die ideologische Folgerichtigkeit der sowjetrussischen Ideologie, die wenigstens in der Praxis stillschweigende Ausnahmen fördert. Die Gewerkschaftsfunktionäre des DGB erheben heute in aller Deutlichkeit Wissenschaft und Forschung im Sinne der westlichen Zivilisation gefährdende, ja, wenn ihre Auffassung zum Zuge kommt, vernichtende Forderungen: Was wissenschaftliche ›Wahrheit‹ ist, bestimmen wir; wissenschaftliche Erkenntnisse und Urteile, die dem widersprechen, sind ›Irrlehren‹.«

Daß die moderne industriell-technische Zivilisation auf der Grundlage der wissenschaftlichen Forschung beruht, wie sie sich seit dem Spätmittelalter und der Renaissance entwickelt hat und zwar mehr auf der naturwissenschaftlichen Forschung und Entwicklung ist ein Gemeinplatz. Wir sind längst auf allen Gebieten eine »wissenschaftliche Zivilisation« mit all ihren großen Wohltaten und großen Gefahren oder Bedrohungen. Die einen auszunützen, ja nach Möglichkeit zu steigern, scheut sich niemand; die letzteren nach Möglichkeit zu vermindern, ja auszuschalten ist nicht nur Pflicht der Wissenschaftler selbst, sondern geradezu die grundsätzliche Menschenpflicht unserer Zeit. Die »Gretchen-Frage« von heute zielt längst nicht mehr auf die Religion, sondern lautet: Wie hältst Du es mit der Wissenschaft? Eben diese Gretchenfrage will ich hier den modernen Gewerkschafts- und (vor allem sozialistischen) Parteifunktionären stellen.

Man kann ihre Einstellung auf diesem Gebiet, aus der sich weitgehend die in diesem Teil geschilderte bewußte Sachunkenntnis nährt, auf drei Aussagen bringen:

1. Die Wissenschaften und ihre Vertreter müssen parteiisch sein.
2. Hochschulen, Schulen und alle Einrichtungen, wo wissenschaftliche Erkenntnisse zum Zuge kommen, müssen an erster Stelle soziale Unterbringung für unsere Gewerkschaftsfunktionärs-Anhänger (oder Parteianhänger) bieten.
3. »Bildung« der Person, schon harte Anforderungen in der wissenschaftlichen Ausbildung und jahrelange mühselige und disziplinierte Forschung sind »bürgerlich elitär« und müssen verhindert, nach Möglichkeit abgeschafft (»sozialisiert«) werden. –

In der parteiischen Wissenschaftsauffassung übertreffen die bundesdeutschen DGB-Funktionäre und neomarxistischen Sozialisten noch die ideologische Folgerichtigkeit der sowjetrussischen Ideologie, die wenigstens in der Praxis stillschweigende Ausnahmen fördert. Die Gewerkschaftsfunktionäre des DGB erheben heute in aller Deutlichkeit Wissenschaft und Forschung im Sinne der westlichen Zivilisation gefährdende, ja, wenn ihre Auffassung zum Zuge kommt, vernichtende Forderungen: Was wissenschaftliche »Wahrheit« ist, bestimmen wir; wissenschaftliche Erkenntnisse und Urteile, die dem widersprechen, sind »Irrlehren«. Um diese auszumerzen, müssen wir an immer mehr Universitäten und wissenschaftlichen Einrichtungen darüber entscheiden, was gelehrt und geforscht werden darf. Daß diese Funktionäre damit die Wurzeln des Baumes abgraben, auf deren

Ästen sie selbst gewachsen sind und sitzen, wird ihnen in ihrer gewollten wissenschaftlichen Unmündigkeit erst zu spät klar werden, aber sie haben wenigstens in einer medienbeherrschten Gesellschaft kaum mehr die Möglichkeit, kollektiv und personhaft-namentlich den Nachkommenden gegenüber diese Verantwortung abzuschütteln.

Gehen wir ins Einzelne! Das Wirtschaftswissenschaftliche Institut (WWI) des Deutschen Gewerkschaftsbundes (DGB) ist die ideologische Funktionärszentrale schlechthin; sie liefert die publizistischen, vermeintlich wissenschaftlichen Begründungen für die von der Funktionärselite beschlossenen oder was noch schlimmer ist, diese durch »wissenschaftliche« Beratung erst zustande kommenden politischen Beschlüsse. Auch in den monolithisch-orthodoxmarxistisch-leninistischen Parteiführungen gibt es eine »ideologische Sektion« und einen Ideologie-Oberfunktionär. Aber die Sowjets verwenden diese ideologische Führung, die auf der offen geforderten »Parteilichkeit der Wissenschaften« beruht, nur für zwei Zwecke: Nach außen für die Disziplinierung der orthodox-marxistisch-leninistischen »Bruderparteien« in anderen Ländern (was nicht nur in Italien, Spanien, sondern auch in Polen, Ungarn und demnächst wohl auch in Frankreich brüchig wird) und zur ideologischen Herrschaftsverdummung der eigenen Bevölkerung (der sowjetrussischen Intellektuellen, nämlich Wissenschaftler, Schriftsteller, Künstler usw., also der sog. »Dissidenten«, die unter Einsatz ihres Lebens und dem ihrer Familien immer mehr Widerstand entgegensetzen). Hier werden die geistig-politischen Entscheidungen für das Ende unseres Jahrhunderts getroffen.

Die »große Politik« der Weltmacht Sowjetunion ist von diesen internationalen und nationalen Ideologie-Herrschaften verhältnismäßig wenig berührt, wenn sie sie auch als Kampfmittel einsetzt. Aber die Außenpolitik, die internationale Militärpolitik (Afghanistan, Äthiopien) oder die militärische Aufrüstung, ja selbst die bisher den Westen ausbeutende Wirtschaftspolitik ist in den Köpfen der alten Garde der Sowjetpartei (z. B. Gromyko) rationaler, das heißt auch für die Gegner kalkulierbarer als die Politik der westeuropäischen Ideologie-Entspanner wie Brandt oder die Niederländer, Schweden und neuerdings auch die Franzosen.

Was hat das mit dem WWI des DGB zu tun? Seine Aufgabe besteht in der politisch-ideologischen Kaderschmiede nach innen.

Natürlich berichten die Gazetten und noch mehr die gewerkschaftlich beeinflußten elektronischen Medien, aber wer nimmt in der wissenschaftlichen Welt der Bundesrepublik Information des WWI oder der »Welt der Arbeit« noch ernst? Für das Drittel der bundesdeutschen Arbeitnehmer, die die Funktionäre des DGB vertreten, sind solche Äußerungen sowieso völlig belanglos.

Wir haben diese Einstellung der Gewerkschaftsfunktionäre bereits in unseren Ausführungen über den wissenschaftlichen Sachverständigenrat an der Person des daraus zurückgetretenen Professors *Glastetter* verdeutlicht (vgl. Seite 169 ff.), aber das war nur ein Streiflicht: Wenn von »fünf Weisen« der wirtschaftlichen Beratung der Bundesregierung vier einer Meinung sind, aber der fünfte davon abweicht, dann begnügt er sich nicht, wie sonst bei allen wissenschaftlichen Komissionen oder etwa bei den Entscheidungen der Obersten Bundesgerichte mit einem Sondervotum, über das die gesamte Publizistik berichtet hätte und niemand die gewerkschaftseigene oder -beeinflußte Presse gehindert hätte, zu erklären, daß sie das Sondervotum für sich als richtiger anerkennt als das Urteil der anderen vier Wissenschaftler. Vielmehr der Mann tritt zurück, verläßt also die immer erkenntnis- und urteilsverschiedene Grundlage der wissenschaftlichen Urteilsbildung. Weshalb? Offensichtlich um sich die Gunst der DGB-Funktionäre als Linientreuer zu erhalten, von denen er abhängt, auch wenn er dafür aus der Grundlage wissenschaftlicher »Kommunikation« ausscheren muß.

Wenn die wissenschaftlichen Hochschulen und Institute ihre Grundrechte noch wirksam verteidigen würden, dann dürfte ein Mann wie *Glastetter* für jede Berufung an eine wissenschaftliche Institution nicht mehr in Frage kommen. Aber diese Kraft der Gegenwehr und Behauptung hat den deutschen Wissenschaftlern seit 50 Jahren immer gefehlt, und die Gewerkschaftsfunktionäre werden schon dafür sorgen, daß dieser Mann den Lohn durch eine Beamtenstellung an einer von den Gewerkschaften beherrschten Hochschule erhält (vgl. später unter »Kooperationsverträge«).

Man soll sich nicht dadurch von den hier liegenden wissenschaftspolitischen Grundentscheidungen ablenken lassen, daß man ihrer vordergründigen Verschiebung in wissenschaftsmethodologische Auseinandersetzungen gläubig folgt. Für den ausscheidenden *Glastetter* hat das Bundeskabinett den Professor *H.-*

J. Krupp, seit zwei Jahren Präsident des Deutschen Wirtschaftsforschungsinstituts in Berlin (DIW), berufen. Es gibt keinen Grund, seine wissenschaftliche Kompetenz zu bezweifeln. Aber selbst die FAZ schreibt in aller Naivität: »Wie *Glastetter* genießt *Krupp* das Vertrauen der Gewerkschaften, die nach einem alten ›Gentlemen's Agreement‹ das Anrecht auf einen Mann ihrer wirtschaftspolitischen Anschauungen im Rat haben. Erst vor wenigen Tagen hatten *Krupp* und *Glastetter* zusammen mit anderen Wirtschaftswissenschaftlern in Bonn einen ›Aufruf für eine beschäftigungspolitische Initiative‹ vorgelegt.« Und dann folgen die eigentlich nur wissenschaftsintern gerade wendigen typologischen Zurechnungen: »Auch die letzten Empfehlungen des DWI (also *Krupps*) haben deutlich gemacht, daß *Krupp* eher ein ›Keynesianer‹ als ein ›Angebotstheoretiker‹ ist . . . Er hat nie einen Zweifel daran gelassen, daß er den Konsolidierungskurs der Bundesregierung für überzogen hält. Der Staat müsse mit höheren Ausgaben . . . vor allem . . . seiner Sicherung der Beschäftigung entschiedener nachkommen . . . Mit dieser Haltung steht *Krupp* im deutlichen Gegensatz zu den ›Angebotstheoretikern‹ des Rates«, also zu dem Vorsitzenden *Olaf Sievert*, den weiteren drei Mitgliedern *G. Fels*, *K. Schmidt* und *H. Albach*, die für »Erleichterung der Produktionsbedingungen« der wirtschaftlichen Unternehmen eintreten (FAZ vom 21. 1. 82).

Dazu drei kritische Bemerkungen zum »Wissenschaftscharakter« dieses Beratungsgremiums einer jeden Bundesregierung:

1. Eine seltsame wirtschaftswissenschaftliche Beratergruppe, in der einem politisch festgelegten Wissenschaftler in einem »Gentlemen's Agreement« ein sicherer Platz eingeräumt wird. Weshalb dann nicht das gleiche »Gentlemen's Agreement« für die funktionärsabhängigen Wissenschaftler der Arbeitgeber, der Landwirtschaft usw.? Die Mehrheit der Wirtschaftswissenschaftler in dieser wissenschaftlichen Beratergruppe hat offensichtlich nicht begriffen, daß sie durch diese Form des Rücktritts von *Glastetter* und auch durch die Begründung der Berufung von *Krupp* zu Interessenvertretern der »anderen Seite« gestempelt wurden. Die meinem Urteil nach einzige wissenschaftsautonome und berufsethische Folgerung wäre gewesen, daß sofort alle Mitglieder dieses Gremiums von ihrer wissenschaftlichen Berateraufgabe zurückgetreten wären. »Gentlemen's Agreement«: Als ob ein Interessenfunktionär, von welcher Seite auch immer, sich leisten könnte, ein »Gentleman« zu sein. Weshalb die DGB-Gewerkschafter diese Sonderrolle in der Wissenschaft beanspruchen, wird später unter dem Thema »Kooperationsverträge« an den Äußerungen eines der demagogischsten DGB-Funktionäre, nämlich *Franz Steinkühler*, noch etwas zu sagen sein.)

2. Daß auch *Krupp* mit einer vorgefaßten politischen Zielsetzung in diese wissenschaftliche Beratergruppe eingetreten ist, nämlich um wissenschaftliche Begründungen für den Vorwurf der DGB-Funktionäre, die Bundesregierung betreibe ein »verfehltes Beschäftigungsprogramm«, zu liefern (4. Kap., S. 173 ff.), hat er schon vor seiner Berufung durch die Bundesregierung in dieses Gremium offen erklärt. Dies macht die Einschätzung der Regierung (letzthin Parteifunktionäre) über »wissenschaftliche Beratung« deutlich.

3. Seit 1948 habe ich als Universitätslehrer in den Fakultäten und auch persönlich immer wieder mit Wirtschaftswissenschaftlern in engem Verkehr gestanden; im Grunde genommen habe ich immer die höhere wissenschaftliche Rationalität dieses Faches gegenüber meinem beneidet, habe mir niemals ein wirtschaftswissenschaftliches Urteil angemaßt, aber über den allgemeinen Wissenschaftscharakter dieses Faches doch gewisse Urteile bilden können, die vielleicht als »Fremdurteile« selbst von anerkannten Wirtschaftswissenschaftlern nicht einfach vom Tisch gewischt werden.

Als ich Ende der 40er/Anfang der 50er Jahre dieses Fach in seinem theoretischen Selbstverständnis betrachtete, war die wissenschaftliche Frontenstellung in ihm noch einfach und breiteren Kreisen der Bevölkerung praktisch verständlich: Zentral dirigierte Planwirtschaft gegen marktwirtschaftliche Selbständigkeit in allen Wirtschaftsunternehmen. Daß damals die zweite Überzeugung praktisch gesiegt hat, begründete den wirtschaftlichen Wiederaufstieg einer bis auf die Grundfesten zerstörten bundesdeutschen Wirtschaft. Heute stehen sich ähnliche, nur unverständlichere theoretische und praktisch wirtschaftspolitische Gegensätze unter den Begriffen »Keynesianer« und »Angebotstheoretiker« gegenüber, bloß versteht sie die arbeitende Bevölkerung nicht mehr. (Nach meiner Erinnerung war *Karl Schiller*, vielfacher Wirtschaftsminister der SPD, theoretisch vor allem »Keynesianer«, hat sich aber, genau so wie sein ungeliebter Schüler und Assistent *Helmut Schmidt*, der ihn politisch überholt hat, zum wissenschaftlich vorgebildeten Pragmatiker der Wirtschaftspolitik entwickelt. Wenn man heute *Karl Schiller* und *Krupp* als »Keynesianer« bezeichnet, so ist die wissenschaftliche und praktische Verwirrung ähnlich groß wie die zwischen orthodoxen und demokratischen »Marxisten«.

Die Parteilichkeit der Wissenschaft und ihrer Vertreter wird von den Funktionären aller Sorten inzwischen vorausgesetzt und ausgenutzt. Dazu bietet sich das immer mehr ausbreitende ,,Sachverständigen-Unwesen« geradezu als ideal an. Ist es doch geeignet, die Sachunkenntnis und Urteilsunfähigkeit derjenigen, die jeweils die öffentliche Entscheidungsverantwortung tragen, zunächst zu verschleiern und auf andere Schultern abzuschieben; nachher hat die interessenhafte Parteienwillkür ihre »Freiheit« und zugleich ihre öffentlich-publizistischen »Beweismittel«. Das gilt nicht nur für wissenschaftliche Beratergruppen der jeweiligen Regierungen, sondern leider auch für die Institutionen der Rechtsprechung.

Um zunächst dafür ein gewerkschaftsnahes Beispiel anzuführen: Als die Arbeitgeberverbände von ihrem rechtsstaatlich verbürgten Anspruch, eine Gesetzgebung der Bundesregierung vom Bundesverfassungsgericht auf ihre Grundgesetzrichtigkeit zu überprüfen, Gebrauch machten, brachen wegen dieser Anrufung der »Dritten Gewalt« die DGB-Funktionäre nicht nur ihre Beziehungen zu den Arbeitgebern als »gewerkschaftsfeindlich« ab (wie schon früher erwähnt), sondern sie ließen sich in dem Prozeß vor dem Bundesverfassungsgericht in Karlsruhe nicht nur durch berufliche Anwälte vertreten, sondern sie haben auch umfangreiche Gutachten eingereicht, die wie auf der Arbeitgeberseite gleicherweise von Universitätslehrern verfaßt worden waren (natürlich für gutes Privathonorar).

Wenn allerdings dann der demagogischste Gewerkschaftsfunktionär *Steinkühler* in einer Universitätsveranstaltung einen Gutachter der Gegenseite namentlich angreift, dann müßte für jeden Wissenschaftler klar werden, welche Wissenschaftsauffassung diese Gewerkschaftsfunktionäre vertreten. Die »Parallelaktion« *(Musil)* ist in diesem Falle kaum zu erwarten, weil in gewerkschaftsbestimmten Hochschulen (Bremen, Bochum, Osnabrück usw.) ein ähnlich aggressiv und im Klartext sprechender Unternehmer oder gar Arbeitgeberfunktionär niemals zu einer Universitätsveranstaltung eingeladen und ein oppositioneller Politiker, wie viele Beispiele bezeugen, am Reden durch Lärmterrorismus gehindert werden würde.

Hinter diesem »Sachverständigen-Unwesen« steht eine von beiden Seiten eindeutig zu ordnende Grundbeziehung zwischen Wissenschaft und politisch Entscheidenden und Verantwortlichen. Ich schweife, indem ich das erörtere, nur scheinbar vom Kern der Frage ab. Zunächst der Fall »Rechtssprechung«, insbesondere der Obersten Gerichte: Daß jede »Partei« in einem Rechsstreit durch Anwälte vertreten sein muß, die sich voll für das Interesse ihrer Klienten einsetzen, ist eine im Westen jedenfalls bisher kaum bezweifelte Grundlage eines Rechtsstaats. Aber: Wenn die Sachkenntnis der urteilsentscheidenden Richter ebensowenig hinreicht wie die der die rechtlichen Interessen ihrer Partei vertretenden Anwälte, dann sollte man grundsätzlich die »wissenschaftlichen Gutachter« als Argumentationsgehilfen der Anwälte ausschalten und es allein dem urteilsentscheidenden Richtergremium überlassen, sich – möglichst unpublizistisch und ohne Berufung auf wissenschaftliche Autorität – informieren zu lassen, eine Forderung, die für die Anwälte natürlich in noch höherem Maße gilt. Die prozessual öffentliche Einführung von Wissenschaftsgutachten korrumpiert sowohl die Justiz wie die Wissenschaft.

Das gilt natürlich in noch viel höherem Maße für die regierungs- oder parteiamtlich Entscheidenden und Verantwortlichen: Es gibt inzwischen über zweihundert wissenschaftliche Beiräte und Kommissionen, die die Bundesregierung, die Landesregierungen und die Kommunen und sonstige öffentliche Einrichtungen »beraten«. Der größte Teil der dafür aufgewandten Steuergelder wäre einzusparen; denn die in solchen mehr oder minder offiziell organisierten Gruppen meist viel zu spät, hinter dem politischen Geschehen herlaufenden »Sachverständigengutachten« werden ja von den »beratenen« politisch Entscheidenden und Verantwortlichen sowieso nur auf ihre parteienhafte publizistische Argumentationsnützlichkeit ausgewählt, bejaht oder bekämpft – die staatliche Wissenschafts-Zensur neuerer Art –, aber in ihren praktischen Ratschlägen völlig mißachtet.

Die Wissenschaftsberatergruppen arbeiten praktisch für den Papierkorb der Regierungsfunktionäre. Die Autonomie der Wissenschaft würde von ihrem grundsätzlichen Rückzug aus allen solchen Beratergremien an altem Gewicht wieder gewinnen, aber dagegen sprechen die privaten Honorare, das öffentliche Geltungsbedürfnis und die Angst der wissenschaftlichen Institutionen, als der »Elfenbeinturm von wissenschaftlichen Eliten oder Subkulturen« abgestempelt zu werden. Dabei hat gerade diese völlige Binnenselbständigkeit der Wissenschaft, also eben der »Elfenbeinturm«, die moderne westliche und sich über die Welt verbreitende »wissenschaftliche Zivilisation« geschaffen.

Um mich nicht als den kritisch Weisen und Klugen aufzuspielen, sei offen bekannt, daß auch ich nach 1948 den Irrtum einer wissenschaftlich beeinflußbaren Politik geteilt und als Mitglied an Sachverständigenbeiräten teilgenommen habe. Konkret: Ich habe in der FAZ vom Juni 1954 einen Artikel »Der Irrtum eines Familienministers« veröffentlicht (jetzt in der 3.–5. Auflage meines Buches »Wandlungen der deutschen Familie in der Gegenwart« nachlesbar). Darauf berief mich der erste Familienminister, *Franz J. Würmeling*, in seinen wissenschaftlichen Beirat, und ich kann nur bezeugen, daß er mir als katholisch-klerikaler Politiker immer mehr Aufmerksamkeit geschenkt hat als seinen parteiorganisatorischen Hilfstruppenvertretern, aber natürlich politisch folgenlos.

In dieser Zeit habe ich auch in einem Sachverständigengremium mitgearbeitet, das der damalige Arbeitsminister zur Klärung der Frage eingesetzt hatte, ob die überkommenen Unterschiede zwischen Arbeitern und Angestellten noch arbeitsrechtlich aufrecht zu erhalten oder der wirklichen Arbeitsform anzupassen seien. Den Vorsitz führte der von allen Seiten anerkannte Arbeitsrechtler *Hans-Carl Nipperdey*; das Ergebnis verbal und vor allem praktisch: Null. Das waren Erfahrungen, modern gesprochen »Lernprozesse« für mich: Ein Beratungsgremium, das Wissenschaftler und Interessengruppenvertreter an einen Tisch setzt, ist von vornherein zum Scheitern und zum folgenlosen Bla-bla verurteilt, denn Wissenschaftler können sich (manchmal) noch durch Argumente überzeugen, Interessenvertreter können zwar intellektuell mitargumentieren, aber sie können nie durch wissenschaftliche Beweisformen ihr parteienhaft vorbestimmtes Votum ändern. Das wäre ein existenzgefährdender Vorstoß gegen ihre Funktionärsverpflichtung.

Mein Fachkollege *Erwin Scheuch*, Köln, hat unter dem Titel »Vom Elend der Parteilichkeit. Wenn nicht der Sachverstand, sondern die Gesinnung Experten zu solchen macht« (Rhein. Merkur vom 9. 4. 82) diese um sich greifende offene Parteilichkeit von Gutachtern vor allem an Beispielen aus der Regierungspraxis verdeutlicht: An den Hearings im Bundestag, an den vielen Enquete-Kommissionen usw., wobei er mit Recht feststellt, daß diese Parteilichkeit längst schon auf vermeintlich rein naturwissenschaftliche Themen übergegriffen hat, sich also keineswegs mehr auf die den Gewerkschafts- und Parteifunktionären naheliegenden politischen Fragen der Wirtschafts- und Sozialpolitik beschränken. Es ist hier nicht unsere Aufgabe, die von *Scheuch* richtig gesehenen Folgen für die Qualität unserer Wissenschaft und ihrer Einrichtungen zu vertiefen: »Wenn die Sache nicht zählt, sondern die Gesinnung, dann sterben Qualitätskriterien ab. Und je geringer die sachliche Qualifikation, um so unabhängiger ist ein Geförderter vom fortwährenden Nachweis der richtigen Parteilichkeit ... Die Parteipolitisierung (der Wissenschaften) ist – vornehmlich bei Linken, Progressiven, Grünen – zur Cliquenwirtschaft geworden. Diese steht aber unter unausgesetztem Bewährungsdruck gegenüber einer für die Öffentlichkeit sowohl unbekannten wie unverantwortlichen Basis.«

Diese Urteile, bezogen auf das Verhältnis von Funktionären zur Wissenschaft, werden im Folgenden unter den Stichworten »Wissenschaftliche Einrichtungen als Sozialstaatshilfe« und daher »Besitznahme von Hochschulen durch Gewerkschaftsfunktionäre durch Kooperationsverträge« wieder aufgenommen werden. Aber ein von *Scheuch* mitgeteilter Wortwechsel ist doch zugleich so ergötzlich wie kennzeichnend, daß er angeführt werden soll: Als in der »Enquete-Kommission über Einführung Neuer Medien« der ehemalige Intendant von Rundfunk- und Fernsehanstalten *Franz Barsig* verwundert fragte: Weshalb richtet nur immer die eine Seite der Kommission Fragen an mich?, erklärte der Vertreter der »anderen Seite«, der SPD-Abgeordnete *Wilhelm Nöbel* dem Sozialdemokraten Barsig: »Herr *Barsig*, die eine Seite fragt Sie, weil sie weiß, was Sie sagen werden; die andere Seite fragt Sie nicht, weil sie auch weiß, was Sie sagen werden. So einfach ist das!«

In diesen Zusammenhängen einer parteiischen Wissenschaftsauffassung liegt die Grundlage für das Bündnis der Gewerkschaftsfunktionäre und vieler Parteifunktionäre mit den linken Hochschulstudenten. Wer in diesem »Bündnis« wen beherrscht, scheint mir nach mehr als einem Jahrzehnt von »Bildungspolitik« in der Bundesrepublik längst deutlich zu sein: Die Gewerkschaftsfunktionäre und Partei-Bildungsfunktionäre der SPD haben die Arbeiterinteressen (von der angemaßten Vertretung aller Arbeitnehmerinteressen ganz abgesehen) gegenüber der Förderung von linksideologisierten Hochschülern, die zumeist aus »bürgerlichen« Elternhäusern stammen und den Generationskonflikt mit ihren Eltern zur »sozialen Frage« aufzuspielen verstanden, in allen politischen Entscheidungen auf dem Gebiet der Schulen und Hochschulen auf den zweiten Rang verwiesen, also vernachlässigt.

Der Einfallsreichtum der intellektuellen Jugend, die auf Kosten »der anderen« lebt, ist dem der beruflich etablierten gebundenen Funktionäre immer noch überlegen, was für mich eine der sehr wenigen Hoffnungen für die Zukunft bedeutet, obwohl der erfahrungsgesättigte Einfallsreichtum des Alters – bisher wenig bemerkt – mich in allen politischen Sach- und Entscheidungsfragen natürlich zum generationshaften Gegner macht. Was die intellektualisierten, meist auf Kosten »anderer« (z. B. der Arbeiter, Steuerzahler, Elternhäuser, Stipendienvergeber usw.) lebenden Studenten heute als weltpolitische Macht bedeuten, kann man von der USA über alle arabischen Staaten, über alle westeuropäischen Gemeinwesen bis hin zum südostasiatischen Archipel ermessen.

Aber die etablierten politischen Funktionäre sind dieser Grundfrage von Jugend und Alter nicht mehr gewachsen, sondern handeln ihr gegenüber nur nach zwei Grundsätzen: Wie kann ich diese Gegnerschaft gegen unser politisches »System« am wirkungsvollsten unterdrücken; und: Wie kann ich diese jugendliche Phantasie, Hingabe und Intelligenz auf unsere funktionärshaft gefestigten politischen Herrschaftspositionen umleiten. Den ersten Grundsatz scheint mir bisher am erfolgreichsten die sowjetische Parteifunktionärsdiktatur durchgesetzt zu haben; der zweite Grundsatz grassiert in Westeuropa, so z. B. in der Bundesrepublik durch Parteipolitiker wie *Erhard Eppler, Peter Glotz, Willy Brandt, Klaus von Dohnanyi* in Hamburg, *Günter Verheugen* in der FDP usw.

Auch darin, was dieses »Bündnis« begründet hat, muß man Gesinnungen und Bewußtseinshaltungen auf der einen, materielle und berufliche Lebensinteressen auf der anderen Seite unterscheiden. Das Bindeglied zwischen beiden bildet die gleiche Forderung nach Parteilichkeit der Wissenschaft. Im Gegensatz zur bürgerlich-europäischen Wissenschaftsauffassung, die wir für die deutsche Wissenschaft einmal mit der Formel »von *Immanuel Kant* bis zu *Max Weber*« abstecken wollen, haben antibürgerliche, sozialistische Parteigänger genauso wie Funktionäre diktatorischer Herrschaft jeder Richtung die parteiische Wissenschaft gefordert.

Zitieren wir *Erwin Scheuch*, der auf seine Weise diese Zusammenhänge vergegenwärtigt: »Die Wissenschaft sei auf verborgene Erkenntnisinteressen zu hinterfragen«, war eins der Mottos der sogenannten Studentenrevolte. Schon bald wurde daraus die Behauptung, es gäbe keine objektive Wissenschaft, denn immer dienten ihre Erkenntnisse irgendeinem Nutzen. Vom Nutzen her sei Wissenschaft also parteilich zu werten, nicht von der Objektivität der Erkenntnis her. Das verstand sich als marxistisch, war aber in Wahrheit lupenreiner Leninismus. Wahr ist, was der

Partei nutzt, hieß es im Stalinismus, hieß es in bloß sprachlicher Abwandlung bei den Nazis. Wahr ist, was der Emanzipation nutzt, sagte dann die Neue Linke – und daraus wurde mit dem Altern ihrer Anhänger: Wahr ist, was der Bewegung der Emanzipation nutzt. Eine solche Haltung kann sich durch Erfahrung bestätigt wähnen. Solchermaßen zur Auswahl von Wissenschaftlern und anderen Experten ausgerüstet, wird man schon an irgendwelchen Stellen in der Hochschullandschaft dieser Republik fündig werden. Der Fund mag dann poliert werden, etwa durch gefällige Gesinnungskumpane in den Medien, und wird dann vorgezeigt für den Prozeß der ›Meinungs- und Willensbildung‹ der Verdummten, Verzeihung: der Manipulierten«.

Der Leser verstehe bitte dieses lange Zitat im Volltext, aber ich sehe keinen Sinn darin, *Scheuch* in meinen Ausdrücken abzuschreiben, wenn er die von mir geäußerten Urteile schon früher voll belegt hat. Der Zusammenhang von Gesinnungshaltungen und Berufsinteressen im »Bündnis« von Gewerkschaftsfunktionären und linken Studentenfunktionären ist von ihm klar aufgedeckt worden.

Der »lange Marsch durch die Institutionen«, den der Studentenfunktionär *Rudolf Dutschke* angekündigt hatte, begann natürlich bei den Hochschulen; daß er gerade vor den Gewerkschaftsführungen nicht Halt machen würde, haben die alten Gewerkschaftsführer zu spät gemerkt. So wurde – ein durchaus kennzeichnendes Beispiel – der altgediente Gewerkschaftsboß *Leonhard Mahlein* in der Gewerkschaft »Druck und Papier« längst zum Sprachrohr, ja zur Strohpuppe des linksintellektuellen Akademikers *Detlef Hensche*. Heute geht es längst um mehr: Der »Durchmarsch« muß durch die Eroberung ganzer Hochschulen selbst gesichert werden.

»Tendenzuniversität«: die Eroberung der Hochschulen durch die Funktionäre

Der bewußt geplante Angriff auf die Hochschulen hat schon früher begonnen, als die politisch meist unbedarften Hochschullehrer und Wissenschaftler erkannt haben. Er ist bereits auf die Jahre 1976/77 zurückzuführen, den Höhepunkt der linken Studentenrevolte meinungsbildend im Rücken.

Dazu zwei Beispiele: Nach dem vom Pressereferat des Bundesministers für Bildung und Wissenschaft herausgegebenen Bericht (Presse- und Informationsamt der Bundesregierung Nr. 17 vom 10. 2. 76) – damals war der ehemalige Gewerkschaftsfunktionär *Helmut Rohde* zuständiger Bundesminister – fand Anfang Februar eine Tagung der »Friedrich-Ebert-Stiftung« über das Thema »Hochschule in der Arbeitnehmergesellschaft« statt. Hauptredner waren der Vorsitzender der SPD, *Willy Brandt*, der Vorsitzende des DGB, *H. O. Vetter*, der Vorsitzende der Westdeutschen Rektorenkonferenz, *Knopp* und der Bundesminister für Bildung und Wissenschaft, *H. Rohde*. Ein ausgewogenes Gremium der Hochschul- und Wissenschaftspolitik! *Rohde* »stellte einleitend fest, daß im vorigen Jahrhundert die Arbeitnehmerschaft zumeist noch nicht einmal Objekt der wissenschaftlichen Betrachtung an den Hochschulen gewesen sei. Man habe sie damals allenfalls unter dem ›Produktionsfaktor Arbeit‹ subsumiert und begonnen, sich mit dessen physischer Erhaltung und kostengünstiger Nützung wissenschaftlich zu beschäftigen.« Zu viel Lügen, als daß man mit ihnen den sowieso schon durch Einzelheiten – die die Wirklichkeit sind – überlasteten Leser durch noch mehr Tatsachenwiderlegungen langweilen kann.

Doch schon ein Jahr später werden die Töne härter, der Angriff auf die Hochschulen wird zur politischen Kampagne organisiert. Grundbehauptungen und -forderungen:

- Die Universität hat in der Vergangenheit und bis heute bevorzugt Waffen gegen die Arbeiterbewegung geschmiedet.
- Man weiß bei den Gewerkschaften sehr wohl, welch schweren Stand die Hochschulangehörigen haben, die sich der Arbeiterbewegung verbunden fühlen und die sich gegen antigewerkschaftliche und konservative Einflüsse stemmen müßten. Es geht darum, diese Kräfte nachdrücklich zu ermutigen. (Wozu?)
- Daher ist zu fordern, daß die Universitäten und andere wissenschaftliche Einrichtungen rechtlich verbindliche »Kooperationsverträge« schließen, die sie zur Ausrichtung ihrer Forschung und Lehre und damit natürlich auch zur Auswahl ihres wissenschaftlichen Personals auf eine enge Zusammenarbeit mit den jeweils sich für zuständig haltenden Gewerkschaftsfunktionären verpflichten.

Bernd Rüthers hat für diese Hochschul- und Wissenschaftspolitik der Gewerkschaftsfunktionäre die Bezeichnung durchgesetzt, daß sie planmäßig zur »Tendenzuniversität« streben, einer für alle sozialistischen Funktionäre erstrebten Machterhaltung durch Ausschaltung einer bisher nicht durch Funktionäre kommandierbare, vermeintliche »Gegenmacht« der autonom forschenden und lehrenden Wissenschaft, ein für sie fast selbstverständliches politisches Ziel. Wir wollen hier nicht wieder auf das schon dargestellte gebrochene Verhältnis der Funktionäre zum Recht, in diesem Falle zum Grundgesetz, zum geltenden Hochschulrecht usw. zurückgreifen; wenn wir hier kurz die rechtlichen Standpunkte wiederholen, wie sie der Rechtswissenschaftler Rüthers vorgebracht hat, so nur um zu verdeutlichen, daß es sich seitens der DGB-Funktionäre um eine politische Umwandlung und Eroberung des gesamten wissenschaftlichen Hochschulwesens handelt: »Die Freiheit der Wissenschaft, wie sie das Grundgesetz in Artikel 5 garantiert, kann nicht nur durch den Staat, sondern auch durch soziale Machtgruppen gefährdet werden. Das gilt insbesondere dann, wenn über zentrale Instanzen globaler Einfluß auf ganze Hochschulen erstrebt wird.

Hier liegt der wissenschaftlich und verfassungsrechtlich kritische Punkt der sogenannten Kooperationsverträge. Hochschulen sind öffentlich finanzierte, gesamtgesellschaftliche Einrichtungen. Ihre Offenheit und die Erfüllung ihrer Dienstleistungspflichten zu kontrollieren, ist die Aufgabe der demokratisch legitimierten Staatsorgane. Selbst sie haben die Grenzen der verfassungsgesetzlich gewährleisteten Wissenschaftsfreiheit zu achten. Für selbsternannte Kontrollinstanzen oder Kontrollansprüche gesellschaftlicher Interessengruppen ist im Hochschulraum deshalb kein Platz . . . Solche Kooperationsverträge verletzen den Verfassungsgrundsatz der Wissenschaftsfreiheit und das geltende Hochschulrecht. Sie können also . . . vertraglich gar nicht rechtswirksam vereinbart werden . . . Die vertragliche Anbindung ganzer Universitäten an eine im Verband organisierte Interessengruppe würde die Forschung und Lehre in den betreffenden Fachdisziplinen notwendig verengen und dogmatisch verhärten.«

Diesen Weg zur Tendenzuniversität hat meines Wissens als erster der Soziologe und Politologe *Ulrich Lohmar* festgestellt, und zwar an der Planung der Universität Bremen. Zu meiner Überraschung hat er damals den Vorschlag vertreten: Weshalb nicht in Bremen eine sozialistisch-gewerkschaftsverbundene Universität errichten, wenn man den anderen Hochschulen die gleiche »Tendenzausrichtung« zugesteht. Es war eine der ganz wenigen Ansichten, die ich mit meinem lebenslangen Freund *Lohmar*, der damals SPD-Abgeordneter und Vorsitzender des Bundestagsausschusses für Kultur- und Wissenschaftsfragen war, nicht geteilt habe.

Für die Zitate von *Bernd Rüthers* vgl. seine Aufsätze »Auf dem Wege zur Tendenzuniversität. Zu den Gefahren von Kooperationsverträgen mit den Gewerkschaften« in der FAZ vom 23. 10. 76 und »Waffenschmieden gegen die Arbeiterbewegung? Was Gewerkschaftsführer über Universitäten und Interessenpluralismus reden« in der FAZ vom 6. 12. 80. Schon der Vergleich dieser mehr als vier Jahre auseinanderliegenden Kritiken beweist, daß es sich hier um eine über Jahre hinweg planmäßig betriebene Hochschulpolitik der DGB-Gewerkschaftsfunktionäre handelt.

Wir haben die Äußerungen des Bundesforschungsministers *Helmut Rhode* – dessen besondere Eignung für dieses Amt mir bis heute schleierhaft geblieben ist – nicht besonders ernst genommen, aber die Thesen des gewerkschaftlichen Oberbosses *H. O. Vetter* verdienen eine kritisch-sachliche Überprüfung. Sie sind übrigens bereits am 29. 7. 77 von ihm als Redner bei der 500-Jahr-Feier der Universität Marburg geäußert worden und entsprechen opportunistisch genau dem, was die radikale Linke der Mehrheit der Studenten und Assistenten der »roten« Universität Marburg zu hören wünschte. Aber die verlogene Demagogie von Funktionären – national und international – ist immer ein Kennzeichen aggressiver Politik nach dem Grundsatz: Wirf dem Gegner oder sogar Feind vorher öffentlich das vor, was du selbst tun willst, dann erscheint dein Angriff als bloße berechtigte Verteidigung.

Dabei hätte es gerade *H. O. Vetter* aus eigener Erfahrung besser wissen müssen, denn er hat zu Anfang der 50er Jahre vier Semester an der »Akademie für Gemeinwirtschaft« in Hamburg studiert, einer vom SPD-Senat mit dem DGB und der Konsum-Genossenschaft geschaffenen »höheren«, wissenschaftlichen Ausbildungsanstalt für zukünftige Funktionäre. Von den vier ordentlichen Professoren und zwei Dozenten, die das Lehrkollegium ausmachten, war nicht ein einziger »gewerkschaftsfeindlich«, sondern gerade die gute Zusammenarbeit mit den bundeszentralen und Hamburger Gewerkschaftsfunktionären gehört zu den erfreulichsten Erinnerungen meiner wissenschaftlichen Lebenserfahrung.

Diese praktisch gewerkschaftliche »Akademie« unterschied sich bewußt von bereits vorhandenen Gewerkschaftsakademien in Frankfurt und Dortmund, wo Funktionäre in halbjährigen Schnellkursen in vermeintlich wissenschaftlicher Argumentation geschult wurden. In Hamburg nämlich wurde jeweils für einen Zeitraum von zwei Jahren in Abstimmung mit führenden Gewerkschaftsfunktionären eine Studentenzahl von 60 Personen aufgenommen und dann durch anerkannte Wissenschaftler unterrichtet, was wiederum die Stadt Hamburg dadurch honorierte, daß sie diese Studenten, die ja in aller Regel kein Abitur besaßen, unter Anrechnung von zwei Semestern zum Studium zuließ. Übrigens schlossen nach den vorliegenden Statistiken die so zum Studium Gekommenen ihre Universitätsexamen eindeutig über dem Durchschnitt der sonstigen Prüfungskandidaten ab.

Damals sind also »Arbeiterstudenten«, die zum Universitätsstudium fähig waren, auch von der Universität ausgesprochen gefördert worden. An der Hamburger Akademie lehrten zur Zeit des Besuchs von *H. O. Vetter* als Nationalökonomen die Professoren *Ortlieb* (später Ordinarius an der Universität Hamburg, Direktor des Hamburger Weltwirtschaftsinstituts) und ein unhabilitierter, in der internationalen Wirtschaftswissenschaft eingehend erfahrener sozialistisch eingestellter Dozent namens *Hummel*; in der Betriebswirtschaft lehrte ein enger Mitarbeiter der Konsumgenossenschaften namens *Behrend*, der später Ordinarius für Betriebswirtschaft an der Freien Universität Berlin wurde. An der Universität Hamburg lehrten in den Wirtschaftswissenschaften wissenschaftliche Autoritäten wie *Hans Ritschl* – ein entschiedener Gegner der Erhardschen Marktwirtschaft und Verfasser vieler wirtschaftswissenschaftlicher Lehrbücher – und schließlich auch noch der Nationalökonom *Karl Schiller*. Hat *H. O. Vetter* die Zeit und das Interesse gefunden, in seiner »Studienzeit« jemals dieser Universität das Interesse zuzuwenden, das ihn zu seinem verleumderischen Urteil über die bundesdeutsche Universität berechtigt.

Wenn ich jetzt auf meine eigene Rolle in diesem Zusammenhang zu sprechen komme, dann nicht, um wissenschaftliche Leistungen herauszustellen – darüber werden andere urteilen –, sondern als Vorwärtsverteidigung gegenüber den Angriffen und Kritiken, denen dieses Buch von den Gewerkschaftsfunktionären und den ihnen gefälligen Medien ausgesetzt sein wird, wenn sie es nicht überhaupt verschweigen.

Ich war übrigens der erste Vertreter der Soziologie an der Akademie für Gemeinwirtschaft, vor allem durch den Einfluß von *Karl Schiller* dorthin 1948 berufen; meine Nachfolger waren *Carl Jantke* (Hauptwerke: »Der vierte Stand. Die gestaltenden Kräfte der deutschen Arbeiterbewegung im 19. Jahrhundert«, 1955, und »Die Eigentumslosen. Der deutsche Pauperismus und die Emanzipationskrise in Darstellungen und Deutungen der zeitgenössischen Literatur«, 1965), *Ralf Dahrendorf* und andere heute an Universitäten lehrende Soziologen. Gewerkschaftsfeinde?

Meine eigenen Forschungen an der »Akademie für Gemeinwirtschaft« mit völliger wissenschaftlicher Freiheit galten zuerst den Notständen der Flüchtlinge, der Kriegerwitwen, der Arbeitslosen usw., das heißt den damals »Armen« (Familiensoziologie), galten in Zusammenarbeit mit dem Vorstand des DGB in Düsseldorf den jugendlichen Arbeitslosen und der Arbeiterjugend, galten als Direktor der »Sozialforschungsstelle Dortmund«, die vor der Eröffnung der Universität Münster von den DGB-Gewerkschaften und der Handelskammer der Dortmunder Wirtschaft – damals offensichtlich über die Rolle der »Wissenschaft« noch einig – gegründet wurde, um der Einheit der wirtschaftlichen Interessen von Gewerkschaften und Unternehmern zu dienen. Diese Gründungsabsicht ist in den zehn Jahren meiner Führung der »Sozialforschungsstelle« stets durchgehalten worden: Während die Dortmunder Wirtschaft (Unternehmer) keinen interessenbedingten Forschungsauftrag von der Sozialforschungsstelle verlangte, haben wir mit dem mit mir befreundeten Arbeitsdirektor (und politisch erfahrenen) *Harald Koch* eng zusammengearbeitet und für ihn empirische Untersuchungen durchgeführt. (Er war einer der Protektoren von *H. O. Vetter*, der natürlich keinen Finger gerührt hat, als ihn die Neofunktionäre des DGB als Arbeitsdirektor abservierten.) In der »Sozialforschungsstelle« Dortmund gab es in den zehn Jahren stets eine Abteilung, die sich den Industrie- und Arbeitssoziologien besonders widmete; ihre Leitung hatte der vor allem in den USA ausgebildete Soziologe *Heinz Hartmann*, heute Ordinarius an der Wirtschaftswissenschaftlichen Fakultät der Universität Münster, mit empirischen Forschungen über Gewerkschaften im internationalen Vergleich und (im Auftrag der SPD-Landesregierung) über die Randgruppe »Drogensüchtige« hervorgetreten.

Dieses für viele Leser uninteressante, langatmige Kleingedruckte, sozusagen Fachinterne, sollen Sie ruhig überblättern und ungelesen lassen. Es sind Beweismittel für das Verhältnis von Gewerkschaftsfunktionären und Wissenschaft, die ich jetzt auf kurze, für alle verständliche Urteile bringen will:

- Lassen wir die »große Geschichtsschreibung« der Jahrtausende von den vorderasiatischen Kulturen über Griechenland und Rom über das europäische Mittelalter und die ideologische Neuzeit einmal beiseite, das heißt also Herrscher- und Kriegsgeschichte und beziehen wir uns auf die wissenschaftliche Forschung über Sozial- und Wirtschaftsgeschichte, die eigentlich erst in unserem 20. Jahrhundert voll ergriffen wurde. Die führende internationale Rolle der deutschen Geschichtswissenschaft ist hier mit Gelehrten wie *Werner Sombart* und *Max Weber* kaum zu übersehen. Auch in diesem begrenzten Gebiet der Sozial- und Wirtschaftsgeschichte dieses Jahrhunderts gibt es Moden, d. h. Wechsel der Erkenntnismethoden, die jeweils »aktuell« sind. Man hat zunächst wie die »große Staatsgeschichtsschreibung« aus alten Zeugnissen, aus Dokumenten herausgearbeitet, nämlich aus Haushaltsbüchern, aus Wirtschaftsverträgen, aus behördlichen Dekreten, aus Prozeßakten usw. Der führende deutsche Geschichtswissenschaftler auf dieser Linie ist zweifellos der Österreicher *Otto Brunner* gewesen, der neue wissenschaftliche Horizonte der Sozial- und Rechtsgeschichte eröffnet hat. Allerdings ist zuzugeben, daß der »Arbeiter«, wer auch immer dies damals war, wenig zu Wort kommt, aber das ist ja die Zeit vor jeder »industriellen Arbeiterbewegung«.

Einen zweiten Ansatz sehe ich auf diesem Fachgebiet der Geschichtsschreibung in der Anwendung statistischer Methoden, die sich jeweils auf das Gesamte der wirtschaftlichen und sozialen Lage einer Zeit beziehen, insofern sie die »undokumentierten« Arbeiter, armen Leute und viele andere, allerdings nur abstrakt, einbeziehen; aber wer die Schwierigkeiten und Irrtümer geschichtlicher Statistik kennt, weiß, daß hier über die Lebensbedingungen der vor allem körperlich arbeitenden Bevölkerung im einzelnen kaum etwas auszumachen ist.

Ein neuer Ansatz der Sozialgeschichtsschreibung scheint sich jetzt anzubahnen: die biographische Methode. Sie geht typischerweise von US-amerikanischen Forschern aus, gewinnt bereits in seltenen Fällen auch in der bundesdeutschen Fachgeschichtsschreibung Anhänger. Ich gestehe offen, daß ihr meine Zustimmung gehört, weil die Lebenswandlungen, Konflikte und Erfolge der einzelnen Person der Aufgabe der Geschichtsschreibung, jede Generation aus sich selbst heraus zu verstehen und darzustellen, »wie es war« (so die Forderung *L. v. Rankes*), wohl am nächsten kommen. Man sollte der Forderung des Gewerkschaftsvorsitzenden *H. O. Vetter* durchaus nachkommen und diese Methode der Sozialgeschichtsschreibung bevorzugt auf die sog. »Arbeiterbewegung«, also in dieser Generation seit 1945 auf die Herrschaft der Gewerkschaftsfunktionäre anwenden.

Wenn man nicht in den naheliegenden Fehler dieser biographischen Methode verfällt, die »Würdigung« einer Person aus ihren Selbstzeugnissen zu betreiben, sondern im Auf und Ab des individuellen Lebens die von ihm ausgehenden sozialen Entscheidungen, organisatorischen und das heißt politischen Verwirklichungen, ihre Autorität und ihre Entmachtung kritisch-objektiv im Zeit- und Generationszusammenhang zu verstehen und darzustellen versucht, dann würden die Gewerkschaftsführer wie *Hans Böckler, Ludwig Rosenberg,* also die Vorgänger Vetters oder Benya in Österreich, als »Objekt« der Forschung über die sogenannte »Arbeiterbewegung« ebenso aufschlußreich sein wie die Schlüsselfigur *H. O. Vetter,* der den Umschlag von einer »Arbeiterbewegung« zu einer Funktionärsherrschaft über die Arbeiter in seinen Lebenswandlungen wohl am deutlichsten belegt. (Man braucht ja die journalistisch naheliegende Überschrift »Vom HJ-Bannführer zum Gewerkschaftskapitalisten« nicht zu wählen.)

• Die Behauptung, daß die deutsche Universität in Vergangenheit und bis heute bevorzugt Waffenschmiede gegen die Arbeiterbewegung gewesen sei, wie sie *H. O. Vetter* 1977 in Marburg aufgestellt hat, ist eine lügnerische Demagogie, die verschleiern soll, daß die Gewerkschaftsfunktionäre die Universitäten zu »Waffenschmieden« für die Gewerkschaftsfunktionäre machen wollen. Es lohnt sich nicht, nachzuweisen, daß gerade in der deutschen Sozial- und Wirtschaftsgeschichtsbeschreibung des 19. Jahrhunderts bis 1933 die Arbeiterbewegung weit mehr wissenschaftliche Aufmerksamkeit und Untersuchungen gefunden hat als etwa die Forschungen über die Geschichte der Unternehmer.

Lassen wir einmal die alten Forschungen über »die soziale Frage«, über den »Kathedersozialismus« usw. beiseite und beschränken wir uns auf die »Generation« seit 1945/48. Die Aussage *H. O. Vetters,* »die Universität« sei bevorzugt »Waffenschmiede gegen die Arbeiterbewegung«, ist schlicht eine bewußte Lüge. (Ich fühle mich durch die Aussage Vetters persönlich beleidigt, antworte im gleichen Stil in der Hoffnung, daß er mich wegen Beleidigung verklagen wird, damit ich vor einer anderen Instanz den Wahrheitsbeweis antreten kann.) Wenn man die Lehre und Forschung der bundesdeutschen Universitäten seit 1948, insbesondere in der Sozialgeschichte überblickt, so überwiegen Forschungen über Arbeiter, über die arbeitende Bevölkerung, ja sogar über Arbeiterorganisationen (Gewerkschaften) bei weitem die Forschungen über Unternehmer – vom Handwerker bis zu Großfirmenchefs wie *Bertelsmann* oder *Oetker.*

Dahinter stehen gegnerische Wissenschaftsauffassungen: Während die Unternehmer in ihren wissenschaftsfördernden Geldbeiträgen die liberale wissenschaftlich autonome Forschung fördern, ohne eine andere Auflage zu fordern, als daß sie durch national und international anerkannte Gelehrte als förderungswürdig beurteilt werden, setzen die Gewerkschaftsfunktionäre, ohne den Universitäten einen Pfennig ihrer großen Kapitalmacht zur selbstbestimmenden Verfügung zu stellen, ihre politische Macht zur Machteroberung über die Universitäten, über die Forschung und Lehre an Hochschulen (und Schulen) und, was noch später deutlicher werden wird, an allen anderen wissenschaftlichen Einrichtungen ein.

Hier stehen sich in der Tat zwei Auffassungen von Wissenschaft, die sozialistisch-funktionärshaft beherrschte und die bürgerlich-liberale schroff gegenüber. Und das ist, obgleich sich die große Mehrheit der arbeitenden Bevölkerung aus Unkenntnis dessen gar nicht bewußt ist, keineswegs ein Nebenkriegsschauplatz, sondern die Entscheidung darüber, wer in der »wissenschaftlichen Zivilisation«, von der wir alle in den Industriestaaten und in denen, die es werden möchten, abhängen, das politische Sagen hat und entscheidet über die ganz persönlichen, privaten Lebensbedingungen aller »Bürger« unseres Gemeinwesens. In dieser vermeintlich bevölkerungsfernen Frage enthüllt sich ein neuer »Verrat der Intellektuellen« (»La trahison des clercs«) aller Richtungen, einerseits durch Machthunger, andererseits durch feiges Nachgeben, was sich beides in angenehmen, ja luxuriösen Lebensumständen auszahlt.

Die Behauptung *H. O. Vetters*, daß die der Arbeiterbewegung verbundenen Hochschulangehörigen einen schweren Stand haben und sich gegen die »antigewerkschaftlichen und konservativen Einflüsse stemmen müßten« ist eine weitere demagogische Lüge. Das Gegenteil ist nachweisbar: Seit Einführung der »Gruppenuniversität« durch die sozialdemokratisch-gewerkschaftlichen Hochschul- und Bildungspolitiker haben »gewerkschafts-, das heißt funktionärsverbundene Hochschulangehörige« weitaus leichtere Möglichkeiten, sich und ihre Karrieren an den Hochschulen durchzusetzen als diejenigen, die sich den konventionellen Bedingungen des Hochschullehrer und -forschernachwuchses der »liberal-bürgerlichen« Wissenschaftsauffassung (Habilitation, Berufung auf Grund von anerkannten Gutachtern usw.) unterwerfen.

Wer sind übrigens die »der Arbeiterbewegung verbundenen Hochschulangehörigen«? Es sind die linken Studentenfunktionäre von den Kommunisten bis zu den Jungdemokraten, es sind die linken Assistenten, die sich mit Recht ohne entsprechende wissenschaftlich nachgewiesene Leistungen Karrieren bis hin zur lebenslangen Beamtenschaft mit ihrem sicheren Einkommen, Pensionen usw. versprechen, es ist eine verschwindende Minderheit von liberal-bürgerlichen Professoren, die ihre politische und gesinnungshafte Meinungsfreiheit (mit vollem Recht) zu einer Zustimmung zur »Arbeiterbewegung« benutzen, wobei man allerdings von diesen Professoren diejenigen abziehen muß, die erst durch die Koalition mit den linken Funktionären aller Ränge in diese Berufsstellung geraten sind. Die so gekennzeichnete Gruppe hat beweisbar in dem letzten Jahrzehnt von der »Gruppenuniversität« viel mehr Förderung erfahren als Vertreter des liberal-bürgerlichen wissenschaftlichen Nachwuchses.

Dies zu dokumentieren, wäre die Aufgabe der »Funktionäre« der Hochschullehrerschaft, aber diese treiben, wie man aus den »Mitteilungen des Hochschulverbandes« feststellen kann, fast »Tarifpolitik« im klassischen Sinne, indem sie Ratschläge für Gehaltsforderungen, für Steuervorteile, also für partikulare Berufsinteressen der Professoren und Dozenten erteilen, ab und zu einmal durch wohlgemeinte rhetorische Abstraktheiten von Vortragenden unterbrochen. Den eigentlichen politischen Kampf um die liberale rechtsstaatliche Universität führten bisher die professoralen »Notgemeinschaften« an der Freien Universität Berlin und Bremen. Hier hätte längst ein *hochschulpolitisches Rotbuch* hergehört, das im einzelnen belegt, welche Vorteile »die der Arbeiterbewegung (sprich den Funktionären des DGB) verbundenen Hochschulangehörigen im letzten Jahrzehnt gegenüber den vermeintlich »antigewerkschaftlichen und konservativen Einflüssen« an den deutschen Hochschulen aller Art genossen haben, und das damit die Äußerung *H. O. Vetters* Lügen straft.

Und schließlich: Wozu muß man »diese Kräfte nachdrücklich ermutigen«? Doch offensichtlich dazu, die Eroberung der Hochschulen für die Funktionärsmacht immer weiter voranzutreiben, wobei allerdings, schon heute sichtbar, die Gewerkschaftsfunktionäre, insbesondere die aus der alten Arbeiterbewegung, zum Schluß als die betrogenen Betrüger dastehen werden, die lebenswichtige Interessen der breiten arbeitenden Bevölkerung an eine neue ausbeutende Herrschaftsgruppe verraten haben.

»Kooperationsverträge« als hochschulpolitisches Herrschaftsmittel

Auch diese Forderung ist in den Marburger Ausführungen *H. O. Vetters* schon vor über fünf Jahren enthalten. Zu fordern sei, daß die Universitäten und andere wissenschaftliche Einrichtungen (!) »rechtlich verbindliche ›Kooperationsverträge‹ schließen, die sie zur engen Zusammenarbeit in Lehre und Forschung mit den »Gewerkschaften« – gemeint sind, wie man später sehen wird, nur die Funktionäre des Deutschen Gewerkschaftsbundes – verpflichtet. Solche Kooperationsverträge mit der DGB-Gewerkschaft haben bisher die Universitäten Bremen, Bochum und Oldenburg und mit sog. Arbeiterkammern die Pädagogische Hochschule Saarland geschlossen; daß in dieser Reihe die Universitäten FU Berlin, Marburg und Kassel fehlen, liegt wohl darin begründet, daß hier die linken Funktionäre schon längst in den entscheidenden Universitätsgremien gruppenhaft das Sagen haben und eine »rechtlich verbindliche Absicherung« nicht dringend erschien.

Die einzige Universität, die einen von der Universitätsleitung beabsichtigten Abschluß eines »Kooperationsvertrages« mit den Gewerkschaftsfunktionären durch die Gegenwehr von mehr als vierzig politisch nicht nur entschiedenen, sondern auch handlungsfähigen Professoren abwehren konnte, war die Universität Konstanz; neben den »Notgemeinschaften« der Professoren in Berlin und Bremen eine der ganz wenigen Vorgänge einer aggressiven Verteidigung der liberal-rechtsstaatlichen Wissenschaft und ihrer Einrichtungen (eine hochschulgeschichtliche Einzelheit, auf die es sich noch einmal zurückzukommen lohnt). Im übrigen wiederhole ich hier meinen Vorwurf gegen die hochschulpolitische Publizistik der »bürgerlichen« Seite, daß sie zwar kommentarhaft-meinungsbildend auf solche Zusammenhänge hinweist, aber die »Fakten«, nämlich die wesentlichen Bestimmungen oder gar den ganzen Text solcher »Kooperationsverträge« bisher kaum zugänglich gemacht und den allbekannten Widerspruch zwischen verbindlicher Rechtsformalität und der daraus erwachsenden Praxis in Forschung und Lehre an den betreffenden Hochschulen kaum für die wissenschaftliche Welt verdeutlicht hat.

Aber ich dehne diesen Vorwurf erheblich über die Publizisten, vor allem auf die Funktionäre des Berufsstandes der Hochschullehrer und -dozenten aus. Indem ich mich den Begründungen des Rechtswissenschaftlers *Bernd Rüthers* anschließe, stelle ich die Frage, weshalb bisher nicht die rechtsstaatliche Legalität solcher »Kooperationsverträge«, also ihre Vereinbarkeit mit Grundsatzbestimmungen des Grundgesetzes, der dafür zuständigen Instanz des Bundesverfassungsgerichts zur Entscheidung vorgelegt worden ist. »Die Freiheit der Wissenschaft, wie sie das Grundgesetz im Artikel 5 garantiert, kann nicht nur durch den Staat, sondern auch durch soziale Machtgruppen gefährdet werden. Das gilt besonders dann, wenn über globale Instanzen Einfluß auf ganze Hochschulen erstrebt wird. Hier liegt der wissenschaftspolitische und verfassungsrechtliche Punkt der sogenannten Kooperationsverträge. Hochschulen sind öffentlich finanzierte, gesamtgesellschaftliche Einrichtungen. Ihre Offenheit und die Erfüllung ihrer Dienstleistungspflichten zu kontrollieren, ist die Aufgabe der demokratisch legitimierten Staatsorgane. Selbst sie haben die Grenzen der verfassungsgesetzlich gewährleisteten Wissenschaftsfreiheit zu achten. Für selbsternannte Kontrollinstanzen und Kontrollansprüche gesellschaftlicher Interessengruppen ist im Hochschulbereich deshalb kaum Raum . . . Solche Kooperationsverträge verletzen den Verfassungsgrundsatz der Wissenschaft und das geltende Hochschulrecht. Sie können also – auch wenn manche derzeitigen Amtsträger in der Kultus- und Universitätsbürokratie es anders wollen (!) – vertraglich gar nicht rechtswirksam vereinbart werden . . . Die zentralen Instanzen der Universität, welche globale Kooperationsverträge mit Einflußmöglichkeiten außeruniversitärer Interessengruppen verabschieden oder unterzeichnen lassen, maßen sich damit die Kompetenz an, einzelne wissenschaftliche Disziplinen inhaltlich auf bestimmte Schwerpunkte der Forschung und Lehre zu drängen oder gar festzulegen. Das steht ihnen nicht zu . . . Die vertragliche Anbindung ganzer Universitäten an eine im Verband organisierte Interessengruppe würde Forschung und Lehre in den betroffenen Fachdisziplinen interessenhaft notwendig verengen und dogmatisch verhärten. Unbequeme und von der dominanten Gesellschaftsgruppe als »uninteressant« bewertete Wahrheiten oder gar schon entsprechende Fragestellungen könnten und würden zurückgedrängt, etwa durch Austrocknung der notwendigen Mittelzuflüsse ausgeschaltet werden« (*Rüthers*, 1976).

Weshalb haben eigentlich die Funktionäre des Hochschul(lehrer)verbandes oder gar einzelne Wissenschaftler niemals eine

Entscheidung des Bundesverfassungsgerichts über die Verfassungsmäßigkeit solcher Kooperationsverträge herbeigeführt? Wie Oberste Gerichte wie auch das Bundesverfassungsgericht urteilen, läßt sich nie voraussagen, aber bisher hat das Gericht Unabhängigkeit und Mut genug bewiesen, die politischen Instanzen auf ihre grundgesetzlich verbürgten Grenzen zurückzuweisen. Eine solche Klage über die Verfassungsgemäßheit der »Kooperationsverträge« würde zumindest die Frage klären, wie weit eine Erneuerung des Rechtsstaats im Sinne der Gründer und Grundgesetzverfasser noch auf die Hilfe der Obersten Gerichte, der »Dritten Gewalt«, rechnen kann oder ob in der Tat die Bundesrepublik auch auf diesem Gebiet in den Bürgerrechtskampf zwischen nur sich lahm verteidigenden »Konservativen« und den linksradikalen »Systemveränderern« abschlittert.

Ehe ich auf die praktikablen und das heißt vernünftigen »Lösungen dieser Frage zu sprechen komme, noch zwei Einzelbeispiele über »Kooperationsverträge«, von denen das eine meine Kritik bestärkt, das andere sie einschränkt; zudem ist zwischen wissenschafts- und hochschulpolitisch schädigenden und fördernden »Kooperationen« zu unterscheiden.

Bei der Ablehnung des »Kooperationsvertrages« des DGB mit der Universität Konstanz hat es wissenschaftspolitische Auseinandersetzungen gegeben, die nicht nur für diese begrenzte Frage, sondern für die Mentalität der DGB-Funktionäre für diese Jahre wissenschaftsgeschichtlich bedeutsam sind. Über sie berichtet der Konstanzer Rechtswissenschaftler *Rüthers* als kritischer Beurteiler dieses Vorgangs: Die Konstanzer Universität hat zwei Tage lang mit den Vertretern von Staat und Gesellschaft die Beziehungen untereinander diskutiert. Für die »Gesellschaft« sprach dort nur *Franz Steinkühler* von der IG Metall. *Steinkühler*, der unter dem Rektorat *Naschold* Ehrensenator der Universität Konstanz geworden ist – die Verdienste für die Universität sind kaum bekannt – wiederholte fast wortgleich die Thesen des DGB-Vorsitzenden *H. O. Vetters* von 1977, was wohl unzweifelhaft auf einen gewerkschaftlichen Plan zur Eroberung der Hochschulen durch »verpflichtende Kooperation« schließen läßt. Auf den Einwand hin, daß bei diesen Ansprüchen in einem interessenpluralistischen Gemeinwesen dann auch Bauernverbände oder Industrieverbände (etwa der pharmazeutischen Industrie) Berücksichtigung verlangen können, zeigte sich Steinkühler empört: Das sei ihm noch nie passiert. Der DGB vertrete die wahren Interessen aller Arbeitnehmer und damit 84 % der erwerbstätigen Bevölkerung.

Das ist nachweislich unwahr, denn im DGB sind nur etwa ein Drittel der Arbeitnehmer organisiert, die anderen zwei Drittel sind entweder überhaupt nicht oder in anderen Berufsverbänden »organisiert«. Die DGB-Funktionäre vertreten also eine bedeutsame Gruppe der Erwerbstätigen, aber nur eine Minderheit. Der Bauernverband vertritt sicher erheblich mehr Bauern und wäre zu einer »verpflichtenden Kooperation« mit den landwirtschaftlichen Hochschulen weitaus berechtigter als die DGB-Funktionäre. Wenn man die in der pharmazeutischen Forschung beschäftigten Arbeitnehmer befragen würde, auch in den Hochschulen oder wissenschaftlichen Einrichtungen, so würde man Kooperation mit den betreffenden Industrien und ihren Forschungseinrichtungen, bei weitem der Vertretung ihrer Interessen durch die DGB-Funktionäre vorziehen. Aber die Funktionäre befragen ja gar nicht mehr demokratisch ihre Mitglieder, sondern lassen sich nur die Zustimmung zu eingegrenzten Interessenvertretungen (vor allem Einkommensfragen) demokratisch bestätigen und leiten daraus Herrschaftsansprüche in anderen Gebieten des Gemeinwesens ab, die ihnen nie übertragen worden sind. Oder ist je ein Mitglied des DGB daraufhin befragt worden, ob es die Wissenschafts- und Hochschulpolitik seiner Funktionäre unterstützt?

»Der liberale Verfassungsstaat des Grundgesetzes lebt von der freien und prinzipiell gleichberechtigten Entfaltung aller gesellschaftlichen Interessengruppen. Wo eine Gruppe, noch dazu eine machtvoll organisierte Minderheit, für sich ein Monopol in Sachen Gemeinwohl und Demokratie reklamiert, verläßt sie die Konstruktionsprinzipien einer liberalen Demokratie. Es handelt sich dann um den Versuch, partikulare Sonderinteressen im Wege der Heiligsprechung mit dem Öl des Gemeinwohls und der Demokratie zu salben« *(Rüthers)*. Dieses ausführliche Zitat, um die Grundsaussage dieser Schrift über die Mentalität und Praxis der Funktionäre aller Art noch einmal zu betonen: Sie rufen nur erdachte Gewalten an, um ihre Herrschaft zu »legitimieren«, also um den Glauben an die Berechtigung ihrer Herrschaft und den daraus folgenden Gehorsam zu fördern und zu verbreiten. Die Legende, die DGB-Funktionäre verträten »die Arbeitnehmer« schlechthin, entspricht im geschichtlichen Vergleich als metademokratische Rechtfertigung des Sozialstaatsfeudalismus völlig der Legende des »Gottesgnadentums« der monarchisch-fürstlichen Feudalherrschaft.

Nimmt man hinzu, daß auch Parteifunktionäre wie *Hitler* sich monopolistisch für »das deutsche Volk«, *Mussolini* sich für das »italienische Volk«, *Chomeini* sich für »den Islam«, die russischen und sonstigen marxistischen Parteifunktionäre des Ostens sich für »den Sozialismus« eingesetzt haben, den sie mit den Lebensinteressen ihrer Bevölkerungen täuschend ineinssetzen, dann gewinnen die Herrschaftsinteressen über die Zeiten hinweg eine Gleichförmigkeit, in die sich auch die Gewerkschaftsfunktionäre der Bundesrepublik einpassen. Gegen diese entmündigende und ausbeutende Herrschaft müssen sich immer wieder die freiheitsbewußten Teile der Bevölkerung zur Wehr setzen. Hier liegt die Berechtigung für eine »Revolution«. Aber solange die »revolutionär« gesinnten Gruppen der bundesdeutschen akademischen Jugend in Wirklichkeit nur Funktionärsherrschaften in West und Ost unterstützen, ist wohl die Formel einer »Revolution« in die gleiche Zwei- und Vieldeutigkeit wie die der »Freiheit«, der »sozialen Gerechtigkeit«, des »Friedens« usw. abzuschreiben.

Daß es auch bereits in der »bürgerlichen« Universität Formen von »Kooperationsverträgen«, also rechtliche Bindungen zugunsten von partikularen Macht- und Einkommensinteressen mit außerwissenschaftlichen Geschäftsinteressen gegeben hat, soll nicht verschwiegen werden. Ich bin kein so heuriger Hase in der Hochschul- und Wissenschaftsförderungspolitik der Bundesrepublik, um nicht zu wissen, daß vor allem an den Technischen Hochschulen und in der chemisch-naturwissenschaftlichen Forschung, wo vielfach »Praktiker« aus der Unternehmensforschung in Professuren berufen werden, persönliche Kooperationsverträge faktisch bestehen und zwar in der Form, daß die auf Kosten der Hochschulen entwickelte Grundlagenforschung in wirtschaftlicher Anwendung in private Patente umgesetzt wird, nebenbei werden die eigenen Schüler und Mitarbeiter in der begünstigten Firma untergebracht. Die Verträge der praktisch-medizinischen Ordinarien oder der Architekturprofessoren mit dem »Staat« folgen im Grunde genommen dem gleichen Modell, private Einkommensinteressen »rechtsverbindlich« mit »dem Staat«, das heißt auf Kosten des Steuerzahlers, zu vereinbaren. Aber diese Fälle sind keineswegs kennzeichnend für die liberal-rechtsstaatliche bundesdeutsche Hochschule oder Forschung, sondern sind Mißbrauch ihrer Wissenschaftsfreiheit.

Es gibt aber auch wissenschaftsfördernde »Kooperationen«. Dafür zwei Beispiele: Der Rektor der Universität Erlangen, ein Naturwissenschaftler, hat mir über eine Kooperation zwischen der Medizinischen Fakultät der Universität und der Unternehmensgruppe »Medizinische Technik« der Firma Siemens in Erlangen berichtet und auf meine eingehenden Fragen, welche Bedingungen mit dieser Kooperation verbunden seien, versichert, daß die Firma auf Berufungen oder auf das Forschungsprogramm der Medizinischen Fakultät nicht den geringsten Einfluß nimmt, sondern eher umgekehrt die Mediziner bei der Firma anregen können, daß sie für ihre Forschungen und Praxis noch zusätzliche Apparaturen benötigen. Die Gegenleistung besteht darin, daß die Interessenten und Käufer solcher medizinischen Geräte der Firma Siemens diese in den Kliniken der Universität Erlangen nicht nur besichtigen, sondern auch mit erfahrenen Ärzten unabhängig erörtern können. Folge: Die Medizinische Fakultät der Universität Erlangen gehört heute zu den national, ja international anerkanntesten und führenden ärztlichen Kliniken. Ein zweites Beispiel: Die Fritz-Thyssen-Stiftung, also eine aus rein industriell-wirtschaftlichen Mitteln gespeiste Einrichtung der Wissenschaftsförderung, hat der Deutschen Forschungsgemeinschaft pauschal einen hohen Betrag zur Unterstützung des »Heisenberg-Programms« zur Förderung des wissenschaftlichen Nachwuchses überwiesen, ohne auch nur eine einzige Bedingung über die Vergabe dieser Gelder daran zu knüpfen. Bisher habe ich keine Kenntnis davon, daß der DGB aus seinem Riesenvermögen auch nur einen Pfennig in ähnlicher Weise einer als autonom anerkannten wissenschaftlichen Fakultät oder Einrichtung zur Verfügung gestellt hätte, sondern umgekehrt: Er setzt hochschulpolitische Machtmittel ein, um bestimmte Forschungsrichtungen und das entsprechende Personal zu begünstigen.

Im geschichtlichen Rückblick tritt hier ein weiterer Zug des strukturellen Wandels der beruflichen Vertreter der »Arbeiterbewegung« hervor: Wie sie zunächst den harten, ausbeutenden und nur profitgierigen »Kapitalismus« bekämpften und als er in einem Gemeinwesen der »Sozialen Marktwirtschaft«, mit wirtschaftlicher Machtkontrolle und vielem anderen zum Gemeinwohl hin gebändigt war, nun selbst in gewerkschaftskapitalistischen Monopolunternehmen die Untugenden der Besiegten übernahmen, so geschieht es auch in der Hochschul- und Wissenschaftspolitik: Die wenigen, bisher den Geist und die innere Verfassung der deutschen Universität noch berührenden Fehler von »Kooperationen« werden von den Gewerkschaftsfunktionären zum politischen Plan der sozialistischen Umgestaltung der Hochschulen und Forschung emporgetrieben; auch hier schlägt die sich wehrende Kraft beim Sieg in eine beherrschende Gewalt um: Zielwechsel.

Dagegen sind die jeweiligen Tugenden, das heißt die dem Gemeinwesen dienenden Leistungen der bekämpften Gruppe nur in Ausnahmefällen, wenn überhaupt übernommen worden. Nehmen wir die Beispiele »Unternehmer« und »Wissenschaft«: Die Sozialisten *Karl Marx, Georges Sorel* und zuletzt *Josef Schumpeter* haben als zu bewahrende Tugenden der Unternehmer ihren Erfindungs- und Erneuerungsgeist, verbunden mit der Risikobereitschaft, persönliches Eigentum dafür einzusetzen, bejaht, allerdings die Profitgier, die Ausbeutung des Anteils der Arbeitenden (»Mehrwert«) gegeißelt. Das Gute zu bejahen und das damit verbundene Schlechte zu bekämpfen, ist schon immer ein Vorrecht der praktisch Unverantwortlichen.

»Wissenschaft«: Der Bankier *Hermann Josef Abs* hat in einem Festvortrag im Juli 1982 in Salzburg die Frage aufgeworfen, »welche gesellschaftliche Schicht heute bereit und in der Lage sei, die Nachfolge jenes Bildungsbürgertums anzutreten, das sich seit der Aufklärung um die Wissenschaften und die Künste kümmerte«. Das ist eine sehr verantwortliche, aber so globale Frage, daß darauf nur ähnlich allgemeine Antworten möglich sind. Immerhin läßt sich wohl behaupten, daß die vermeintlich von den Funktionären vertretene Schicht der »Arbeitnehmer« diese Nachfolge nicht antreten wird, sondern daß hier eine Vielfalt von funktionärshaft beherrschten Organisationen (Regierungen, Stiftungen, Unternehmen usw.) an die Stelle geistig und idealhaft übereinstimmender »Bevölkerungsschichten« getreten ist. Der sog. »Wert-Pluralismus« unseres Gemeinwesens äußert sich zugleich darin, daß die gemeinsamen kulturellen »Grundwerte« aufgelöst werden, und dies ist die geschichtliche Chance der partikulären Herrschaftsgruppen.

Folgen und Folgerungen

Hier soll die Frage erörtert werden, welche Folgerungen aus der drohenden Eroberung der Hochschulen und wissenschaftlichen Einrichtungen durch die Gewerkschaftsfunktionäre zu ziehen sind. Sie soll auf drei Punkte beschränkt bleiben:

- »Kooperationsverträge«,
- Studium auf Kosten des Steuerzahlers (BAFÖG),
- Förderung oder Behinderung der dem Gemeinwohl dienenden unabhängigen Forschung.

In allen Fällen geht es um die Durchsetzung des Artikels 5 des Grundgesetzes, der die Meinungsäußerungsfreiheit mit der Freiheit von Forschung Lehre verbindet. Der hier recht lakonisch formulierte Wille des Gesetzgebers lautet: »Kunst und Wissenschaft, Forschung und Lehre sind frei. Die Freiheit der Lehre entbindet nicht von der Treue zur Verfassung« (Art. 5, III, S. 1 und 2). Damit hat der Grundgesetzgeber die Konkretisierung und Verwirklichung dieses Grundrechtes den zukünftigen Gesetzgebern und den ihnen unterworfenen Verwaltungsorganen (Parlamenten, Regierungen, Verwaltungen etc.) und den diese auf ihre Verfassungstreue kontrollierenden Obersten Gerichten übertragen in der Einsicht, daß zukünftige politische und soziale Veränderungen in Forschung und Lehre nicht konkretistisch vorweg bestimmt werden können. Um die Art und Weise, in der die Gesetzgeber und die Obersten Gerichte diesem Grundgesetzauftrag nachgekommen sind, geht es in den folgenden Punkten.

Das Bundesverfassungsgericht hat bereits die Freiheit und Autonomie der Universitäten dadurch verteidigt, daß es bei Anerkennung des Rechts des Landesgesetzgebers, die organisatorische Verfassung der Hochschulen zur »Gruppenuniversität« umzugestalten, doch ein überwiegendes Bestimmungsrecht der lebenslang Forschenden und Lehrenden (»Professoren«) als Garantie der Forschungs- und Lehrfreiheit festlegte. Die zuständigen Landesregierungen sind gehalten, ihre Hochschulgesetze dieser Entscheidung der Dritten Gewalt anzupassen. In ähnlicher Weise haben Oberste Gerichte der Länder entschieden, daß Studentenfunktionäre nicht ein über den Hochschulbereich hinausgehendes Recht haben, die durch staatliche Zwangsauflagen für die verfaßte Studentenschaft von allen Studierenden geleisteten finanziellen Beiträge für politische Gesinnungsgruppen zu verwenden (sog. »politisches Mandat«). In beiden Fällen geht es um die Verteidigung der Freiheit und Selbstbestimmung der Hochschulen auf zwei Ebenen. Das Bundesverfassungsgericht wird nicht umhin können, auch die Funktionärsansprüche auf partikular-interessenhafte »Kooperationsverträge« verfassungsrechtlich überprüfen und dem Willen des Grundgesetzgebers unterwerfen zu müssen.

Da wir weder »Arbeitgeber- noch Gewerkschaftsuniversitäten« mit der Freiheit von Forschung und Lehre vereinbaren können, muß das Bundesverfassungsgericht seinen Schutz des Art. 5 des Grundgesetzes weiterführen, vor allem da die von Parteifunktionären besetzten Landesregierungen offensichtlich zerstritten oder gar unfähig sind, diesen Freiheitsschutz und diese Autonomie von Forschung und Lehre durchzusetzen oder nur zu kontrollieren. »Kooperationsverträge« von partikulär-interessenhaften Organisationen sind grundgesetzlich unstatthaft, es sei denn, sie dienen der Freiheit von Forschung und Lehre und der Autonomie der Hochschulen. Schon eine Festlegung dieses Grundsatzes aus Art. 5 GG wäre eine Klärung, denn dann bedürfen die Ausnahmen von der Regel der Überprüfung und ausdrücklichen Genehmigung. Dazu sind, wie sich gezeigt hat, die jeweiligen Landesregierungen, durchsetzt von Partei- und Gewerkschaftsfunktionären, nicht mehr imstande.

Als eine Lösung schwebt mir vor, daß die jeweiligen Landesregierungen, deren Verwaltungshoheit über die Hochschulen ich gar nicht in Frage stelle, in der Ausnahmegenehmigung für wissenschafts- und hochschulfördernde »Kooperationsabkommen« an ein Votum einer »neutralen« wissenschaftlichen Instanz sich in gleicher Weise gebunden fühlen wie bei der Behandlung von Berufungslisten, die ihr von den Fakultäten vorgeschlagen werden. In Fällen der Abweichung von einem solchen Votum müßten die Gründe öffentlich dargelegt, im Zweifelsfalle verwaltungsgerichtlich überprüft werden können. Für einen solchen funktionärsfreien, »neutralen« Überprüfungsrat würde ich z. B. den Hauptausschuß der Deutschen Forschungsgemeinschaft (DFG) halten, in dem nicht nur die Fächer durch hervorragende Gelehrte, die Vorsitzenden der großen Forschungsinstitute (Max-Planck-Gesellschaft), sondern auch die Landeswissenschaftsministerien durch hohe Beamte vertreten sind; dieser verfügt über einen großen Rückhalt an Gutachtern, die von den verschiedensten wissenschaftlichen Gesellschaften im geheimen demokratischen Verfahren gewählt worden sind. Und schließlich arbeitet er nach meiner Erfahrung zeitlich so schnell, daß bürokratische Zeitverzögerungen nicht zu befürchten sind. Natürlich ist dies ein Vorschlag, die Zuständigkeiten wissenschaftlicher Selbstverwaltungsorgane zugunsten der partei- und gewerkschaftsfunktionären Einflußnahme zu verstärken, aber darum geht es ja wohl.

Studium als Sozialanspruch

Gehen wir von einer kennzeichnenden Tatsache aus: Rund zwei Drittel der vom Bundesausbildungsförderungsgesetz (BAFÖG) geförderten und finanzierten Studenten brechen ihr Studium ohne Abschlußexamen ab. Dieses BAFÖG wurde im wesentlichen zur Förderung von Studenten aus ärmeren Schichten geschaffen, erst später auch auf Fachschüler, Gymnasiasten usw. ausgedehnt. Daß die Einkommenshöhe der Eltern, die Höhe der Förderung, ihre Dauer usw. durch die Regierung beliebig veränderbar sind und verändert werden je nach Finanzlage soll hier unerörtert bleiben. Entscheidender sind zwei Gesichtspunkte:

Das Gesetz will ohne Zweifel der sog. Chancen-Gleichheit im Bildungswesen dienen, das heißt das begabte Kind eines einkommensschwachen Arbeiters soll die gleiche Chance haben, seiner Begabung gemäß berufliche Ausbildungs- und damit soziale Aufstiegsmöglichkeiten zu erhalten wie die Kinder höherer Einkommensbezieher. Dieses Ziel bejahe ich nicht nur, sondern bin aktiv dafür in vielerlei professoralen Situationen eingetreten (schließlich bin ich selbst in meiner beruflichen Laufbahn ein solcher »Fall«). Das BAFÖG in der Form, wie es heute praktiziert wird, erfüllt dieses Ziel schlecht, weil es unversehens, das heißt von den Regierungen nicht mehr beherrscht, Folgen und Nebenwirkungen hervorgerufen hat, die es zum Mittel bloßer Sozialhilfe, zu neuen sozialen Ungerechtigkeiten und zur Verschlechterung der Lehre und Forschung der Universitäten führt, weil es die Mißstände der traditionellen deutschen Universität in ihrer Umwandlung zur »Massen-Universität« steigert.

Ausbildungs-Chancengleichheit zu schaffen, setzt offensichtlich die Annahme voraus, daß es sich auch um junge Menschen gleicher Begabung handelt und daß Begabung sich in Leistungen, z. B. Studienleistungen bezeugen muß. Indem das BAFÖG bei der Förderung der »Arbeiter-Studenten jegliche Bewährungspflicht durch (Studien-)Leistung ausschloß, öffnete es die Pforten für das, was wir als »soziale Unterbringung für Gewerkschafts-Funktionärsanhänger« bezeichneten: Mit dem Abitur eröffnet sich für Kinder sozialstaatlich festgelegter »niedriger« Arbeiterschichten eine über Jahre sich hinziehende öffentlich-finanzielle Unterstützung eines Universitäts-Daseins ohne jede Leistungsverantwortung, wovon die große Mehrheit dieser sozialstaatlich privilegierten Gruppe der Jugendlichen selbstverständlich Gebrauch macht.

Auf wessen Kosten? Zunächst auf Kosten des Steuerzahlers, aber d. h. praktisch auf Kosten der Arbeitnehmer aller Ränge, vor allem auch der berufsleistungsfähigen und daher besser verdienenden Arbeiterschaft, von Arbeitnehmern im Ganzen gar nicht zu reden. Die so in Mehrheit ihr Hochschulstudium abbrechenden BAFÖG-Studenten können gar nicht anders, wie »Arbeitsplatzverdrängung nach unten« zu leisten, aber sie werden es immer mit dem hochmütigen Bewußtsein tun, ja »eigentlich« Akademiker zu sein. Wäre es nicht eine Aufgabe der öffentlichen Information, einmal herauszufinden, welchen Berufsgang die Studienabbrecher, vor allem der BAFÖG, eingeschlagen und welche Arbeitsplätze und mit welchen Qualifikationen sie eingenommen haben?

Im übrigen hat das hochschulpolitische Gerangel über die Anerkennung der Abschlußzeugnisse von traditionellen Gymnasien und Gesamthochschulen natürlich diesen berufspolitischen Hintergrund. Die Anzahl der Studienberechtigten nach BAFÖG wird sich natürlich mit der zunehmenden Zahl der Abgänger von Gesamthochschulen – ein Hätschelkind der Gewerkschaftsfunktionäre – vermehren und damit auch die Zahl der Studienabbrecher. Das bundesdeutsche System der Studienzulassung hat sich längst von einem nicht mehr im gleichen Anspruchsniveau befindlichen, zerspaltenen »Reifeurteil« (Abitur – Studienreife) der Sekundärschulen unabhängig gemacht, das menschlich unzuverlässig, also nicht begabungs- und leistungsgerecht ist. In Österreich hat man nach meinem Urteil ein freieres und letzthin sozial gerechteres System in diesem Bereich entwickelt: Die Matura (Abitur mit Hochschulstudienberechtigung, allerdings bei 1 Jahr geringerer Sekundärschulzeit) läßt praktisch alle diese Maturanten verschiedener Schlußabschlüsse ohne Feststellung eines statistischen Zensurenwertes zum Studium an allen Hochschulen zu. Aber die bereits in den ersten Semestern zu erbringenden Leistungsnachweise sind so eindeutig, ohne überhöht zu sein, daß die Studienunfähigen bereits am Anfang ihres Studiums »rausgeprüft« werden. Es kann sein, daß die Studienabbruchquote in Österreich nicht geringer ist als in der Bundesrepublik, aber der Abbruch erfolgt bei weitem früher und erspart damit dem österreichischen Hochschulhaushalt erhebliche Summen und macht die Lehre in den österreichischen Hochschulen weitaus wirksamer als im Durchschnitt an den gegenwärtigen bundesdeutschen Massenuniversitäten. Von der Schweiz in diesem Zusammenhang gar nicht zu reden: Ihre »konservative«, d. h. das Bewährte vorläufig bewahrende Schul- und Hochschulpolitik macht sie zu dem zuverlässigsten deutschsprachlichen Bildungs- und Ausbildungssystem.

Die soziale Ungerechtigkeit besteht darin, daß durch die (willkürlich) festgesetzte Einkommensgrenze, unter der BAFÖG gezahlt wird, keineswegs die höheren Einkommensschichten, die Regierungs- und Studienräte, die höheren Angestellten oder sogar die gut verdienenden Facharbeiter zu leiden haben, sondern die mittleren, ja unteren Einkommensschichten, die knapp über der für BAFÖG-Förderung zulässigen Einkommensgrenze liegen. So haben heute der Sohn oder die Tochter eines unteren Postbeamten oder Behördenangestellten weniger Chancen, in einem Hochschulstudium gefördert zu werden als die der ungelernten Hilfsarbeiter oder – was in den nächsten Jahren deutlich werden wird, der fremdländischen Gastarbeiter. Der Sozialstaat bestimmt unter dem Einfluß der Gewerkschaftsfunktionäre die »Poverty-Line«, die Grenze derer, die als »arm« oder »reich genug« zu gelten haben. Indem die familien- und persönliche Eigenleistungsbereitschaft überhaupt nicht mehr in Betracht gezogen wird, bestätigt sich ungehemmt der bürokratische Herrschaftsanspruch der Funktionäre.

Folgerungen: Man sollte das gegenwärtige System des BAFÖG grundsätzlich abschaffen und zu einem erneuerten System der Ausbildungsförderung nach den Grundsätzen der Vereinigung von Begabung und Leistung, nach der Anerkennung der familiären oder persönlichen Vorleistungen und nach dem Kerngedanken liberaler Überzeugung, daß nur der »soziale Hilfe« verdient, der trotz eigener Anstrengungen ein berechtigtes Ziel nicht erreichen kann, umgestalten. Ich sehe allerdings auf der politischen Szene der Bundesrepublik keine etablierte oder alternative Partei, am allerletzten die offiziellen »Partei-Liberalen«, die nach diesen Grundsätzen handeln könnte.

Was würde dies im einzelnen bedeuten? Dazu einige Beispiele: Der Zugang zur traditionellen Universitätsausbildung war schon immer für Nicht-Gymnasiasten dadurch möglich, daß sie nachträglich ein »Begabtenabitur« ablegten. Dahinter verbarg sich aber nach meinen Erfahrungen als daran teilnehmender Hochschullehrer ein durchaus zu verstärkendes Prinzip der Begabungs- und Leistungsförderung. So haben allein in meinem Fachbereich Personen, die aus der Praxis der Sozialarbeit kamen, nicht nur diese formale Hürde leicht geschafft, sondern sie sind in ihrem Studium dann so erfolgreich gewesen, daß sie heute nicht nur führende Stellungen in der Verwaltung, sondern in mehreren Fällen auch als Professoren oder Professorinnen an den vermeintlich »reaktionären« Universitäten einnehmen.

Aus diesen Erfahrungen heraus befürworte ich eine Studienhilfe für diejenigen, die persönliche Vorleistungen und Berufserfahrungen erbracht haben: Wenn ein Krankenpfleger in jahrelanger Arbeit in einer Klinik oder ein zum Gesellen ausgebildeter Facharbeiter von seinem Lohn so viel gespart hat, daß er daraus einen Teil seines Studiums zum Vollmediziner oder akademischen Ingenieur bestreiten kann, so wäre in diesen Fällen es wohl risikolos und begabungs- und leistungsfördernd, wenn ihnen öffentliche Studienförderung (»BAFÖG«) bis zum Abschluß ihres Studiums gewährt würde. Dabei würde kein Steuergeld vergeudet. Dagegen ist der Gedanke, allen Studenten der Betriebswirtschaft, neuerdings der Medizin, ein solches »Praktikum« zu verordnen, typisch bürokratisch-verwaltungshaft, denn es wird in vielen Fällen ebenso bürokratisch-»schein«haft unterlaufen werden:

Eine ganz andere und bisher vernachlässigte Möglichkeit, die Studierenden mit den arbeitenden Schichten zu verbinden, besteht in der studentischen Nebenarbeit in den Semesterferien, aber auch während des Studiums. Das hat vor 50 Jahren (also während meiner eigenen Studienzeit) genauso unauffällig funktioniert wie in den Zeiten des Wirtschaftswachstums der Bundesrepublik. Heute, bei einer steigenden Vernichtung von Arbeitsplätzen, den trotzdem damit verbundenen Forderungen der Gewerkschaften auf Urlaubs- und Freizeiterweiterungen und den daraus folgenden arbeitsplatzsparenden technischen Rationalisierungen der Unternehmen, könnte eine Förderung der studentischen Werkarbeit eine Art unauffälligen und nur kurzzeitlichen Puffer für aktuelle Unternehmenskrisen darstellen, allerdings ohne die jeweiligen Grundsatzkonflikte zu lösen.

Wenn man, wie bisher schon diese studentische Werkarbeit bewußt fördert, so wäre zweierlei dadurch zu erreichen: Die Konflikte in den Unternehmen über Arbeitszeit- und Arbeitsplatzverkürzungen, Freizeit- und Urlaubsverlängerungen könnten ohne große Belastungen der Unternehmen zeitweise überbrückt und daher entschärft werden, bis es zu grundsätzlichen Lösungen kommt. Die nur für eine absehbare Zeit abzuschließende Werktätigkeit von Studenten würde einige Konfliktsituationen mildern, sowohl in den Unternehmen wie in den öffentlichen Verwaltungen. Auf der anderen Seite: Wenn Studenten, die als solche krankenversichert sind und bei einem solchen Nebenerwerb nicht die steuerpflichtige Einkommensgrenze überschreiten, »praktisch« tätig sind, so sollte eine solche Tätigkeit auch in der Bewertung ihres Abschlußexamens zur Geltung kommen.

Das von den Sozialstaatsfunktionären als unaufgebbarer Teil des »Netzes der sozialen Sicherheit« gepriesene und verteidigte BAFÖG erfüllt also das Ziel der chancengleichen Studienförderung von Kindern aus einkommensschwachen Schichten nicht, sondern vergeudet Geld, das vom Steuerzahler, zum großen Teil schon von besser verdienenden Arbeitern aufgebracht werden muß. Dies durch strengere Maßstäbe in der Auslese der Förderung zu ersparende Geld aus öffentlichen Kassen wäre besser in der Errichtung von staatlichen Lehrwerkstätten, nicht nur, wenn auch vor allem für jugendliche Arbeitslose, angelegt. Beides zu erstreben und damit nichts zustande zu bringen, ist ein typisches Kennzeichen dafür, wie weit sich die Sozialstaatsfunktionäre der Gewerkschaften, des vermeintlich arbeiterverbundensten Teils der Sozialdemokraten (meist akademische Intellektuelle) von den wirklichen Lebensinteressen der Mehrheit der Arbeiter entfernt haben.

Niedergang der Forschung an den »demokratisierten« Hochschulen

Auch hier wollen wir von einer kennzeichnenden Tatsache ausgehen: Jedes vierte neue Patent, das beim deutschen Patentamt angemeldet wird, stammt aus Japan. Vor zehn Jahren war es nur jedes zehnte. Die Bundesrepublik zahlte für Patente nach dem Juli-Bericht der Deutschen Bundesbank (1982) nur noch 1,43 Milliarden Mark mehr (nach 1,52 und 1,56 Milliarden in den Jahren davor) an das Ausland, als sie für eigene Patente einnahm. Die bundesdeutsche Patentbilanz steckt also seit Jahren in einem Defizit von rund anderthalb Milliarden.

Unbeantwortete Frage: Von wem aus werden in der Bundesrepublik überhaupt noch exportfähige Patente und technologische Neuerungen geschaffen? Von der Unternehmensforschung, von spezialisierten öffentlichen und zum Teil privatwirtschaftlich getragenen Forschungsinstituten oder von der Hochschulforschung? Die Reihenfolge der Aufzählung enthält bereits die wahrscheinliche Antwort.

Was hat das mit der Hochschulpolitik der Funktionäre zu tun? Man könnte zunächst anführen, daß sie in der bewußten Steigerung der Massenuniversität (»soziale Öffnung der Hochschulen« – in Schweden studieren zur Zeit bereits mehr Personen ohne Sekundärabschluß als »Gymnasiasten«, das heißt die Universität wird zur Volkshochschule) ihr Anspruchsniveau in Lehre und Forschung bewußt senkt. Für Forschungsinnovationen werden die »demokratisierten« Gruppenuniversitäten immer ungeeigneter. (Aus der Gruppen- und Massenuniversität gehen sicherlich noch weniger wissenschaftliche Nobelpreisträger hervor als die Bundesrepublik sowieso zu verzeichnen hat, während die »bürgerliche Wissenschaft« in der Reihe der Nobelpreisträger bis 1933 stattlich vertreten ist, so z. B. allein 1932 *Heisenberg*, 1933 *Schrödinger* für Physik, ja selbst Geisteswissenschaftler wie der Historiker *Theodor Mommsen* (1902) oder der Philosoph *Rudolf Eucken* (1908) wurden mit diesem international angesehensten Preis geehrt. Nun sind den hochschulpolitischen Funktionären der Linken sicher nicht die Ursachen dieser internationalen Rangminderung der deutschen Forschung anzulasten. Wohl aber ist der Vorwurf berechtigt, daß sie sich in ihrer Wissenschaftspolitik um die Weltgeltung der deutschen wissenschaftlichen Forschung einen Dreck kümmert; jedenfalls ist dieser Gesichtspunkt in den hochschulpolitischen Eroberungs-Reden der *H. O. Vetter*, der *Franz Steinkühler*, der *Erich Frister* in keinem Deut erkennbar.

Und hier liegt mein eigentlicher Vorwurf gegenüber diesen Funktionären: Ihre Wissenschafts- und Hochschulpolitik richtet sich gegen die Interessen der Arbeiter, weil sie geistig gar nicht mehr imstande sind, die Gemeinsamkeiten von wissenschaftlicher Forschung und Wirtschafts- und Arbeitsplatzlage zu verstehen. »Die Japaner tun offensichtlich mehr für ihre Zukunftsforschung und Entwicklung als die Europäer, die Amerikaner und die Deutschen.« Dieser Satz stammt aus einem Kommentar, den *F. Nowottny* diesem sonst in der publizierten öffentlichen Meinung fast unbekannten Thema unter der Überschrift »Warum die Konkurrenz aus Fernost auch für die Deutschen so bedrohlich wird«, gewidmet hat (»Die Welt« vom 6. 12. 81). Weshalb stehen solche Aufklärungen eigentlich nie in den Funktionärszeitungen wie dem »Vorwärts« oder der »Welt der Arbeit«?). Wundert es noch jemanden, daß die deutsche Patentbilanz seit Jahren mit rund anderthalb Milliarden im Defizit steckt und daß hier ein immer größer werdender Wettbewerbsdruck in der internationalen Konkurrenz ausgeht und damit der Verlust von Arbeitsplätzen für das nächste Jahrzehnt vorprogrammiert ist?

Nur ein aktuelles Beispiel: In dem zur Zeit zwischen den USA und besonders der Bundesrepublik ausgefochtenen Streit um das Erdgasröhrengeschäft mit der Sowjetunion, bei dem viele Arbeitsplätze für bundesdeutsche Arbeiter auf dem Spiel stehen, sind die bundesdeutschen Firmen offensichtlich dadurch behindert, daß die USA Lizenzen (Patente und technische Entwicklungen) gesetzlich sperren kann, ohne daß in der deutschen Industrie gleichwertige Ersatzleistungen entwickelt und vorhanden wären. Eine Übermacht an praktisch verwertbarer Forschung bedeutet auch politische Überlegenheit oder Abhängigkeit.

Die Gewerkschaftsfunktionäre und ihre Gesinnungsgenossen sind zwar verbal für mehr Investitionen, aber auch hier vertreten sie kurzfristig zum Zuge kommende Arbeiterinteressen, indem sie etwa staatliche Arbeitsprogramme fördern, allenfalls nach ebenso unmittelbaren Zuwendungen für Arbeitsplatzerweiterungen an Unternehmen (zögernd und mit vielen Kontrollauflagen) zustimmen; daß sie damit nur einer gegenwärtigen Lage ungenügend gerecht werden, dagegen auf Jahrzehnte nicht zu denken vermögen, zeigt wohl am besten ihr völliges Versagen auf dem wichtigsten Sektor aller Investitionen, nämlich dem der Forschung und der Technologie. Wovon werden die deutschen Arbeiter morgen leben?

Abschließend sei geurteilt: Die Hochschul- und Wissenschaftsauffassung der Arbeiter-Funktionäre des DGB entspricht – ohne selbst orthodox-marxistisch zu sein – der der sowjetrussischen Parteifunktionäre, wirkt sich aber in einem Wissenschaftssystem, das traditionell auf der Grundlage der Einheit von Forschung und Lehre aufgebaut war, ganz anders aus als im russischen Wissenschaftssystem, wo die Universitäten breite Lehranstalten darstellen, alle bemerkenswerte Forschung aber an den Akademie-Instituten geleistet wird. Auf ein solches System, das heißt auf die Trennung von Forschung und Lehre auch in Deutschland, strebt die hier dargestellte Eroberung der Hochschulen durch die Funktionäre in Wirklichkeit zu.

Vertreten die Gewerkschaftsfunktionäre noch die Lebensinteressen der Arbeiter?

»Arbeiterbewegung«: Das Lippenbekenntnis zu ihr fällt allen Arbeitergewerkschaftsfunktionären wie den sozialdemokratischen Parteifunktionären leicht. Aber wenn es zur Nagelprobe kommt – wie bei der Unterstützung der polnischen Arbeiterbewegung »Solidarität« –, dann sind die offiziellen Funktionäre aufs peinlichste berührt und gehen auf Abstand, auf Appeasement aus Gründen der Opportunität ... Das ist auch verständlich, wenn man erkennt, daß die internationale Arbeiterbewegung inzwischen eine Koalition der Arbeiterfunktionäre geworden ist. Dabei sehen sich übrigens die DGB-Funktionäre in vieler Hinsicht bereits einer ähnlichen Gegnerschaft »von unten« gegenüber, wie sie die polnischen Arbeiter der »Solidarität« gegen ihre offiziell bestellten Funktionäre verkörpern.

Die Frage ist nicht mit einem bloßen Ja oder Nein zu beantworten. Aber zieht man die verschiedenen Gesichtspunkte in Betracht, so muß die Antwort lauten: Die Funktionäre vertreten die Interessen der deutschen Arbeiter immer weniger, begünstigen bestimmte Gruppen von »Arbeitnehmern« auf Kosten der anderen und stellen ihre politische Machtbehauptung und ihren Machtzuwachs an die erste Stelle. Die Formen und Folgen dieser in meinem Buch ausführlich dargestellten und anhand von Beispielen aufgezeigten Einstellung möchte ich zum Schluß durch einige Thesen und Urteile belegen.

Grundthesen und Urteile

- Die Funktionäre der Gewerkschaften und der sozialdemokratischen Partei verwenden nicht nur einen veralteten, der Wirklichkeit nicht mehr entsprechenden Begriff des »Arbeiters«, sondern sie verändern ihn jeweils im Sinne ihrer Machtinteressen, so daß »Arbeiter« heute zu den betrügerischen Allgemeinbegriffen in ähnlicher Vieldeutigkeit gehört wie »Freiheit«, »Frieden«, »soziale Gerechtigkeit« usw.
- Unter diesem publizistischen Begriffsschleier begünstigen die Funktionäre bestimmte, ihren Interessen dienende Gruppen von Arbeitnehmern auf Kosten anderer, vor allem auch auf Kosten von »Arbeitern«, die sie im Kern immer noch zu vertreten vorgeben.
- Eine höhere Betriebs- und Unternehmensverbundenheit der Arbeiter würde ihren langfristigen Lebensinteressen bei weitem mehr dienen als die sich steigernde Einspruchsmacht der Organisationsfunktionäre im Einzelunternehmen. Die Einschränkung der außerbetrieblichen Funktionärsmacht wäre durchaus damit zu verbinden, daß die im Unternehmen oder Betrieb gewählten Betriebsräte ein Mehr an Mitbestimmung gewinnen.
- Die langfristige Wirtschaftspolitik der Bundesrepublik (äußere, internationale Wirtschaftspolitik, innere Wirtschafts- und Arbeitsplatzpolitik) wird in ihrer Wirksamkeit durch den sachunverständigen und unauflösbar mit der Sozialstaatsideologie verbundenen Machteinfluß der Gewerkschaften immer anpassungs- und entscheidungsunfähiger.
- Die Gewerkschaftsfunktionäre vergeuden Arbeitergelder und

Mitgliedsbeiträge, und zwar durch dauernde Erhöhung der Steuern und Abgabenzwänge, die ihre Forderungen fast unauffällig begleiten und durch leichtfertig und zudem ungekonnt, kapitalistisch geführte gewerkschaftliche Großunternehmen.

- Diese Machtherrschaft über die Arbeiter oder gar alle Arbeitnehmer üben die Gewerkschaften vor allem dadurch aus, daß sie diese nicht über ihre langfristigen Lebensinteressen aufklären, sondern durch bewußte Mißinformation urteilsunfähig halten. Sie zielen in ihrer Politik nicht auf den selbständig urteilenden, den »mündigen« Arbeiter, sondern wie alle Herrschaftsgruppen auf den verdummten Untertanen, der von oben her lenkbarer ist.
- Eine gesetzliche, möglicherweise sogar verfassungsrechtliche Reform des Gewerkschaftswesens in der Bundesrepublik gehört zu den unvermeidlichen Aufgaben, die nicht nur das rechtsstaatlich-demokratische Gemeinwesen erneuern, sondern auch die langfristigen Lebensinteressen der Arbeitnehmer, insbesondere aber auch der körperlich hart arbeitenden Industriearbeiter sichern. Einen »Staat im Staate« – wie die Funktionärsmacht – in ihre Grenzen zu verweisen, ist eine demokratisch-rechtsstaatliche Forderung für die nächsten zwei Jahrzehnte.
- Man muß die Arbeiter gegen die Machtinteressen ihrer Funktionäre zur Gegenwehr aufrufen.

Diese Urteile möchte ich mit den folgenden Erörterungen kurz verdeutlichen.

Wer ist überhaupt »Arbeiter«?

Wer diesen Begriff heute im politischen Leben verwendet, müßte sich klar darüber sein, daß er damit stets eine interessenbestimmte halbe Wahrheit und ebenso eine interessenbestimmte halbe Lüge ausspricht. Wer 1880 »Arbeiter« war, wußte dies selbst und dies war auch den anderen nicht zweifelhaft: die Industriearbeiter und die Landarbeiter. Wir widerstehen der Versuchung, die geistigen Stationen im Wandel des »Arbeiter«-Verständnisses aufzuweisen, etwa die Schriften des Belgiers *Hendrik de Man* in den 20er Jahren (»Psychologie des Sozialismus«), die utopische Schrift *Ernst Jüngers* »Der Arbeiter. Herrschaft und Gestalt«

1932 oder die nationalsozialistische Formel vom »Arbeiter der Stirn und der Faust«, eine Vorwegnahme des heute von der Einheitsgewerkschaft in gleicher Weise propagandistisch ausgeweiteten Begriffs der »Arbeitnehmer«, sondern wollen uns der Vieldeutigkeit der Verwendung des Wortes »Arbeiter« bei den gegenwärtigen Funktionären der Bundesrepublik zuwenden.

Engholms Arbeiterkinder

Die Sozialdemokratische Partei beansprucht nach wie vor, besonders in Wahlzeiten, die »Arbeiter«-Partei schlechthin zu sein. Aber ihre Parteifunktionäre verwenden diesen Begriff je nach ihrer politischen Interessenlage; sie widersprechen sich selbst, indem sie ihn einmal sehr eng, ein andermal sehr weit auslegen. Wir wollen diesen Tatbestand an der Begriffsverwendung zweier SPD-Funktionäre verdeutlichen: an der für die »Arbeiter« eintretende Bildungs- und Hochschulpolitik des Bildungsministers *Björn Engholm* und des SPD-Geschäftsführers *Peter Glotz*. Der eine hat ein politisches Machtinteresse daran, die Unterprivilegierung der Arbeiter nachzuweisen, der andere daran, die SPD noch mehrheitlich als eine Arbeiter-Partei erscheinen zu lassen.

Der Bundesbildungsminister *Engholm*, selbst akademischer Parteifunktionär mit höheren politischen Zielen, sorgt sich um die geringen Chancen von »Arbeiterkindern« an weiterführenden Schulen und Hochschulen: »Nur jedes zehnte Arbeiterkind schafft den Sprung auf das Gymnasium«, dagegen besuchten fast 50 % der Beamtenkinder, 40 % der Angestelltenkinder und 30 % der Kinder von Selbständigen das Gymnasium und dementsprechend die Hochschulen; die Chancengleichheit für Arbeiterkinder ist nicht erreicht.«

In einer solchen vermeintlich »arbeiterfreundlichen« Aussage wird mit dem Begriff »Arbeiter« sowohl politisch wie sozialstatistisch Schindluder getrieben. Für dieses Urteil einige Belege und Begründungen:

- Der Maßstab, an dem hier die Benachteiligung gemessen wird, bezieht sich auf die bundesstatistische Aussage, daß 42 % der westdeutschen Bevölkerung »Arbeiter«, das heißt abhängige Arbeitnehmer, aber nicht (ebenso abhängige) Angestellte, Beamte und Selbständige sind. Die politische Folgerung, die der Aussage *Engholms* unterliegt, besteht darin, daß der Anteil der Gymnasiasten und Hochschüler diesem statistischen Schema entsprechen sollte, eine Forderung von »sozialer Gerechtigkeit«, die eindeutig den Interessen und Lebenszielen der leistungs- und aufstiegswilligen Arbeiterfamilien widerspricht.

- Ein weit sozial gerechterer Maßstab wäre es, zu ermitteln, wie hoch das Familieneinkommen derer ist, die ihre Kinder auf das Gymnasium oder die Hochschulen schicken und dafür erzieherische und finanzielle Leistungen aufbringen. Untersucht man diese Frage, so müßten zu den Kindern einkommensniedriger Schichten, so müßten zu diesen Gymnasiasten und Hoch- und Fachschülern auch die Kinder von Angestellten und Beamten niedrigen Einkommens (also unter dem Einkommen eines gut verdienenden Facharbeiters liegend), der Kleinbauern und kleineren Handwerker, Einzelhändler, Gastwirte, der (hier nicht unter »Arbeiter« gerechneten) Werkmeister und »sonstiger« Berufe gerechnet werden. In diesem Falle wäre sogar die (falsche) Bezugsgröße der Gymnasiasten und Hochschüler aus »unterprivilegierten« Schichten fast erreicht.
- Selbstverständlich wiederholt *Engholm* die gängige These: »Je höher die Schulabschlüsse der Eltern, um so besser die Bildungs-Chancen der Kinder.« Aber aus der 9. Sozialerhebung des Studentenwerks von 1979 wissen wir inzwischen, daß dies nur eine Halbwahrheit ist: 60 % der Väter und 70 % der Mütter von Fachhochschulstudenten haben nur Volksschulbildung, bei den Universitäten sind es 41 % der Väter und 52 % der Mütter. Auch hier zeigt sich, daß das Festhalten an einem veralteten Begriff des »Arbeiters« sich gegen den familiären Leistungs- und Aufstiegswillen der einfachen Leute richtet.
- Bei seiner politisch-propagandistischen Verwendung des Begriffs »Arbeiterkinder« übersehen Engholm und seine ministeriellen Mitstreiter einige soziale Wandlungen der letzten 50 Jahre, die die Bezugsgrößen ihrer statistischen Aussagen hinfällig machen.
- Da ist an erster Stelle der familiäre Aufstieg aus der »Arbeiterschaft« zu nennen. Aus einer 1981 gerade vom Bundesministerium für Bildung und Wissenschaft veröffentlichten Untersuchung geht hervor, daß 55 % aller Facharbeiter den Beruf wechseln, wobei die meisten von ihnen sozial aufsteigen, indem sie Meister, Beamte, Angestellte, Techniker, Ingenieure, ja sogar Selbständige werden. Haben sie das geschafft, bevor ihre Kinder das Gymnasial- oder Hochschulalter erreicht ha-

ben, sind es nach Engholms Vorstellungen keine »Arbeiterkinder« mehr und sollen offensichtlich Platz machen für die Kinder derjenigen, die sich nicht selbst aus einer Arbeiterstellung durch Leistung und Begabung nach oben gearbeitet haben. Welch ein Widersinn! Man will Arbeiterinteressen vertreten in der Ausbildungspolitik, aber man vertritt sie gegen die Lebensziele derer, bei denen eben diese Politik Erfolg gehabt hat.

- *Engholm* nimmt nicht zur Kenntnis, daß sein bildungspolitisches Ziel, mehr Arbeiterkindern zum sozialen Aufstieg zu verhelfen – denn man darf doch wohl annehmen, daß er nicht nur die Schul- und Hochschulstatistik zugunsten der Rubrik »Arbeiterkinder« verbessern will – in den letzten zwei Generationen längst im Gange ist und damit der Erfolg die veraltete Bezugsgröße verändert. Wir haben in den letzten vier Jahrzehnten einen allgemeinen Bildungsaufstieg, den man am besten durch einen Zeitvergleich erläutert: Während für die zwischen 1880 und 1930 Geborenen ein sozialer Aufstieg aus der Arbeiterschaft fast nur in drei Generationsstufen möglich war (zum Beispiel Großvater Bergarbeiter, Vater unterer Beamter, Sohn akademischer Beruf – übrigens mein eigener Fall), hat sich diese Ausbildungs- und Aufstiegs-Chance in den letzten 50 Jahren in den meisten Fällen praktisch auf zwei Generationen verkürzt (Vater Arbeiter, Sohn oder Tochter akademischer Beruf, ist heute keineswegs mehr so selten, wie es ein gleicher Bildungsaufstieg in der vorhergehenden Jahrhunderthälfte war). Auf wessen Kosten sind heute noch die Interessen von »Arbeiterkindern« zu vertreten? Zumeist auf Kosten erfolgreicher »Arbeiterkinder«.
- Dahinter steht ein Wandel in der Lebensweise unserer industriegesellschaftlichen Bevölkerung, der gerade in der Bundesrepublik am meisten fortgeschritten ist und auch Fortschritt bedeutet. Was Lebensstil, Konsumgewohnheiten und -ansprüche, Teilnahme am Zivilisationskomfort, soziale Sicherheit in Notfällen, Denkweise und Zukunftsziele usw. betrifft, so haben sich die tiefen Gräben zwischen zwei »Klassen« längst geschlossen, und es ist zu einer Annäherung gekommen, die man sowohl als Verbürgerlichung der Arbeiter wie umgekehrt als Verkleinbürgerlichung des Besitz- und Hochbildungsbürgertums beschreiben kann. Ich habe dies schon in den 50er Jahren unter der Formel »nivellierte Mittelstandsgesellschaft« zu verstehen versucht und damit nicht die Konflikte der Inter-

essen, die es auch in einer solchen Gesellschaft gibt, verharmlosen wollen, wohl aber den Tatbestand, daß dies nur Interessengegensätze einer bloßen Abstufung sind, die die von Marx vorausgesetzte Totalgegnerschaft von »Proletariat« und »Bourgeoisie« und damit auch den »Klassenkampf« aufgehoben und zum bloßen Verteilungskampf der verschiedenen Interessengruppen gemacht haben.

- Eine besondere Sumpfblüte auf diesem Felde der »Chancengleichheit für Arbeiterkinder« ist die »umgekehrte Diskriminierung« (wie diesen Vorgang *Christopher Jenck* genannt hat, dessen Buch »Inequality« unter der falschen Titelflagge »Chancengleichheit« übersetzt wurde); hier geht es, wie die Dortmunder Arbeitsstelle für Schulentwicklungsforschung es fordert, nicht mehr um die Chancengleichheit der Zulassung zu höheren Ausbildungen, sondern um das viel höhere Ziel der »Herstellung von Ergebnisgleichheit«, was schlicht bedeutet: Die Gymnasiasten und Hochschüler aus der so definierten »Arbeiter«-Schicht sollen in der Benotung der Abschlußexamina prozenthaft mit gleich guten Noten vertreten sein wie ihr Anteil an der Erwerbsbevölkerung ausmacht. Daß Chancengleichheit nur eine gleiche Startmöglichkeit für individuelle Leistung und Begabung bedeutet, die dann zur Verschiedenheit der Zielergebnisse führt, dieser jedem Leistungssportler, ja jeder einfachen Lebenserfahrung als selbstverständlich erscheinende Zusammenhang zwischen Leistung und Begabung auf der einen und erreichtem Erfolg auf der anderen Seite, soll hier schul- und hochschulpolitisch bewußt aufgehoben werden. (Dies ist keineswegs nur eine Verirrung ideologisierter Wissenschaftler, sondern es gibt für diese Vorstellung längst Symptome in der bundesdeutschen Praxis; so wäre der erste Staatsvertrag über die Vergabe von Studienplätzen beinahe daran gescheitert, daß Bremen einen Sozialbonus bei der Ausstellung von Schulzeugnissen forderte, der zum Beispiel bedeutete »Deutsch fünf, Mathematik schwach, also Studienunfähig, aber »Ungelerntes Arbeiterkind«, also ausreichend. Auf diese Weise kann man natürlich die studienunfähigen Studienabbrecher an den Universitäten noch weiter erhöhen, vergleiche meine Ausführungen im fünften Kapitel. Der zuständige Bremer Minister aber befand: »Es ist etwas anderes und hat andere Folgen, ob ein Lehrer dem Diplomingenieur oder dem Fließbandarbeiter sagt, er solle von dem Wunsch, sein zehnjähriges Kind aufs Gymnasium zu schicken, wegen mäßiger Leistungen in Deutsch und Mathematik lieber Abstand nehmen; darauf müssen Lehrer Rücksicht nehmen«. (Wen wundert es, daß der Stadtstaat Bremen zur Spielwiese schul- und hochschulpolitischer Ideologen und Schul- und Hochschulfunktionäre geworden ist?).

Auf diese Weise kann man natürlich den Arbeiterfamilien mit Leistungs- und Aufstiegswillen diese Einstellung abgewöhnen; denn der Vater muß sich sagen: Je weniger du für deinen sozialen Aufstieg tust, um so leichter haben es deine Kinder, in Schule und Hochschule zu Erfolgen zu kommen. Hier werden also Lebensinteressen und -ziele von »Arbeitern« auf Kosten einer anderen Gruppe von Arbeitern vertreten. Diese Ausbildungspolitik wiederholt im Grunde genommen den Versuch der Funktionäre des Arbeiter- und Bauernstaates der Sowjetunion, die vor einem halben Jahrhundert die gleiche Bevorzugung der Arbeiter- und Bauernkinder verfügten mit der Folge, daß der »Arbeiter- und Bauernstatus« rein formal erblich wurde. Wer auch nur von Vaters Seite von einem Arbeiter oder Bauern abstammt, wird heute, auch als aufgestiegener Funktionär, Ingenieur oder Beamter immer noch als »Arbeiter« oder »Bauer«, offiziell dieser »Klasse« zugerechnet. Die Funktionäre sorgen für ihre Kinder; so werden auch die Partei- und Gewerkschaftsfunktionäre in der Bundesrepublik dafür sorgen, daß ihre eigenen Kinder nicht unter die »Diskriminierung« als Nicht-Arbeiterkinder fallen.

Diese Folgen ihres »Arbeiterbegriffs« haben der Minister *Engholm* und seine parteipolitisch ausgelesenen Mitarbeiter bisher nicht gezogen, mehr aus Unkenntnis als aus weitsichtiger bildungspolitischer Zielsetzung. Daß dieses Ministerium von allen öffentlichen, statistischen Instanzen den Begriff des »Arbeiters« am engsten faßt, geht letzthin, bewußt oder uneingestanden, auf das Ziel der Etat- und Machterweiterung des Regierungsfunktionärs und zugleich Bildungsministers *Engholm* zurück. Eine Abwägung, welche »Arbeiterinteressen« er fördert oder schädigt, ist für *Björn Engholm* offensichtlich zweitrangig gegenüber dem Bestreben der Erweiterung seiner Funktionärs- und Regierungsmacht.

Man kann wohl nicht erwarten, daß ein Bundesbildungsminister von heute und seine parteigetreuen Mitarbeiter noch von der ausführlichen Erörterung wissen, die bereits in den 50er Jahren in der deutschen Jugend- und Schulsoziologie, gerade auch im internationalen Vergleich, abgelaufen ist und die fraglichen Bezugsgrößen solcher Prozentsätze an »Arbeiterkindern« in den Hochschulen herausgearbeitet hat. Aber es hätte ihnen doch wohl auffallen müssen, daß sowohl die früheren Untersuchungen des Ministeriums selbst, die Mikrozensusangaben des Statistischen Bundesamtes sowie dessen letzte Veröffentlichungen zu diesen Tatbeständen, die Sozialerhebung des Deutschen Studentenwerks und die Ergebnisse der verschiedenen sachzuständigen Institute wie des Instituts für Arbeitsmarkt- und Berufsforschung oder der Dortmunder Arbeitsstelle für Schulentwicklungsforschung, zu ganz anderen Ergebnissen über »Arbeiterkinder« an Hochschulen kommen. Vielleicht wäre ihnen dann aufgefallen, daß die neueste Broschüre aus dem Hause Engholm den engstmöglichen Begriff des »Arbeiterkindes« verwendet, aber eine Auseinandersetzung mit den anderen statistischen Angaben in ihr nicht enthalten ist. (Es wäre ein Lehrstück für die Heranbildung von politischer Urteilsfähigkeit, wenn in den Oberklassen der Gymnasien, in den soziologischen und pädagogischen Seminaren der Soziologie, an den Universitäten und vor allem auch den Pädagogischen Hochschulen einmal die Broschüren des Bildungsministeriums, der verschiedenen Institute usw. zusammen mit den Kritiken, wie sie etwa *B. Mohr* oder *K. Adam* in der FAZ dazu 1982 veröffentlicht haben, und die sicherlich auch in anderen Zeitungen zu finden sind, zu einem Lehrtext zusammengefaßt und erörtert würden. Da hier die daran Beteiligten bereits einige eigene Lebenserfahrungen mitbringen, könnte dies die erstrebte Umsetzung von Erfahrung und Information zugunsten der Urteilsfähigkeit des »mündigen Bürgers« bedeuten, die durch Lehrstücke über abstrakte Begriffe, die allerdings der Mehrheit der Lehrer an diesen Anstalten ihrer Ausbildung nach liegt, nicht bewirkt werden kann.

Die Äußerungen des Bundesministers *Engholm* sind natürlich ein Musterbeispiel dafür, wie man Zahlen kommandiert oder, um eine längst bekannte Einsicht zu verwenden, »wie man mit Statistik lügen kann«. Die Miß- oder Fehlinformation zu eigenen politischen Interessen gehört längst zu dem Handwerkszeug der Partei- und Gewerkschaftsfunktionäre.

Ergebnis: Das »Arbeiterkind« des Ministers und Parteifunktionärs *Engholm* ist ein statistischer Homunkulus. Ihn zur Richtschnur einer Ausbildungspolitik im Bund und den Ländern zu machen, würde sich im wesentlichen gegen die Förderung der Begabungen in allen Schichten, vor allem aber auch gegen die Lebensplanungen der leistungswilligen Familien aus dem Arbeiterstand richten.

In umgekehrter politischer Interessenrichtung hat der Partei- und Funktionärsgenosse *Peter Glotz*, SPD-Geschäftsführer, wie *Björn Engholm* akademisch gebildeter Funktionär und sicherlich kein »Arbeiterkind«, auf die Frage, ob die SPD noch eine Arbeiterpartei sei, kürzlich geantwortet, die Arbeiter seien immer noch mit 28 % die größte Berufsgruppe in der SPD. Selbstverständlich fehlt jede Angabe, auf welchen Grundlagen diese Berechnung beruht. Wahrscheinlich auf den Berufsangaben der Mitgliederkartei der Partei; das aber ist eine völlig unzuverlässige Quelle mit zumindest zwei erheblichen Fehlerquellen: Zunächst ist zu vermuten, daß zum Beispiel Werkmeister hier unter »Arbeiter« gerechnet sind – im Gegensatz zu *Björn Engholms* Statistiken; dann ist wahrscheinlich, daß in den Mitgliederkarteien keine Aktualisierung der Berufsangabe bei Parteieintritt stattgefunden hat, das heißt je früher jemand in die SPD eingetreten ist, um so unwahrscheinlicher ist es, daß er heute noch »Arbeiter« ist. Aber nehmen wir einmal die Angabe von *Peter Glotz* hypothetisch hin, dann gibt es einige Folgerungen, die er auszusagen sich hüten wird: Zunächst die sehr einfache, daß offensichtlich 72 % der SPD-Mitglieder nicht Arbeiter sind; wie man diese in Berufsgruppen wie etwa Angestellte, Beamte, Selbständige oder Akademiker und Nichtakademiker aufteilt, ist dann der definitorischen Willkür überlassen. Immerhin wissen wir heute, daß bereits im September der Prozentsatz der Arbeiter in der NSDAP – damals noch genauer zu unterscheiden – über 28 % lag, und die zwischen 1930 und Januar 1933 neu eingetretenen Mitglieder sich zu 33,5 % als Arbeiter und nur zu 22,1 % als Angestellte bezeichneten. Die Nazipartei war also – rein statistisch betrachtet – schon damals mehr Arbeiterpartei als die Sozialdemokraten heute.

Ich will – um Mißverständnissen zu entgehen – hier feststellen, daß ich aus diesem statistischen Vergleich keine anderen Folgerungen ziehe als die, daß Funktionäre mit Statistiken vortrefflich im Parteiinteresse lügen und täuschen können.

Die NSDAP war, wie es der Soziologe *Th. Geiger* bereits 1932 vorbildlich untersucht hat, eine Kleinbürgerpartei, die unter der Führung der nationalistischen Überbleibsel aus der Offiziers- und Militärkaste des Ersten Weltkriegs Rettung aus sozialem Notstand durch »den starken Mann« versprach; die SPD heute will zwar genauso wie die NSDAP eine »Volkspartei« sein, aber sie wird von ganz anderen Führungsgruppen und Ideologien beherrscht. So stammen in dem »klassischen« Arbeiterland Nordrhein-Westfalen von 100 Prozent der 1800 Ortsvereinsvorsitzenden der SPD 60 Prozent aus dem öffentlichen Dienst, 6 % aus der Lehrergewerkschaft GEW usw. Die Arbeiter stellen nur noch jeden fünften Ortsvereinsvorsitzenden, wobei es sich sicher um mehrere »Ehrenarbeiter« handelt, das heißt um Funktionäre, die längst selbst nicht mehr güterproduktiv arbeiten, sondern ihre Berufsangabe als anfängliches Alibi mitschleppen. Man kann diese Betrachtung nur mit dem Urteil beenden, daß der alte SPD-Mann, Gewerkschaftsführer und SPD-Bundesminister, von Hause aus wirklicher »Arbeiter«, *Georg Leber*, abgegeben hat: »Die SPD ist eine Partei geworden, in der es ein Arbeiter schwer hat, seine Auffassungen noch zur Geltung zu bringen.«

Das Schwanken zwischen »Arbeitnehmer«- und »Klassenbegriff«

Die Gewerkschaftsfunktionäre betrachten sich im allgemeinen als Vertreter aller *»Arbeitnehmer«*, da sie ihre Organisationsgewalt ja auf möglichst viele »Arbeiter der Stirn und der Faust« ausdehnen wollen. Dabei kommt es zu einigem Widersinn, den anscheinend kaum jemand bemerkt: Die Nur-Hausfrauen und Mütter, die es auch noch in »Arbeiter«-Familien gibt, sind keine »Arbeitnehmer«, sie arbeiten nur und zwar oft härter als viele gewerkschaftlich anerkannte Arbeitnehmer (weshalb keine Hausfrauengewerkschaft?). Nach oben wird eine seltsame Abgrenzung vollzogen: In der produktiven Wirtschaft, insbesondere der Großunternehmen, sind die gehaltsbeziehenden und – wie sich zeigt – in ihrem Arbeitsplatz weitaus unsicheren »Manager« gewerkschaftlich nicht »arbeitnehmerfähig«, wogegen die politischen »Manager« vom Bundeskanzler und den Ministerpräsidenten der Länder samt ihren Ministern und höchsten Ministerialbeamten, alle mit Pensionsberechtigung ausgestattet und in den höheren Rängen durchaus mit einem vergleichbaren Gehalt wie die Industriemanager, nicht nur als »Arbeitnehmer« gewerkschaftsfähig, in der SPD geradezu gezwungen sind, einer Gewerkschaft anzugehören.

Sind danach nicht auch die Spitzenmanager und -verdiener der Großgewerkschaften, die wie die Regierungsspitzen mindestens so viel wirtschaftliche Macht für das Gemeinwohl ausüben wie die Industrie- und Bankenmanager, keine »Arbeitnehmer« mehr und ihrerseits auch »gewerkschaftsunfähig«? Die größte Absurdität aber leisten sich ausgerechnet die Gewerkschaften, die den »Klassenkampf«-Gedanken wieder zu beleben versuchen, wie es z. B. in den Gewerkschaften »Handel, Banken und Versicherungen« oder »Öffentliche Dienste, Transport und Verkehr« zur Zeit zu beobachten ist. Nehmen wir nur die letzte als Beispiel. Nach dem Rücktritt des immer überhart verhandelnden Gewerkschaftsbosses *Heinz Kluncker*, dem immerhin durch die von ihm durchgesetzte 11prozentige Einkommenserhöhung der öffentlichen Dienste die erste entscheidende Inflationswelle und die Zerrüttung der Staats- und Gemeindefinanzen im wesentlichen zu verdanken ist, wird seine Nachfolge unter die vermeintliche Wahlentscheidung gestellt: Soll der Nachfolger dienst- oder klassenbewußt sein? Sein Stellvertreter und möglicher Nachfolger, *S. Mertens*, hat in diesen Tagen bereits angekündigt, daß alle Kürzungen im öffentlichen Dienst, die gerade sozialdemokratische Landesregierungen bereits gesetzlich beschlossen haben, bei der nächsten Tarifrunde »auf Biegen und Brechen« wieder hereingeholt werden. »Auf Biegen und Brechen«. Wer will wen »biegen«, das heißt, auf Kosten des Gemeinwohls zum Nachgeben zwingen oder zum Zusammenbrechen zwingen? Welche »Klasse« kämpft hier gegen welche andere »Klasse«?

Es wird an solchen Beispielen die Flucht der Gewerkschaftsfunktionäre in die verbale Radikalität ebenso deutlich, wie die Unmöglichkeit, so viel verschiedene Lebensinteressen in einer Mammutgewerkschaft wie der ÖTV vertreten zu können. Sie hat in den zumeist als ausländische Gastarbeiter beschäftigten Müllkutschern noch ein echtes »Proletariat« zu vertreten. Schon bei gemeindeangestellten Omnibusfahrern oder bei allen anderen öffentlich Angestellten wird dieser klassenkämpferische Anspruch zum Unsinn; denn bankrotte Gemeinden und Länder können sich nicht mehr »biegen«, sondern werden »brechen« und damit den von ihnen Beschäftigten nicht mehr das tarifrechtlich vereinbarte oder beamtenrechtlich zuständige Einkommen zahlen können, weil sie einfach das Geld dafür nicht mehr zur Verfügung haben werden. Es stellt sich also heraus, daß eine Mammutgewerkschaft wie die ÖTV die Lebensinteressen ihrer Mitglieder gar nicht mehr auf einen Nenner bringen kann. Welche »Klasse« bekämpfen ein städtischer Omnibusfahrer oder die übrigen in der

ÖTV organisierten Angestellten und Beamten? Sie bekämpfen sich selber, zugunsten des Machtgewinns der Funktionäre.

Im übrigen verwenden natürlich die DGB-Gewerkschaftsfunktionäre unverbindlich den Begriff des »Arbeiters«, wo er ihnen Zustimmung zuspült; so stehen selbstverständlich die Funktionäre der Gewerkschaft »Erziehung und Wissenschaft« hinter der Ausbildungspolitik für »Arbeiterkinder« des Bundesministers *Engholm*, auch wenn sie auf Kosten der praktisch tätigen Erzieher und Wissenschaftler geht.

Was wird aus der Arbeiterbewegung?

Bleibt ein letzter Begriff zu überprüfen – »*Arbeiterbewegung*«: Das Lippenbekenntnis zu ihr fällt allen Arbeitergewerkschaftsfunktionären wie den sozialdemokratischen Parteifunktionären leicht. Aber wenn es zur Nagelprobe kommt – wie in der Unterstützung der polnischen Arbeiterbewegung »Solidarität« –, dann sind die offiziellen Funktionäre aufs peinlichste berührt und gehen auf Abstand, auf Appeasement aus Gründen der Opportunität. (Die Hilfslieferungen der Kirchen an die polnische Arbeiterschaft und ihre Familien übersteigen bei weitem das, was der DGB als Alibi-Leistung der Arbeiterbewegung in Polen zur Verfügung gestellt haben.) Das ist auch verständlich, wenn man erkennt, daß die internationale Arbeiterbewegung inzwischen eine Koalition der Arbeiterfunktionäre geworden ist.

Dabei sehen sich übrigens die etablierten DGB-Funktionäre in vieler Hinsicht bereits einer ähnlichen Gegnerschaft »von unten« gegenüber, wie sie die polnischen Arbeiter der »Solidarität« gegen ihre offiziell bestellten Funktionäre verkörpern. Seit den DGB-Kongressen der 80er Jahre sehen sich die DGB-Gewaltigen einer zunehmenden Kritik ihrer sich steigernd bürokratisierenden Organisationsführung gegenüber, die im DGB-Kongreß in Berlin in der Bezeichnung der obersten Funktionärsgruppe als »Genossenschaftskapitalisten« (Neue Heimat usw.) ihren kräftigsten Ausdruck fand. Allerdings sind diese Kritiker aus eigenen Reihen in sich selbst keineswegs zu einer einheitlichen »Arbeiterbewegung« geschlossen; diese Kritik von unten wird einerseits von gewählten Betriebsratsvorsitzenden oder Vertrauensleuten der Belegschaften größerer Betriebe getragen, deren Ziel in der betrieblichen Dezentralisierung der Gewerkschaftsmacht besteht und die damit mehr »Mitbestimmung« nicht nur in den industriewirtschaftlichen Unternehmen und Betrieben, sondern auch gegenüber dem zentralistisch geführten »Unternehmen Gewerkschaften« fordern und damit, nach meinem Urteil, die »Arbeitermacht« wieder dahin verlagern wollen, wo sie hingehört; andererseits wird sie von Jungfunktionären vorgetragen, die mehr auf eine ideologisch rein sozialistische Richtungsgewerkschaft drängen und damit, gewollt oder ungewollt, die brüchig gewordene Einheitsgewerkschaft auflösen werden.

Aber wenn man die Vorstellung einer »Arbeiterbewegung« ernst nimmt, so müßte sie ja wohl von breiten Schichten der noch nicht zu Funktionären gewordenen, in produktiver Arbeit Tätigen ausgehen, die sich für »Arbeiter« halten. Auf das fast selbstverständliche Verfahren, die von ihnen vertretenen Arbeitnehmer, vor allem Gewerkschaftsmitglieder, dahin zu befragen, wer sich selbst noch für einen »Arbeiter« hält und wie er sich sozial eingeordnet fühlt, sind die Funktionäre aus verständlichem Eigeninteresse nie gekommen.

In der empirischen Soziologie der USA sind nach dem Zweiten Weltkrieg solche Befragungen nach dem Schema Einordnung in die untere oder obere Unterschicht, in die untere oder obere Mittelschicht und in die Oberschicht durchgeführt worden mit dem Ergebnis, daß sich die Masse der in der Industrie und im Gewerbe güterproduktiv Tätigen fast zu gleichen Teilen in die »obere Unterschicht« und die »untere Mittelschicht« einordneten. In der Bundesrepublik haben nach dem gleichen Schema durchgeführte Befragungen zu ähnlichen Ergebnissen geführt.

Wenn schon die Gewerkschaftsfunktionäre keine unmittelbaren Erfahrungsverbindung mit den vermeintlich von ihnen Vertretenen haben, so wäre diese moderne Methode vielleicht ein Weg gewesen, zu erfahren, wen sie eigentlich und mit welchem Auftrag sie ihn vertreten. Es käme dabei vielleicht auch heraus, wer in der Bundesrepublik überhaupt noch Interesse an einer »Arbeiterbewegung« hat. Eine solche Erkundung, von neutraler wissenschaftlicher Stelle und ohne einen vorhergehenden propagandistischen Meinungsdruck vorgenommen, würde der angemaßten Autorität der Gewerkschaftsfunktionäre einen erheblichen Dämpfer versetzen.

Ich habe diese nur scheinbar begriffliche Erörterung bewußt so ausführlich gehalten, weil sie ein Erkenntnisbeitrag zu der sonst nur aktualistischen und politisch-taktischen Berichterstattung über die Gewerkschaften bilden kann, den man nur in der Distanz eines Sozialwissenschaftlers leisten kann. Vielleicht dient er sogar den Gewerkschaften in ihrer Suche nach einem neuen Selbstverständnis für das kommende Jahrzehnt. Auf jeden Fall ist von hier aus die aufgeworfene Frage, ob und wie die Gewerkschaften noch die Lebensinteressen der Arbeiter vertreten, kürzer und grundsätzlicher zu beantworten, wie ich es zum Beispiel bereits im folgenden Abschnitt versuchen werde.

Welche Arbeitnehmergruppen bevorzugen und welche benachteiligen die Funktionäre?

Die Arbeiterschaft in Industrie, Handel, Gewerbe, Verkehr usw. und in noch höherem Maße die ganze Arbeitnehmerschaft mit ihren Angestellten, Beamten und so vielgestaltigen Arbeitnehmerverträgen ist inzwischen eine in ihren Lebens- und Berufsinteressen so unterschiedliche, ja zum Teil widersprüchliche Mehrheit der ganzen Bevölkerung geworden, daß sie durch eine einen einheitlich politischen Willen verkörpernde Organisation gar nicht mehr auf einen Nenner gebracht werden kann.

Nimmt man dazu noch die bei den Arbeitnehmern durchaus verschiedenen Interessen der Alten, der Kranken, der Jugend und der Arbeitslosen, von denen es jeweils »solche und solche« gibt, so müßte sich eigentlich in einer umfassenden Arbeitnehmer-Organisation – wie sich die DGB-Gewerkschaften verstehen – der gleiche Pluralismus widerspiegeln und auch organisatorisch zum Ausdruck kommen, wie er im ganzen demokratisch-pluralistischen Gemeinwesen herrscht. Das heißt, es müßten sich Gruppierungen bilden, die in offener Auseinandersetzung nach einem hohen Interessenausgleich suchen.

Obwohl im gesamten Gewerkschaftswesen innerhalb des DGB und mit Einschluß anderer Gewerkschaften und Berufsverbänden solche Interessenwidersprüche im Ansatz vorhanden sind, gibt es doch keinen »demokratischen Arbeitnehmer-Konsens«, der etwa dem viel beschworenen »Grundwert-Konsens« der demokratischen Parteien der Bundesrepublik entspräche. Hier, unter sich selbst und nicht gegenüber dem Staat, eine inneren Frieden stiftende Einigung zu finden, wäre die Aufgabe von »Arbeiterkammern«, die dann gerade keine staatlich-gesetzlich eingesetzten Organe zu sein brauchten, sondern ein Zusammenschluß auf rein verbands- und vereinsgesetzlicher Grundlage; das wäre dann vielleicht doch die Belebung einer »Arbeit*nehmer*bewegung«. Die Funktionäre des DGB als Vertreter der zweifellos umfassendsten bundesdeutschen Gewerkschaft haben eine solche Führungsrolle, die ihnen zukommen müßte, bisher nicht begriffen. Sondern ihr Anspruch, »Einheitsgewerkschaft« zu sein, der aus längst überholten Interessenlagen der 20er Jahre und der Hitlerzeit entsprungen ist, hat sich heute längst in einen Totalitätsanspruch gegenüber anderen Gewerkschaften und Berufsvertretungen gewandelt: Sie halten sich monopolistisch für die im Grunde einzig legitime Vertretung aller Arbeitnehmer und dulden die anderen nur widerwillig.

Da dieser Anspruch, alle Arbeitnehmerinteressen insgesamt auf einmal zu vertreten, unerfüllbar ist, kommt es zu totgeschwiegenen, ja bewußt propagandahaft vertuschten Vorrängen der Interessenvertretung, zu Gruppen, die man bevorzugt und zu anderen, die man möglichst unauffällig benachteiligt. Welche?

Wenn wir einmal von dem vorher erwähnten Schichtenmodell der empirischen Soziologie ausgehen, dann bevorzugen die Funktionäre die untere Unterschicht auf Kosten der oberen Unterschicht oder noch mehr der unteren Mittelschicht. Das bedeutet natürlich in jeder der vielen Einzelgewerkschaften im einzelnen jeweils etwas anderes, aber es führt immer dazu, daß bereits der qualifiziertere, leistungshöhere und -willigere und damit auch heute schon besserverdienende Facharbeiter, Angestellte oder Beamte sein Arbeitseinkommen in gewerkschaftlich erzwungener »Solidarität« nach unten umverteilt.

Indem man dauernd in den Tarifverträgen einen höheren Sockelbetrag für die Niedrigverdienenden fordert und durchsetzt, belastet man ja nicht nur die »obere Mittelschicht«, sondern bereits die Mehrheit der eigenen Mitglieder und Arbeitnehmerschaft. Übrigens wird in diesen Fällen niemals öffentlich angegeben, um welche Niedrigverdiener es sich jeweils konkret handelt; sind es die ausländischen Gastarbeiter, die schlechtverdienenden Frauen (mit welchem Familieneinkommen?), die ungelernten Hilfsarbeiter oder die in ihren Berufsgang erst einsteigenden und daher noch niedrigverdienenden jungen Arbeitnehmer usw.? Oder sind es gar diejenigen, die sich auf das von den Funktionären heiliggesprochene »soziale Netz« aus mehr oder minder berechtigten Beweggründen verlassen und es zum Teil ausbeuten, obwohl es im wesentlichen durch die verschiedenen Sozialbeiträge der Arbeiter und versicherungspflichtigen Arbeitnehmer unmittelbar oder durch die den Ertrag der Unternehmen vermindernden sozialen Nebenkosten finanziert wird.

Die Günstlinge und die Getäuschten

Es lassen sich aber durchaus auch konkret Gruppen nennen, die auf Kosten anderer bevorzugt oder benachteiligt werden:

- So schleppen die körperlich schwer arbeitenden Arbeiter, auch Facharbeiter, durch die pauschale Aushandlung von Tariferhöhungen in einem einheitlich organisierten Gewerkschaftsbereich das Büro- und Verwaltungspersonal sozusagen auf ihrem Rücken in keineswegs gleichberechtigte Lohnerhöhungen.

  Das beste Beispiel dafür war der Stahlarbeiterstreik in Bremen (es ging um 8 %), wo selbst der als Schlichter eingesetzte gewerkschaftsnahe Sozialminister *Fahrtmann* zum Schluß erkannte, daß die Gewerkschaften sich eine flexiblere »Lohnpolitik« einfallen lassen müßten.

- So werden die berufstätigen Frauen schlechthin zum Nachteil der Mütter und Nur-Hausfrauen bevorzugt.

  Ein extremes Kennzeichen dafür ist die Anwendung der »sozialen Indikation« in der Abtreibungsgesetzlichkeit; was für überbelastete kinderreiche Mütter gedacht war, wird inzwischen vor allem von bessergestellten berufstätigen Frauen, oft kinderlos oder kinderarm, ausgenutzt, ohne daß auch nur eine der Frauenfunktionärinnen des DGB dies kritisch bemerkt hat.

- So unterstützen die Gewerkschaften in ihrer Ausbildungspolitik die Massenförderung mittelmäßig begabter Gymnasiasten, Studenten oder gar Hochschullehrer nicht nur auf Kosten der Zukunftschancen der hochbegabten Arbeiterkinder, sondern sogar letzthin unter Vernachlässigung einer angemessenen Berufsausbildung der Jugendlichen zu qualifiziertem Arbeitskönnen; die Jugendarbeitslosigkeit, bewegt öffentlich beklagt, hätte bei einer weitsichtigen Ausbildungspolitik niemals in den gegenwärtigen Stand einzutreten brauchen, wo es an Facharbeitern fehlt, wenn nicht die Gewerkschaftsfunktionäre ihr Interesse so auf die Förderung der höheren Schulbildung der »sozialen Offenheit« von Gymnasien und Hochschulen verlagert hätten.
- Eine weitere benachteiligte Gruppe müßte man als die zwangs-

mäßig in die Freizeit abgedrängten Arbeiter bezeichnen; handelt sich vor allem um Industriearbeiter und untere und mittlere Angestellte, die durch gesetzlich zwangsmäßig verfügtes Frührentnertum oder Frühpension, also durch die Herabsetzung der Pensionsgrenze auf 60 oder gar 55 Jahre bei noch voller Berufsfähigkeit aus dem Arbeitsprozeß ausgegliedert werden, und durch die Erweiterung der Freizeit, durch Kürzung der Arbeitszeit je Woche auf 35 oder sogar 32 Stunden, womit jedem dieser Arbeitnehmer auch an einem normalen Wochenarbeitstag mehr als 8 Stunden Freizeit »aufgebürdet« werden. Aller Voraussicht nach erreichen diese Absichten noch nicht einmal die damit angestrebte Arbeitsplatzfreigabe oder -vermehrung für andere – arbeitslose Arbeiter und Angestellte –, sondern die so freigesetzte Arbeitskraft wird einerseits von den Betrieben im hohen Maße durch technische Rationalisierung und nicht durch neue Arbeitsplatzbesetzung ausgeglichen werden. Andererseits wird der so vollberuflich Freigesetzte in den meisten Fällen billigere Neben- oder sog. Schwarzarbeit anbieten, die wiederum vollbeschäftigte Arbeitsplätze überflüssig macht, so daß sich der nicht mehr steuerbare »graue Arbeitsmarkt« erheblich ausweiten wird. Außerdem ist es wohl jedem einigermaßen urteilsfähigen Gewerkschaftsfunktionär klar, daß diese Arbeitsfreisetzungen nicht bei voller Lohn- oder Gehaltsfortzahlung erfolgen können, also die so von Arbeit Befreiten finanzielle Einbußen erleiden werden; denn sollte die volle Lohnfortzahlung in beiden Fällen erzwungen werden, so müßten dies einerseits die verbleibenden und die neuen Arbeitstätigen durch erheblich höhere Sozialabgaben und die Unternehmen durch höhere soziale Nebenkosten bezahlen, die sie dann als Investitionszuschüsse oder Stützungsfinanzierungen aus Steuergeldern und das heißt auf Kosten der steuerzahlenden Arbeitnehmer erhalten. Der uneingestandene Grundsatz der Gewerkschaftsfunktionäre ist eben doch, wie schon erwähnt: Arbeitnehmer, bezahlt Eure Arbeitsplätze selbst.

Die begünstigte Freizeitwirtschaft

Doch ich will hier die sattsam im aktuellen publizistischen Streit um und um gewälzten Widersprüche in der Arbeitsmarkt- und Wirtschaftspolitik der Funktionäre nicht vertiefen, sondern nur feststellen, daß diese mit großer Wahrscheinlichkeit in den Nebenfolgen dem Arbeitnehmer mehr schaden, als daß sie ihm gerade auch in seiner beruflichen Lage nützen wird. Doch die am schwersten wiegenden Nebenfolgen dieser Art liegen auf einer tieferen, dem einfachen Menschen nicht unmittelbar zum Bewußtsein kommenden Ebene; sie bestehen darin, daß man die selbständige Lebensplanung des Arbeitnehmers in allen Schichten, seine freie Selbstbestimmung, die natürlich Lebensrisiken einschließt, abbaut zugunsten des organisations- und gesetzlichverwaltungshaft gesteuerten, also des initiativearmen, von anderen betreuten Menschen, und daß man den Arbeitnehmer immer mehr in eine Konsumhaltung des Lebens drängt und ihn damit des Lebenssinnes in Arbeit und Beruf, aber auch in der privaten Lebensführung beraubt. Das sind allerdings Gedankengänge über den Menschen, die der geistigen Verfassung der Gewerkschaftsfunktionäre unzugänglich sind.

Die erste Folgerung läßt sich vor allem an der Berufsdauer der älteren Arbeitnehmer belegen: Anstatt die »flexible Altersgrenze« zu fördern, die es dem Arbeitnehmer in eigener Lebensplanung überläßt, ob er mit 55 Jahren oder gar erst mit 68 Jahren aus dem vollberuflichen Arbeitsleben ausscheidet, ihn allerdings darüber aufklärt, welche Nachteile und Vorteile im Einkommen dies für ihn haben wird, gehen die Gewerkschaftsfunktionäre den Weg über die gesetzlich erzwungene Verwaltung des Menschen. Für die Förderung der Teilarbeitszeiten, die diese freie Selbstbestimmung erleichtern könnten, haben sich die Gewerkschaften kaum interessiert.

Ein anderes Beispiel: Die Bonner Bundesregierung hat ein Gesetz verabschiedet, das die nicht vollberufliche Arbeit von »Gelegenheitsjobbern« steuerlich schärfer erfassen soll und verfügt, daß diese Gelegenheitsarbeiter, Aushilfskräfte und Kleinstverdiener durch eine behördlich auszustellende »Lohnsteuer-Pauschalierungs-Bescheinigung« mehr Steuern und vor allem mehr Sozialabgaben abführen müssen. Es handelt sich dabei um die Nebenarbeit von Zeitungszustellern, Aushilfskellnern, Putzfrauen, auf kurze Zeit befristete Erntearbeiter, um bescheidene Nebenverdienste von Rentnern, Arbeitslosen, Sozialhilfe- und Wohngeldempfängern usw.; das Gesetz ist inzwischen gescheitert, weil die Betroffenen eher diese aus eigener Initiative entspringende Tätigkeit aufgeben, als sich, unter Gefährdung ihrer gesetzlich verbürgten »sozialen Sicherheit«, einem solchen bürokratischen Verfahren aussetzen wollen. Aber: Wo lag hier die Aufmerksamkeit der Gewerkschaftsfunktionäre, dieser für viele lebenswichtigen Arbeitsinitiative einen kleinen Freiraum zu sichern? Wo war ein ähnlicher Protest gegen solche bürokratische Verwaltungseinvernahme der kleinsten Leute wie etwa gegen die geringste Kürzung der Löhne und Gehälter der öffentlichen Bediensteten? Im Zweifelsfalle stehen die Gewerkschaftsfunktionäre immer auf der Seite der bürokratischen Bevormundung des Arbeitnehmers und aller »Sonstigen«, selbst wenn diese von der gesinnungsverwandten sozialdemokratischen Regierung ausgeht.

Doch die tiefsten und fatalsten Wirkungen dieser Funktionärspolitik auf Kosten der älteren Arbeitnehmer bestehen darin, daß sie diese in hohen Maße ihres Lebenssinnes beraubt. Für alle Menschen unserer Zivilisation besteht ihr sinnhaft erfülltes Leben vor allem auch darin, daß sie die Grundaufgaben des Lebens, also die materielle Lebenserhaltung, die vorsorgende Planung und Sicherung für sich selbst und die Kinder in der Zukunft durch Arbeit und Eigenleistung bewältigen; daraus entsteht natürlich gerade im Altern eine umgekehrte Lebensstützung: gerade die in der gewohnten Arbeit und menschlichen Arbeitsumwelt bei bestehender beruflicher Leistungsfähigkeit möglichst lange fortgeführte Berufstätigkeit bietet diesen Arbeitnehmern Lebensbestätigungen, Erfolgserlebnisse, im gewissen Sinne ein glückliches und zufriedenes Alter.

Indem die Gewerkschaften die gesetzlich zwangsmäßige Grenze für das Altsein unabhängig von der beruflichen Leistungskraft und Leistungswilligkeit des einzelnen vorverlegen, schaffen sie damit nicht nur eine arbeitspolitische und vor allem menschliche »Problemgruppe«, die mit zunehmender Lebenserwartung und vorhandener Berufsfähigkeit bei weitem das soziale Gewicht der jugendlichen Arbeitslosen übersteigen wird. Diese älteren Arbeitnehmer werden von den Gewerkschaftsfunktionären heute im Stich gelassen, was sich bei ihnen sowohl gesundheitlich wie in der Lebensführung schädlich auswirken wird. Daß heute weitsichtigere Ärzte, Altersforscher, Sozialarbeiter und Psychologen, ja selbst Soziologen vor dieser erzwungenen Lebensentleerung der älteren Menschen dringend warnen, ist für die kurzfristig taktisch denkenden Funktionäre kein Signal, weil sie den erforderlichen Sachverstand und die notwendige Weitsicht hierfür gar nicht aufbringen.

Wie immer gibt es Ausnahmen von diesem Urteil, aber sie beziehen sich fast nur auf Berufsgruppen, deren Vertretung die Gewerkschaftsfunktionäre gar nicht interessiert: Ein auch frühzeitig pensionierter Wissenschaftler hat meistens noch soviel Arbeitspläne, daß sie »sein Leben ausfüllen«; die selbständigen Unternehmer arbeiten fast immer bis an die Grenze zur tödlichen Krankheit und selbst die angestellten, oft frühzeitig freigesetzten wirtschaftlichen Manager können vielfach ihre Arbeitsfähigkeit und damit ihren weiteren Lebenssinn auf andere Aufgaben übertragen, was aber zum Beispiel bei höheren Beamten schon fraglicher ist. Gruppen wie Mütter und Hausfrauen oder Künstler entziehen sich sowieso einer altersbegrenzten Lebens- und Arbeitsbestätigung. Sie alle sind in ihrer Altersfreiheit nicht funktionärsabhängig. Aber am unabhängigsten sind in diesem Falle wohl diejenigen, deren Lebenssinn der Machthunger war, also die Politiker, vor allem die Partei- und Gewerkschaftsfunktionäre selbst. Dieser, ihr Lebenssinn, politische Macht zu gewinnen, zu behaupten und zu erweitern, kennt keine Altersgrenze. Bis auf ganz wenige Ausnahmen haben die durch gesetzliche Regelungen oder Gremienbeschlüsse aus ihren Ämtern Ausscheidenden diesen Abschied als erzwungenen Verzicht auf ihren Lebenssinn empfunden.

Dagegen wird die weitaus größte Mehrheit der Arbeitnehmer durch die gekennzeichnete Funktionärspolitik in den Freizeit-Konsum abgedrängt: Verbrämt wird diese entscheidende Sinnentleerung des Alterslebens und auch des Arbeitslebens der Jüngeren durch Arbeitszeitverkürzung zunächst durch ansprechende Vorgaukelungen einer dauernden Urlaubs- und Erhaltungsstimmung oder man hofft auf Beschäftigung mit Hobbies (als ob diese nicht gerade als Spiel ihrem Wesen nach niemals lebenssinngebend sein können!).

Nachdem die Illusionen der Volkspädagogen, daß der freigesetzte Mensch sich vor allem seiner geistigen Fort- und Selbstbildung widmen würde, wie Seifenblasen zerplatzt sind, bleibt als Haupterfolg dieser Politik gegen die älteren Arbeitnehmer und die ständige Freizeiterweiterung der noch güterproduzierenden und dienstleistenden Berufstätigen, daß man sie immer mehr der Freizeitwirtschaft in die Arme treibt, die nicht zufällig der am schnellsten wachsende Wirtschaftszweig ist. Die Funktionäre bevorzugen damit diesen Wirtschaftsbereich eindeutig gegenüber der güterproduzierten Wirtschaft; sie tun dies nicht nur auf Kosten der industriell beschäftigten Arbeitnehmer, die sie doch vor allem vertreten wollen, zugunsten der in der Freizeitwirtschaft Beschäftigten, die vielfach stoßweise dienstleistende Nebenverdiener oder saisonbegrenzte ausländische Gastarbeiter und als solche sicher keine Gewerkschaftsmitglieder sind, sondern sie unterstützen bewußt den überhöhten Abfluß deutscher Arbeitseinkommen zugunsten der ausländischen Touristenwirtschaft.

Daß sich sehr viele der so Freizeitbegünstigten noch nicht einmal in die Konsumhaltung der ihnen aufgedrängten Freizeitbeschäftigungen flüchten, sondern einfach diese überflüssige Tages- und Lebenszeit totschlagen, und daß dann Mißstände wie Altersalkoholismus und gesundheitliche »Pensionierungsbankrotte«, aber auch im gewissen Ausmaß (das nie klar untersucht wird) die Unfallzahlen im massierten Auslandstourismus, im Wochenendverkehr, ja sogar die Ablehnung und die politisch destabilisierende Art der Jungen gegen unser Gemeinwesen gefördert werden: solche Zusammenhänge überhaupt in Betracht zu ziehen, überfordert die Mentalität eines Funktionärs.

Diese Urteile an einigen Fällen blitzlichtartig beleuchtet: Die Arbeitseinkommen bundesdeutscher Arbeiter, die allein durch ihren Auslandstourismus in die Wirtschaft anderer Länder als Devisen abfließen, übersteigen erheblich das Budget, das die Bundesrepublik für ihre Verteidigung ausgibt. Ungewollte Entwicklungshilfe oder Ausfuhrkreditierung oder einfach Begünstigung der inländischen, aber vor allem ausländischen Freizeitwirtschaft?

Die Enquete-Kommission »Jugendprotest und demokratischer Staat«, von der Bundesregierung eingesetzt, die damit vielen ähnlichen Kongressen und fachwissenschaftlichen Gremienberatungen folgte, hat in ihrem Bericht vom April 1982 viel grundsätzlich-allgemein Richtiges erwähnt, aber der Zusammenhang von überflüssiger und politisch-aggressiv mißbrauchter Freizeit taucht in keiner Spur auf. Daß an den großen politischen Demonstrationen von Brokdorf, Gorleben, Wyhl usw., langfristig vororganisiert, nur die Jugendlichen teilgenommen haben, die dafür über genügend »Freizeit« verfügten, während der im gleichen Alter, aber auch in fester Arbeit stehende Arbeitnehmer dabei kaum zu finden war und auch kaum Interesse dafür zeigte – es ist immerhin noch die große Mehrheit dieser Altersgruppe in der Bundesrepublik –, dieser Zusammenhang ist bisher keinem der »Jugendforscher« aufgefallen. Wie sehr der sozialpolitische Blickwinkel eingeengt ist, dafür ist die allerdings im hohen Alter erfolgte Äußerung des erfahrenen und weitsichtig urteilsfähigen Jesuitenpaters, Prof. *Nell-Breuning*, kennzeichnend, der als offensichtlich erwünschte Zukunftsaussicht die Erwartung ausgesprochen hat, daß man nur noch einen Tag in der Woche zu arbeiten brauche. Er hat nicht gesagt, was mit den anderen sechs Tagen geschehen soll und er hat wohl als christlicher Priester die am Anfang der biblischen Offenbarung stehende Aussage, »Du sollst im Schweiße Deines Angesichts Dein Brot essen«, zugunsten der aktuellen Sozialpolitik etwas aus seinem Gedächtnis verdrängt.

Um leicht herbeigezogene Mißverständnisse auszuschließen: Ich trete nicht dafür ein, den Menschen unserer Zeit und Zivilisation durch übermäßigen Zwang zur Arbeit, insbesondere wenn er durch materielle Not hervorgerufen wird, wieder »Lebenssinn« zu verschaffen. Wohl aber muß eine Politik auf allen Ebenen auf einen Menschen zielen, der nicht nur in Frieden und äußerer und innerer Sicherheit, wenn auch nicht ohne soziale Spannungen leben kann, sondern der mit Hilfe der Institutionen und Gesetze des Gemeinwesens zu einer Ausgewogenheit seiner Lebensführung zwischen befriedigender Arbeit und auf sie abgestimmter Freizeit kommt. (Das umfaßt durchaus so scheinbar sich widersprechende Ziele, daß einerseits die zu harter körperlicher Arbeit gezwungenen Arbeiter durch geringere Arbeitszeiten und höhere Entlohnung als die der Leichttätigkeitsbereiche für ihre Mühe entgolten werden, wie andererseits die durch Begabung und langjährige Berufsdisziplin nur auf allen Gebieten zu erreichenden Spitzenleistungen auch im gesellschaftlichen Lebenserfolg Anerkennung finden müssen.) Die Grundsatzerklärungen der modernen westlichen Demokratie haben den Menschen nicht nur Freiheit, Gleichheit und Brüderlichkeit, sondern auch *»Glück«* versprochen, was man bis in modernste politische Grundsatzerklärungen neben dem Versprechen auf Menschenwürde und -rechte immer wiederfindet. Aber selbst die verantwortlichsten Politiker machen sich über dieses Glücks-Versprechen kaum noch Gedanken; der geistigen Verfassung von bloßen Partei- oder gar Gewerkschaftsfunktionären ist dieses generationenumfassende Versprechen sowieso unverständlicch.

Mißbrauch des sozialen Netzes

Mißbrauch des sozialen Netzes: Die Gewerkschaftsfunktionäre versagen immer mehr auf ihrem ureigensten Gebiet, nämlich der arbeitenden Bevölkerung in sozialen Notständen Hilfe und soziale Sicherheit zu bieten, die diese sich aus eigener Kraft und Verantwortung nicht mehr verschaffen können. Die Bundesrepublik hat eine Ordnung der sozialen Sicherheit, ein »soziales Netz« geschaffen, das in der Welt (vielleicht neben dem Österreichs und Schwedens) einzigartig dasteht; dazu hat der Einfluß der Gewerkschaften entscheidend beigetragen, aber in viel höherem Maße die Übereinstimmung der staatstragenden Parteien von den Christlich-Demokratisch/Sozialen über die Sozialdemokraten bis zu den liberalen Freidemokraten. Auf dieser sozialen Übereinstimmung beruht eine der entscheidenden Grundlagen unseres Gemeinwesens, wenn auch nicht oder nur irrtümlicherweise der Kern dieses Staatswesens (»Sozialstaat«).

Von diesem Ursprung des Gemeinwesens Bundesrepublik hat sich der größte Teil der Gewerkschaftsfunktionäre heute gelöst, indem er sich als der einzig legitime Verwalter dieses Systems der sozialen Sicherheit aufspielt und indem er jede Masche des »sozialen Netzes« sozusagen »sakrosankt« setzt. Was schon in Zeiten des hohen wirtschaftlichen Wachstums nur unter Verschärfung der inneren Konflikte hingenommen werden konnte, trägt in Zeiten wirtschaftlicher und politischer Schwierigkeiten (»Krisen«) des Gemeinwesens zu seiner Gefährdung bei. Mein Vorwurf, daß diese Gewerkschaftsfunktionäre bestimmte Gruppen bevorzugen und andere benachteiligen, bezieht sich also auch auf die sozial hilfsbedürftigen alten Menschen, die Kranken und die Arbeitslosen und ließe sich auf die körperlich Behinderten, die ohne familiäre Hilfe lebenden und vereinsamten Menschen aus diesen Gruppen und auf viele andere ausdehnen.

Zunächst mag dieser Vorwurf unberechtigt erscheinen, denn der Deutsche Gewerkschaftsbund fordert seit Jahren eine bessere Altersversorgung, höhere Arbeitslosenbezüge, eine verstärkte Gesundheitsfür- und -vorsorge und sogar mehr Kindergeld. Aber das alles sind wortreiche propagandistische Vortäuschungen oder Funktionärs-Alibis, denn bei all diesen vor allem vom »Staat« geforderten Leistungen wird nie angegeben, wer solche Leistungen bezahlen soll; daß die Arbeitnehmer selbst als Beitragszahler für diese Hilfssysteme oder indirekt als Steuerzahler das alles finanzieren – was sich in der dauernden Erhöhung der Sozialbeiträge und der vor allem die Mehrheit der Arbeitnehmer, keineswegs nur die besser Verdienenden, treffenden Erhöhung der direkten oder indirekten Steuern niederschlägt –, wird verschwiegen oder in bewußter Mißinformation verhüllt.

Indem die Gewerkschaftsfunktionäre das in wirtschaftlichen Wachstums- und Wohlfahrtszeiten geschaffene System der sozialen Sicherheit in allen Einzelheiten für sakrosankt tabuisieren; indem sie jede Begrenzung auf seinen sozialen Kern verhindern, sozusagen das sehr engmaschige soziale Netz nicht mit etwas größeren Maschen zu versehen und die private Selbsthilfe an die Stelle der Kleinmaschigkeit zu setzen bereit sind, indem sie jede dieser Maßnahmen als Zerschneidung des »sozialen Netzes« bekämpfen, gefährden sie dieses selbst, und zwar auf Kosten der Arbeitnehmer und der sozial Hilfsbedürftigen. Das geht vor allem auf den – allerdings scheinbar unpopulären Grundsatz – der Funktionäre zurück, den Mißbrauch oder die von einzel-egoistischen Interessen ausgehende Ausbeutung nicht zur Kenntnis zu nehmen und nicht verhindern zu wollen. Die Gewerkschaftsfunktionäre begünstigen heute den Parasiten des Systems der sozialen Sicherheit zum Nachteil der wirklich Hilfsbedüftigen und der arbeitenden Träger dieser Solidarleistung hoher sozialer Sicherheit.

Ich möchte dies an den wichtigsten Gruppen der sozial Hilfsbedürftigen zu verdeutlichen versuchen:

Die alten Menschen: Indem man deren hilfsbedürftigen Teil zwangsmäßig um die noch berufs- und arbeitsfähigen älteren Menschen vermehrt, wachsen natürlich die Ansprüche an die Rentenversicherung, die der noch Arbeitstätige durch höhere Sozialbeiträge unmittelbar oder über Steuern oder über höhere Beiträge der Wirtschaft indirekt bezahlen muß. Das alles erfolgt in kleinen Schritten, fast unbemerkt. Und wenn das ganze System ins Wanken gerät: Schuld an allem ist dann »die wirtschaftliche Krise«.

Da zudem die Gewerkschaften die Leistungen der »Solidaritätsgemeinschaft« immer mehr der Steuerleistung des Staates zugeschoben haben, der durch dauernde Etatverschiebungen zwischen Rentenversicherung, Krankenversicherung und Arbeitslosenversicherung dem einzelnen sowieso eine Übersicht für eigene Lebensplanung unmöglich macht, verbreitet sich anstatt eines wachsenden Gefühls der sozialen Sicherheit, das erstrebt und tatsächlich auch berechtigt wäre, unter allen davon Abhängigen eine immer größere Unsicherheitsstimmung. So läßt sich feststellen, daß heute ein sehr großer Teil der alten Menschen immer mehr an der Sicherheit seiner Renten zweifelt als noch vor zehn

Jahren, das heißt vor einer vor allem von den Gewerkschaften beeinflußten Sozialpolitik der sozialdemokratischen Bundesregierung. Die soziale Bevormundung der Funktionäre beginnt, trotz erheblich gestiegener Sozialleistungen oder Sozialleistungsversprechen, in das Gegenteil, in ein steigendes soziales Unsicherheitsgefühl umzuschlagen, weil das funktionärshaft bestimmte Sicherungssystem sich von der Denkweise und den Lebensformen der alten Menschen immer mehr entfernt hat. So kommt es, daß bei höherer materieller Sicherheit das Unsicherheitsgefühl und die Lebensangst gerade bei alten Menschen wächst.

Die kranken Menschen: Daß der ernsthaft oder gar dauerhaft erkrankte Mensch nicht geheilt oder ihm geholfen werden kann, weil die Kosten dafür seine eigene, ihm zumutbare Belastung überschreiten, wird durch ein System der allgemeinen Krankenkassen (mit Zwangsmitgliedschaft) für die unteren und mittleren Einkommensstufen und durch ein vielfältiges Privatversicherungsangebot auch für die anderen Arbeitnehmer verhindert. Dies ist eine der großen sozialen Errungenschaften gerade der Bundesrepublik, die unter allen Umständen bewahrt werden muß. (Das Krankheits- und damit Armutsmilieu, das uns *Käthe Kollwitz* oder *Heinrich Zille* für das großstädtische Proletariat so eindrucksvoll vor Augen geführt haben, gehört zumindest für die industriellen Gemeinwesen Mitteleuropas der Vergangenheit an.)

Aber diese Gesundheits- und Krankenversicherung hat ein organisatorisches Gesundheitswesen geschaffen – und zwar mit Hilfe, aber auch zur Machterweiterung der Gewerkschaftsfunktionäre –, das diese jetzt in ihrem Kern zu erhalten immer unfähiger werden. Sie untergraben die Gesundheits- und Krankheitsfürsorge, indem sie ohne Weitsicht und verläßliche Grundsätze ein »ungesundes Gesundheitswesen« befürworten, das den gesundheitsbewußten Arbeitnehmer benachteiligt, aber die »Gesundheitswirtschaft« (pharmazeutische Industrie, Ärzte, Bäder- und Kurheimeinrichtungen usw. samt ihrem Personal), manchmal wider Willen, aber um so (neben-)wirksamer begünstigen. Auch hier versagen die Funktionäre darin, den Mißbrauch zu bekämpfen, teils indem sie den Mißbrauch geradezu dogmatisch verteidigen, teils und vor allem aber, weil ihnen ein grundsätzliches Programm der Gesundheits- und Krankenhilfe völlig fehlt.

Wir wollen diese verschiedenen Ebenen des Versagens der Funktionäre, in diesem Falle nicht nur der Gewerkschaftsfunktionäre, sondern auch der Ärztefunktionäre, der Agenten der »Gesundheits- und Heilungsindustrie« und vieler anderer nur an zwei kennzeichnenden Beispielen verdeutlichen: am sogenannten »Krankfeiern« von Arbeitern und am Fehlen einer Grundauffassung des Menschen, welche Pflichten er seiner eigenen Gesunderhaltung schuldet.

»*Krankfeiern*«, eine Formel die schon vor dem Zweiten Weltkrieg bekannt war, bedeutet, daß ein Teil der Arbeiter die jetzt geltenden Krankheitssicherungen aus egoistischen Gründen auf Kosten anderer Arbeitnehmer ausbeutet. Das reicht von der vermeintlich krankheitsbegründeten Verlängerung eines angenehmen Wochenendes bis zur krankenversicherten Möglichkeit, durch Neben- oder Schwarzarbeit das Einkommen aufzustocken, ohne die Vorteile des offiziellen Arbeitsverhältnisses einzubüßen. Die Rahmenbedingungen dieses Mißbrauchs aufrecht zu erhalten, gehört zu den stur dogmatischen Grundsätzen der Gewerkschaftsfunktionäre.

In Österreich, wo dieses System der zwangsmäßigen Krankenversicherung vielleicht noch perfekter ausgebaut ist, nämlich bis in die gut verdienenden höheren Angestellten- und Beamtenstellungen hinein, ist die Ausnützung des »Krankfeierns« zu Nebenverdiensten gang und gäbe. Aber auch in der Bundesrepublik hetzt der Modellfunktionär *Steinkühler* anhand einer bloßen Beratungsgrundlage der Arbeitgeberverbände Wuppertal, die dieses Krankfeiern und die damit verbundenen Arbeitsfehlzeiten als betrieblichen »Störungs- und Kostenfaktor ersten Ranges« bezeichnet haben, die sowieso schwer durchführbare Kontrolle, ob ernsthafte Krankheiten vorliegen, zu dem allen Arbeitgebern angelasteten demagogischen Vorwurf auf: »Betriebe machen Jagd auf Kranke.« Die Frage, auf wessen Kosten ein, vielleicht gar nicht so umfangreicher Teil der Arbeiterschaft, »krankfeiert«, verbieten sich die Funktionäre als Opfer der Intelligenz. Dabei ist sie leicht zu beantworten: Der »krankfeiernde« Arbeiter lebt in einer Zeit der Rationalisierung und Arbeitslosigkeit auf Kosten seiner Kollegen, die seine Arbeit zeitweise mittun müssen und auf Kosten ihrer Krankenkassenbeiträge und der Produktivität der Betriebe.

Ob das Mittel, »Karenztage« einzuführen, das heißt bei kurzfristigen, leichten Erkrankungen die ersten drei Arbeitstage weder Lohn fortzuzahlen und kein Krankengeld zu erstatten, dazu geeignet ist, diesen Mißbrauch einzuschränken, soll hier nicht untersucht werden. Immerhin bestätigen die Statistiken, daß die Arbeiter seit Einführung der Lohnfortzahlung 1970 in deutlicher Weise an »kurzen Krankheiten« mehr litten als zuvor.

Doch auch hier liegen die Ursachen für solchen Mißbrauch in tieferen Verhaltensschichten des Menschen: Das fängt damit an, daß zwar Beamte und Angestellte bei Krankheiten schon immer ihr Gehalt weiter bezogen, aber das in ihren Stellungen immer noch in erheblichem Maße vorhandene Pflichtbewußtsein den beschriebenen Mißbrauch erheblich einschränkte, und zwar je sachverantwortlicher und höher die Stellungen waren, um so wirksamer. Wenn die Arbeiterfunktionäre nach einer höchstmöglichen Gleichstellung der Arbeiterschaft mit den Angestellten und Beamten streben, so dürften sie dies nicht nur in der Ausnützung materieller Rechtsansprüche betreiben, sondern müßten dementsprechende Pflichten ansinnen. Wie es heute ist, gilt das Urteil von *Friedrich Karl Fromme*: »Die Lohnfortzahlung für Arbeiter, aus dem Gleichheitsgedanken geboren, hat neue Ungleichheiten erzeugt.«

Aber die Verhaltensänderungen dieses Krankenversicherungssystems greifen noch tiefer: Dieses System der öffentlichen Zwangskrankenversicherung und seine von den Funktionären sorgsam gehütete und ins Übermaß getriebene Praxis baut die Selbstführung des Menschen in seiner Gesundheit und Krankheit systematisch ab. Daß dieses Gesundheits- und Krankheitsverhalten zur Intimsphäre gehört, und daß zunächst im gewissen Ausmaß die kleinen Solidargemeinschaften wie die eigene Familie, Verwandtschaft und Nachbarschaft, Hilfe gewähren können, dieses hilfreiche Zueinander wird planmäßig zerstört.

Aus der Behebung der Not wird unter der Hand der »Sozialpolitik« eine Form der Ausbeutung anderer Menschen und der zusammengehörenden Bevölkerungsgemeinschaft des Gemeinwesens. Man muß einmal erlebt haben, wie gerade einfachste Leute bei leichtestem Fieber Nachtbesuche von Ärzten in Anspruch nehmen; wie verschriebene Medikamente zur Wegwerfware wie Blechdosen werden; wie Warteräume der Ärzte zum Unterhaltungstreffpunkt alter Leute dienen usw., nur weil den Betreffenden die Kosten gar nicht mehr zur Kenntnis kommen und daher individuelle Verantwortung gar nicht einsetzen kann. Die Funktionäre beklagen zwar die dauernden, den Arbeiter immer mehr um seinen privat verfügbaren Arbeitslohn beraubenden Kostensteigerungen des »Gesundheitswesens«, aber daß sie selbst in stillschweigender Interessenverbrüderung mit der pharmazeutischen Industrie, dem Profitstreben der Ärzte, der »Kranken- und Gesundheitswirtschaft« auf allen Gebieten und vor allem auch zugunsten der zu ihnen gehörenden Krankenkassenfunktionäre eben diese Kosten dauernd erhöhen, so weit zu denken, geht in kein Funktionärsgehirn.

Diesen Vorwurf teilen inzwischen viele! Dazu nur zwei kennzeichnende Äußerungen: »Man gelangt zu den Folgen eines Gesundheitssystems, in dem die teure Ware (nämlich Gesundheit), die teure Dienstleistung den einzelnen nichts, die Gesamtheit der Bürger fast alles kosten darf« (*Jürgen Reese*, der mit Recht von einer »hausgemachten Krise unseres institutionellen Gesundheitswesens« spricht). Oder: Ein »gesundes Gesundheitswesen hängt letztlich von dem Menschenbild ab, von dem man ausgeht: Ist man der Meinung, der erwachsene Mensch sei normalerweise für sich, seine Lebensgestaltung und die Erhaltung und Wiederherstellung seiner Gesundheit selbst verantwortlich, dann wird man ein Gesundheitswesen für richtig halten, das ... auf dem personalen Verhältnis zwischen Arzt und Patient steht ... Hat man sich gegen die Individualmedizin entschieden, dann bleibt nur noch die Staatsmedizin mit dem Patienten als betreutem, entmündigtem Untertanen und dem Arzt als Organ, als Agenten des Kollektivs« (Frau Dr. med. *Eva Riem-Günter*). Um nicht in Selbstgerechtigkeit zu verfallen: Obwohl ich ein starker Raucher und keineswegs ein Alkoholfeind bin, dafür aber auch privat bezahle, wird mir niemals einleuchten, weshalb nicht jeder die etwa gleiche Summe, die er für Nikotin- und Alkoholgenuß ausgibt, auch für seine Gesundheit oder Krankheit auszugeben verpflichtet wird.

Gesamturteil: Ich halte das gegenwärtige Gesundheitswesen, das eine Herrschaftsdomäne der sozialpolitischen Funktionäre darstellt, sowohl für unsozial auf Grund der betriebenen dauernden Kostensteigerungen, wie für inhuman, weil es den unselbständigen, den »entmündigten« Arbeitnehmer erzeugt.

Die Arbeitslosen: Schließlich gehören zu den Benachteiligten auch die in ihrer Existenz bedrohten Arbeitslosen, obwohl dies bei dem Vorrang, den zur Zeit die Arbeitslosenfrage für die Gewerkschaftsfunktionäre hat, zunächst unwahrscheinlich erscheint. Aber hier besteht das Versagen der Gewerkschaftsfunktionäre nicht nur in mehr propagandistischen als praktisch durchführbaren Arbeitsbeschaffungsprogrammen, was wir schon vorher ausführlich erörtert haben (vgl. S. 173 ff.), sondern in alten Sünden der Vergeudung von Arbeitslosenversicherungsbeiträgen und der auch gerade heute immer wieder bewiesenen Unfähigkeit, die Parasiten dieses Sicherheitssystems von ihren zahlenden Trägern und berechtigten Nutznießern zu trennen.

Ein Wort zur Arbeitslosenstatistik: Wir werden vor allem in den Kurzinformationen des Fernsehens mindestens monatlich einmal von Herrn *Josef Stingl*, dem Leiter der Nürnberger Bundesanstalt für Arbeitsvermittlung und Arbeitslosenversicherung, mit steigenden Prozentzahlen von Arbeitslosen und noch pessimistischeren Voraussagen für die Zukunft des Arbeitsmarktes versorgt. Die angegebene Richtung der Entwicklung ist wahrscheinlich richtig, aber die verkündeten Prozentzahlen sind ein Musterbeispiel statistischer Mißinformation, weil sie zwar saisonal bedingte Schwankungen erklären, aber weder das Schema ihrer Berechnung gemeinverständlich darstellen, noch die sehr verschieden belasteten Gruppen der Arbeitslosen voneinander zu unterscheiden vermögen. Kenner der Materie haben berechnet, daß sich die Erhebungsstatistik für die sehr hohe Arbeitslosenzahl in den USA gegenüber der in der Bundesrepublik oder in Österreich bei gleichen Erhebungsformen weitgehend annähern würde. Die dauernd verkündeten Prozentzahlen an Arbeitslosen sind in Wahrheit statistischer Schall und Rauch.

Die Arbeiterfunktionäre des DGB haben eine entscheidende Mitbestimmung in der genannten Nürnberger Bundesanstalt. Haben sie betrieben, daß die in Zeiten des Wirtschaftswachstums angesammelten Mittel als Reserve für Notzeiten zurückgelegt wurden? Im Gegenteil: Sie haben die Verschwendung dieser Mittel in nutzlose, am Arbeitsmarkt vorbeigehende, oft sehr egoistische Umschulungen und ähnliche sozialstaatlich-moderne Randaufgaben ausgegeben wurden. Sie haben geduldet, daß die Regierung die jeweiligen Gelder der *Rentenversicherung*, der *Krankenversicherung* und der *Arbeitslosenversicherung* aus Haushaltsgründen hin und herschob, weil sie die ihnen ureigenen Aufgaben längst auf »den Staat« überwälzt haben. Hätten sie diese drei Organisationen der sozialen Sicherung zu autonomen

Selbstverwaltungseinrichtungen gemacht, die wie jedes »Unternehmen« Bilanzen von Einnahmen und Ausgaben vorlegen und erforderliche Staatszuschüsse (Steuergelder) begründen müßten – was ihren Einfluß darauf keineswegs verringert, aber ihre Verantwortung erhöht hätte –, so hätten sie den Alten, den Kranken und den Arbeitslosen wirklich gedient. Aber ihre Verantwortung für diese Gruppen haben die Funktionäre längst auf »den Staat« abgeschoben, weil sie über ihn ihre Machtinteressen mehr zum Zuge bringen zu können glauben.

Indem die Gewerkschaftsfunktionäre das einmal im Wirtschaftswachstum erreichte soziale Sicherungssystem sozusagen als »heiliges Gut« in allen Einzelheiten verteidigen und jeden Eingriff, auch einer sozialdemokratischen, gewerkschaftlich gestützten Regierung, unter propagandistischem, aber meist unwirksamem Protest als »heiliges Gut« sozialistisch-dogmatisch bekämpfen, begünstigen sie die Ausbeutung dieses Sicherheitssystems durch gar nicht arbeitswillige Arbeitslose auf Kosten der hart betroffenen Arbeitslosen. Daß ein erheblicher Teil der Arbeitslosen die hohe Arbeitslosenvergütung zu beziehen der mit gewissen Unbequemlichkeiten verbundenen Vermittlung eines neuen Arbeitsplatzes vorzieht, wissen nicht nur die Arbeitsämter und die Personalabteilungen der Betriebe; die sozialdemokratisch geführte Bundesregierung hat zwar versucht, hier einige strengere gesetzliche Ansprüche einzuführen, aber bei fehlender Unterstützung durch die Arbeitergewerkschaften stoßen diese Begrenzungen ins Leere. Die Gewerkschaftsfunktionäre haben sich von ihren Grundverantwortungen in jeder Form entlastet.

Die politisch Bevorzugten

Die DGB-Funktionäre sind, wo ihr eigenes sich ausweitendes Machtinteresse damit verbunden werden konnte, zu Agenten der SPD auf Kosten ihrer andere Parteien wählenden Mitglieder oder gar der breiten Arbeiterschaft geworden. Selbst der aus der Gewerkschaft kommende und gewerkschaftsfreundliche Sozialminister *Friedhelm Farthmann* muß (in einer bemerkenswerten Auseinandersetzung mit dem Christlich-Sozialen *Norbert Blüm* im SPIEGEL vom 9. 4. 79) feststellen: »Personell und organisatorisch hat sich die Einheitsgewerkschaft unserer Tage sehr stark dem Muster der sogenannten freien, also der sozialdemokratisch orientierten Richtungsgewerkschaft, angenähert. Inhaltlich hat sich jedoch in der praktischen Gewerkschaftspolitik nicht die Idee der marxistischen Revolution, sondern die den Wurzeln der christlichen Sozialbewegung entstammende Idee der sozialpolitischen Reformen durchgesetzt.« Die erste Aussage ist ein Bekenntnis zur Richtungsgewerkschaft, die zweite eine geschichtliche Unwahrheit und nur zur Beruhigung der christdemokratischen Mitglieder des DGB geäußert. Oder hat ein Experte wie *Farthmann* wirklich vergessen, daß die antimarxistische gewerkschaftlich reformerische Politik international schon von den englischen Fabiern ausging und daß die deutschen Gewerkschaften seit Anfang des Jahrhunderts zur antimarxistischen Sozialdemokratie gehörten, eine Voraussetzung, die dann nach 1948 in der Tat ein Verschmelzen der christlich-sozialen mit der durchaus originalen *sozialdemokratischen* Reformpolitik ermöglichte? Eine solche Äußerung, wir sind zwar Richtungsgewerkschaft, aber ideell seid ihr ja beteiligt, ist geradezu intellektuell schäbig.

Daß ein altgedienter und erfahrener Gewerkschaftsfunktionär wie der Bergarbeiterführer *Adolf Schmidt* seit langem dem Bundestag als SPD-Abgeordneter angehört, daran hat bisher noch niemand Anstand genommen, weil er, sicherlich ohne die Interessen seiner hart arbeitenden Mitglieder im Stich zu lassen, offensichtlich sein politisches Mandat mit den Gemeinwohlpflichten eines politischen Abgeordneten ruhig zu vereinen versteht. Anders sehe die Kandidatur von führenden Gewerkschaftsbossen an der Spitze der SPD-Liste für die Wahl zum Europäischen Parlament *(Vetter, Loderer, Hauenschild)*, die nicht nur dicht an einen Wählerbetrug grenzte. Schlimmer noch. Die so Parteipolitik treibenden Kandidaten waren weder willens noch fähig, einen solchen Wählerauftrag angemessen auszufüllen, sondern sie versuchten offensichtlich, die in der Bundesrepublik unmittelbar nicht zu erreichenden Gewerkschaftsziele publizistisch von außen durchzusetzen. Ein großer Teil der arbeitenden Bevölkerung war aber voller Mißtrauen, ob diese gewerkschaftlichen Parteipolitiker wirklich imstande wären, die Interessen der bundesdeutschen Arbeitnehmerschaft wirksam zu vertreten und hat der SPD-Liste eine Abfuhr erteilt, wie sie Bundestags- und Landtagswahlen damals noch keineswegs zeigten. Der Niedergang der SPD in der Wählerzustimmung hat daher mit der Niederlage der Gewerkschaftsfunktionäre in der Wahl zum Europäischen Parlament begonnen.

Daß diese parteipolitisierenden DGB-Funktionäre, übrigens im

Gegensatz zu den Funktionären der DAG, des Beamtenbundes, des Kriegsopfer- und Behindertenbundes usw., nicht nur den Gedanken der Einheitsgewerkschaft schwächen, sondern vielleicht sogar die freiheitlich-demokratische Grundlage unserer Wirtschaftsordnung, nämlich die Tarifautonomie, untergraben, wird ihnen erst zu Bewußtsein kommen, wenn die schädlichen Folgen eingetreten sind.

Doch diese parteipolitische Begünstigung ist noch verhältnismäßig harmlos gegenüber der immer an erster Stelle stehenden Gruppe der Bevorrechtigten: Das sind nämlich die Funktionäre selbst. Es gibt in den letzten zwei Jahrzehnten keinen wie immer gearteten sozialpolitischen oder wirtschaftspolitischen Vorschlag der Gewerkschaftsfunktionäre, mit dem nicht ein Macht- und Herrschaftsgewinn der Funktionäre verbunden ist. Es wäre ermüdend, dies im einzelnen aufzuzählen, aber vielleicht macht sich jemand einmal die Mühe, aufzuzählen, wie planmäßig jede Form der Selbstbestimmung und Selbstverwaltung der Arbeitnehmer von unten bis oben zugunsten der Funktionärsmacht abgebaut worden ist.

Nur ein aktuelles Beispiel: Ausgerechnet Anfang August 1982, wo die Unternehmen um ihren Bestand und damit auch um den Bestand der Arbeitsplätze kämpfen müssen und dies auch die Hauptsorge der Gewerkschaftsführungen ist, tritt der Deutsche Gewerkschaftsbund in Hessen jetzt mit einem als Gesetzesentwurf formulierten und geforderten zweiwöchentlichen Bildungsurlaub bei Lohnfortzahlung durch die Betriebe hervor, wobei er auch schon weiß, wie dieser »Bildungsurlaub« auszusehen hat; er soll nämlich Kenntnisse und Fähigkeiten vermitteln, die »für das Erkennen und solidarische Durchsetzen« von Arbeitnehmerinteressen erforderlich sind. So wird nicht nur über die Selbstbestimmung der Arbeitnehmer obrigkeitlich verfügt, sondern ihre Hörigkeit gegenüber Funktionären erhöht und die Pfründen werden gewerkschaftliche Schulungseinrichtungen erhalten. Daß ideologisch übersteigertes Herrschaftsstreben wirklichkeitsfremd macht, ist eine internationale Erscheinung, sozusagen von *Hitler* bis *Khomeni*, von Polen bis zu den südamerikanischen Diktaturen. Aber daß die bundesdeutschen Gewerkschaftsfunktionäre immer mehr Anschluß an diese Art der »Herrschaft« finden, wird bisher viel zu wenigen bewußt.

Der Machthunger der Gewerkschaftsfunktionäre verführt sie mehr und mehr zur Grundsatzlosigkeit; gerade der übermächtige DGB ist sowohl staatspolitisch wie arbeitnehmerpolitisch keine verläßliche und vorauszuberechnende Kraft mehr. Obwohl sie die überzogenen sozialen Leistungen der sozialdemokratischen Regierungszeit im wesentlichen veranlaßt und parteipolitisch durchgesetzt haben, distanzieren sie sich heute von den schädigenden Wirkungen dieser Politik; zwar wollen sie die »Regierung *Schmidt*« nicht stürzen – natürlich, denn in jeder anderen Regierung würden sie an Einfluß einbüßen. Aber sie wollen nicht mit an den Folgen schuld sein, nein, sie erklären die regierungsamtliche Stabilisierungspolitik für »beschäftigungspolitisch verfehlt und sozial unausgewogen« und drohen sogar mit Streiks gegen die Bonner Sparbeschlüsse. Pontius-Pilatus-Haltung: »Wir waschen unsere Hände in Unschuld.«

Das japanische Muster

Während die deutschen Arbeiterfunktionäre das einmal erreichte soziale Sicherungssystem nicht nur festmauern und damit für neue nationale oder internationale wirtschaftliche Veränderungen unanpassungsunfähig machen oder sogar noch ständig ausdehnen wollen, geht die japanische Wirtschaft ganz andere, sowohl arbeiterfreundliche wie gemeinwohlbewußte Wege. Anstatt ein gesetzliches, soziales Sicherungssystem letztlich nach dem einzig verläßlichen Grundsatz der deutschen Funktionäre, daß es ihrer Machtbehauptung und -erweiterung zu dienen habe, als sozusagen »sakrosankt« zu verteidigen, handeln die Japaner nach anderen Grundsätzen. Auch sie kennen »drei heilige Güter« und diese bestehen in der Anerkennung des *Altersprinzips*, in der *lebenslangen* Anstellung der Arbeitnehmer und in der Betonung *firmeninterner* Gewerkschaften. In allen drei Grundsätzen widersprechen sie den Grundsätzen oder der Grundsatzlosigkeit bundesdeutscher Gewerkschaftsfunktionäre.

Die Industriekreditbank hielt im Februar 1982 in Berlin eine Diskussionsveranstaltung ab zu dem Thema: »Wie bewältigt die Industrie in der Bundesrepublik, den USA und Japan den Strukturwandel der 80er Jahre?« Auf ihr trug *Koei Narusawa*, der volkswirtschaftliche Berater des Präsidenten der Bank of Tokyo, folgendes vor:

»In Japan hängen drei Faktoren mit der erfolgreichen Verwirklichung wirtschaftlicher Überlebens-Strategien zusammen. Dabei spricht man oft von ›drei heiligen Gütern‹ des japanischen Betriebssystems. Da ist einmal das Senioritätsprinzip. Darunter versteht man erstens, daß die Entlohnung nach der Seniorität von Jahr zu Jahr steigt. Das heißt, daß das Wechseln von einer Firma zur anderen sich nicht lohnt, weil man bei einem Wechsel meist finanzielle Verschlechterungen in Kauf nehmen muß. Deswegen bleibt man normalerweise bis zum Pensionsalter in der gleichen Firma. Dadurch entsteht das hohe Niveau des Arbeitswillens und daraus erklärt sich auch die Treue der Firma gegenüber.

Zweitens: Lebenslange Anstellung. Die Vorteile dieses Systems bestehen einmal darin, daß eine interne Ausbildung systematisch durchgeführt werden kann. Man läuft dabei nicht das Risiko, daß qualifizierte Arbeiter nach Beendigung ihrer Ausbildung weggehen, ohne daß die Firma die Früchte ernten kann. Es gibt keine Hemmnisse bei der Einführung technischer Neuheiten oder Innovationen. Dabei läuft man gar nicht Gefahr, Arbeitsplätze zu verlieren, obwohl eine gewisse Verlagerung von Arbeitskräften von einem Sektor in den anderen erforderlich sein kann. Im Falle der Einführung der Industrieroboter hat es zum Beispiel keine nennenswerten Widerstände gegeben. Dies deshalb nicht, weil man sicher sein konnte, daß Arbeitsplätze dadurch nicht gefährdet wurden.

Als dritter Punkt sind die firmeninternen Gewerkschaften zu nennen. Davon spricht man heute sehr oft. Dabei handelt es sich um eine gemeinschaftliche Beziehung zwischen dem Management und der Belegschaft. Es gibt keine Konfrontation ... Sowohl das Management als auch die Gewerkschaft handeln mit einer gemeinsamen Wertvorstellung, um das langfristige Interesse der Firma wahrzunehmen. Daraus ergibt sich die hohe Flexibilität der Lohnentscheidung. Das ist auch eine starke Seite unseres japanischen Wirtschaftssystems.«

Wie man leicht sehen kann, wird hier stets von Arbeiterschaft und Betrieb als einer wirtschaftlichen Schicksalseinheit, einer Solidaritätsgemeinschaft gesprochen und zugleich arbeitsplatzsichernd und betriebswirtschaftlich gefolgert. Vielleicht lohnt es sich, über diesen Gegensatz zu den Verhältnissen in der Bundesrepublik von heute nachzudenken.

Die verlorene Einheit von Arbeiterschaft und Betrieb

Die Gewerkschaftsfunktionäre haben eine Grunderfahrung der deutschen Bevölkerung aufgegeben, ja zuschanden geritten, nämlich die, daß wir als Ganzheit der Bürger, die ein freies und sicheres Leben führen wollen, eine nationale Schicksalsgemeinschaft, eine auf Zusammenhalt nach innen und nach außen angewiesene Einheit sind, ob wir es wollen oder nicht.

Die langfristigen Folgerungen, die von allen, die die Kriegskatastrophe überlebten, auf sehr verschiedenen Lebensebenen gezogen wurden, bestanden im Politischen in der entschiedenen Abwehr eines »Dies niemals wieder«, aus der dann der Aufbau eines nun über drei Jahrzehnte sich festigenden freiheitlichen, demokratischen und rechtsstaatlichen Gemeinwesens »Bundesrepublik Deutschland« entstand, wobei wohl niemand daran zweifelt, daß die im Osten lebenden Deutschen die gleichen Folgerungen gezogen hätten, wären sie nicht durch fremde Mächte, die »Sieger«, von einer totalitären Funktionärsherrschaft in eine andere gleicher Art gezwungen worden.

Daß die jeweils für menschliches Glück, Wohlergehen und friedliches, soziales Zusammenleben im offiziellen Sprachgebrauch gerade herrschenden Hoffnungen wie etwa »Volksgemeinschaft« oder »Sozialismus« von den jeweils machtbegierigen, funktionären Herrschaftscliquen zu ihren Gunsten ausgebeutet und mißbraucht werden, ändert nichts an der Tatsache, daß in ihnen sich unaufhebbare Zukunftserwartungen der Menschen wiedererkennen und sie ihnen daher ohne die Fähigkeit zur politisch-realistischen Kritik zustimmen und anhängen. Die zweite in diesem Falle die Wirtschaftsordnung des Gemeinwesens betreffende Folgerung dieser Überlebensgeneration der Bundesrepublik bestand in der Absage an eine staatliche Planwirtschaft, in der die Interessen der Herrschenden stets zum Nachteil der Arbeitnehmer und Verbraucher Vorrang erhalten und in der Zustimmung zu einer freien und zugleich sozialen Marktwirtschaft, aus der dann der – vom Ausland her fast unverständliche – Aufschwung der bundesdeutschen Wirtschaft aus einem Trümmerfeld zu einer wohlhabenden, produktionsstarken und soziale Sicherheit verbreitenden Volkswirtschaft, das sog. »deutsche Wirtschaftswunder«, hervorging. Es beruhte an erster Stelle darauf, daß Unternehmerinitiativen und die Vertretung der Arbeitnehmer- und Verbraucherinteressen einen hohen Grad von Zusammenarbeit erreichten und die immer vorhandenen Interessengegensätze in vernünftigen Kompromissen friedlich gelöst wurden. Die in dieser Form sich äußernde Einheit von Betrieb und Arbeiterschaft war die entscheidende Grundlage für diesen wirtschaftlichen Erfolg. Daß die Gewerkschaftsfunktionäre von heute dies nicht mehr nachvollziehen können und vergessen haben, ja sie, wo sie noch vorhanden ist, planmäßig zerstören, ist der Vorwurf, den ich in diesem Kapitel verdeutlichen möchte.

Sozialpartner oder Kampfverband einer Gegenmacht?

Neben *Ludwig Erhard* verdanken wir vor allem zwei Personen den wirtschaftlichen Wiederaufbau der Bundesrepublik: *Konrad Adenauer* und *Hans Böckler*. Ihre politische Zusammenarbeit war keineswegs reibungslos, aber sie war von gemeinsamen harten Lebenserfahrungen und dem Willen, sich zu einigen, getragen. In dieser Zeit erreichte der Gewerkschaftsführer *Böckler* durch Einführung der Arbeiter-Mitbestimmung in der Montanindustrie eine Form der Wirtschaftsdemokratie, wie sie in der industriellen Welt einzigartig ist; sie wurde in den weiteren Jahrzehnten, auch gerade unter CDU-geführten Regierungen und auch mit Hilfe der liberalen Partei weiter ausgebaut und gesichert. Obwohl sie die damit anfangs verbundenen großen Hoffnungen (engere Verbundenheit des Arbeiters mit seinem Betrieb!) ebenso nicht erfüllte wie schwarzmalende Befürchtungen (Entscheidungslähmung der Unternehmer), diente sie doch einem wachsenden sozialen Frieden und der Arbeiterschaft ging es in allen Bereichen in diesen Jahrzehnten sichtlich besser. In dieser Zeit entstand das Schlüsselwort »Sozialpartnerschaft in der Wirtschaft« und sie war auch eine der politisch-sozialen Selbstverständlichkeiten.

Zumindest seit 1980 haben die Gewerkschaftsfunktionäre diese dem Gemeinwohl dienende Zusammenarbeit radikal aufgekündigt, wobei es kein Zufall ist, daß dies vor allem von dem von technischen Neuerungen am stärksten betroffenen Wirtschaftsbereich der Drucker, der Zeitungsverleger und der Papier zu Informationen verarbeitenden Industrie ausging. Hier waren Unternehmer und Gewerkschaftsfunktionäre in gleicher Weise unfähig, den technologischen Fortschritt in Zusammenarbeit zu bewältigen. Aber insbesondere die Gewerkschaftsfunktionäre haben dies hier auch nicht versucht und damit natürlich die dementsprechende Politik auf der Unternehmensseite geradezu hervorgerufen: Klassenkampf führt zur Arbeitslosigkeit.

Leonhard Mahlein, der Vorsitzende der Industriegewerkschaft Druck und Papier – sicherlich ein altgedienter Gewerkschaftsfunktionär –, ist heute aber nur die Strohpuppe für den eigentlichen Führer dieser Gewerkschaft, *Detlef Hensche*, linksradikaler Ideologe, Akademiker und Millionenerbe und sicherlich niemals selbst »Arbeiter«. Er hat die Klassenkampftöne auf dem Gewerkschaftstag seiner Organisation im Oktober 1980 laut herausgestellt: Er kündigte die Sozialpartnerschaft mit den Unternehmern schroff auf und forderte die Gewerkschaften auf, sich nicht mehr als »Sozialpartner« in der Wirtschaft, sondern als unabhängiger Kampfverband zu verstehen; man kann Ursache und Wirkung schwer unterscheiden, wenn er zugleich den Rationalisierungsdruck und den damit verbundenen Verlust an Arbeitsplätzen beklagte. (Wie hieß es in der Erläuterung der »drei heiligen Güter« in der japanischen Wirtschaft? »Es gibt keine Hemmnisse bei der Einführung technologischer Neuheiten und Innovationen . . . Dies deshalb nicht, weil man sicher sein konnte, daß Arbeitsplätze dadurch nicht gefährdet wurden« (vgl. *Koei Narusawa*, S. 284 und 285).

Ein Teil der Einzelgewerkschaften sind diesem Kampfaufruf gefolgt; nicht alle, aber an der Spitze der »Kampffront« selbstverständlich die mächtigste Gewerkschaft IG Metall mit ihrem Spitzenfunktionär *Loderer*, der zur gleichen Zeit die Gewerkschaften als »soziale Gegenmacht«, nicht etwa als Interessenvertretung verstanden wissen will. Gegenmacht zu wem? Selbstverständlich zu »Unternehmern und anderen Reaktionären«, wie man aus den Gewerkschaftszeitungen jener Zeit genauso wie aus vielen Reden entnehmen kann. Man baut sich einen Haßbuhmann auf wie einstmals die Nazis »die Juden« und ihre »Weltverschwörung«, dem dann an allem die Schuld zugeschoben werden kann.

Natürlich darf in diesem Konzert der Klassenkampftöne der Spitzen- und Starfunktionär der IG Metall aus Stuttgart, *Steinkühler*, nicht fehlen: In den letzten Tagen startete er eine Aktion »Unternehmer auf dem Prüfstand« (August 1982), in der er mit der ihm eigenen intelligenten und zugleich doch naiven Frechheit offen erklärte, daß damit die Arbeitnehmer vor allem auch gegen »die Argumentation der Arbeitgeber immun gemacht« werden sollen. Hier wird der urteilsunfähige, »unmündige« Arbeiter geradezu gefordert; der Gewerkschaftsuntertan, der der Funktionärsherrschaft bequemste, ideologisch verdummteste und blindlings, ja sogar mit Begeisterung den obrigkeitlichen Funktionärskommandos gehorchende Gefolgsmann, soll geschaffen werden.

Nüchterner, vor allem im geschichtlichen Zeitvergleich betrachtet, handelt es sich um den Abwehrkampf einer sozialstaatlichen, gewerkschaftlichen und feudalen Herrschaftsgruppe um die von ihnen in günstigeren Zeiten einmal erreichten politischen und wirtschaftlichen »Güter«, in diesem Falle um die Festschreibung der »Mitbestimmung« der Gewerkschaftsfunktionäre in allen öffentlichen und sogar privaten Lebensbereichen. Der liberale Wirtschaftsminister *Graf Lambsdorff* hat, fast als Einziger in seiner Partei, die dem »Fortschritt«, also der immer erneuten bestmöglichsten Anpassung an wechselnde geschichtliche Lagen dienende Politik des Liberalismus entschieden vertreten, wenn er darauf hinwies, daß es einen sozusagen erblichen »Bestandsschutz« für eine einmal geltende Mitbestimmung nicht gibt, sondern daß diese überall dort gemeinwohlwidrig wird, wo die arbeiterfreundlichen Voraussetzungen dieser Gesetze entfallen. Natürlich wurde er damit zu dem Gewerkschaftsfeind schlechthin erklärt und angegriffen. Aber es ist zu fragen: Wer vertritt langfristig die Lebensinteressen der Arbeiter, aller Arbeitnehmer und der kommenden Generation besser: Der Liberale *Lambsdorff* oder die Herrschaftsriege der Gewerkschaftsfunktionäre *Loderer, Mahlein, Steinkühler* und Co.?

Die Manager der Konkurse und Pleiten

Ein ähnlicher Mangel an erfolgreicher Zusammenarbeit und die gleiche Abwälzung von Verantwortung auf die »anderen«, auf die Regierung und die Unternehmensleitungen, kennzeichnen das Verhalten der Funktionäre in dem seit dem Aufbau der Bundesrepublik aus dem Trümmerfeld härtesten Notjahren unserer Wirtschaft. Im Jahre 1981 wurden insgesamt 11 653 Konkurse und Vergleiche von Firmen amtlich registriert, verloren damit rund 306 000 Beschäftigte ihren Arbeitsplatz und der Schaden für die Volkswirtschaft dadurch wird vorsichtig auf rund 19 Milliarden Mark geschätzt. Die Bilanzen dieser wirtschaftlichen Notsituation für 1982 liegen noch nicht vor, sind aber eher noch ungünstiger. Der international am meisten Aufmerksamkeit erregende Fall war die Pleite des zweitgrößten, international verflochtenen Elektrokonzerns AEG, der vorläufig nur den »Vergleich«, das heißt die teilweise Zahlungsunfähigkeit, gerichtlich anmelden mußte; die immer sehr kühl urteilende Londoner »Times« schrieb aus diesem Anlaß: »Ein Fragezeichen hängt nun über dem, was als eine der Erfolgsgeschichten in der Nachkriegszeit erschien – dem westdeutschen Industriestaat.« Das bundesdeutsche »Wirtschaftswunder« ist jetzt auch symbolisch vorbei.

Die Verschleierung der Rolle, die die Gewerkschaftsfunktionäre in diesen Pleiten gespielt haben, gehört zu ihrer Machttaktik. So befindet das geschäftsführende Vorstandsmitglied der IG Metall, *Karl-Heinz Jansen*, daß Fehler in den Unternehmensführungen die Hauptursache für die »Rekordkonkurswelle« seien, von der die deutsche Metallindustrie gegenwärtig heimgesucht werde. »Der Pleitegeier nistet in den Chefetagen und nicht an der Drehbank.« Aber vielleicht auch in den Chefetagen der Gewerkschaftsfunktionäre?

Es handelt sich bei solchen Aussagen um das politische Halbdenkertum, das heute den Arbeitnehmer und Bürger mehr betrügt als die offene ideologische Werbung und Parteiäußerung. Gehen wir doch einmal der Rolle der IG-Metall-Vertreter bei der AEG-Pleite etwas nach: Im Aufsichtsrat, einem Kontrollorgan, war der Arbeiterführer *H. Rubke* genauso vertreten wie die Vertreter der finanzierenden Banken. Daß der damalige AEG-Finanzchef *Brandt* in die betrieblichen Rücklagen der Arbeiterpensionskassen ebenso unbekümmert hineingreifen konnte wie in die Bankkredite, merkte der im Aufsichtsrat seit vielen Jahren sitzende Betriebsratschef *Rubke* (DGB) ebenso wenig – oder wollte es nicht merken – wie die als Aufsichtsratskollegen tätigen Bankiers. Die Banken müssen für ihre Aufsichtsunfähigkeit zahlen, der DGB-Funktionär wendet sich um Hilfe an »den Staat«, das heißt, der Steuerzahler soll für sein Versagen und das Versagen anderer einstehen. Hier haben wir es wieder: das typische Funktionärsschema der Verantwortungsabwälzung. Mit Recht hat sich daher der Arbeitgeberverband schon vor Jahren gegen den Tarifexperten *H. Jansen* der IG Metall, gegen seine Versuche, »die Tarifpolitik aus der Verantwortung für die Vollbeschäftigung auszuklammern«, gewandt. Nachdem sich die »Lohnkaufkraft-Theorie«, lange das argumentative Steckenpferd der Gewerkschaften, als falsch und abwegig erwiesen hat, soll jetzt der Zusammenhang zwischen Löhnen, Konjunktur und Beschäftigung überhaupt in Frage gestellt werden und eine »qualitative« Tarifpolitik der Arbeitszeitverkürzung und der Lohnnivellierung gegen Beschäftigungsrisiken als »Lückenbüßer-Philosophie« herausgestellt werden. Diese falsche Lohnpolitik erschwere es nicht nur den Unternehmen, deren Hälfte aller Kosten Lohnkosten seien, den wirtschaftlichen Schwierigkeiten erfolgreich zu begegnen, sondern auch der staatlichen Finanz- und Geldpolitik ihren eigenen Beitrag zur Sicherung der Beschäftigung zu leisten. Diese im Juni 1980 gemachte Aussage hat sich auf Kosten der Arbeiterinteressen zwei Jahre danach voll bewahrheitet.

Doch schauen wir einmal auf die »Pleitegeier«, die in den Chefetagen und in den Aufsichtsräten der Unternehmen nisten, die von Gewerkschaftsfunktionären beherrscht werden! Wir wollen damit gar nicht auf das Mißmanagement der gewerkschaftseigenen Großbetriebe wie der »Neuen Heimat« zurückkommen, sondern auf die staatsmonopolistischen Großunternehmen wie die Deutsche Bundesbahn und die Bundespost verweisen, die lange von Gewerkschaftsfunktionären geführt worden sind und in deren Aufsichtsräten die Funktionäre mit Hilfe einiger ihnen genehmer staatlicher Parteifunktionäre entscheidend bestimmen.

Daß die Bundesbahn seit langem ein »Pleiteunternehmen« darstellt, ist längst bekannt, aber es muß und kann ja nicht den Vergleich oder den Konkurs anmelden, weil es seit Jahrzehnten mit Steuergeldern wieder »saniert« wird; immerhin haben sich die politisch Verantwortlichen (Sozialdemokraten) nun doch entschlossen, die Führung und Organisation der Bundesbahn eben jenen aus den privatwirtschaftlichen Chefetagen stammenden Managern anzuvertrauen, deren Praxis offensichtlich den Steuerzahlern und Verbrauchern, also vor allem den Arbeitnehmern, mehr Vorteile bringt als das Funktionärsmanagement.

Die Bundespost steht kurz vor der gleichen Entwicklung: Ihre etwas günstigere Lage beruht vor allem auf den mit privatwirtschaftlichen Unternehmen eng verbundenen technologischen Fortschritten der Ingenieure, aber diese werden an die Verbraucher kaum weitergegeben, im Gegenteil: Der aus den Kreisen der Gewerkschaftsfunktionäre stammende Postminister *Hans Matthöfer* hat das höchste internationale Briefporto eingeführt, übrigens in einem Atemzug mit der Versicherung, daß die Postgebühren nicht erhöht würden. Vielleicht will man den bundesdeutschen Bürgern und den Behörden das Briefschreiben abgewöhnen. Hier ist zwar die Einheit von Unternehmensführung und Arbeiterschaft gewahrt, aber nur dadurch, daß ein staatlich geschützter Teil der Arbeitnehmer auf Kosten der großen Mehrheit der anderen Arbeitnehmer bevorzugt wird.

Die Vorteile betriebsverbundener Gewerkschaften und Arbeitnehmervertreter

Die gewerkschaftlichen Kritiker der »Pleitegeier in den Chefetagen« vermeiden es sorgfältig, einen Zusammenhang zwischen der Art, wie Arbeitnehmerinteressen im Betrieb oder Unternehmen vertreten werden und dem Unternehmenserfolg und damit der Arbeitsplatzsicherheit herzustellen. Man kann es wohl nicht als Zufall abtun, daß Unternehmen, in denen die von großorganisatorischen Gewerkschaftsbossen unabhängigen betriebs*internen* Arbeitnehmervertreter mitwirken, nicht von langen und ständigen wirtschaftlichen Mißerfolgen verfolgt werden und von betriebsinternen Machtkämpfen (Streiks) weniger berührt werden als Betrieb und Unternehmen, in denen die betriebs*fremden* DGB-Funktionäre als Arbeitnehmervertreter das Sagen haben.

So ist – im Gegensatz zur AEG – bei Siemens/Erlangen die Arbeitsgemeinschaft unabhängiger Betriebsangehöriger (AUB) die stärkste Arbeitnehmervertretung; ähnliche Ansätze zeigen sich bei BMW, bei Daimler-Benz und der KWU. Keine dieser Firmen gehört zu den krisenanfälligen bundesdeutschen Unternehmen und die Arbeitnehmer stehen in Einkommen und Arbeitssicherung an erster Stelle. Solche unternehmensautonomen Gewerkschaften können eine flexiblere und in gewissem Ausmaß der Ertragslage des Unternehmens angepaßtere, zumindest aber eine den betrieblichen und sozialen Frieden fördernde Lohnpolitik verfolgen, woran es offensichtlich bei der AEG und anderen Firmenpleiten gefehlt hat. Natürlich gibt es auch hier einige vollberufliche Funktionäre, aber mit erheblich weniger Organisationsbürokratie und außerdem können sie dank ihrer Herkunft aus dem Betrieb jederzeit, meist ohne großen Einkommensverlust, wieder in den Arbeitsprozeß eingegliedert werden.

Daß solche betriebsverbundeneren Funktionäre Arbeitnehmerinteressen »verraten«, ist eine verräterische Unterstellung der Großorganisationsfunktionäre, die letzthin nur aus ihrem Drang zu erklären ist, ihre Funktionärsmacht zu erhalten und zu verstärken. So argumentiert der Gewerkschaftsminister *Friedhelm Farthmann* gegen *Norbert Blüm*, der mehr »Basisdemokratie« in den Arbeitnehmervertretungen fordert, daß in einer solchen Entwicklung die Politik der Arbeitvertreter unkalkulierbarer, ihre Unterwanderung durch ideologische Minderheiten erleichtert und ihre Verhandlungspositionen geschwächt würden: Alles Behauptungen, die sich anhand der wenigen deutschen Beispiele, vor allem aber der industriellen Wirtschaftsmacht Japan, als völlig falsch widerlegen lassen.

Ein Beispiel dafür aus der IG Chemie, Papier, Keramik, der drittgrößten Einzelgewerkschaft des DGB: Hier sind die entflochtenen Chemieunternehmen BASF, Bayer und Hoechst die Branchenführer; schon in der Zeit ihrer Zusammengehörigkeit als »IG Farben« war in diesen Großbetrieben ein System betrieblicher Vertrauensleute eingeführt worden, die von allen Mitarbeitern, nicht nur von den Gewerkschaftsmitgliedern, gewählt wurden. Bereits der DGB-Gewerkschaftstag 1976 hatte beschlossen, der Hauptvorstand möge prüfen, wie die betrieblichen Vertrauensleute abgeschafft und in rein gewerkschaftliche verwandelt werden könnten. Im Gewerkschaftstag 1980 ging es wieder um diese Frage der innergewerkschaftlichen Demokratie, um mehr Basisdemokratie oder mehr Funktionärszuständigkeit. Und hier lautete der Vorschlag des Hauptvorstandes, also der Funktionärsspitzen, eindeutig: Spätestens bis 1985 sollen noch vorhandene, von Unorganisierten mitgewählte Vertrauensleute durch ausschließlich von Gewerkschaftsmitgliedern gewählte Vertrauensleute abgelöst werden. Zu Ehren dieser Gewerkschaft sei erwähnt, daß diese Zielsetzung der Spitzenfunktionäre durchaus auf Widerstand der betriebsnäheren, auch der Gewerkschaft angehörenden Vertreter traf, die Umwandlung der IG Chemie, Papier und Keramik zu einem »Kampfverband« ist zunächst nicht gelungen, sondern vertagt. Es ist erstaunlich, wie wenig publizistische Aufmerksamkeit diesen innergewerkschaftlichen Auseinandersetzungen gewidmet wird.

Das gleiche am Beispiel einer einzelnen Person veranschaulicht: Der DGB-Gewerkschafter und Sozialdemokrat *Rolf Brandt*, vor anderthalb Jahrzehnten als Betriebsratsvorsitzender des Hoechst-Unternehmens gewählt, hatte gelobt, auf keinen Fall Mitglied im Aufsichtsrat zu werden und verzichtete damit »gern auf die nicht unerheblichen Aufsichtsratstantiemen«, weil »Geld den Charakter verdirbt«. Aber seine löblichen Grundsätze hielten nicht lange vor; obwohl damit Vorsitzender des Gesamtbetriebsrates bei Hoechst und einer der mächtigsten Arbeitervertreter in der Bundesrepublik, entfernte er sich immer mehr vom Betrieb und seinen Arbeitskollegen. »Irgendwie kam ein Posten zum anderen«; so wurde er bald der Vorsitzende der IG-Chemie-Verwaltungsstelle in Frankfurt, bekam Sitz und Stimme im Bezirksverband Hessen sowie in zwei Tarifkommissionen und im Chemiebundesvorstand; der gelernte Elektromechaniker avancierte zum Aufsichtsratsmitglied des größten deutschen Chemie-

Konzerns mit jährlich 40 000 Mark Tantiemen und sorgte dann dafür, daß der für eine »durchschaubare Betriebsarbeit« eintretende Exgewerkschafter *H. W. Kraus*, immerhin noch gewählter Betriebsrat, entlassen werden sollte. Für den Chemie-Konzern war das eine sowohl »arbeitsrechtliche als auch strafrechtliche Verfehlung in einem ungeheuerlichen Maßstab«, die »das Unternehmen diffamiert und den Betriebsfrieden gefährdet«. Aber Funktionärskarrieren, aufgebaut auf charakterlicher Grundsatzlosigkeit, sind offensichtlich nicht aufzuhalten.

Ich habe diese Einzelheiten bewußt so ausführlich dargestellt, weil in ihnen die Anlässe und Grundsätze einer Gewerkschaftsreform weit eher zu finden sind als in den offiziellen Erklärungen und gegenseitigen Vorwürfen der »Sozialpartner«. Um zu weitsichtigen Neugestaltungen zu kommen, muß man schon einmal kurz geschichtlich auf das Schicksal der deutschen Arbeitervertretungen zurückblicken: Selbst wenn wir den Kampf der Arbeitervereine im 19. Jahrhundert bis zum Ersten Weltkrieg beiseite lassen (die ursprüngliche »Arbeiterbewegung«), dann sind bisher drei Entwicklungsstufen klar zu unterscheiden: Ab 1919 gab es die parteienverbundenen Richtungsgewerkschaften, so daß sich zum Beispiel die sozialistischen Gewerkschaften der Sozialdemokratie anschlossen, in der sie den Reformflügel gegen die orthodoxen Marxisten bildeten; die Hirsch-Dunckerschen Gewerkschaften der bürgerlich-demokratischen Parteien und die christlichen Gewerkschaften, die der katholisch geführten Zentrumspartei verbunden waren. Im Jahre 1933 wurden alle diese Gewerkschaften aufgelöst und zu der Zwangs-Einheitsgewerkschaft der Nationalsozialistischen Arbeiterpartei vereint (»Arbeitsfront« unter *Robert Ley*).

Nach dem Zusammenbruch des Nazisystems und der politischen und wirtschaftlichen Katastrophe wurde – fast als einzig originaler Beitrag der Bundesrepublik in ihrem Wiederaufbau – ein parteienneutrales, pluralistisches Gewerkschaftswesen geschaffen, dessen Hauptkraft zweifellos der sich als »Einheitsgewerkschaft« verstehende Deutsche Gewerkschaftsbund (DGB) war, aber im gleichen Sinne organisierten sich eine Angestelltengewerkschaft (DAG) und zahlreiche Berufsvertretungen (Beamtenbund, Ärztebünde, Hochschullehrer-Verband, Lehrer- und Ingenieurorganisationen usw.). Das gemeinsame Kennzeichen waren politische und religiöse Neutralität und Selbstbeschränkung ihrer Aufgaben auf die Verbesserung des Einkommens und der Arbeitsbedingungen der ihnen jeweils angehörenden Arbeitnehmer.

Diesen großen sozialen Gewinn haben heute vor allem die Funktionäre des DGB wieder verspielt, indem sie in ihrem Drang zur Machterweiterung sowohl in das alte Gleis der parteipolitischen Richtungsgewerkschaft zurückfielen, andererseits ihren ursprünglichen und begrenzten Aufgabenbereich soweit ausdehnten, daß sie als politische Großmacht das Gesamtwohl des Gemeinwesens bestimmen zu können glauben. Sie verließen damit die Grundsätze der Neutralität und Toleranz, der Freiheit als Interessenpluralismus und der Interessenwahrung *aller* Arbeitnehmer, mit denen sie als bürokratisch überorganisierte Funktionärskader mehr und mehr nur obrigkeitlich-beherrschende Beziehungen entwickelten. Wenn auch durch die durchaus andere politische Gesamtordnung bedingt, gehen sie auf verschiedenen Wegen den gleichen Zielen nach, die der marxistische Osten seinen »Arbeitnehmervertretern« längst diktatorisch vorschreibt.

Auch und gerade für die Gewerkschaften der Bundesrepublik ist eine neue »Stunde Null« bereits wieder gekommen. Allerdings hat keiner – weder die Politiker noch die Gewerkschaftsfunktionäre – den rechten Mut, diese zu bewältigen. Diskussionen, Vorschläge und Absichten zu einer Erneuerung des Gewerkschaftswesens in der Bundesrepublik werden von allen Seiten unterdrückt und liegen gelassen. Meinem Urteil nach ist jetzt die *»Stunde der Betriebs- und Unternehmens-Gewerkschaften«* gekommen, die das demokratische Mitbestimmungsrecht der »mündig« gewordenen Arbeitnehmer selbst in den Vordergrund rückt. (Als den einzigen ernsthaften Versuch, diese entscheidende Zukunftsaufgabe grundsätzlich anzupacken, kenne ich nur das – nie veröffentlichte – Diskussionspapier des Generalsekretärs der CSU, *Edmund Stoiber*, das dem CSU-Vorsitzenden *Franz Josef Strauß* vorgelegt wurde, der wie immer wortstark-aggressiv, aber politisch zögernd, parteitaktisch handelnd, diese unbequemen Überlegungen vom Tisch brachte.) In diesen Überlegungsmaterialien stehen Erneuerungsziele mit restaurativen Rückfällen fast bunt durcheinander: So wird einerseits eine Gewerkschaftsreform in Gestalt eines grundsätzlich neuen Verbändegesetzes gefordert, vor allem von den jüngeren Politikern in der CSU unterstützt, andererseits vermischen sich politische Ziele wie die Abwehr der kommunistischen Unterwanderung der Gewerkschaften oder die theoretische und praktische Unterstützung einer erneuten christlichen Richtungsgewerkschaft, selbst gegen die unabhängigen Betriebsvertretungen. Ein ohne Zweifel unausgereiftes Programm, aber vielleicht doch wichtige Gedanken für die kommenden zwei Jahrzehnte.

Zuletzt ein ernstzunehmender Einwand, der gegen die betriebsgebundenen Gewerkschaften und Arbeitnehmervertretungen zu sprechen scheint: Man hat mit Haustarifabschlüssen, wie sie in Italien, England und zum Teil auch in Frankreich üblich sind, schlechte Erfahrungen gemacht und fürchtet, auch bei uns »englische Verhältnisse« zu schaffen, wenn man nicht bei den bisher üblichen Gebietstarifabschlüssen bleibt. Diese Furcht ist jedoch unbegründet, weil ihre Voraussetzungen gar nicht stimmen: Erstens gibt es längst »Haustarife« in der Form, daß die gut verdienenden Unternehmen sowieso für ihre Belegschaft im Lohn etwas »draufsatteln«, also den Bezirkstarif nur als Minimalgrenze ansehen, wogegen die Gewerkschaften keineswegs eingestellt sind. Andererseits sind flexible Bezirkstarife doch längst eine Illusion: Es gibt längst ein sich zentral steuerndes Bundessystem der Lohnforderungen, in dem eine Einzelgewerkschaft den Tarifführer macht, nach deren Lohnabschluß sich dann die anderen, später verhandelnden richten und regionale und branchenbedingte Unterschiede kaum beachten. Die bundesdeutschen Gewerkschaften leben also längst in einem Mischsystem von Haustarifen und einer Art Bundeseinheitstarif *(Rüthers).*

Nur gemeinsam zu lösende Aufgaben

Es wäre in jeder Hinsicht an der Zeit, daß die Gewerkschaftsfunktionäre und Betriebsräte nicht nur mit den Arbeitgebern Interessenkonflikte austragen, ja sie geradezu hochspielen, weil sie damit vermeintlich den Arbeitnehmern, in Wirklichkeit aber sich selbst nützen, sondern daß sie ihr Augenmerk einmal auf die Aufgaben richten, die sich nur von der Arbeitnehmerbelegschaft und den Arbeitgebern, ihren Technikern und Kaufleuten gemeinsam lösen lassen und doch ohne jeden Zweifel dem Wohle der Arbeitnehmer dienen. Ich möchte einige solcher Möglichkeiten erörtern:

Die erforderlichen Maßnahmen, mehr Arbeitsfreude und das Wohlbefinden, vor allem der körperlich hart Arbeitenden oder mit abstumpfender Tätigkeit Beschäftigten, zu verbessern, ist heute unter der etwas akademischen Formel »*Humanisierung der Arbeitswelt*« bekannt. Mit Recht erstreben die Gewerkschaften eine Begrenzung der technischen und betriebswirtschaftlichen »Rationalisierungen«, die in den Unternehmen im wesentlichen von darauf spezialisierten Ingenieuren und Betriebswirtschaftlern ausgehen, die mit der Belegschaft kaum Berührung haben. Aber anstatt diesem nicht zuletzt unter dem Lohndruck erzwungenen Rationalisierungssystem durch gemeinsame Vereinbarungen, durch Konsens und Kompromiß zu begegnen, gehen die Gewerkschaften den Weg, sich ein organisationseigenes »Anti-Rationalisierungssystem« oder eigene Spezialisten für die »Humanisierung der Arbeitswelt« zu schaffen.

So verkündeten schon vor Jahren das Vorstandsmitglied der IG Metall, *Jansen*, und sein Kollege, *H. Preiss*, daß sie eigene »Humanisierungsfachleute« ausbilden, die mit Hilfe der Gewerkschaftsmacht »konkret in die Gestaltung der Arbeitswelt eingreifen« und in den Betrieben eine große Zahl von Arbeitnehmern als ehrenamtliche Humanisierungsreferenten ausbilden sollen. Grundlage dafür sind Forschungsprogramme, die zum Hauptteil von dem SPD-geführten Forschungsministerium und nur zu einem geringen Teil von den Gewerkschaften selbst finanziert werden. Es wäre verwunderlich, wenn nicht der Star-Funktionär der Metallarbeitergewerkschaft, *Steinkühler*, sich windsurfend damit nach oben tragen ließe: In einem den Arbeitgebern im August 1982 vorgelegten Lohnrahmenvertrag fordert er, nachdem offensichtlich die Grenze der bloßen Lohnsteigerungen erreicht ist, daß die Unternehmen humanere Arbeitsbedingungen durch Mitbestimmung der Arbeitnehmer und Betriebsräte tarifrechtlich absichern. Weshalb nicht? Aber das durch lange Erfahrung mit diesen Metall-Gewerkschaftsfunktionären geschürte Mißtrauen der Arbeitgeber, die Gewerkschaft wolle dadurch weniger die auch von ihnen angestrebte Humanisierung der Arbeit, sondern die tarifvertragliche Mitbestimmung und Machterweiterung der Gewerkschaftsfunktionäre vorwärtstreiben und zwar mit Forderungen, die jeden vernünftigen Rahmen überzögen und mit Sicherheit einen stärkeren Rationalisierungsdruck und damit den Verlust von Arbeitsplätzen und Betriebskonkursen förderten, läßt solche Forderung von dieser Seite aus als fadenscheinig und den Arbeitnehmerinteressen entgegenlaufend erscheinen.

Festzuhalten ist in diesem Zusammenhang: Die Gewerkschaftsfunktionäre passen sich den von ihnen bekämpften »kapitalistischen« Methoden fast einfallslos an und die Strategie der Konfliktsteigerung wird immer mehr auch in die dem Gemeinwohl dienende Aufgabe einer »Humanisierung der Arbeitswelt« hineingetragen.

Ein weiteres Feld, das die Gewerkschaftsfunktionäre fast unbeackert gelassen haben, erstreckt sich auf die rechtzeitige und weitsichtige *Umschulung von Arbeitnehmern auf technische Neuerungen und Fortschritt.* Anstatt dauernd lautstark über den »Rationalisierungsdruck« und den damit verbundenen Verlust von Arbeitsplätzen zu klagen und andere anzuklagen, hätten sich nach meinem Urteil in Zusammenarbeit mit den Unternehmens- und Betriebsführungen, und nur da – nicht in den Chefetagen der Gewerkschaften ist wirklich eine Kenntnis der zu erwartenden und anstehenden technischen Veränderung in der jeweiligen Branche vorhanden – mancher Arbeitsplatz retten, ja vielleicht sogar die Arbeits- und Leistungsfreude heben lassen. Das gilt zum Beispiel für die Druckindustrie und für viele Büroberufe. Aber es war ja weit bequemer, diese Umschulungen auf die staatliche Nürnberger Anstalt für Arbeit abzuwälzen und mit Steuergeldern und durch die Steigerung der Sozialabgaben der Arbeitnehmer zu finanzieren. Neben ihrem Machthunger sind Mangel an Einfallsreichtum und an Weitsicht wahrscheinlich kardinale Eigenschaften dieser Funktionäre, die sie immer unfähiger machen, die Lebensinteressen der Arbeitnehmer wirklichkeitsnah zu vertreten.

Und schließlich gehört in diesen Zusammenhang auch von beiden Seiten, von Unternehmern und Gewerkschaften, die Vernachlässigung des *betrieblichen Vorschlagswesens*, das, wenn einmal in Mode, dem Erfindungsgeist, also der Aktivität und der hautnahen Produktionserfahrung der Arbeitnehmer entgegenkam, ja selbst bei rechter Handhabung ihnen Zusatzeinkommen verschaffte. Daß dies nur in enger Zusammenarbeit mit dem technischen Personal der Betriebe erfolgreich sein konnte, wird jedem einleuchten. Aber das sind für Arbeiterfunktionäre anscheinend unergiebige Sackgassen.

Schädliches politisches Mitregieren

Beginnen wir dieses letzte Kapitel mit zwei sachverständigen Urteilen. Bundeskanzler *Helmut Schmidt* hat auf den von den höchsten Gewerkschaftsgremien publizierten öffentlichen Vorwurf, der von ihm zu verantwortende Bundeshaushalt sei »beschäftigungspolitisch verfehlt und sozial unausgewogen«, mit einer bei ihm sonst ungewohnten Zurückhaltung geantwortet. Aber seine Antwort stellt eine souveräne Belehrung und Kritik der DGB-Gewerkschaftsfunktionäre dar. Er erläutert ihnen nämlich den »wirtschaftspolitischen Gesamtzusammenhang«, in welchem jede Staatsregierung heute verantwortliche Politik machen müsse, und den die Gewerkschaftsfunktionäre nicht begreifen können oder wollen. Er erinnert daran, daß der Anteil der öffentlichen Investitionen von 1970 bis heute um 25,5 Prozent gesunken ist, während der Anteil der sozialen Transfer-Leistungen sich von 26 Prozent auf 31 Prozent erhöht hat.

Er wertet das als eine Leistung der sozial-liberalen Regierung, »auf die wir mit Recht stolz sein können«, macht aber zugleich deutlich, daß es unumgänglich sei, »daß ein größerer Teil unseres Bruttosozialprodukts für investive Zwecke eingesetzt wird und der Teil des Bruttosozialprodukts, der für konsumtive Zwecke verwendet wird, eingeschränkt wird«. Aber ist diese den Funktionären gegenüber gerechtfertigte Belehrung nicht zugleich ein Eingeständnis, daß die von den Gewerkschaften außerordentlich abhängige Bundesregierung unter deren Druck seit 1970 eine wenig weitsichtige und die langfristigen Lebensinteressen aller Arbeitnehmer und der kommenden Generation zugunsten immer mehr sich erhöhender Sozialausgaben und Konsuminteressen vernachlässigt hat? Einfacher gesagt: Haben wir nicht gerade unter der Regierungsführung der SPD seit 1970 über unsere Verhältnisse gelebt?

Doch zuvor ein anderes sachverständiges Urteil: Wie in den Belehrungen des Bundeskanzlers fehlt in allen Äußerungen der wirtschaftspolitisch irgendwie Zuständigen und Verantwortlichen nicht der Hinweis auf die »weltweite Wirtschaftskrise«. Diese Entschuldigung und Verantwortungsabwälzung nimmt allmählich den Stellenwert ein, der in christlich-klerikalen Herrschaften der Vergangenheit in die Worte gekleidet wurde »Gott hat es so gewollt«. Die Experten für internationale Fragen stellen eine ganz andere Diagnose: So urteilt der Forschungsdirektor beim Rat des Allgemeinen Zoll- und Handelsabkommens (Gatt), *Jan Tumlir*, sehr offen: »Was wir beobachten, ist eine Serie von nationalen Krisen«; daher gäbe es auch »keine internationalen Lösungen« für diese Schwierigkeiten, die in der Politik der einzelnen Staaten wurzeln. Mehr noch: Jede der vielen nationalen

Wirtschaftskrisen sei »im wesentlichen politisch bedingt« und hervorgerufen worden durch Aktionen der jeweiligen nationalen Regierungen. Das erklärt praktisch die vielen internationalen Gremienberatungen zur Gaukelei oder Posse und macht den einzig möglichen Weg praktisch erfolgreicher Wirtschaftspolitik deutlich: Eine je eigenbezogene Politik der Regierungen (mehr oder minder) souveräner Staaten, ob in der Bundesrepublik, Frankreich, Italien, Spanien oder Großbritannien und den USA oder in Polen, Rumänien, den UdSSR oder China. Die sogenannte »internationale Wirtschaftskrise« ist eine abstrakte Entschuldigungshilfe und eine Art Infektionskrankheit, die aus dem Versagen der nationalen Regierungen hervorgeht und sich dann in den großen wechselseitigen Verflechtungen der Weltwirtschaft wie ein Virus ausbreitet. Stability begins at home.

Zu diesem Versagen der Regierungen, auch der bundesdeutschen Regierung seit 1970, haben die Gewerkschaftsfunktionäre nicht nur durch ihre immer höher geschraubten Forderungen nach Sozialleistungen und ihren Einfluß auf die zu ihnen gehörenden Regierungsmitglieder beigetragen, sondern in fast noch höherem Maße durch eine planmäßige Mißinformation, einem Mangel an Aufklärung, ja durch bewußte Verdummung und durch Belügen der gutgläubigen, ihnen vertrauenden breiten Arbeitnehmerschaft, wer denn alle diese Leistungen bezahlen muß, nämlich sie selbst und ihre Kinder durch direkte und indirekte Steuern, durch immer höher werdende Sozialbeiträge und nicht zuletzt durch ein Maß an Verschuldung des Bundes, der Länder und Gemeinden, das auf die Dauer nur durch öffentliche Bankrotte oder, wahrscheinlicher, durch Inflationen abgewälzt werden kann, also auch auf Kosten der Arbeitnehmer als Sparer, als Verbraucher, als staatsabhängige Einkommensbezieher.

Für diese bewußte Mißinformation ließen sich viele Einzelbeispiele anführen, doch wir wollen nur auf eine fast selbstverständlich gewordene Betrugsformel dieser Art verweisen, auf die Verwendung des Wortes »der Staat« in diesen Zusammenhängen, in der sich übrigens Arbeiterfunktionäre, Wirtschaftsbosse, politische Parteifunktionäre und die meisten Medien in einer unheiligen Allianz jeweils finden. Wenn irgendwo wirtschaftspolitisch versagt wird, so muß und soll »der Staat« einspringen; es würde der Wahrheit ehrlicher dienen, wenn man, ob bei Sozialleistungen, Firmensanierungen und bei vielen anderen Gelegenheiten die Formel vom »Staat« völlig fallen ließe und dafür den wirklich

Zahlenden jeweils konkret beim Namen nennen würde: Den Lohn- und Einkommenssteuerzahler, den Sparer, den Verbraucher, den Arbeitsplatzverlierer, den Sozialbeiträge Zahlenden usw., also insgesamt den zur Zwangssolidarität gezwungenen Bürger vor allem der breiten Arbeitnehmerschaft. Die Formel »Der Staat muß helfen«, ist die Grundlage eines informatorischen Volksbetruges und Erziehung der Bevölkerung zur individuellen Verantwortungslosigkeit für ihre Lebensführung.

Je mehr man den mitregierenden, aber öffentlich verantwortungslosen Funktionären politischen Einfluß auf »den Staat« einräumt, um so mehr wird die abschüssige Bahn der Staatsverdrossenheit und eine staatliche, langfristige Wirtschaftspolitik gegen die Interessen der Arbeitnehmer und der wenigen Selbständigen beschritten. Überließe man ihnen ihren heute vorhandenen politischen Einfluß, so würden schrittweise zunächst »englische Verhältnisse« (dreifache Inflationsrate gegenüber der Bundesrepublik, höhere Arbeitslosenzahlen und 50 000 Streiks in den letzten zwei Jahrzehnten) und folgerichtig danach »polnische Verhältnisse« des zum Staatsbankrott getriebenen Gemeinwesens geschaffen werden.

Wiederholen wir die Grundfrage dieses Teils: Vertreten die Gewerkschaftsfunktionäre noch die Lebensinteressen der Arbeiter?, so ist darauf zu antworten: Kurzfristig und dem Anschein nach, Ja, aber langfristig gesehen, Nein!

Lassen Sie mich mit einer ironischen Wendung diese Überlegungen schließen. *Johannes Rau*, Ministerpräsident einer SPD-Alleinregierung des Arbeiterlandes Nordrhein-Westfalen, das vor dem Staatsbankrott steht, erklärte vor dem Landesparlament die bedenkensvolle Einsicht: Nicht wir haben über unsere Verhältnisse gelebt, sondern die Verhältnisse haben sich geändert. Ja, »die Verhältnisse, sie sind nicht so«.

Ein Aufruf zur Gewerkschaftsreform

»Arbeiter,
macht Eure Funktionäre arbeitslos –
und Ihr habt mehr Arbeit!

Arbeiter
in Ost und West,
wehrt Euch gegen Eure Funktionäre!«

Will eine bundesdeutsche Regierung in den 80er und 90er Jahren den sozialen Frieden erhalten, Staats- und Wirtschaftsordnung stabilisieren und das Gemeinwohl wieder zur obersten Richtschnur für alle irgendwie im Gemeinwesen politisch Tätigen machen, so kommt sie um eine einschneidende Gewerkschaftsreform nicht herum, die die Funktionäre wieder auf ihre legitimen Aufgaben beschränkt und gleichwohl ein freies, demokratisches Gewerkschaftswesen erhält. Von einer SPD-geführten Regierung, die wesentlich von den DGB-Gewerkschaften und ihren Funktionären im gegenwärtigen Zustand abhängt, ist nicht zu erwarten, daß sie diese entscheidende politische Aufgabe lösen kann und wird. Aber auch die anderen demokratischen Parteien und Politiker wagen und trauen sich nicht, ein so weitreichendes Ziel ins Auge zu fassen oder gar öffentlich zu äußern, weil sie um Wahlmehrheiten fürchten; denn in unseren Breiten mahlen die Mühlen der immer änderungsscheuen Wählerschaft langsam.

Worin eine solche Gewerkschaftsreform inhaltlich zu bestehen hätte, hier programmatisch zu entwickeln, halte ich nicht für die Aufgabe dieses Buches. Es ist kein neues politisches Programm, sondern eine Kritik des gegenwärtigen Zustandes der Bundesrepublik. Daß ich auf notwendige Veränderungen an vielen Stellen meines Buches hingewiesen habe, wird dem Leser kaum verborgen geblieben sein.

Aber leider fehlt es in unserem bundesdeutschen Gemeinwesen an politisch weitsichtigem Führungswillen, man hangelt sich lieber so von Wahl zu Wahl weiter. Dabei geht es längst um überlebensnotwendige neue Gestaltungen unserer Zukunft. Diese könnten, um nur einige in dieser Schrift erörterten praktisch-politischen Vorschläge ohne große Ordnung und Begründung noch einmal stichworthaft zusammenzufassen, etwa in folgenden Rechtsmaßnahmen bestehen:

- Auflösung der monopolistischen Großgewerkschaften nach dem Muster der Monopol- und Konzentrationskontrolle privatwirtschaftlicher Unternehmensmacht und nach dem Grundsatz, daß möglichst einheitliche Arbeitnehmerinteressen gegenüber sich möglichst in einheitlicher Wirtschaftslage befindenden Arbeitgeberinteressen vertreten werden;

- Stärkung der Basismitbestimmung in der Gewerkschaftsorganisation und Förderung der betriebsverbundenen Arbeitnehmervertretung in Unternehmen mit hohen Zahlen an Beschäftigten, also Stärkung der Mitbestimmung zugunsten der Betriebsräte und Vertrauensleute, der Demokratisierung und Dezentralisierung der Arbeitnehmermacht, wozu etwa auch gehört, daß Wahlen von Arbeitnehmervertretern, die nur eine Einheitsliste zur Entscheidung stellen, ihres totalitären Charakters wegen als ungültig erklärt werden;

- Trennung von politischer und wirtschaftlicher Macht durch Unvereinbarkeitsregelungen zwischen hohen gewerkschaftlichen Funktionärsstellen und privatwirtschaftlichen Unternehmensführungen, zwischen hohen Funktionärsstellungen und parteipolitischen Mandaten und Regierungsämtern;

- Verbot von Schwerpunkt- und Solidaritätsstreiks gleichzeitig mit dem Verbot zu branchenumfassenden Aussperrungen durch die Unternehmen;

- eine solche Reform des Gewerkschaftswesens erfordert zugleich in vieler Hinsicht eine Reform des Arbeitsrechtes, wobei eine schnellere und wirksamere Rechtssprechung der Arbeitsgerichtsbarkeit mit zu den hier anzustrebenden Zielen gehört;

- Gleichstellung der gewerkschaftseigenen, auf Gewinn zielenden, vermeintlich »gemeinnützigen« Wirtschaftsunternehmen mit denen der privatwirtschaftlichen Unternehmerwirtschaft. Vor allem auch in der Form, daß die Gewerkschaftsbeitragzahler als Aktionäre mit den Rechten von Aktionären versehen, ihnen vielleicht nicht Kleinstgewinne als Dividende ausgezahlt, aber durch Erniedrigung ihrer Beitragszahlungen an die Gewerkschaften unter neutraler Kontrolle gutgeschrieben bzw. rückvergütet werden; daß damit eine viel engere und mit Vorleistungen aus privater Hand verbundene Handhabung des steuerlichen Vorteils der »Gemeinnützigkeit« verbunden werden muß, ist offensichtlich;

- Sicherung der Freiheit von Forschung und Lehre gegenüber allen wirtschaftlich mächtigen Interessengruppen, also sowohl der Unternehmer wie der Gewerkschaften und Verbot der Betätigung der Gewerkschaften in den Kreisen der Schüler und

Studenten, die keine Arbeitnehmer, sondern eine im wesentlichen von Steuergeldern geförderte, ja ausgehaltene Bevölkerungsgruppe sind; dabei sollten echte, das heißt die Freiheit der Forschung und die Autonomie der Bildungseinrichtungen unberührende Förderungen von privater Wirtschaftsseite, also von der Unternehmerwirtschaft und – bisher nicht erkennbar – von Gewerkschaftsseite nicht unterbunden, sondern gefördert werden, aber sie bedürften doch wohl einer sehr hohen Zustimmung der Forscher, der akademischen und sonstigen Mitglieder dieser Bildungs- und Ausbildungseinrichtungen.

Keine dieser genannten Maßnahmen berührt den tragenden Grund eines freien und demokratischen Gewerkschaftswesens in einem liberalen Rechtsstaat, nämlich Koalitionsfreiheit, Tarifautonomie und organisatorische Selbstverwaltung.
Daß solche Vorschläge eine Verlebendigung und Erneuerung unseres Gemeinwesens, der Freiheit und der demokratischen Willensbildung aus den Ursprüngen der Bundesrepublik fördern wollen, sollte trotz allen Anstößen an polemischen Äußerungen nicht verkannt werden (»mehr Demokratie wagen«, die Freiheiten der Bürger fördern und zugleich den Rechtsstaat stärken«).

So wäre es vielleicht doch überlegenswert, ob nicht so, wie extreme Rassen- und Kriegshetze heute schon rechtsstaatlich verfolgbar ist, auch die Hetze zum Klassenkampf, besonders wenn sie mit Androhungen gegen den sozialen Frieden oder gar mit Gewalt verbunden ist, in gleicher Weise als kriminell einzustufen ist; der Grundgesetzgeber der Verfassung der Bundesrepublik hat diese Frage überhaupt nicht aufgeworfen, weil sie zur Zeit der Grundgesetzgebung und der Lebenserfahrungen dieser deutschen Generation als völlig unwahrscheinlich erschien. Vielleicht müssen wir hier nach mehreren Jahrzehnten noch etwas nachholen.

Aber die hier skizzierten politischen Entscheidungen kennzeichnen keineswegs nur eine spezielle Lage der Bundesrepublik, sondern sind ein weltweites politisches Entscheidungsfeld. Es geht nicht nur um die Macht der Gewerkschafts- oder Parteifunktionäre in der Bundesrepublik oder um die Herrschaft der Parteifunktionäre im marxistischen Ostsystem, zu denen ja auch deren »Gewerkschaftsfunktionäre« zu zählen sind, es geht vielmehr um die den einzelnen Menschen ausbeutenden, unterdrükkenden, ja vielfach vernichtenden Herrschaftssysteme in der ganzen Welt. Das Zeitsignal, sich dagegen zu wehren, sehe ich in der Freiheitsbewegung der polnischen Arbeiterschaft »Solidarität«, deren geschichtliche Bedeutung wahrscheinlich einmal der der Französischen Revolution am Ende des vorigen Jahrhunderts gleichkommen wird.

So schließe ich dieses Buch bewußt in Anlehnung an ein anderes großes Manifest:

Arbeiter, macht Eure Funktionäre arbeitslos und Ihr habt mehr Arbeit!

Arbeiter in Ost und West, wehrt Euch gegen Eure Funktionäre!

Personenregister

Abs, Hermann Josef 240
Adam, K. 259
Adenauer, Konrad 82, 126, 200, 287
Adorno, Theodor 56
Arendt, Walter 54, 64, 66, 87, 154, 196
Albach, Hans 217
Albert, Hans 56
Anderson, Nels 180
Androsch, Hannes 75
Albrecht, Ernst 110
Augstein, Rudolf 45, 137, 193

Bahr, Egon 52
Barsig, Franz 222
Baum, Gerhart R. 47, 112 f., 130 190
Behrend, 228
Benya, Anton 29, 60, 71, 109, 211
Bergsdorff, Wolfgang 142
Bertelsmann, Carl 231
Biedenkopf, Kurt H. 44, 56, 78, 201
Bismarck, Otto von 112, 192
Blüm, Norbert 55, 127, 187, 206, 281
Böckler, Hans 29, 64, 82, 126 f., 206, 211, 231, 287
Böll, Heinrich 47
Börner, Holger 110
Bracher, Karl Dietrich 142
Brand, Rolf 293
Brandt, Horst 290
Brandt, Willy 16, 29, 47, 52, 69, 125, 135, 223, 225
Breit, Ernst 110, 193 f., 211
Brenner, Otto 127, 204
Briefs, Götz 56, 150 ff., 164
Brunner, Otto 230
Burnham, James 13

Coeppicus, Rolf 102

De Man, Hendrik 253
Deneke, Volrad 30
Djilas, Milovan 13, 143
Dohnanyi, Klaus von 223
Döding, Günther 197
Dutschke, Rudi 224

Ehmke, Horst 63, 168
Ehrenberg, Herbert 66, 88 f., 131 f., 145, 154, 169, 206
Engholm, Björn 254 f., 258 f., 263
Eppler, Erhard 74, 223
Erhard, Ludwig 15, 63, 168, 176, 181, 287
Esser, Albert 29
Eucken, Rudolf 248
Eucken, Walter 15, 56

Farthmann, Friedhelm 97 f., 133, 281, 282
Fels, G. 217
Flechtheim, Ossip K. 69
Franco, Francisco 59
Freisler, Roland 96, 133
Friedeburg, Ludwig von 57
Frister, Erich 19, 57, 112, 204, 248
Fromme, Friedrich Karl 278

Gattermann, Hans H. 186
Gaukler, E. 174
Geerds, K. 135
Geiger, Th. 260
Genscher, Hans Dietrich 75, 110, 202
Giscard d' Estaing, Valéry 69
Glotz, Peter 223, 254, 260
Glastetter, Werner 138 ff., 171, 216 f.
Grass, Günter 47
Gründgens, Gustaf 128
Gscheidle, Kurt 64, 67, 118
Guillaume, Günter 52

Habermas, Jürgen 56
Hajek, Friedrich A. 15, 56, 60
Handke, Peter 48
Hartmann, Heinz 229
Hattemer, Klaus 107
Hauenschild, Karl 124, 127, 197, 282
Heereman, Constantin Freiherr von 56, 66
Heinrich, W. 60
Heisenberg, Werner 248
Hensche, Detlef 54, 65, 224, 287
Herzog, Roman 63

Hesselbach, Walter 194 f., 197
Hitler, Adolf 47, 49, 58 f., 146, 237
Horn, N. 174
Humboldt, Wilhelm von 56, 90, 191

Jahn, F.-A. 186
Jansen, Karl-Heinz 290, 297
Jansen, Günter 74
Jaruzelski 173
Jenck, Christopher 257
Jens, Uwe 172
Jens, Walter 47
Jochimsen, Reimut 63
Judith, Rudolf 183
Jünger, Ernst 253

Kahn-Freund, Otto 88 f.
Kaisen, Wilhelm 64, 211
Kant, Immanuel 28, 56
Kery 75
Khomeini, 238
Kienbau, Gerhard 174
Kiep, Walther Leisler 45
Kissel, R. 155
Klose, Hans-Ulrich 20
Kluncker, Heinz 54, 64, 110, 130, 135, 139, 160 f., 175, 196 f., 262
Koch, Harald 229
Kohl, Helmut 76
Kollwitz, Käthe 276
Kopf, Hinrich 211
Koschnik, Hans 110
Kraus, H. W. 293
Kreisky, Bruno 21, 60, 63, 72, 75, 109
Krupp, H.-J. 217
Kusch, Franz 35, 37, 68

Lahnstein, Manfred 208
Lambsdorff, Otto Graf 45, 127, 175, 206, 209, 289
Leber, Georg 64, 261
Ley, Robert 294
Löwisch, Manfred 87, 148, 157
Loderer, Eugen 28 f., 57, 69, 86, 95, 110, 124, 127, 168, 175, 197, 282, 288
Lohmar, Ulrich 226 f.
Lübbe, Hermann 142
Luhmann, Niclas 29, 207
Luther, Martin 56

Mahlein, Leonhard 65, 110, 224, 287 f.
Maier, Hans 142
Maihofer, Werner 47, 202
Mann, Klaus 128
Marquard, Udo 158
Marx, Karl 11, 13, 240
Matthäus-Maier, Ingrid 22
Matthöfer, Hans 172, 175
Meilike, Heinz 91
Merkle, Hans 199
Mertens, S. 262
Mestmäckers, Ernst-Joachim 164
Mill, John Stuart 56
Mises, Matthias 60
Mitterand, François 68, 82
Mock, Alois 60
Mohs, J. 259
Molitor, Bruno 164
Mommsen, Theodor 248
Montesquien, Charles de Secondat 101
Mück, Josef 198 f.
Musil, Robert 219
Mussolini, Benito 59, 238

Narusawa, Koei 284, 288
Naschold 236
Nell-Breuning, Oswald von 148, 150 ff., 164, 272
Nietzsche, Friedrich 212
Nipperdey, Hans Carl 90, 221
Nöbel, Wilhelm 222
Nowottny, Friedrich 248

Oetker, Rudolf 231
Ortlieb, Heinz-Dietrich 228
Orwell, George 142

Paish, F. W. 151
Pfeiffer, Alois 64, 176
Pferdmenges, Robert 196
Pompidou, Georges 69
Popper, Sir Eric 56
Poullain, Ludwig 196
Preiss, H. 297

Ranke, Leopold von 230
Rau, Johannes 110, 156, 301
Reagan, Ronald 20, 28 f.
Reese, Jürgen 279

Riem-Günter, Eva
Ritschl, Hans 228
Rohde, Helmut 225, 227
Roscher 62
Rosenberg, Ludwig 29, 64, 82, 126 f., 206, 231
Rosenstock-Huessy, Eugen 27
Ross, Werner 101
Rubke, H. 290
Rüthers, Bernd 24, 90, 164, 225, 227, 235 f.
Ruhnau, Heinz 48

Seibert, Philipp 198
Sekanina, Heinrich 48
Sievert, Olaf 217
Sombart, Werner 230
Sontheimer, Kurt 142
Späth, Lothar 110
Sorel, Georges 240
Spann, Othmar 60 f.

Scheel, Walter 52, 125
Scheuch, Erwin 50 ff., 68, 221 ff.
Schiller, Karl 54, 63, 65, 132, 168, 228
Schmidt, Adolf 127, 197, 282
Schmidt, Arno 48
Schmidt, Helmut 21, 48, 55, 63, 75, 110, 120, 122, 126 f., 170, 175, 284, 298
Schmidt, K. 217
Schmölders, Günther 107, 142
Schmude, Jürgen 113
Schnoor, Herbert 145
Schöler, Andreas von 22
Schrödinger, Erwin 248
Schumpeter, Josef 240

Stalin, Josef 47, 49
Steinkühler, Franz 64, 95, 97, 110, 134, 153, 219, 236, 248, 288 f., 297
Stingl, Josef 131, 280
Stoiber, Edmund 68, 295
Stoltenberg, Gerhard 110
Strauß, Franz Josef 75 f., 110, 206, 295
Stützel, W. 174

Taus, Jochen 72
Thatcher, Margret 20, 28
Tumlir, Jan 299

Verdross, Alfred 61
Verheugen, Günter 223
Vetter, Ernst Günter 141
Vetter, Heinz Oskar 54, 64, 69, 82, 124, 126 ff., 136, 145, 175, 176, 193, 196 f., 225, 227–233, 248, 282
Vietor, Albert 195, 197
Vilmar, Fritz 69
Vodopivec, Alexander 61 f., 72
Vogel, Bernhard 168

Wallraf, Günter 47
Walesa, Lech 59, 87
Waldheim, Kurt 60
Weber, Max 13, 89 f., 174, 178, 230
Westphal 66
Wilhelm II. 57
Willgerodt, H. 174
Würmeling, Franz Josef 221

Zille, Heinrich 276

Unter dem Aspekt der Thematik dieses Buches schildert der Autor Verhältnisse und Tatsachen in der Republik Österreich auf folgenden Seiten: 12, 59 ff., 66, 71 f., 75 f., 94, 105, 112, 116 f., 146 f., 211, 214.

Vom selben Autor im Seewald Verlag:

Helmut Schelsky

der selbständige und der betreute Mensch

Helmut Schelsky sieht in der Wahl zwischen dem selbständigen und dem betreuten Menschen die wichtigste politische Zielentscheidung der nächsten Jahrzehnte. Sie findet innerhalb der westlichen Demokratien statt und wird die Welt mehr verändern als die immer wieder beschworene, geistig aber eingefrorene Auseinandersetzung zwischen kommunistischem Sozialismus und westlicher Freiheit.
Dem aufmerksamen und weitsichtigen Leser wird deutlich werden, daß es Schelsky in diesem Buch um die Errichtung einer neuen geistig-politischen Front geht: gegen Verwaltung und Betreuung des Menschen, gegen den Staat als Selbstbedienungsladen, gegen ideologische Politisierung und auslaugende Publicity, gegen Ver-Schulung und Ver-Gesellschaftung.
So wirft der Autor zum Schluß die Frage auf: Was heißt heute »liberal«? Bei dem Drang zur »Mitte«, der zur Zeit in allen demokratischen Parteien der Bundesrepublik vorherrscht, dürfte dies eine der wichtigsten politischen Grundsatzentscheidungen der kommenden Jahre sein.

Die Presse zu diesem Buch:

Schelskys Diagnosen lassen stets aufhorchen. Die Klarheit und Konsequenz, mit denen er seine Positionen begründet, erregen Zuspruch und Widerspruch, unbehelligt dagegen lassen sie die wenigsten Leser.« *(Neue Zürcher Zeitung)*

»Es handelt sich um eine Kollektion verschiedener Aufsätze, aber die innere Einheit des Bandes ist dennoch bezwingend... Manchmal wird aus den Bruchstücken die große Konfession des Autors sogar deutlicher als aus den theoretisch abgesicherten Darlegungen der Grundsatzarbeit.«

(Deutsche Zeitung/Christ und Welt)

5,–

208